Erwin Welker

Schmach und Glorie

Mit der USS Philadelphia gegen Freibeuter

EK2-Militär

Inhalt

Impressum

Ihre Zufriedenheit ist unser Ziel!

Liebe Leser, liebe Leserinnen,

zunächst möchten wir uns herzlich bei Ihnen dafür bedanken, dass Sie dieses Buch erworben haben. Wir sind ein kleines Familienunternehmen aus Duisburg und freuen uns riesig über jeden einzelnen Verkauf!

Mit unserem Label *EK-2 Militär* möchten wir militärische und militärgeschichtliche Themen sichtbarer machen und Leserinnen und Leser begeistern.

Vor allem aber möchten wir, dass jedes unserer Bücher **Ihnen ein einzigartiges und erfreuliches Leseerlebnis** bietet. Daher liegt uns Ihre Meinung ganz besonders am Herzen!

Wir freuen uns über Ihr Feedback zu unserem Buch. Haben Sie Anmerkungen? Kritik? Bitte lassen Sie es uns wissen. Ihre Rückmeldung ist wertvoll für uns, damit wir in Zukunft noch bessere Bücher für Sie machen können.

Schreiben Sie uns: info@ek2-publishing.com

Nun wünschen wir Ihnen ein angenehmes Leseerlebnis!

Moni & Jill von EK-2 Publishing

Kapitel 1: Gewitter über Pennsylvania

Rundum leuchtete alles in rotorange. Ein atemberaubender abendlicher Himmel, der unter anderen Umständen schöner nicht hätte sein können. Glühende Heuballen mit den gleichen Farben – ein dramatisches Abbild des Firmaments. Rot-gelb lodernde Flammen, rot glühende Balken und Latten, teils immer noch scheinbar robust stehend, teils längst in sich zusammengebrochen. Lautstark prasselnde, meterhohe Flammen züngelten durch das bisschen Dach, welches sich erstaunlicherweise bis zu diesem Moment immer noch standhaft auf den Resten des erst vor kurzem errichteten Dachstuhles hielt. Rot leuchtete auch das Gesicht von Paul, der das ganze Drama fassungslos beobachtete. Die Augen vor Entsetzen geweitet. Die Tränen, die über seine Wangen liefen, nahm er gar nicht mehr war. In der sengenden Hitze um ihn herum verdunsteten seine Tränen, noch bevor sie seine fülligen Backen erreichten.

Vor seinen Füßen lag eine tote Kuh. Die seine. Der Kadaver der Kuh stank erbärmlich. Kein Wunder! So versengt wie das arme Vieh war.

Paul würgte. Verbranntes Fleisch roch nun mal unerträglich ekelhaft. Noch zuvor war sie braun gewesen mit einer schönen Musterung aus weißen Flecken.

Pauls Stolz – seine Bertha. Sein Besitz für einen Neuanfang in einer neuen Welt. Jetzt war Bertha einfach nur schwarz. Von vorn bis hinten. Wie sie es wohl so weit geschafft hatte? Paul hatte noch beobachtet, wie die Kuh unter schaurigem Gebrüll durch die flackernde Stalltür gerast war. Fast so schnell wie der Blitz, welcher zuvor das neu errichtete Farmhaus getroffen hatte. Erst jetzt wurde sich Paul bewusst, dass er es nicht mehr geschafft hätte, noch rechtzeitig auf die Seite zu springen. Seine Bertha hätte ihn einfach überrannt. Wäre sie nicht noch in vollem Lauf direkt vor seinen Füßen tot in sich zusammengesackt.

Erst jetzt war Paul fähig, sich von dem grauenvollen Szenario ein wenig zurückzuziehen. Erst jetzt wurde ihm klar, dass es reinster Humbug wäre, das bereits zur Hälfte niedergebrannte Farmhaus mittels Wassereimer zu löschen. Der heftige Gewitterregen war nur kurz gewesen – viel zu kurz, um das Farmhaus vor dem Niederbrennen zu retten. Nun erst spürte Paul in seiner Hand den Eimer, der noch immer randvoll mit Wasser in seiner Hand lastete. Irgendwie, er konnte sich nicht mehr erinnern wie, hatte er es noch bis zum Brunnen geschafft. Nun ließ er den vollen Eimer achtlos fallen. Es war eh zu spät. Er war alleine. Gänzlich alleine. Da war weit und breit niemand, der ihm beim Löschen hätte helfen können. Auch nicht sein jüngerer Bruder Hans, der eigentlich auf Johann getauft war, sich aber mittlerweile John nannte. Der war sicherlich wieder in irgendeiner Hafenkneipe von Philadelphia und gesellte sich zu irgendwelchen versoffenen Seeleuten, die ihm mit ihrem unglaubwürdigen Seemannsgarn den Kopf verdrehten. Warum war er nicht hier? Hier und jetzt! Paul wollte dies nicht alleine durchstehen.

Für den nächsten Gedanken war Paul nämlich noch gar nicht fähig. Diesen Gedanken wollte er alleine auch gar nicht fortsetzen. Warum stand ihm der Nichtsnutz Hans nicht an seiner Seite. Trotz der Hitze rundum lief es Paul eiskalt über den Rücken.

Plötzlich prasselten Flammenstiele zehn Meter hoch lautstark in die Höhe. Das Gebälk des noch verbliebenen Dachstuhles ächzte und stöhnte noch ein einziges Mal berstend auf, bevor es laut polternd in sich zusammenbrach. Und da vorn, irgendwo unter all diesen teils glühenden oder immer noch kräftig lodernden Trümmern, lagen wohl die Eltern. Mit Sicherheit! Denn wenn sie überlebt hätten, müssten sie jetzt irgendwo in der Nähe sein. Aber da war niemand. Kein Vater, keine Mutter, kein Hans.

Paul erschrak. Und wenn Hans rein zufällig doch zu Hause gewesen war? Dann hätte er auch seinen Bruder dort in dieser Flammenhölle verloren. Noch vor wenigen Sekunden war Paul wütend auf seinen jüngeren Bruder gewesen. Jetzt faltete er seine Hände und betete zu Gott, dass sich Hans um Himmels Willen irgendwo in der Stadt befand. Egal in welcher Gesellschaft. Sollten es doch draufgängerische, stockbetrunkene Seeleute oder Seesoldaten sein. Oder auch schäbige Hafendirnen. Soll es denn so sein! Paul mochte es nicht, wenn sich sein jüngerer Bruder in solch verruchte Gesellschaft begab. Jetzt aber hoffte er inständig, dass sich sein Bruder in der Stadt befinden möge und somit wenigstens Hans noch am Leben war.

Die Wahrscheinlichkeit, dass seine Eltern überlebt hatten, vielleicht gar nicht einmal im Haus gewesen waren, war gegen Null. Pauls Eltern waren abends immer in ihrem neuen Heim, hier in Amerika. Vor allem die Mutter Klara – Gott habe sie selig – hatte ihr Leben lang schon immer panische Angst vor Gewitter gehabt. Vielleicht hatte sie ja noch draußen im Freien beobachtet, wie sich der zuvor noch klare Himmel schlagartig verfinstert hatte. Aber bereits beim ersten Donnerschlag und spätestens beim ersten Blitz, wäre Mutter ins Haus gegangen. Und Vater wäre sicherlich mit ihr gegangen. Hätte sie ins Bett gebracht. Wie immer, wenn es gewitterte. Nur tief unter die Bettdecke verkrochen hatte sich Mutter sicher gefühlt. Und nun musste ein Blitz direkt ins Haus geschlagen haben. Waren die Eltern wenigstens gleich mit dem Blitzeinschlag gestorben, oder waren sie elendig in den Flammen umgekommen? Hoffentlich hatten sie nicht leiden müssen. So wie Bertha, die Kuh.

Paul fühlte, wie seine Knie immer weicher und schwammiger wurden. Nun fühlte er sich erbärmlich schwach und schlecht. Er drehte sich um und übergab sich. Nachdem er sich wieder besser fühlte, sah er den Esel. Dieser stand doch tatsächlich in der Nähe. Mit dem Zügel an den Ast des Birnbaumes angebunden. An das Anbinden konnte sich Paul gar nicht mehr erinnern.

Paul hatte im nahe gelegenen Germantown Saatgut besorgt. Mit einem geborgten Esel hatte er es hierher zur Farm transportiert. Zunächst noch gemächlich war er neben dem Tier hermarschiert, hatte beobachtet, wie sich der Himmel fast schlagartig verfärbt hatte. Dann hatte er sich und das Tier zur Eile angetrieben. Er wollte mit trockener Haut und vor allem mit trockenem Saatgut rechtzeitig in der Farm ankommen.

Wäre er nur zu Hause geblieben. Vielleicht hätte er noch helfen können. Oder würde er nun selbst als schwarzgebrannte Leiche unter den rot schwelenden Trümmern liegen? Was würde dann aus Hans? So ganz allein im fernen Land. Hier in Pennsylvania, was noch längst keine Heimat für die erst vor kurzem von Deutschland eingewanderten Wagners geworden war.

John blickte fasziniert in die rote Glut. Welche Kraft doch Feuer hatte. Er brauchte ein wenig Zeit, um wieder durchschnaufen zu können. Allerdings war es kein Vergnügen diesen ätzenden Gestank von flüssigem Pech einzuatmen. Im Bottich brodelte diese tiefschwarze, zähflüssige Masse, welche aus Steinkohle, Baumharzen und anderen organischen Zutaten bestand. Wie Pudding blubberte die aufkochende Masse. John dachte an den braunen Schokopudding, den seine Mutter an besonderen Feiertagen für die Familie, besonders aber für ihn, mit Zutaten aus teurem Kakao kochte und der so gut roch. Er war ihr Lieblingssohn, den Mutter nach wie vor Hans nannte. Dieses stinkende Zeugs hier hatte aber weder gut zu riechen noch zu schmecken, sondern es hatte einzig und allein die Aufgabe, die Fugen zwischen den hölzernen

Schiffsplanken für lange Zeit zuverlässig abzudichten. Kalfatern nannten die Seeleute und Werftarbeiter diese so wichtige Tätigkeit, bei der er kräftig mithalf. Als Tagelöhner. Hier auf der Marinewerft im Hafen von Philadelphia.

John war beeindruckt von der Umgebung. Nicht nur von den auf der Helling liegenden Neubauten, bei denen es sich derzeit um zwei relativ große Schoner handelte. Es waren auch die zur Überholung vertäuten oder aufliegenden Schiffe. Darüber hinaus war es die Größe der Werft selbst mit den mächtigen Kränen, den vielen Schuppen und Werkstätten, der Vielfalt an Material und nicht zuletzt all den vielen, emsigen Werftarbeiter. Da waren Ingenieure, Schiffbauer, Schreiner und Zimmerleute, Schmiede, Kalfaterer und auch viele ungelernte Arbeiter.

Johns Absicht lag aber gar nicht darin, hier auf der Werft eine feste Anstellung zu bekommen. Stattdessen wollte er so bald wie möglich zur See fahren. Er war sich aber durchaus im Klaren, dass sich seine Eltern und auch sein älterer Bruder Paul glücklich geschätzt hätten, wenn auch der jüngste der Familie ein festes Einkommen hätte. Schließlich mussten sich die Wagners hier in Amerika eine neue Existenz aufbauen. Bei ihrer Ankunft hier in der neuen Welt war fast das gesamte ursprünglich angesparte Kapital der Familie bereits aufgezehrt gewesen. Verbraucht auf der langen Reise von Deutschland nach Amerika mit der mühseligen Anreise per Ochsenkarren von Freudenstadt im Schwarzwald bis zur Hafenstadt Le Havre an der französischen Atlantikküste.

Auch der ganze Proviant für die Familie für solch eine lange Überfahrt musste mit gutem Geld bezahlt werden. Schließlich waren die Passagiere alle Selbstversorger. Und dann war auch noch die Passage im überfüllten Zwischendeck auf der Bark Western Sky zu bezahlen gewesen. Ein verlockender Schiffsname für all die Auswanderer, die sich fern im Westen eine bessere Zukunft erhofften. Dabei war der Zustand des maroden Seglers schon eher bedenklich. Aber immerhin hatte der Segler die teils stürmische Überfahrt, die immerhin elf Wochen gedauert hatte, überstanden. Obwohl die Bark in einem eher heruntergekommenen Zustand war, viele Segel im Sturm gerissen waren und die Fockstenge gebrochen war, hatten die Fugen zwischen den Planken gehalten. Als sich John an die Atlantiküberquerung erinnerte, wurde er sich wieder seiner derzeitigen Aufgabe bewusst.

Jetzt war es wieder so weit. Die schwarze Masse im Bottich musste nun direkt ans Schiff gebracht werden und schleunigst an die Kalfaterer verteilt werden. Das Feuer machte das Nachlegen von neuer Kohle erforderlich und so konnte der nächste Pudding zum Kochen gebracht werden.

„Luigi, komm hilf mir mal!", rief John dem italienischen Neueinwanderer zu, der hier ebenso als Tagelöhner arbeitete.

Luigi, der in der Nähe stand, eilte herbei. Er kam aus Neapel und tat sich mit Englisch noch ziemlich schwer. Aber für diese einfachen Tätigkeiten reichten dessen Sprachkenntnisse bereits aus. John, der bei weitem nicht so kräftig wie Luigi war, konnte sich wenigstens sprachlich in der neuen Welt schon ganz gut zurechtfinden. Da war er sowohl Luigi als auch seinem Bruder Paul schon einen Schritt voraus.

Zu zweit zogen sie den schweren Handwagen Richtung Schiff, wo die Pechöfen aus Sicherheitsgründen in einem gewissen Abstand zum aufgelegten Schiff standen. Ein wegen Fahrlässigkeit abgefackeltes Schiff wäre eine Katastrophe. So schleppten die beiden den Karren zwischen abgelegte Werkzeuge und Gerätschaften hindurch voran. Dort lagen riesige Stapel von großen, rechteckigen Kupferplatten ein wenig abseits, die längst den herrlichen Glanz neuen Kupfers verloren hatten. Nun lagen sie da, vom Rumpf vorläufig entfernt, stark oxidiert und mit einer hässlichen grünen Färbung. Sie schützten moderne Schiffe vor Algen und Schneckenbewuchs. Vor allem aber diente der Schutz vor den zerstörerischen Bohrwürmern, welche gerade in tropischen Gewässern selbst das beste Holz durchlöcherten und marode machten, sodass sogar die robustesten Schiffe nach ein paar Jahren heftig leckten und immer mehr Wasser zogen.

Der Weg war nur sehr kurz, aber dennoch mühsam. Nun lag die Backbordseite wie eine schräggestellte, hoch aufragende Wand vor Johns Augen. Wuchtige Taljen verliefen von den Marsen zu stählernen Pollern auf der Kaimauer. Mars nannten die Seeleute die großen Plattformen an den Masten, wo auch die seitlich stützenden Wanten befestigt waren und die weiter nach oben verlaufenden Oberwanten erneut gespreizt wurden. Und eben dort an den Marsen waren die überdimensionalen Flaschenzüge um das große Schiff angeschäkelt, welches im seichten Gewässer auf ebenem Kiel lag und in starke Schräglage versetzt war. Dies war die eine Art, die man Kielholen nannte. Eine Methode, die es ermöglichte, das Unterwasserschiff auf einer Seite zu reparieren oder komplett zu überholen. Die andere Art von Kielholen war ganz anderer Natur. Eine der schwersten Strafen überhaupt, die es bei der Navy gab, denn der Delinquent wurde an ein Tau gefesselt, an dem er unter dem Schiffsrumpf von einer auf die andere Seite gezogen wurde. Wenn der Ärmste dabei nicht ertrank, wurde ihm vom scharfen Muschelbewuchs wenigstens die ganze Haut in Fetzen gerissen.

John sah sich den Rumpf genauer an. Das Unterwasserschiff sah entblößt aus. Offene Fugen zwischen den Planken und abgeschrubbte Farbe ließen das massive Eichenholz zum Vorschein kommen. Dagegen sahen die Bordwände richtig prächtig aus. Die neue schwarze Farbe glänzte im Licht, wogegen der weiße Pforteingang, dessen Kanonenluken alle offen standen, einen starken Kontrast bot. Weiß waren auch die verzierenden Linien und das dezente Geschnörkel an den Heckgalerien – dort, wo all die Räumlichkeiten der Schiffsführung waren.

Jedes Mal, wenn er die Fregatte betrachtete, musste er ehrfürchtig staunen. Sie wirkte so massiv, so kraftstrotzend mit ihren 18 Stückpforten auf jeder Seite. Aber auch elegant und schnell. Dieses Schiff hier war ohnehin eine Pracht. Es war die USS Philadelphia, eine der Fregatten der erst 1775 neu gegründeten U.S. Navy. Diese Fregatten waren einfach atemberaubend! Sie waren groß. Größer als deutsche Fregatten. Selbst größer als die der Franzosen und Engländer. Zwar nicht so groß wie ein französisches oder englisches Linienschiff mit 100 Kanonen, aber dafür schneller und wendiger als solch ein Koloss.

Als Entwurf von Josiah Fox war die Philadelphia am 14. November des Jahres 1798 auf Kiel gelegt worden und ziemlich genau ein Jahr später vom Stapel gelaufen. Dann, am 5. April des Jahres 1800, war sie in den Dienst der jungen U.S. Navy gestellt worden. Die Fregatte hatte eine Rumpflänge von 40 Metern und verdrängte 1240 Tonnen. Ihre Bewaffnung bestand aus immerhin 28 Stück 18-Pfünder-Kanonen.

John war stolz auf dieses Kriegsschiff. Nicht nur, weil es so groß und so schön war. Nicht nur, weil seine Linien so elegant und das Rigg, welches aus schlanken hohen Masten, Stengen, unzähligen Rahen und Spieren bestand, so majestätisch wirkte, sondern weil es irgendwie auch ein deutsches Schiff war. Zwar war die Philadelphia ein Schiff der amerikanischen Navy, erbaut hier in den Vereinigten Staaten, aber man nannte sie auch oft das Schiff der Deutschen.

Das kam nicht von Ungefähr. Ein großer Anteil der Einwanderer hier im Staate Pennsylvania war deutscher Herkunft. Die Deutschen hatten hier den Ruf, sich gut zu integrieren, fleißig und bescheiden zu sein und waren bekannt dafür, sich gut zu organisieren. Da konnten sich manch andere Einwanderer eine Scheibe davon abzuschneiden. Die Deutschen hatte es auch meist ziemlich eilig, richtige Amerikaner zu werden. So kam es, dass die neuen Siedler auch schnell zum Begeistern waren, als sie begriffen, wie sehr das junge Amerika zum Selbstschutz eine neue Kriegsflotte brauchte. Aber die musste erst gebaut werden und vor dem Bau kam erst die Finanzierung.

Sechs Fregatten waren einstmals geplant worden. Eine davon sollte der Staat Pennsylvania bauen. Aber woher das Geld nehmen? Eine große Fregatte kostete ein Vermögen. Selbst für so ein großes Land wie Pennsylvania. Viele der Bürger zeigten sich solidarisch, besonders die Deutschen. Landesweit wurden Spendenaktionen organisiert, um Geld für ihr Schiff aufzutreiben, die Fregatte des Staates Pennsylvania. So war es dann auch nicht verwunderlich, dass die neue Fregatte den Namen United States Ship Philadelphia erhielt. Zwar war Harrisburg die Hauptstadt des Staates Pennsylvania, aber die Navy war hier in Philadelphia verwurzelt. Es war auch nicht verwunderlich, dass zur Besatzung der Fregatte, welche insgesamt aus über 300 Mann bestand, sehr viele Deutsche gehörten.

Einer davon werde einmal ich sein, dachte sich John. Er war stolz darauf bei der Überholung dieses besonderen Schiffes dabei zu sein. Er kannte schon einige von der Schiffsbesatzung, welche man zurzeit besonders oft in den Kneipen und Spelunken der Hafenstadt vorfinden konnte. Irgendwie fühlte er sich dazugehörig. Es stimmte John traurig, dass weder seine Eltern noch sein Bruder Paul begeistert von dieser Idee waren.

„John, halt keine Maulaffen feil! Mach endlich weiter!"

John geriet öfters ins Träumen, hatte schön mehrmals Rüffel einstecken müssen, weil er mit seinen Gedanken nicht bei der Arbeit, sondern ganz wo anders war. Besonders der Vater raunzte ihn diesbezüglich häufig an. Naja, vielleicht fand sich wieder mal die Zeit, Eltern und Bruder auf der Farm zu besuchen!

Wie wird es ihnen gerade jetzt ergehen, fragte er sich, als er den Blick wieder mal gen Westen richtete, denn dort verzog sich langsam die pechschwarze Wolkenwand, welche sich vorher so massiv und drohend aufgebaut hatte. Die Schwärze wich nun langsam einem romantisch anmutenden Rotorange.

Da hat es wohl ein heftiges Gewitter gegeben, mutmaßte John und ihm wurde gewahr, dass seine Mutter panische Angst vor Gewittern hatte. Aber nun war es ja vorüber. Letztendlich war es hier über der Stadt nur leicht bewölkt und der Wind hatte einmal kurz, aber kräftig aufgefrischt. Die vorbeiziehenden Segler auf dem ziemlich breiten Delaware River hatten sich manchmal ganz schön auf die Seite gelegt, aber es hatte weder geregnet noch gewittert. Nur ein dumpfes Donnergrollen war manchmal aus der Ferne zu vernehmen gewesen. Aber auch das war jetzt vorüber. Außerdem war bald Feierabend. Nur noch ein letzter Bottich Pech zum Aufkochen.

Danach geh' ich erst mal einen Trinken, nahm sich John vor.

Die Kalfaterer hatten sich längst ans Werk gemacht, um das frische Pech schnellstmöglich einzufugen. In die zuvor frei gescharrten Ritzen, aus denen die alte und verschlissene Masse entfernt worden war, hatte man mittlerweile mit laut polternden Hammerschlägen neues Hanfwerk eingeklopft. Diese frisch verstopften Ritzen wurden nun wieder mit dem verflüssigten Pech wasserdicht versiegelt.

Diesen Abend und auch den darauffolgenden, verbrachte John zusammen mit Luigi in einer Spelunke, um die jeder ordentliche Landmann eher einen großen Bogen machte. Seamen's Heaven nannte sich die Bude. Schon von außen sah man dem bunt getünchten, mit Schiffsdarstellungen und maritimen Symbolen versehenen Gebäude an, wer dort normalerweise verkehrte. Innen aber mochte man in der düsteren Enge der Gaststube glauben, sich in der Enge eines Zwischendecks eines Auswandererschiffes zu befinden. Tagsüber, doch vor allem während der Abende, hielten sich dort laut grölende, raubeinige Gesellen auf – meist angetrunken oder gar stockbesoffen. Manchmal Arm in Arm mit feschen Mädels, welche sich die Seeleute irgendwo anlachten. Oft waren es aber sehr verlockende, professionell kokettierende oder auch schäbige, heruntergekommene Hafendirnen.

Letzten Abend hatte auch John mit einer aufreizenden Rothaarigen herumgeschäkert. Sie war so schön und sah dabei so unschuldig aus. Jedoch hatte sie es faustdick hinter den Ohren und es war ein Leichtes für sie, einen 17-jährigen wie John um den Verstand zu bringen. Der Puls war ihm schon fast aus der Halsschlagader gehopst. Letztendlich hatte John dann aber doch gekniffen. Sei es, dass ihm der Mut gefehlt hatte, oder aber weil es ihm der spärliche Inhalt seines Geldbeutels einfach nicht erlaubte, sich auf solch aufregendes Abenteuer einzulassen.

„Heute kommt deine irische Freundin scheinbar nicht", meinte Luigi spöttisch, „hat sich wohl einen geschnappt, der mehr Moneten in der Tasche hat als du, junger Freund!"

„Und was ist mit dir, Luigi?", erwiderte John leicht gereizt, „ich seh' auch kein Fräulein an deiner Seite. Stehst wohl nur auf kleine Italienerinnen, was? Hab' schon lange keine mehr gesehen!"

„Ich warte eben auf die Richtige! Die find ich aber wahrscheinlich eher woanders. Und zugegeben, auch mir fehlt es an genügend runden Dollars. Ich mach' ja doch die gleiche stinkende Arbeit wie du."

„Unsere Arbeit stinkt wirklich zum Himmel und unsere Entlohnung reicht gerade mal so, um irgendwie durchzukommen. Für ein paar Bierchen reicht es gerade noch. Ich werde das auf der Werft auch nicht allzu lange machen. Du weißt, dass ich nur auf den geeigneten Zeitpunkt warte, um bei der Navy anzuheuern."

„Bei der Navy kannst du jederzeit anheuern, kleines Greenhorn!", sagte eine sonore aber leicht lallende Stimme von hinten.

John drehte sich um. Ein wild aussehender, braun gebrannter Seebär stand da und sah ihn mit funkelnden Augen an. Zwischen seinen gelben Zähnen klafften einige große Lücken.

„Ich bin kein Greenhorn, Mann – sorry Sir! Ich will bloß nicht auf so einen kleinen Küstenschoner oder eine Brigg!"

„Ah, der kleine Mann ist auch noch anspruchsvoll! Möchte auf kein kleines Schiffchen. Muss gleich ein großes sein. Welches soll's denn bitte sein?", sagte der Fremde mit zynisch blitzenden Augen.

„Na, was für eine Frage? Auf der Philadelphia natürlich. Wir beide arbeiten sogar bei der Überholung persönlich mit!", erwiderte John stolz und selbstbewusst.

„Ha, ha! Wenn ihr Grünschnäbel da mitarbeitet, um unsere Fregatte wieder seetüchtig zu machen, dann wird es für mich höchste Zeit dort abzuheuern. Könnte doch passieren, dass ihr schludert und mir säuft dann mitten auf dem Atlantik das Schiff unterm Arsch weg", machte sich der Seemann über die zwei Landratten lustig.

„Sie gehören zur Crew der Philadelphia, Sir?"

„Höchstpersönlich! Ich bin der Vollmatrose Collin Evans! Und wer seid ihr?"

John stellte sich und seinen Mitstreiter Luigi vor, bemerkte aber bald, dass der Fremde gar nicht so viele Einzelheiten wissen wollte. Seine Aufmerksamkeit galt vorerst seinem vom Wirt nachgeschenkten Glas Rum. Als das Glas wieder voll war, blickte der Seebär schon etwas freundlicher drein.

„Über ein Jahr bin ich auf der Philadelphia gesegelt. Seit Juli letzten Jahres, liegt sie nun hier im Hafen. Jetzt haben wir bereits März 1803 und sie liegt immer noch in der Werft. Soll bald wieder in Fahrt gehen. Es wird gemunkelt, dass es wieder hinübergehen soll – ins Mittelmeer. War dort drüben im Osten, haben uns drum gekümmert, dass die muselmanischen Piraten nicht allzu übermütig werden."

„Piraten?"

„Schäbige Hunde, von den Paschas und Beys angestachelt, unschuldige Schiffe der christlichen Seefahrt zu überfallen."

„Und bringen diese Piraten dann alle um?", wollte John wissen.

„Frag doch deinen italienischen Freund hier! Der sollte es doch wissen. Der kommt doch vom Mittelmeer."

Nun kam Luigi in Fahrt: „Umbringen? Eher nicht! Schlimmer noch! Die machen Sklaven aus den Gefangenen. Die müssen sich dann für die elenden Barbaren abbuckeln, oder verrotten dort in dunklen Verliesen. Manche schuften sich auf den Galeeren zu Tode, um letztendlich im Gefecht zu verrecken. Was die mit den Weibern anstellen, möchte ich erst gar nicht wissen. Die, die Glück haben, landen vielleicht in einem der Harems."

Collin grinste von einem Ohr zum anderen: „Siehst du Johnboy, dein Freund hier kennt sich aus! Aber du solltest es dir schon noch mal überlegen, ob du dich mit den muselmanischen Banditen anlegen willst!"

„Aber gegen eure Fregatten haben die wohl keine Chance, oder?"

„Ne, gewiss nicht! Vielleicht ist es ja gar keine dumme Idee von dir, gleich auf ein ordentliches Schiff zu gehen. Die Philadelphia ist schon ein gutes Schiff. Da sind eh genügend Deutsche drauf. Auf einen mehr oder weniger wird's wohl nicht ankommen. Ich sprech' mal mit dem Bootsmann. Der kann dann ja mal ein ernstes Wort mit den Offizieren sprechen. Also, John Wagner ist dein Name – ich hoffe ich kann's mir merken! Du meinst es doch ernst, Johnboy, oder?"

„Und ob, Sir! Und wie ernst ich das meine!"

„Darauf trinken wir! Cheers!"

Collin hatte sich nach einer Weile als weniger bärbeißig erwiesen, als John es im ersten Augenblick der Begegnung vermutet hatte. So waren die beiden jungen Burschen von ihm sogar auf ein Glas Rum eingeladen worden. Aber es war im Grunde genommen für John auch gar nichts Neues, dass sich Seeleute nach außen hin als wilde Gesellen darstellten, obwohl sie in Wirklichkeit meist gar nicht so unfreundlich waren. Allein schon die See erforderte, dass solche Männer hart im Nehmen waren. So wollte er auch einmal werden. Ein solides Landleben, ein bäuerliches Leben auf dem Bauernhof oder einer Farm, wie man es hier nannte, schwebte John weniger vor. Das war eher etwas für Paul. John nippte an seinem Glas. Er nahm zwar wahr, dass ein neuer Gast die Spelunke betrat, aber da er gerade so in Gedanken versunken war, drehte er sich nicht um.

„Da bist du ja, Hans! Ich suche dich schon überall!"

John schrak auf. Das konnte nur Paul sein.

Was macht der denn hier? Wenn man an den Teufel denkt, dann kommt er. Soll ich mich jetzt freuen, oder macht mir mein Bruder Stunk, fragte sich John und drehte sich langsam auf seinem Hocker um.

„Ich bin so froh, dass ich dich gefunden habe, Hans – äh, John – mein Bruder!"

Dieser blickte nun seinen älteren Bruder beinahe misstrauisch an, zwang sich aber schließlich zu einem Lächeln.

„Hallo Paul, schön, dass du hier bist. Setz dich her zu uns. Trink mit uns!" Da John augenblicklich bemerkte, dass dieser Spruch bei seinem Bruder wohl gar nicht so gut ankam, fügte er ganz offen noch schnell hinzu: „Allzu begeistert siehst du mir aber nicht gerade aus! Bist du denn wirklich so froh mich hier anzutreffen?"

„Oh, John, du weißt gar nicht, warum ich dich hier gesucht habe. Ich bin wirklich froh, dich gefunden zu haben. Ich habe eine Spelunke nach der anderen abgesucht. Hab' mir schon gedacht, dass ich dich genau dort finden kann, wo sich sonst die Seeleute rumtreiben."

John bemerkte den Zwiespalt im Gesichtsausdruck von Paul. Da war so etwas wie echte Freude in seinen Augen zu vernehmen, aber auch noch etwas ganz, ganz anderes. Etwas, das nichts Gutes verhieß. Mit Sicherheit keine Wut – eher Verzweiflung.

„Du hast gar keine Ahnung von dem, was vorgefallen ist, John! Komm wir gehen, sofort! Hast du schon gezahlt?"

Jetzt war sich John sicher, dass etwas Schreckliches passiert sein musste. Die Frage stand ihm auf den Lippen, aber hier war wohl nicht der richtige Ort. Weder für die Frage noch für die Antwort – eine noch offene Antwort, die John nun Angst einjagte. Hastig stand er auf – bezahlt war ja schon – und verabschiedete sich von Luigi und Collin. Eiligst verließen die beiden Seamen's Heaven. Wie unpassend! Das wahre Leben war eben doch eher schon ein Stück der Hölle.

„Paul, John, euch beiden ein herzliches Beileid! Lange kannten wir euch ja noch nicht, habe eure Eltern erst ein paar Mal getroffen. Aber ich bin mir sicher, dass wir eine gute Nachbarschaft gehabt hätten!"

„Danke, Mr. Smith, davon bin ich überzeugt!", entgegnete Paul dem bärtigen Farmer, der nur zwei Jahre vor ihnen aus Deutschland nach Amerika ausgewandert war. Dieser lebte nun mit seiner Frau und fünf Kindern nur eine halbe Meile – das waren so um die 800 Meter – nördlich von dem erst kürzlich erworbenen Grundstück der Wagners.

Nun standen die verwaisten Burschen zusammen mit Dutzenden Leuten aus der Nachbarschaft, welche man während der letzten Monate mehr oder weniger flüchtig kennengelernt hatte, um ein frisch ausgehobenes Grab herum. Unten lagen bereits die Särge mit Jürgen und Klara Wagner. Der Vater war 41 Jahre alt geworden, die Mutter nur 38. Beide hatten auf ein besseres Leben in der Ferne gehofft. Armut und Hunger, vor allem aber die Schikanen und die Willkür der Behörden hatten sie aus der württembergischen Heimat vertrieben. Hoffnung, gepaart mit reichlich Mut, hatte die Wagners veranlasst in Pennsylvania ein neues Leben anzufangen.

Und nun? Nun lagen die Eltern der Jungen in einem tiefen Loch. Dabei hatte sich schon bald gezeigt, dass die Hoffnung weder naiv noch unbegründet war, sondern, dass man gemeinsam und bei harter Arbeit hier eine Zukunft hatte. Der beste Beweis war das neu errichtete Farmhaus gewesen. Das hohe Darlehen konnte mit landwirtschaftlichen Erzeugnissen auf diesem fruchtbaren Boden durchaus erwirtschaftet werden. Natürlich mussten direkt nach der Immigration in Amerika zunächst einige Schwierigkeiten gemeistert werden, aber nach einer Weile war es dennoch langsam vorangegangen. Nun aber lag das Haus in Asche, die einzige Kuh war verschmort, die Wagner-Eltern lagen in der Grube und Paul und John wussten nicht, womit sie die Schulden begleichen konnten.

Dicht bewölkter Himmel, dessen Farbspektrum rundum nichts anderes als Grautöne zuließ, untermalte das Szenarium auf dem kleinen Friedhof. Die Wagner-Burschen kannten nicht einen Namen an den Kreuzen der wenigen Gräber. Nun gab es hier ein frisches Doppelgrab. Der Pfarrer hatte sich gerade verabschiedet. Zwar hatte dieser eine beeindruckende Rede gehalten, aber mehr Zeit für die verwaisten Hinterbliebenen hatte er sich wohl nicht nehmen wollen.

Die Brüder waren verzweifelt. Paul war sehr gefasst, hielt seine Tränen eisern zurück. Schließlich war er der Erstgeborene. Er wollte zeigen, dass er ein ganzer Mann war. Ihm war die Verantwortung auferlegt worden, sich um das Begräbnis zu kümmern. Das Grundstück musste – falls das überhaupt möglich war – erhalten werden, ein neues Gebäude errichtet werden. Aber wie und wovon? Und um den jüngeren Bruder sollte er sich vielleicht auch noch kümmern.

Dieser wollte sich hart zeigen. Er kämpfte verzweifelt gegen seine Tränen an, jedoch gelang es ihm nicht. Sie liefen wie Rinnsale über seine schmalen Wangen. Ein schlechtes Gewissen nagte an John, weil er die meiste Zeit in der Stadt verbrachte hatte, anstatt gemeinsam mit seinen Angehörigen auf der neuen Farm. Unabhängigkeit für eine neue Zukunft, die er sich anders ausmalte als die Eltern oder sein Bruder, war ihm wichtiger gewesen. Nun fühlte er sich irgendwie so, als hätte er seine Eltern im Stich gelassen.

„John!"

Irgendwer tippte John von hinten an die Schulter. Er drehte sich um. Es war der Nachbar von vorhin.

„Ja, Mr. Smith?"

„Man sagt, dass du auf der Marinewerft in der Stadt Arbeit gefunden hast. Stimmt das?"

„Ja, Sir, zumindest vorübergehend werde ich dort als Tagelöhner beschäftigt. Weiß nicht, für wie lange. Aber im Moment weiß ich sowieso nicht mehr, wie es weitergehen soll. Eigentlich wollte ich ja zur Navy. Ich möchte zur See fahren."

„Hm, nun gut Junge. Also im Moment muss sich die Nachbarschaft wohl keine so großen Sorgen um dich machen. Man hat eh schon darüber gemunkelt, dass du lieber in der Stadt bist als auf eurer neuen Farm. Hier legt man nämlich viel Wert auf den Gemeinschaftssinn. Und diese Gemeinschaft will euch auch nicht im Stich lassen. Nicht umsonst haben wir uns in der Deutschen Gesellschaft für Pennsylvania zusammengeschlossen. Wie du sicherlich weißt, wurde die Organisation schon 1764 gegründet. Wir wollen schließlich nicht, dass die Neuankömmlinge unserer Landsmänner allzu bald scheitern und hier, fernab der alten Heimat, elendig zugrunde gehen. Aber nun gut! Hier leben wir in einem freien Land. Auch du hast das Recht, dein Schicksal selbst zu gestalten. Jeder ist seines Glückes Schmied."

„Ja, Sir. Danke für Ihr Verständnis!"

„Alles Gute John!"

„Danke, Sir!"

Nun wandte sich der Farmer an Paul, der das kurze Gespräch mit gespitzten Ohren mitgehört hatte: „Paul! Oder soll ich nun Mr. Wagner sagen?"

„Aber nicht doch, Mr. Smith. Wir sind doch gute Nachbarn."

„Eben! Wie es scheint, müssen wir uns um deinen jüngeren Bruder zumindest im Moment keine großen Sorgen machen. Aber wie schaut es mit dir aus? Hast du schon Pläne wie du weitermachen willst?"

„Nein, Sir," die Verzweiflung stand Paul ins Gesicht geschrieben, „ich weiß nicht mehr ein und aus! Was kann ich hier schon noch alleine ausrichten? Und Geld habe ich keines mehr. Es ist alles verbrannt. Das Einzige, was mir außer ein paar Dollars in der Hosentasche geblieben ist, sind Schulden!"

„Verstehe! Das ist wirklich sehr, sehr bedauerlich, Paul. Wäre dir geholfen, wenn sich die Gemeinschaft hier darum kümmert, dass du wenigstens nicht enteignet wirst und dass das Stück Land hier auf deinen Namen umgeschrieben wird? Wenigstens für die nächsten Jahre."

„Das würde mir wenigsten eine meiner vielen Sorgen rauben, Sir. Wenn sich das machen ließe? Aber wie es mit mir weitergeht, weiß ich trotz aller Dankbarkeit nicht!"

„Ich denke, ich kann dir nicht nur diese eine Sorge nehmen. Ich könnte dir auch vorübergehend Arbeit geben. Als Knecht, auf meiner Farm!"

„Wirklich, Sir?"

„Ja Paul, aber nur als Tagelöhner und vorerst nur für zwei, drei Monate. Ich habe derzeit einen großen Bedarf an Arbeit. Meine Frau erwartet in Kürze wieder Nachwuchs und sie muss sich ja auch noch um die anderen fünf Kinder kümmern. Ich alleine schaffe es derzeit kaum noch. Das Land muss bestellt und die Saat ausgebracht werden. Ich habe auch ein wenig Vieh … Was erzähl' ich dir? Du kennst dich ja bestens damit aus!"

Paul nickte zustimmend. Trotz seiner Trauer gewann ihm die aufkommende Hoffnung ein fröhliches Lächeln ab.

Die Miene des fürsorglichen Farmers wurde aber nun wieder ernster: „Aber auf Dauer kann ich dich nicht beschäftigen. Ich würde dir gerne länger helfen, aber das kann ich mir bei bestem Willen dann doch nicht leisten."

„Das ist wirklich ein großzügiges Angebot von Ihnen, Mr. Smith. Gott segne Sie! Innerhalb der nächsten Wochen wird sich dann sicherlich wieder etwas finden."

„Du bist ein tüchtiger Kerl, Paul! Ich bin mir sicher, dass sich eine Lösung auftun wird."

Wenige Tage darauf verließ Paul das Gemeindehaus, wo er in seiner Not vorübergehend untergebracht gewesen und von fürsorglichen Bürgern versorgt worden war. Schließlich hatte er seit dem Brand weder ein Dach über dem Kopf noch irgendetwas, um sich den leeren Bauch zu füllen. Er war jetzt kaum 19 Jahre alt und stand nun einer ungewissen Zukunft gegenüber: mit leeren Taschen und wenig Sprachkenntnissen in einem weiten und fremden Land. Sein jüngerer Bruder Hans – oder John, wie der sich nun nannte – war längst nach Philadelphia zurückgekehrt. So unvernünftig John auch sein mochte, er hatte eine Bleibe und ein Einkommen. Also musste sich Paul wegen seines Bruders zumindest derzeit keine allzu großen Sorgen machen.

Nun machte sich Paul ein wenig unwohl auf den Weg zur Farm der Familie Smith. Das Angebot, dort vorübergehend als Knecht zu arbeiten, war momentan das Beste, was er sich denken konnte. Die Arbeit dort würde ihn ein wenig von seiner Trauer ablenken und ihm für eine Weile Essen und eine Bleibe bescheren. Aber für wie lange? Und danach? Wie würde es weitergehen? Und was war überhaupt mit dem Angebot des Nachbarn? Hatte es Mr. Smith wirklich ernst gemeint oder waren die Worte nach der Beerdigung nur Höflichkeitsfloskeln gewesen?

Je näher Paul an die Farm der Familie Smith herankam, desto schwerer fielen ihm die Schritte. Pauls Gefühle waren im Aufruhr. Er kämpfte gegen die Tränen an, die seine Wangen benetzten und er musste für jeden einzelnen Schritt seine letzte Kraft, die er noch in sich verspürte, aufwenden, um voranzuschreiten. Schließlich musste er zunächst sein eigenes Grundstück mit dem niedergebrannten Haus passieren, bevor er das Grundstück der Nachbarn erreichte.

Als Paul auf die verkohlten Überreste des Hauses blickte, unter denen seine Eltern verbrannt waren, gab es für seine Tränen keinen Halt mehr. All die Schrecken, die er beim Niederbrennen des Hauses erlebt hatte, das Zusammenbrechen seiner Kuh direkt vor seinen Augen, das Flammeninferno und zuletzt die Gewissheit, dass seine Eltern dort auf schreckliche Weise ums Leben gekommen waren, kam jetzt auf einen Schlag wieder in ihm hoch. Am liebsten hätte er sich ins Gras gelegt und nur noch geheult und geschlafen. Ihm fehlten der Antrieb und die Kraft, welche er für seine Zukunft so dringlichst benötigte.

Nun aber nahm Paul all seinen Mut zusammen. Nach einem letzten Blick auf das verrußte, pechschwarze Gebälk des abgebrannten Gebäudes wandte er sich ab und beschleunigte seine Schritte. Vielleicht hatte es Mr. Smith ja wirklich ernst gemeint, mit seinem Angebot.

Mit voller Wucht spaltete die Axt den dicken Ast, den Paul zuvor schon mit der Säge gekürzt hatte. Mit jedem Schlag fühlte er in seiner Gefühlswelt eine gewisse Erleichterung. Allerdings erforderte jeder Axthieb weitaus mehr Konzentration, als er dies von der ihm doch sehr vertrauten Arbeit gewohnt war. Nach jedem Schlag war er froh, dass noch all seine fünf Finger an seiner linken Hand blieben. Grund war nicht nur die Trauer um seine Eltern, obwohl auch dieser Umstand seine Konzentrationsfähigkeit reduzierte. Es gab noch eine andere Ursache, die sich Brigitte nannte!

Brigitte war die knapp 15-jährige Nachbarstochter – die Tochter des Mannes, der ihm freundlicherweise Arbeit und ein Dach über dem Kopf geboten hatte. Und es war das Holz der Familie Smith, das Paul jetzt spaltete, denn diese siebenköpfige Familie – bald würde noch ein Baby dazukommen – benötigte immer Holz für den Küchenherd.

Das hatte Paul recht schnell erkannt, obwohl er erst seit wenigen Tagen auf der Farm war. Die Smith's waren eine freundliche und fleißige Familie mit wohlerzogenen Kindern, wobei Brigitte die Älteste von allen war.

Er wusste, dass er während des Holzhackens mit neugierigen braunen Rehaugen beobachtet wurde. Brigitte lenkte ihn nicht ständig mit neugierigen Fragen oder Gequatsche ab, aber immer wieder schwänzelte das Mädel mit koketten Bewegungen in seiner Nähe herum. Wenn sie sich nach ihm umdrehte, was unglaublich oft vorkam, waren das keine damenhaften Bewegungen, sondern wirbelnde Bewegungen wie die, eines kleinen Mädchens. Dabei schwang ihr langes und offen getragenes, blondes Haar wie ein feenhafter Schleier durch die Luft, was Paul unweigerlich verzaubern musste. Gekonnt ließ sie ihre Röcke fliegen, sodass Paul immer wieder einen kurzen Blick auf ihre schlanken Fesseln und die weißen Rüschen ihrer Unterröcke werfen konnte. Und eben diese Bewegungen und Anblicke lenkten ihn doch erheblich ab.

Paul fragte sich, ob Brigitte nur aus kindlicher Neugierde und in naiver Unschuld in seiner Nähe so oft um ihn herumtänzelte, oder ob dieses kleine Luder ihre Reize bewusst an ihm austestete. Wenn sie ihn mit ihren großen Augen so naiv ansah, wirkte sie unschuldig, wie ein kleines Kind, aber Paul wurde das Gefühl nicht los, dass in diesem wunderschönen und engelhaften Gesicht die Gedanken eines kleinen, zuckersüßen Teufels auf Hochtouren arbeiteten. Diese Spekulation beschäftigten Paul während seiner Arbeit noch zusätzlich, sodass er nun doch erkannte, dass er tunlichst mehr auf seine Finger, als auf diese kleine Göre achten sollte.

Irgendwie war Paul die Erleuchtung doch etwas spät gekommen, denn plötzlich fauchte ihn eine harsche Stimme von hinten an: „Halt keine Maulaffen feil, Paul! Das Holz ist nicht erst für den Winter, sondern wir brauchen es noch heute Mittag für unseren Herd!"

Verflucht, dachte sich Paul, Brigitte ist nicht die Einzige, die erkannt hat, dass ich ihr gerne nachschaue, sondern ihr Vater hat dies nun auch schon bemerkt – und das bereits nach wenigen Tagen.

„Und du Brigitte, gehst jetzt!", fügte Mr. Smith in scharfen Ton hinzu, „geh ins Haus und hilf deiner Mutter – aber sofort!"

Mit jedem Tag, an dem Paul auf der Nachbarsfarm arbeitete, wirkte der Zauber von Brigitte immer stärker auf ihn. Jeden Tag stürzte er sich beflissen in seine Arbeit, aber dieses süße Mädchen ersann sich immer neue Tricks, um ihm unauffällig zu begegnen und ihn auf raffinierteste Weise zu bezirzen. Der Vater bemerkte scheinbar nichts von alledem. Die schwierigsten Momente waren aber immer beim gemeinsamen Essen. Paul konnte nicht umhin, um bei jeder Gelegenheit so unauffällig wie möglich einen ihrer betörenden Blicke zu erhaschen. Die beste Gelegenheit war immer das gemeinsame Gebet vor den Mahlzeiten, wo alle andächtig den Kopf senkten und die Augen in Demut schlossen – außer ihm und Brigitte natürlich. Brigitte war bezaubernd wie eine Elfe, schön wie eine Fee und längst die Prinzessin seines Herzens.

Obwohl sich Paul bewusst war, dass Brigittes Vater argwöhnisch wie eine Glucke, über sein Küken wachte, schwor sich Paul, dass er dieser verführerischen Göre mindestens einen Kuss rauben musste. Selbst dann, wenn er seine Seele an diesen hübschen Teufel verkaufen musste. Und wenn nicht heute, dann spätestens morgen!

Kapitel 2: An Bord der Fregatte USS Philadelphia

Eine aufkommende Brise erfrischte den heißen Julitag im Areal der U.S. Navy, hier im Hafen von Philadelphia. Die Backsteingebäude reflektierten die sommerliche Hitze noch zusätzlich. Einzelne Wolken zogen munter über den Himmel, spendeten jedoch vor Ort keinen Schatten. Vor dem Verwaltungsgebäude stand eine lange Schlange von Männern. Vielen sah man es auf den ersten Blick an, dass es sich um Seeleute handelte. Ihre breitbeinige Haltung, die muskulösen Arme an kräftigen Schultern, die braun gebrannte verwitterte Haut verriet sie als solche. Aber auch die vielen Zahnlücken, die durch Skorbut verursacht wurden, waren ein Indiz dafür. Unter den Wartenden gab es aber auch einige andere Männer, die nicht so seemännisch wirkten. Die hatten nicht diese typische Körperhaltung, wirkten irgendwie verunsichert, so als ob sie nicht wirklich hierhergehörten. Manche schienen vor Hunger oder Armut ausgemergelt zu sein. Und vielleicht war es auch die Not, die sie dazu trieb, sich hier unter die Wartenden zu gesellen. Aber eines hatten alle gemeinsam: Sie wollten auf der USS Philadelphia anheuern.

Die Fregatte war am 21. Mai nach gründlicher Überholung wieder in Dienst gestellt worden und sollte nun bald wieder in Fahrt gehen. Für ziemlich genau ein Jahr war dem Schiff nur eine Minimalbesatzung zugeteilt gewesen. Nun musste die Besatzung wieder aufgestockt werden – auf über 300 Mann.

Inmitten der Schlange befanden sich auch zwei junge, gesunde Burschen. Der eine etwas kräftiger gebaut, der andere jünger und etwas schlanker, aber behänder. Es waren Paul und John Wagner.

John war aufgeregt. Immerhin war er seinem Ziel schon sehr nahe. Er malte sich schon aus, auf diesem stolzen Schiff beim Segelsetzen dabei zu sein und er war sich ziemlich sicher, dass man ihn anmustern würde. Der Vollmatrose Collin Evans hatte ihm bei einem weiteren Wiedersehen in einer der Hafenspelunken bestätigt, dass er bei seinem Bootsmann vorgesprochen hatte und ihn, John Wagner als zukünftiges Mitglied der Crew empfohlen hatte.

Paul dagegen war eher traurig und nervös als in Vorfreude erregt. Ihm war nicht so ganz wohl bei der Sache. Wann würde er Brigitte wiedersehen? Vermutlich erst in mehreren Jahren. Er befürchtete sogar, dass er sie völlig aus den Augen verlieren würde. Trotz der Hoffnung auf ein Wiedersehen rechnete er fest damit, dass Brigitte bis dahin längst einem anderen gehörte und mit diesem gemeinsame Kinder hatte – wo sie doch jetzt selbst noch so kindlich war.

Außerdem war ihm niemals in den Sinn gekommen, zur See zu fahren. Auf einem Kriegsschiff schon gleich gar nicht. Schon auf der langen Überfahrt im Zwischendeck auf dem Einwandererschiff war ihm häufig übel geworden. Paul scheute nicht die harte Arbeit, aber die See war eben nicht seine Welt. Wenn er an die hohen Masten dachte, an denen er vorhin ehrfürchtig nach oben gesehen hatte, wurde ihm so richtig mulmig. Die höchste Spitze der langen Masten schien an den Wolken zu kratzen. Gute 50 Meter hoch hatte der Bruder gemeint.

Warum bin ich Idiot eigentlich hier, fragte sich Paul. War es richtig sich dem jüngeren Bruder anzuschließen? Dem konnte es ja nicht schnell genug gehen, um auf seine Philadelphia zu kommen.

Was hätte ich denn sonst machen sollen, grübelte er. Getrennte Wege gehen, den Bruder alleine ziehen lassen? Hierzubleiben, ohne Arbeit aber mit einer Menge Schulden?

Die unterschriebene Absichtserklärung, sich 2 Jahre zur Navy zu verpflichten, hatten letztendlich den Bürgermeister überzeugt, dass Paul Wagner ein patriotischer Bürger Amerikas geworden war. Im Gegenzug war ihm das Recht auf Beibehaltung des Farmlandes im Namen der Wagners sogar auf vier weitere Jahre zugesichert worden. Somit bestand wieder Hoffnung, das vom verstorbenen Vater erworbene Land behalten zu können.

Mein Vater soll nicht ganz umsonst hier gestorben sein. Das bin ich ihm schuldig, redete sich Paul ein. Aber nun stand er hier und sein Magen fühlte sich bereits jetzt nicht so ganz gut. Er hatte ein Empfehlungsschreiben des Bürgermeisters in seiner Tasche. Die war vielleicht mehr wert als die mündliche Empfehlung, die John vorweisen konnte.

Vielleicht mustern die gar nur mich an und John nicht, kam es Paul in den Sinn. Was wird dann aus ihm? Wenn die uns beide nehmen, dann haben wir immer genug zu essen und Sold steht uns auch noch zu. Die nächsten zwei Jahre werden wir beide sicherlich über die Runden kommen.

Mittlerweile war die Schlange ein gutes Stück weiter vorgerückt. Je geringer der Abstand zum Eingang des Verwaltungsgebäudes wurde, desto nervöser wurden die beiden Brüder.

Der Stempel klatschte zwei Mal kurz hintereinander auf die Musterungspapiere. Paul und John warfen sich kurze Blicke zu, bevor sie sich wieder dem jungen Offizier zuwandten, der sich wichtigtuerisch vor ihnen auf seinem Stuhl nach vorn beugte: „Hier habt ihr beiden Landratten eine Liste. Da steht alles drauf, was man als persönliche Ausstattung auf einem Segelschiff haben sollte. Und alles, was ihr mitnehmen wollt, sollte in eine Seekiste passen. Ist das klar, Jungs?“

Der Blick des Musterungsoffiziers war streng und autoritär.

„Jawohl, Sir!“, antwortete Paul unverzüglich.

„Aye, aye, Sir!“, erwiderte John, der aufgrund seines Umgangs mit Matrosen von der Navy mit den hiesigen Gepflogenheiten schon eher vertraut war.

„Am Montag um 8 Uhr morgens meldet ihr euch an der Wache des Marineareals. Falls ihr nicht da sein solltet, geltet ihr als Deserteure, ist euch beiden das klar?“

„Ja ..., aye, Sir!“

„Aye, aye, Sir!“

Die von John ersehnten und die von Paul benötigten Papiere in der Hand, machten sich die beiden Brüder auf den Weg zu jener Herberge, in der John schon seit Monaten hier in Philadelphia wohnte.

„Du Paul ...“, eröffnete John das Gespräch, „wie war es denn nun, dort auf der Farm, wo du geholfen hast? Konntest Du dort wirklich nicht bleiben?“

„Nein leider nicht! Dort wäre ich gerne länger geblieben. Die Arbeit war gut und die Familie ist auch in Ordnung. Vor allem die Tochter, die Brigitte, die hat es mir schon angetan.“

John grinste: „Aha, davon hast du mir aber noch nicht viel erzählt. Bist ihr wohl zu nahegekommen, oder?“

„Noch nicht ganz, Bruderherz. Aber wir haben viel herumgeschäkert und gelacht. Wirklich ein hübsches Ding.“

„Und das hat ihr Vater natürlich gemerkt, nicht wahr? Hatte wohl Angst, dass seine Tochter vom Knecht geschwängert wird.“

Paul nickte nur. John bemerkte die Wehmut in den Augen seines Bruders. Er sah, wie der den Blick senkte, weswegen er nicht weiter nachbohren wollte.

Paul aber sprach weiter: „Du kannst dir gar nicht vorstellen, John, wie sehr mir dieses Mädel fehlen wird. Sie fehlt mir heute schon! Dabei hat mich die ganze Familie Smith akzeptiert, selbst Mr. Smith. Aber Brigitte ist sein Liebling und irgendwie will er sie noch nicht verheiraten, obwohl sie bald ins heiratsfähige Alter kommt. Vielleicht liegt es ja auch daran, dass ich nun vor dem Nichts stehe.

Vielleicht hätte ich sogar um Brigittes Hand anhalten können, wenn wir noch im Besitz unseres Hauses wären. So aber habe ich nichts, gar nichts!"

„Hast du es wenigstens versucht?"

Paul schüttelte verneinend seinen Kopf.

„Aber du hättest doch wenigstens fragen können! Was hast du denn noch zu verlieren? Vielleicht hätte es doch irgendeine Lösung gegeben. Du hast doch selbst gesagt, dass die Smiths wieder Nachwuchs erwarten."

„Ja schon! Aber was ändert das?"

„Mensch, denk doch mal nach, Bruderherz, irgendwann wollen die dann doch ihre Tochter unter die Haube bringen."

Paul wusste, dass sein jüngerer Bruder im Grunde genommen recht hatte. Oft wurden die Mädchen außer Haus geschickt, sobald sie geschlechtsreif waren – besonders in kinderreichen Familien. Die meisten Familien einfacher Leute waren mit vielen Kindern gesegnet. Nun wollte er das Thema beenden und so sagte er nur noch: „Ja, John, irgendwann einmal! Ich werde dann aber auf hoher See sein!"

Dieses Mal war es John, der nickte. Ihm war jetzt nach Schweigen zumute. War da nicht irgendwie ein Unterton dabei gewesen, der sich nach Schuldvorwurf angehört hatte?

Anschließend sprachen beide Brüder nur noch wenig, während sie nebeneinander hergingen. Beide waren in Gedanken versunken und in unterschiedlicher Stimmung. Aber auch ohne jedes Wort fühlten sie, dass sie nun, trotz ihrer Unterschiedlichkeit, durch ein gemeinsames Band verbunden waren und vermutlich einem gemeinsamen Schicksal entgegensahen.

Nun war es so weit. Gemeinsam mit ein paar Dutzend Männern, die von nun an zur Schiffsbesatzung gehören sollten, zogen die beiden Wagner-Brüder Handkarren durch die Gassen des Marineareals, die mit den schweren Seekisten beladen waren. Sie bogen um eine Ecke und marschierten in Richtung Kaimauer. Die Gruppe bestand gänzlich aus Frischlingen. Sie wurden von der Navy neu angeworben und kamen entweder von der Handelsschifffahrt oder hatten noch gar keine Erfahrung auf See. Angeführt wurden sie von einem sehr jungen Midshipman, einem Seekadetten, der den Weg zum Offizier erst kürzlich eingeschlagen hatte. Dieser brachte sie nun vom bewachten Zugangstor des Marineareals zur USS Philadelphia, dem Schiff, das ab sofort neuer Arbeitsplatz und gleichzeitig neue Heimat dieser Gruppe werden sollte. Der Rest der Besatzung, also sowohl die Stammbesatzung, welche während der ganzen Werftliegezeit auf dem Schiff gelebt hatte, als auch die mittlerweile aufgestockte Crew aus Navy-Leuten, war schon längst an Bord der Fregatte.

Besonders Paul fand die Situation befremdlich. Zwei Jahre, vermutete er, würde er von nun an unter ungewohnten Bedingungen hier leben müssen. Vielleicht auch länger! Auf einem Kriegsschiff konnte man das nie so genau wissen. Die Atlantiküberquerung auf dem Auswandererschiff hatte Paul schon als extrem unbequem und als viel zu lang empfunden, aber er war sich wenigstens sicher, dass er hier nicht fast die gesamte Zeit in einem dunklen und stinkenden Zwischendeck verbringen musste. Immerhin war die Philadelphia bedeutend größer als die Bark Western Sky. Der Midshipman hatte vorhin von einer aktuellen Besatzung von 314 Mann gesprochen. Auf der kleineren Western Sky waren bei nur 32 Mann Besatzung noch die 344 Zwischendeckspassagiere gewesen – zumindest bei der Abreise in Le Havre. Bei der Ankunft in Philadelphia fehlten bereits 38 Passagiere, darunter 15 Kinder. Gestorben an Cholera, Typhus, oder irgendeiner anderen Seuche. Vielleicht auch einfach nur an Schwäche, oder wegen der grauenhaften hygienischen Verhältnisse. Wer konnte das schon so genau wissen? Es war ja auch nur ein einziger Arzt an Bord gewesen, welcher die Überfahrt nicht einmal selbst überlebt hatte. 38-mal waren Leichen über die Reling geworfen worden. 38 Menschen hatten anstatt einer neuen Heimat in Amerika eine letzte Ruhestätte tief unten in der nassen See gefunden. Paul versuchte die Erinnerung an dieses Grauen zu vergessen. Er sprach sich selber Mut zu. Diese Fregatte machte selbst auf ihn Eindruck.

„Na Paul, was meinst du? Ein tolles Schiff, nicht wahr?"

„Schon!"

Allein diese kurze Antwort seines Bruders wirkte ziemlich ernüchternd. Aber John war stolz darauf ein Mitglied der Crew auf solch einem stolzen Kriegsschiff zu werden. Paul bemerkte den Zwiespalt an Johns sich runzelnder Stirn und setzte deshalb hinzu: „Warten wir's ab! Aber du scheinst dich ja richtig zu freuen. Aber nervös bist auch du, oder etwa nicht?"

„Na klar! Das ist auch für mich alles ganz was Neues. Aber schließlich machen wir keinen Kriegseinsatz. Die Vereinigten Staaten befinden sich nicht mehr im Krieg. Es geht nicht mehr gegen die Franzosen und auch nicht mehr gegen die Engländer. Und vor den Muselmanen brauchen wir doch wohl nicht den Schwanz einziehen!"

„Da hast du sicherlich Recht Matrose! Diesen Barbaren werden wir's schon zeigen! Aber vergesst nicht ihr Beiden, dass ihr ab sofort bei der U.S. Navy seid."

Derjenige der dies auf Deutsch sagte, war der Midshipman in seiner adretten Uniform. Auch dieser war wohl aus Deutschland hier in die Staaten eingewandert. Noch klang der junge Mann wenig autoritär. Aber plötzlich erinnerte dieser sich daran, dass er nicht weniger als ein Offiziersanwärter war und dass von ihm eine andere Tonart erwartet wurde. Nun setzte er sich eine ernste Miene auf und fügte in strengem Ton auf Englisch hinzu: „Und auf einem Schiff der U.S. Navy wird Englisch gesprochen, ist das klar!"

„Aye, aye, Sir!", erwiderten die beiden Brüder synchron.

Nun erst wurde der Midshipman so richtig laut. Er ließ seinen sich verhärteten Blick über die gesamte Gruppe schweifen. Nun wirkte er wirklich autoritär.

„Und nun geht ihr immer schön einer nach dem anderen über die Gangway an Bord. Und lasst eure Seekisten nicht ins Wasser plumpsen, sonst habt ihr bereits heute am ersten Tag ausgeschissen!"

„Geh du voran!", flüsterte Paul zu seinem jüngeren Bruder.

John nickte. Seine Seekiste lastete bereits wie Blei auf seinen Schultern. Aber die wenigen Meter bis hinauf aufs Deck würde er schon noch schaffen. Er bemerkte, wie unsicher die Männer vor ihm über die Gangway gewankt waren. Schon der erste davon war ins Stolpern geraten, beinahe gestürzt. Gerade noch konnte der Mann seine Kiste mit seiner zweiten Hand vor dem Fall ins Wasser retten, aber das Gelächter der Seeleute, welche die Ankunft der Neuankömmlinge vom Oberdeck aus neugierig beobachtete, war dem guten Mann bereits sicher. Erst dann eilten ein paar von den jungen Matrosen herbei, um den Neuankömmlingen beim Tragen der Kisten zu helfen. Nun bemerkte auch John, dass es gar nicht so einfach war, auf einer schmalen, schwankenden Gangway zu gehen, ohne sich richtig festhalten zu können. Denn beide Hände brauchte man eigentlich zum Tragen der etwas sperrigen Seekiste. Dann hatte er es geschafft. Paul, der etwas kräftiger war, hatte wohl keine Schwierigkeiten gehabt. Endlich konnten sie die schweren Kisten an Deck abstellen. Zwei neue Seekisten die nichts zu erzählen hatten – noch nichts!

Überall roch es nach Teer und frischer Farbe sowie nach neuem Tauwerk. Wie all die anderen Neuen auch reckten die Brüder als Allererstes ihre Hälse. Sie blickten ehrfurchtsvoll nach oben. Die Masten, an deren Füßen rundum Enterhaken martialisch aufgereiht waren, schienen unendlich hoch zu sein. Das Gewirr aus Tauen und Leinen glich einem Spinnennetz, wobei solch ein Netz eine klare Struktur hatte. Aber das System der Takelage war einfach undurchschaubar. Paul wurde in den Knien weich bei dem Gedanken dort oben arbeiten zu müssen.

John empfand Ähnliches, wobei er neben dem mulmigen Gefühl auch die Lust verspürte, diese Herausforderung anzunehmen. Schon auf der Western Sky hatte er den routinierten Umgang der Besatzung mit dem Gewirr aus Tampen bewundert. John war sogar einer der wenigen Zwischendeckspassagiere gewesen, welche bei einigen Segelmanövern freiwillig mit Hand angelegt hatte. Vergünstigungen, wie Verköstigung vom Schiff, hatte er dadurch aber freilich keine bekommen. Allein die Abwechslung zum muffigen Aufenthalt im düsteren Zwischendeck, verbunden mit reichlich Bewegung an der frischen Seeluft, war für John Grund genug sich an Deck nützlich zu machen. Hier an Bord der Fregatte war alles größer, massiver. Und dann waren da auch noch die Kanonen, unten im Batteriedeck. Hier auf dem Oberdeck stand weitestgehend eine große, freie Fläche zur Verfügung, die nur von drei Masten, welche mit massiven Mastgärten umgeben waren, unterbrochen wurde. Dort wurden viele der Tampen belegt, welche zum Bedienen der Segel notwendig waren. Die meisten Taue jedoch, die zum Setzen und zum Bergen der Segel dienten, waren entlang der Bordwände an den Nagelbänken mit den sogenannten Belegnägeln festgemacht und kunstvoll aufgeschossen. So viel wusste John mittlerweile.

Während sich all die anderen Neuen bereits ein wenig ordneten, war er schon wieder in Gedanken versunken und so war es nicht verwunderlich, dass John schon nach so kurzer Zeit an Bord einen Rüffel einstecken musste: „Stell dich ordentlich in die Reihe Junge, glotze nicht so herum! Du wirst noch genügend Gelegenheit bekommen, um dich da oben zu bewähren!"

Der Offizier machte den Neuen schnell klar, dass von nun an ein anderer Wind herrschen würde.

Mit strengem Blick und autoritärem Gebaren richtete er sich nun an die ganze Gruppe: „Stellt euch geradlinig in einer Linie auf! Wenn ich auf euch deute, tretet ihr einen Schritt nach vorne! Ist das klar?"

„Aye, aye, Sir!" erscholl es laut und fast wie aus einem Munde.

Dann schritt der Offizier die Reihe ab. Ab und zu ließ er Männer nach vorne treten. Nun deutete er auf Paul Wagner. Der gesellte sich nun in die vordere Reihe. John dagegen, der direkt neben seinem Bruder stand, konnte stehen bleiben.

Paul hatte keine Ahnung, nach welchen Gesichtspunkten die Auswahl erfolgte. Er befürchtet aber, dass er nicht die ganze Zeit Seite an Seite mit seinem Bruder verbringen würde. Das hatte er sich doch so erhofft. Nun zerschlug sich diese Hoffnung bereits in den ersten Minuten an Bord dieses Schiffes. Wie recht er doch hatte! Das zeigte sich schon jetzt.

Nun befahl der Offizier in einem barschen Ton: „Die vordere Reihe stellt sich jetzt in einer Reihe an Steuerbord auf! Das ist rechts, wenn man nach vorne schaut! Ich hoffe, dass ich das kein zweites Mal erklären muss! Die anderen stellen sich backbords auf! Ratet mal, wo das sein könnte?"

John gesellte sich mit seiner Gruppe nach Backbord. Auch er hatte sich längst seine Gedanken über das gerade getätigte Auswahlverfahren gemacht. In seiner Reihe standen nun hauptsächlich jüngere und schlaksige Kerle. Die gedrungenen und kräftigeren Typen hingegen standen auf der anderen Seite. Auch seine Hoffnung, zusammen mit seinem Bruder zu bleiben, hatte sich bereits aufgelöst.

Nun trat ein bereits etwas älterer Mann in Uniform vor die Gruppe. Sein Gesicht war vom Wetter gezeichnet.

„Ich bin euer Bootsmann. Mein Name ist Ian Scooter. Ihr habt von nun an die Ehre dieses großartige Schiff hier zu segeln. Ihr werdet eure Arbeit hier an Deck und oben im Rigg verrichten. Keine Angst, bis jetzt ist noch keiner da oben geblieben!"

Die Augen des Bootsmannes funkelten zynisch. Sein Blick wirkte streng, hatte aber auch etwas Väterliches an sich.

Paul erfuhr zur gleichen Zeit, dass er nun dem Stückmeister Dick Jackson zugeteilt war. Der war ein Bär eines Mannes, dessen Gesicht von einem fülligen Vollbart und buschigen Augenbrauen fast vollends verdeckt war. Jackson war Herr über 36 Stück 18-Pfünder Kanonen.

„Anfangs verfügte die Philadelphia sogar über 44 Kanonen", erläuterte Jackson seinem neuen Team, „aber nun hat man zugunsten eines geringeren Tiefganges, agilerer Manövriereigenschaften und vor allem einer höheren Geschwindigkeit zuliebe acht Stück entfernt. Wenn man bedenkt, dass ein 18-Pfünder neun Mann als Bedienmannschaft erfordert – vom Stückführer bis zum Pulveräffchen – kann sich jedermann ausrechnen, dass dies nochmals 36 Mann zusätzlich für die Besatzung ausmacht. Irgendwelche Fragen?"

Paul war selbstbewusst genug, um sich zu melden: „Ich hätte da gleich zwei Fragen, Sir!"

„Gut, wie lautet dein Name und woher stammst du?"

„Paul Wagner, aus Deutschland, Sir!"

„Dann schieß los!"

„Erstens: Was ist ein Pulveräffchen? Und zweitens: Verzeihung, Sir, aber ich bin bei der Rechnung auf 72 Mann gekommen."

Jackson schmunzelte: „Sieh an, sieh an! Da kann doch einer sogar rechnen. Schreiben kannst du wohl auch noch?"

„Aber sicher, Sir. Ich bin auf einer Farm aufgewachsen und als Bauer, ich meine als Farmer, sollte man auch rechnen können."

„Nun gut, ich gebe dir ja recht, aber ganz so selbstverständlich ist das gar nicht. Zunächst zu deiner zweiten Frage: Diese Fregatte hat eine Besatzung von etwas mehr als 300 Mann. Allein für die 36 Stücke wären bei 9 Mann zur Geschützbedienung schon 324 Mann erforderlich. Wer zum Teufel, soll denn dann das Schiff noch segeln? Betet zu Gott, dass es niemals anders kommen wird, aber man geht davon aus, dass in der Regel nur auf je einer Seite ganze Breitseiten abgefeuert werden müssen. Mit anderen Worten erfordert dies nur noch die Hälfte. Und da mir bisher sogar diese Anzahl gefehlt hat, habe ich euch anfordern lassen. Eure Aufgabe wird es sein diese Kanonen, welche ihr gleich zu sehen bekommt, zu bedienen, und zwar so schnell es eben geht. Dafür werde ich schon sorgen! Aber ihr werdet natürlich auch noch anderen Aufgaben nachgehen müssen. Die meisten von euch sind wohl die reinsten Landratten, aber Kraft genug, um das Gangspill zu bedienen, unter anderem um den Anker zu hieven, werdet ihr schon noch bekommen.

Und nun Paul zu deiner ersten Frage. Das hier ist Egon," der Stückmeister zeigte auf den Jungen, der selbstbewusst ein wenig im Abseits stand und schon die ganze Zeit über die Neuen beobachtet hatte, „einer meiner Pulveräffchen. Er ist vor kurzem erst 14 Jahre alt geworden, ist aber schon beinahe zwei Jahre auf der Philadelphia. Er stammt, so wie du Paul, auch aus Deutschland. Seine Aufgabe ist es, so geschwind wie ein Äffchen, hin und her zu sausen, um vom Orlopdeck – das ist unterhalb des Batteriedecks – Pulverkartuschen zu holen, damit ihr nachladen könnt, ohne auch nur eine Sekunde warten zu müssen. Und der Egon schafft das, glaubt mir! Aber bis ihr so weit seid, um Egon zum Schwitzen zu bringen, wird es noch eine geraume Weile dauern. Stimmt's Egon?"

Egon nickte zustimmend: „So ist es, Sir!" Dabei grinste er keck wie ein Äffchen.

Der Stückmeister machte einen Wink: „Und nun packt eure Seekisten und folgt mir!"

Paul stemmte erneut seine Seekiste auf seine Schultern und folgte mit den anderen Neuen dem Stückmeister. Er hatte längst nicht alles verstanden, was dieser Jackson alles gesagt hatte. Pauls Englisch war bei weitem noch nicht so gut wie das seines jüngeren Bruders, der sich in der Stadt gut angepasst hatte. In Pauls Umfeld dagegen sprachen all die Nachbarn im Umkreis der nun niedergebrannten Farm Deutsch. Der Niedergang zum Batteriedeck war entsetzlich steil. Zum Glück hatte diese Treppe ein festes Geländer und Gott sei Dank boten sich auch hier Besatzungsmitgliedern mit kräftigen Armen Hilfe an. Aber trotz allem fiel es ihm nicht leicht mitsamt der schweren Kiste sicher hinabzusteigen.

Nachdem er die Kiste abgestellt hatte, sah er sich um. Zum ersten Mal in seinem Leben sah er das Geschützdeck eines Kriegsschiffes. An beiden Seiten der Bordwand standen in wenigen Metern Abstand Schiffsgeschütze. Von den bedrohlich aussehenden Kanonen abgesehen, wirkte das Deck im Vergleich zum Zwischendeck des Auswandererschiffes erstaunlich weiträumig. Hier sah er keine Kojen und somit gab es auch diese engen Durchgänge zwischen den Kojen-Reihen nicht. Die gesamte Schiffsbreite war frei begehbar. Nur nach hinten hin grenzte eine Wand den Bereich des Kommandanten und seiner Offiziere zur gemeinen Besatzung ab. Zwei Türen, an jeder Seite eine, erlaubte den Zugang zu den Räumlichkeiten der Schiffsführung. Mittig der Großmast, massiv wie eine Eiche. Weiter vorn erkannte er einen mittig angeordneten Raum, in dem sich ein gemauerter Ofen befand. Das war die Schiffsküche, die Kombüse wie er soeben erfuhr. Davor verlief der Fockmast. Dann verlief noch eine wuchtige, senkrechte Welle durch die Decks, welche an einem wulstigen Kern mit quadratischen Aussparungen versehen war. Die dazu passenden Handspaken zum Bemannen des Gangspills waren an der Zwischenwand aufgehängt. Das also war die Anker- und Segelwinde.

Arbeit schön und gut, aber wo konnte man hier seinen Schlafplatz finden? Dieser grundlegende Gedanke war für Paul erst einmal wichtiger als die ersten Eindrücke, die auf ihn sowieso sehr befremdlich wirkten. Nun verteilten Matrosen lange, wurstförmige Stoffrollen. Dabei verwiesen sie auf Haken, die in einem erschreckend niedrigen Abstand von knapp einem halben Meter, gesetzt waren. Sie verliefen entlang der Decksbalken, dicht unterhalb des Oberdecks. Etwas mehr als zwei Meter weiter, am nächsten Balken befanden sich die gegenüberliegenden Haken. Jetzt wurde Paul plötzlich klar, dass er wie all die anderen künftig in diesen Hängematten schlafen musste. Dicht an dicht! Hier schlief man Schulter an Schulter.

Unwillkürlich musste er wieder an Brigitte denken. Wenn er doch in dieser intimen Nähe an der Seite dieses zierlichen Mädchens schlafen könnte. Das wäre das Paradies auf Erden. Dies hier aber war selbst im Vergleich zu den Kojen im Zwischendeck des Auswandererschiffs eher die Hölle. In solch einer mehr oder minder durchhängenden Matte konnte man sich ja noch nicht einmal herumwälzen, ohne gegen den Nachbarn zu rumpeln. Das Schlafen auf dem Bauch war schon gleich gar nicht möglich. Mit Entsetzen begriff er auf einmal, dass sich von nun an, nicht nur die Nächte, sondern auch sein künftiger Alltag direkt zwischen den Kanonen abspielen sollte.

Paul musste diesbezüglich noch einiges lernen. Bald würde er wissen, dass man hier schlief, hier aß und sich hier zu den Kameraden gesellte. Die Tische, die zwischen den Kanonen kardanisch aufgehängt werden konnten, nannten sich, ebenso wie der erhöhte Vorbau auf den Decks von Schiffen, Back. Die Gruppe, die einem solchen Tisch zugeteilt war, nannte sich Backschaft. Und derjenige, der damit beauftragt war, das Essen auf dem Tisch zu servieren, war der Backschafter.

Paul ahnte, dass er von nun an direkt an den Kanonen mit seinen vielen Schicksalsgenossen gedrillt werden würde. Dort musste er kämpfen und vielleicht würde er dort verwundet werden oder gar im Gefecht fallen. Dieses martialische Leben war nicht das Seine. Ihm war danach, sich umzudrehen und einfach davonzulaufen. Aber nun war es zu spät. Paul war in der Stimmung John zu verfluchen. Der hatte doch auf ihn eingeredet und ihm suggeriert, dass das Leben bei der Navy zwischenzeitlich eine gute Lösung sei.

Hätte ich doch lieber als Knecht auf irgendeiner Farm oder als Hilfsarbeiter in der Stadt gearbeitet, dachte sich Paul vorwurfsvoll, und nun, verflucht noch mal, bin ich hier auf einem verdammten Kriegsschiff! Nur wegen meinem idiotischen

Verantwortungsbewusstsein und das bloß wegen meinem hirnrissigen Bruder.

„Lassen Sie Segel setzen, Lieutenant Cox!"

Captain Bainbridge wollte sein Schiff endlich wieder in Fahrt sehen. Heute war der 28. Juli. Nun war es Sache des Ersten Offiziers diesen Befehl an den Master zu delegieren. Der rief dann den Befehl durch das messingglänzende Megaphon nach vorne: „Vorstagsegel und Außenklüver setzen!"

„Vorstagsegel und Außenklüver setzen!", wiederholte der zuständige Mann am Fockmast bestätigend zurück. Jeder der drei Masten die jeweils drei Rahen trugen, wurde von einem erfahrenen Toppsgasten beaufsichtigt. Diese gaben nun die Befehle der Schiffsführung an die Matrosen weiter.

„Fock zum Setzen klarmachen!" befahl der Master.

Während die ersten beiden dreieckigen Vorsegel bereits am vordersten Mast in die Höhe glitten, enterten bereits die ersten Matrosen in die Wanten des Fockmastes hinauf. Routiniert, aber nicht übereilt.

Captain Bainbridge, der den Müßiggang der letzten Monate längst überhatte, war mit dem Ablauf längst noch nicht zufrieden.

„Die Männer haben keinen Schwung mehr, Lieutenant Cox! Das lange herumhängen während unserer Werftliegezeit hat sie träge gemacht. Damit können wir die Leute auf der Pier mit unserem Ablegemanöver nicht gerade beeindrucken!"

„Sie haben recht, Sir! Das wird sich in Kürze ändern!"

„Das will ich hoffen!"

Mittlerweile hatten die Matrosen die unterste Rah des Fockmastes erklommen. Nun verteilten sie sich zu beiden Seiten des Mastes auf der Rah. Dabei standen sie nur auf mehr oder minder straffen Tauen, den Fußpferden, und lehnten sich bäuchlings über die Rah. Nachdem sie die Zeisinge gelöst hatten, mit denen die Fock dicht an die Rah gebändelt war, fiel das große Segel ein wenig nach unten. Dann wechselten die Matrosen hinauf zur nächsthöheren Rah, um auch diese zum Setzen klarzumachen.

„Vorstagsegel und Außenklüver dichtholen! Vorleine loswerfen!"

Die beiden im ablandigen Wind flatternden Segel wurden nun mit vereinten Kräften straffgezogen und festgemacht. Die Vorleine wurde an Land vom Poller gelöst und platschte nun ins Wasser. Schon driftete der Bug der Fregatte von der Pier weg, während das Heck immer noch von der Achterleine gehalten wurde.

„Setzt die Fock!", brüllte der Master nach vorne.

Die Männer lösten die entsprechenden Leinen an den Nagelbänken entlang der Bordwände. Erst jetzt kam das große, viereckige Rahsegel in seiner vollen Größe nach unten. Wieder andere zogen an den Schoten das vom Wind geblähte Segel straff. Das gleiche geschah nun auch am Großmast.

„Achterleine los und einholen!", erscholl ein Befehl. Diese platschte gleich darauf ins Wasser und schon nahm die Fregatte beständig Fahrt auf.

Auf der Pier des Marineareals jubelten die Leute. Da gab es Angehörige, denen die Tränen in den Augen standen. Da waren Kameraden von anderen Schiffen oder welche, die ihre Posten an Land hatten. Aber alle winkten und jubelten.

Auch jedes Besatzungsmitglied, welches eine Hand frei hatte, winkte und brüllte. Vielen fiel der Abschied schwer. Schließlich ließen sie Frau und Kinder oder irgendwelche Liebschaften zurück.

Bei so einem Ereignis eilten auch hunderte Bürger der Stadt Philadelphia herbei. Sie suchten sich im Hafen einen geeigneten Platz, um ihr Schiff beim Auslaufen zu bewundern und zu verabschieden. Die USS Philadelphia sah auch wirklich prächtig aus, wie sie damit rauschender Bugwelle durch den Delaware glitt. Ein Segel nach dem anderen kam weiter hinzu, blähte sich eindrucksvoll im Wind. Passanten riefen der Fregatte grölend zu, wünschten ihr viel Glück auf ihrer Reise.

Glück war auf See unabdingbar, auf einem Kriegsschiff sowieso. Noch aber konnte keiner an Bord ahnen, dass es, zumindest für die nächsten Jahre, keine Wiederkehr geben würde.

Ein tiefschwarzer Himmel im Norden überzog die Küste Neufundlands. Grimmig aussehende dunkelgraue Wolken jagten im zunehmenden Nordwestwind hinaus auf die graue See. Dagegen funkelte die Brandung blendend weiß und die Klippen strahlten wie ein helles Band, das von der noch tief stehenden morgendlichen Sonne beleuchtet wurde. Ein Kontrast, der gleichzeitig schön und bedrohlich wirkte.

Die Philadelphia stampfte unter vollen Segeln im zunehmenden Seegang. Sie raste im schräg achterlich einfallenden Raumwind wie ein ungestümer Mustang dahin. Die See wirkte ruppig und zerfurcht, die Wogen waren schaumgekrönt und die Wolken am Himmel fegten nur so dahin. Captain Bainbridge stand aufrecht an den Finknetzen. Derzeit waren diese doppelten Netze leer und dienten nur als Reling. Im Gefecht jedoch waren sie gefüllt mit

Hängematten, welche als Splitterfang zu dienen hatten. Der Kommandant blickte nach oben und betrachte die knallhart gewordenen Segel. Dann wandte er sich um und sah auf das sprudelnde Kielwasser, welches immer länger zu werden schien. Es war eine wahre Pracht, wie seine Fregatte über die Wellen nordostwärts jagte. Er liebte sein Schiff. Es war zwar keine der ganz großen Fregatten der U.S. Navy, aber dafür eine der schnellsten. Wendiger als die großen war sie ohnehin, worauf er stolz war.

Zuvor wurden zwölf Knoten beim Loggen gemessen. Das ergäbe ein Etmal von 288 Seemeilen, errechnete er im Kopf – die Strecke, welche ein Schiff von Mittag bis zum nächsten Mittag zurücklegt. Natürlich nur, wenn man diese fantastische Fahrt über 24 Stunden beibehalten könnte. Mit Bedauern beobachtete Bainbridge die Wand im Westen, die immer größer und schwärzer wurde. Ein Sturm bahnte sich an, weshalb das Stampfen und Rollen der Fregatte immer mehr zunahm. Noch war man dem Wetter über Neufundland ausgesetzt, noch trieb das Schiff nicht im stabilen Passatwind.

Der Kommandant wandte sich an Thomas McDonough, den zweiten Offizier, der von acht bis zwölf Uhr wachhabender Lieutenant war: „Lieutenant McDonough, ich denke es ist an der Zeit, Segel wegzunehmen! Eigentlich schade bei dieser Fahrt!"

McDonough nickte. Er hatte längst auf diesen Befehl gewartet.

„Aye, Sir! Sieht nicht gut aus da drüben!"

Dann erhob er seine kräftige Stimme, welche vorerst noch kein Megaphon erforderte. Die Flüstertüte würde er erst brauchen, wenn das Heulen eines Orkans jede andere Verständigung unmöglich machen würde.

„Klarmachen zum Bergen der Untersegel und der Bramsegel! Klarmachen zum Reffen der Marssegel!"

Schon erschollen die Rückmeldungen der Posten an den drei Masten. Jetzt kam Bewegung an Deck. Wie die Ameisen erstürmten die Matrosen die Masten.

John Wagner war einer der vielen Matrosen, die nun affenartig ins Rigg aufenterten. Jeden Tag hatte er nun schon da oben geübt oder gearbeitet. Mittlerweile verspürte er in dieser schwindelerregenden Höhe nicht mehr das mulmige Gefühl und die weichen Knie, die ihm anfangs das Klettern erschwert hatten. Auch die Gedanken, dass die Muskeln der Unterarme und der Finger bei der Arbeit in der Höhe versagen würden, hatten sich im Laufe der Zeit gelegt. Das Hochentern in den Wanten war anfangs auch für seine nackten

Fußsohlen noch eine Pein gewesen, obwohl diese das Barfußlaufen gewohnt waren. Heute machte ihm das gar nichts mehr aus, denn die Hornhaut auf den Fußsohlen war dick und hart geworden. Schon erreichte er die Mars. Beim ersten Mal hatte er sich noch durch den in der Plattform angebrachten Durchstieg, der das Soldatenloch genannt wurde, gezwängt – ganz so wie die Scharfschützen der Seesoldaten. Heute bezwang er mühelos die außen überhängenden Püttingswanten. Ohne die Mars noch zu betreten konnte man nun auf den zur Bramsaling führenden Oberwanten weiter klettern. Diese obere Plattform war immerhin schon in gut 40 Metern Höhe.

John bemerkte, dass es nun zunehmend immer schwieriger wurde. Es war nicht alleine die große Höhe, denn an die hatte sich John weitestgehend gewöhnt. Heute war es schwieriger als sonst. Bisher war er immer nur bei leichtem Seegang im Rigg gewesen, aber diesmal rollte das Schiff heftig. Je weiter man nach oben kam, desto mehr schwang man seitlich hin und her. Das erforderte Kraft. John wollte eigentlich einen Halt einlegen, sich bei den starken Bewegungen festklammern und einen ruhigeren Moment ausnutzen, um weiter voranzuklettern, aber von unten drängte bereits ein Dutzend weiterer Kameraden nach oben.

Nur Mut, sprach sich John selber zu, geh zu! Dann erreichte er die Marsrahe. Das Übersteigen von den Wanten auf die Rah war ein heikler Moment. Besonders bei diesen Schwankungen. Aber letztendlich machte er es genauso, wie der ihm vorausgehende Matrose. Der war ein sehr erfahrener Seemann.

Geschafft! Dann folgte er diesem auf den Fußpferden bis nach weit draußen. Tief unter seinen Füßen sah er die Wogen vorbeirasen. Dann beugte er sich weit nach vorn, legte sich bäuchlings auf die Rah und zerrte gemeinsam mit den anderen an dem schweren Tuch des zu reffenden Segels.

Nun wurde die Segelfläche auf der ganzen Breite auf etwa die halbe Höhe des Segels reduziert. Dazu dienten die Reffbändsel, welche im Segel eingebunden waren. Mit diesen wurde nun die obere Hälfte des Segels an der Rah angebunden. John hatte dies bereits mehrmals geübt, im Hafen und bei Windstille. Diesmal war es ganz was anderes! Der starke Wind machte einem die Arbeit schwer. Gemeinsam mühten sich die Matrosen ab, um das schwere Segel zu bändigen. Hinter ihrem Rücken folgte ihnen der aufkommende Sturm. Ein schwerer Brecher ging über die Back und durchnässte all die Männer, die vorn am Bug arbeiteten.

Erschöpft stieg John nach getaner Arbeit wieder nach unten. Das Schiff lief nun ein wenig langsamer, krängte aber schon um einiges weniger. Nun konnte der Sturm kommen! Diese Fregatte konnte schon einiges einstecken. Eine ruckartige Bewegung, verursacht durch eine besonders steile See, veranlasste John mit seinen Fingern die Want eisern zu umgreifen. Mit Bedacht setzte er seinen steilen Weg abwärts fort. Unten angekommen sprang er aufs Deck. Er war stolz auf sich. Gleichzeit aber machte er sich schon Gedanken, wie es wohl sei, wenn der Sturm sich zum Orkan steigern würde. Wenn er unter weitaus schwierigeren Bedingungen bei Nacht und Regen dort oben würde arbeiten müssen.

„Gut gemacht, Johnboy! Ich hab' dich da oben beobachtet!"

John drehte sich um. Da stand Paul und grinste und schlug im anerkennend auf die Schulter. Sein Gesicht war blass und wirkte grünlich.

John sah seinen Bruder hämisch grinsend an und erwiderte: „Danke Paul! Und was machst du? Hast du wieder die Fische gefüttert?"

Paul nickte beschämt. Im Gegensatz zu John machte ihm der Seegang nämlich mächtig zum Schaffen und nun musste er sich auch noch von seinem jüngeren Bruder veräppeln lassen.

„Und nun stehst du hier herum und hältst Maulaffen feil! Hast du nichts zu tun?", fügte John rotzfrech noch hinzu.

Der gutmütige Paul deutete bereits mit seiner Hand eine Ohrfeige an, welche er John auch am liebsten vor den Augen der Anderen gegeben hätte.

„He, he! Während ihr da oben rumgetrödelt habt, haben wir die Geschütze sturmfest gezurrt, oder was glaubst du, was passiert, wenn sich solch ein 18-Pfünder losreißt und dann durchs ganze Schiff rollt und die Bordwand durchbricht. Hä? Dann wären deine Bemühungen da oben nämlich für die Katz gewesen!"

„Gut, gut! Ich geb's ja zu, Bruderherz! Was wäre ich ohne dich!" John lächelte verschmitzt.

Paul dagegen mimte den Grimmigen: „Ohne dich würde ich jetzt meine Zeit in der Natur verbringen. Auf grünen Feldern und Wiesen und nicht dort unten in der düsteren Enge zwischen martialischen Kanonen!"

Für Paul war die Begeisterung seines jüngeren Bruders oft nur schwer zu begreifen. Immerhin war Hans genauso wie er selbst weitab vom Meer aufgewachsen. Allerdings fand Hans sogar Gefallen an einem heftigen Seegang, wenn er sich nicht unbedingt in der kalten Nässe eines stürmischen Nordwinds, oder unten bei geschlossenen Stückpfosten im muffigen Deck befand. Für ihn gab es nichts Schöneres, als bei angenehmen Temperaturen an Deck, oder gar hoch oben im Rigg zu stehen, und die hohe Dünung des Atlantiks zu genießen. Schon während der Überfahrt nach Amerika, mit all den Auswanderern hatte Hans einmal gesagt, dass für ihn das Meer eine bewegliche Brücke sei, die in allen Himmelsrichtungen in die Ferne führte. Für Paul ein vollkommen absurder Gedanke! Für ihn selbst war das Meer immer noch ein fremdartiges Element, das zugegebenermaßen manchmal wunderschön sein konnte, sich dann aber ganz plötzlich, schon fast heimtückisch zu einem furchteinflößenden Monstrum entwickeln konnte.

John bemerkte die fast traurige Nachdenklichkeit im Gesicht seines Bruders. Immerhin war es seine Schuld, dass der nun mit an Bord dieses Kriegsschiffes war, weshalb er versuchte, ihm Mut zu machen: „Du wirst sehen Paul, die ein, zwei Jahre sind so schnell vergangen!"

Wie sehr sich John doch irren sollte.

Die Philadelphia machte gute Fahrt. 18 Segel waren gesetzt. Das Deck war noch nass vom letzten Regenschauer, trocknete aber bereits langsam ab. Die Wolken im Westen lösten sich über dem Horizont bereits auf, sodass die nun untergehende Sonne noch mit ihren letzten Strahlen ein wenig Wärme an die Decksbesatzung abgab.

Captain Bainbridge saß an der Stirnseite an einem langen Tisch in der Messe. Selbst im Sitzen war seine große Statur zu erkennen. Seine an der Stirn aufstehenden Locken und die langen Koteletten ließen ihn noch größer erscheinen. Meist aß er alleine in seiner Kapitänskajüte. Heute jedoch gesellte er sich zum Dinner zu seinen Offizieren. Noch hatte der Smut etwas Ordentliches zubereiten können. Es gab Braten in Soße mit guten Kartoffeln und Sauerkraut. Das Kraut schmeckte zwar nicht jedem, aber der britische Entdecker James Cook hatte es bei der britischen Navy nicht umsonst als notwendigen Proviant eingeführt. Ebenso Zitronen, Limetten und andere Südfrüchte waren unabdingbar. All dies half schließlich sehr erfolgreich gegen Skorbut und was bei den Briten half, konnte bei der U.S. Navy nicht schaden. Zum Nachtisch wurde Pudding mit gezuckerten Beeren serviert, was bei den Leuten schon wieder sehr viel besser ankam. Doch je länger die Atlantiküberquerung dauern sollte, desto schlechter würden die Mahlzeiten werden. Das war jedem klar.

Ganz einfach war die Einnahme des Abendessens aber nicht gewesen, denn obwohl der Sturm schon vorüber war, hob die Dünung des Atlantiks das Heck der Fregatte immer noch heftig auf und ab.

Bainbridge hob seinen Bierkrug an und seine Offiziere folgten seinem Beispiel.

„Den Sturm haben wir unbeschadet hinter uns gelassen und wir machen weiterhin gute Fahrt. Nun stoßen wir darauf an, dass unser Törn weiterhin so gut verläuft! Cheers!"

„Cheers!", erwiderten die Offiziere im Chor.

Für Thomas McDonough, den Zweiten, war es das erste Mal gewesen, zusammen mit seinem Kommandanten zu dinieren. Nun platzte aus ihm die Neugierde, vielleicht war es auch das Bier, welches seine Zunge locker gemacht hatte.

„Capt'n, darf ich Sie fragen, wie lang' Sie schon zur See fahren bzw. schon bei der Navy sind?"

„Na, schon eine ganze Weile! Mit 15 ging ich zur Handelsmarine. Mit 19 übernahm ich das Kommando auf einem Schoner. Mit 25 war ich Kapitän. Und nun sehen Sie mich an! Jetzt bin ich schon im gediegenen Alter von 28 Jahren."

Alle lachten. Der Kommandant konnte mit Leuten umgehen. Manchmal war es ihm sogar nach Scherzen zumute. Oft aber war er ernst, oft in sich verschlossen – aber das waren schließlich die meisten Kapitäne.

„Und in welchen Gebieten waren Sie eingesetzt, Sir?"

„Nun Mr. McDonough, Sie können sich vorstellen, dass ich jetzt nicht alles auflisten möchte. Aber so in den letzten Jahren des vergangenen Jahrhunderts war ich hauptsächlich in karibischen Gewässern. So unter anderem als Lieutenant und Kommandant auf der USS Retaliation. Da waren wir ja noch in Zwietracht mit den Franzmännern. Dabei haben wir uns gleich gegen zwei Fregatten eingelassen. Der L'Insurgente und der Volontaire. Naja, da haben wir dann halt den Kürzeren gezogen. Bei dieser überlegenen Feuerkraft hatten wir eben keine Chance!"

„Und wie ging das aus, Sir?", wollte der Schiffsarzt Dr. Schumaker wissen.

„Naja, nicht so gut. Als Kommandant wollte ich es nicht verantworten, dass wir in solch einem fragwürdigen Pseudokrieg sinnlos bis zum letzten Mann kämpfen. Es hat sich im Nachhinein ja auch gezeigt, dass die Querelen mit den Franzosen nur von temporärer Art waren. Und so haben wir uns eben ergeben und sind in Gefangenschaft geraten."

„Und für wie lange, Sir?"

„Wir verbrachten so knapp ein halbes Jahr auf Guadeloupe!"

„Da hatten Sie aber Glück, Sir! Verzeihen Sie, wenn ich das sage, aber es hätte ja natürlich auch sehr viel länger werden können!"

„Aber ja doch, Mr. Schumaker. Wie ich doch eben sagte: Für diesen Quasi-Krieg gegen die Franzosen hätte sich das Sterben einfach nicht gelohnt! Trinken wir auf die Freiheit! Cheers!"

Wieder machte ein Umtrunk die Runde.

„Und wie ging es mit Ihnen weiter, Sir?", fragte McDonough.

„Wieder in der Karibik kommandierte ich im Verband die USS Norfolk. Unsere Aufgabe war es, dieses von Piraten verseuchte Gewässer wieder sicherer zu machen. Schon bald hatten wir Erfolg und haben ein Kaperschiff mit 14 Kanonen aufgebracht und das, obwohl uns zu du diesem Zeitpunkt äußerst heftige Böen mächtig zu schaffen gemacht haben. Zwei Stengen sind uns deswegen gebrochen."

„Und dann?"

„Nun war zunächst eine Reparatur erforderlich. Diese wurde in St. Kitts durchgeführt. Kurz danach haben wir zusammen mit der USS Ganges das Kaperschiff Vainqueur aufgebracht. Im Juli 1799 schützen wir dann einen Konvoi von Handelsschiffen und konnten dabei eine französische Fregatte abwehren. Im November fingen wir eine französische Sloop ab und im Februar des folgenden Jahres haben wir dann den Schoner Beauty gejagt. Der Schoner konnte sich zwar zunächst in flache Gewässer zurückziehen, wo es unser Tiefgang nicht erlaubt hat, zu folgen, aber ...", Bainbridge setzte genüsslich eine Pause ein, „... aber auch auf Distanz konnten wir dann den Schoner mit unseren Kanonen in Stücke schießen. Ihrem Namen konnte die Beauty dann nicht mehr gerecht werden. Sie war dann nur noch ein hässlicher Trümmerhaufen!"

Wieder lachte die Runde.

„Respekt, Sir!", meinte der Zweite und deutete eine Verneigung vor seinem Kommandanten an. Diesen Respekt brachte er William Bainbridge wirklich entgegen und er sagte das nicht etwa, um sich irgendwelche Vorteile zu erhaschen. So fuhr er fort: „Dann hat die Philadelphia einen Kommandanten, der genügend Erfahrung hat, den Barbaren mal zu zeigen, was man mit Piraten macht."

Bainbridge lächelte kurz. Für einen Moment war er in sich versonnen und meinte dann: „Diese Verbrecher können sich nennen, wie sie wollen: Korsaren, Kaper, Freibeuter, Piraten, Seeräuber, Bukaniere, Flibustier, oder wie auch immer. Ich werde diese Ratten jagen – und wenn es bis auf den Grund der See sein soll!"

Noch konnte Bainbridge nicht ahnen, dass diese Aussage einer Prophezeiung gleichkam.

Einige Tage später war die vom Sturm verursachte Dünung zu einem milden Seegang geworden. Der Himmel war blau, der Passatwind zeigte sich längst gleichmäßig und beständig. Die Philadelphia hatte sämtliche Segel gesetzt, selbst die weit ausladenden Leesegel. Majestätisch, geradezu erhaben, mit einem mit gestreckten Schwingen gleitenden Albatros vergleichbar, zog sie ihre Bahn durch die blaue See auf Kurs Nordost. Ihr gut geschnittener Vorsteven zerschnitt die Wellen wie heiße Butter. Eine prächtige Bugwelle bezeugte ein flottes Vorankommen. An dieser Welle hatte nun auch eine Schule Delfine ihre Freude. Sie sprangen abwechselnd in ihr hindurch, schwammen neben ihr her oder sie querten gar in minimalem Abstand den Bug. Obwohl sie oft nur in einer Flossenlänge Abstand quer am Vorsteven vorbei zischten, kamen sie niemals in Berührung mit dem Schiff. Diese fischähnlichen Kreaturen liebten die Abwechslung und so geschah es öfters, dass sie über eine geraume Weile Schiffe begleiteten. Die Männer an Deck sahen zu, wie diese eleganten schlanken Körper, welche am Rücken dunkelgrau und am Bauch beinahe weiß waren, mühelos durch die See rasten. Ab und zu beschleunigten sie dann auch noch blitzartig, oder sie rollten sich um ihre eigene Längsachse. Immer wieder sprangen sie in eleganten Bögen durch die Wogen. Auch für die Seeleute, welche dieses Spiel beobachteten, war dies eine willkommene Abwechslung. Allerdings verschwanden sie auch wieder so schnell, wie sie gekommen waren. Plötzlich huschten größere graue Schatten durch die Wogen.

„Haie! Seht doch, ein Hai!", schrie einer der Seesoldaten an Deck. Wegen des anstehenden Waffen-Exerzieren hatte er eine Muskete im Arm.

„Ach Unsinn, schau doch mal genauer hin!", belehrte ein Matrose den Schreienden.

„Hast ja recht, Mann!", gab der Seesoldat Edwin Morris verdrossen zu und zog sich aus der Menge zurück.

Es waren nämlich drei große Tümmler. Eine größere Delfinart mit gleichmäßiger mittelgrauer Färbung, die auf den ersten Blick wegen ihrer Größe und Farbe schon mal verwechselt werden konnte. Die Tümmler hatten ihre kleineren Artgenossen vertrieben. Nun folgten sie dem Schiff. Zwar weniger verspielt aber mit den gleichen eleganten Sprüngen.

Plötzlich peitschte ein Schuss auf. Ein Tümmler quietschte markerschütternd auf, eine Blutbahn hinter sich herziehend. Blut spritzte auch als Fontäne aus seinem Blasloch. Das letzte Ausatmen dieser Kreatur. Dann versank der tote Körper in den Fluten, während die beiden anderen Delfine ihr Heil in der Flucht suchten.

„Ein schlechtes Omen!" raunzte Collin Evans. Das war der Vollmatrose, der John angeworben hatte. Trotz seiner Bräune wirkte er blass und erschrocken. „Hoffentlich droht uns kein Unglück!"

„Ach Unsinn, war doch nur ein blöder Fisch oder so was Ähnliches!", erwiderte Edwin Morris, der sich plötzlich nicht mehr so sicher war, ob er nun für seinen unsinnigen Schuss gerügt oder gar hart dafür bestraft wurde, weil ihm niemand die Erlaubnis dazu gegeben hatte.

„Du hast doch gar keine Ahnung, du ...! Na, wir werden schon noch sehen, wie es das Schicksal mit uns meinen wird."

Mittlerweile plagten auch andere Zweifel.

„Schluss jetzt mit der Gafferei!", fauchte David McKillroy, Lieutenant der Seesoldaten. Den schien das unerlaubte Abfeuern einer Waffe kaum zu stören. „Meine Leute stellen sich sofort am Großmast auf! Holt eure Musketen!"

Jetzt war für die Seesoldaten Drill angesagt. Heute stand Waffen-Exerzieren auf dem Plan. Das Laden der Musketen musste so schnell wie möglich geschehen, und dass ein Seesoldat treffen konnte, war gerade bewiesen worden. Nun sollten die Scharfschützen zeigen, dass sie im Aufentern auf die Mars auch nicht langsamer waren als die Matrosen. Diese Plattform in etwa 20 Metern Höhe bot den Schützen einen hervorragenden Platz zum gezielten Schießen: im Gefecht, wenn die Schiffe sich zum Entern klarmachten und nur noch in geringer Distanz voneinander waren, oder wenn der Enterkampf bereits entbrannt war.

Drill war auch bei den Schiffsgeschützen angesagt. Dick Jackson, dem Stückmeister, war aus jahrelanger Erfahrung längst klar, dass nur zähes und ausreichendes Üben – oft bis zur Erschöpfung – aus seinen Männern eine schnelle, zuverlässige Kampfmaschine machen würde. Nur mit ausreichender Routine konnte man schneller und besser als der Gegner sein. Davon hing es oft ab, ob aus einem Gefecht ein Sieg, oder eine Niederlage werden würde. Zwar verfluchten die Männer diese schweißtreibende Zucht, aber gleichzeitig brachte es die Männer näher zusammen. Letztendlich konnte auch das Überleben jedes Einzelnen von der Leistungsfähigkeit des gesamten Teams abhängen.

Paul schwitzte bereits, aber er war harte Arbeit gewöhnt. Er kannte den Ablauf an den Geschützen schon recht gut und er hatte festgestellt, dass Beschäftigung das Beste war, um ihm das flaue Gefühl der Seekrankheit aus dem Magen zu nehmen. Er litt immer noch etwas daran.

Paul rammte gerade eine Pulverkartusche, einen Stopfen, eine Kugel und zuletzt noch einen Stopfen mit dem Rammstock ins Rohr. Danach wurde das Geschütz durch gemeinsames, kräftiges Ziehen am Kanonentakel durch die geöffneten Stückpforten ausgerannt. Mittels Richtkeil musste nun der Geschützführer entfernungsabhängig das Geschütz in seinem Elevationswinkel ausrichten. Dann wurde die Lunte angesetzt und das Feuersteinschloss gespannt.

„Feuer!", befahl der Stückmeister allen Stückmannschaften an der Steuerbordseite gleichzeitig.

Nun rissen alle Geschützführer die vorgespannte Abzugsleine zum Feuern durch. 18 Kanonen feuerten gleichzeitig. Dabei rumpelten sie durch den Rückstoß so weit nach hinten, bis sie von den dicken Brooktauen, welche die Lafetten mit der Bordwand verband, ruckartig angehalten wurden. Ein ohrenbetäubender Lärm durchbrach die Ruhe auf dem Atlantischen Ozean. Es war geradezu ein Inferno. Das ganze Schiff wurde in Rauch gehüllt. Das Batteriedeck füllte sich mit Qualm sowie beizender Pulverdampf das Atmen schwer machte und in den Augen brannte. Und das war gerade mal eine einzige Breitseite gewesen!

Die Wucht des Rückstoßes hatte Paul mächtig beeindruckt. Erst jetzt wurden ihm die Warnungen bei der Einweisung durch den Stückmeister so richtig gewahr. Jackson hatte ausdrücklich und wiederholt darauf hingewiesen, dass man beim Feuern nicht im Wege stehen sollte. Schon zu viele waren durch plötzliche zurückschnellende und stählern hart werdende Brooktaue schwer verletzt worden. Andere gar waren durch die wie ein Rammbock zurücksausenden Lafetten schon zu Tode gekommen. Gerade

Neulinge fanden sich oft nach ihren ersten Einsätzen im Schiffslazarett wieder.

Paul überlegte sich auch, wie wohl ein richtiges, langanhaltendes Gefecht sein würde. Es graute ihm, sich eine richtige Vorstellung davon zu machen. Nun wischte er das heiße Kanonenrohr aus, bereitete es für den nächsten Schuss vor. Dann simulierte er das Einrammen der nächsten Pulverkartusche.

Natürlich wurde zum Üben nicht jedes Mal wertvolles Pulver vergeudet und Kugeln verschossen, sondern das Laden wurde ab jetzt nur noch angedeutet. Das Auswischen und das Einrammen mit dem Rammstock erfolgten ab jetzt im leeren Rohr. Letztendlich war das Simulieren noch mühsamer, denn nun fehlte der Rückstoß vom Feuern. Jetzt mussten die schweren Kanonen nach dem Ausrennen jedes Mal wieder von Hand an den Rücklauftakeln zur Schiffsmitte hin gezerrt werden. Der Drill war mühselig und kräftezehrend. Aber Paul war zäh. So sehr er anfangs die Hängematten verabscheut hatte, so freute er sich jetzt darauf. Er wusste, dass er nachts einen tiefen Schlaf finden würde.

Es waren gerade vier Wochen seit dem Ablegen in Philadelphia vergangen, als genau im Osten Land in Sicht kam. Schon seit Stunden wanderte Captain Bainbridge ruhelos an Deck auf und ab. Steile Klippen umsäumten die karge Berglandschaft der spanischen Südküste. Die Querung des Atlantiks war flott und ziemlich ereignislos verlaufen. Die Crew der Fregatte hatte im Passatwind genügend Gelegenheit erhalten, sich für alle Aufgaben einzuarbeiten und für alle Gefahren zu wappnen.

Nun lag Cádiz genau im Norden. Es war eine von mächtigen Mauern umgebene und gut befestigte Stadt auf einer schmalen Halbinsel. Dort war auch der Hafen der spanischen Kriegsflotte. Captain Bainbridge machte sich seine Gedanken. Er war froh darüber, dass er sich derzeit wenig Sorgen über die Spanier und die Franzosen machen musste. Der niemals formal erklärte Seekrieg zwischen der Republik Frankreich und den Vereinigten Staaten war zum Glück Ende 1800 beigelegt worden. Die Spanier kooperierten bis heute mit Napoleon und seinen Franzosen. Auch mit den Engländern war man schon längst nicht mehr im Krieg, seit man sich die Unabhängigkeit 1776 erstritten hatte. Zum Glück waren die Feindschaften mit all diesen Staaten ein Stück Geschichte geworden.

Ein paar Jahre zuvor hätte dem Kommandanten der Philadelphia die bevorstehende Passage durch die Straße von Gibraltar bedeutend mehr Kopfzerbrechen bereitet. Die Durchfahrt durch die Meerenge stellte nun für die gut bewaffnete Fregatte keine große Gefahr dar. Trotzdem grübelte Bainbridge weiter. Im Südosten lag die marokkanische Berber-Stadt Tanger.

Die Marokkaner gehören auch zu den vermaledeiten Barbaresken, welche unsere Handelsschifffahrt gefährden und das Piratenunwesen im Mittelmeer von höchster Stelle aus fördern, dachte sich Bainbridge mit einer guten Portion Ärger im Bauch. Doch auch er konnte sich der Faszination des riesigen und noch reichlich unerforschten Kontinents nicht entziehen. Die Küste Afrikas war nur noch wenige Segelstunden vom jetzigen Standort entfernt.

Kapitel 3: Vor Spaniens Küsten

Mit stark angebrassten Segeln kämpfte sich die Philadelphia mühsam ostwärts voran. Die spanische Südküste war nah, doch zu sehen war sie derzeit nicht. Der Himmel war nämlich ziemlich wolkenverhangen und Nieselregen zog gelegentlich in Schwaden über die graue See. Der stetige Wind kam aus Südsüdost und genau in dieser Richtung lockerte sich die Wolkendecke langsam auf.

Captain Bainbridge war guter Laune. Seit sein Schiff Gibraltar hinter sich gelassen hatte, war nämlich sein Jagdfieber wieder zum Leben erwacht. Dort hatte er erfahren, dass sich zwischen Almería und Kap Gata angeblich zwei Korsaren herumtreiben sollten. Dort war die Chance für die maurischen Freibeuter groß, Schiffe abzufangen, welche entweder vom Atlantik herkamen oder auf dem Heimweg waren und Gibraltar ansteuerten. Nun konnte er es gar nicht mehr erwarten, dem erstbesten Barbaresken-Freibeuter hinterherzustellen. So wie ein Falke auf eine Maus, oder besser noch, wie ein Adler auf einen Fuchs, wollte er sich auf dieses beutegierige Gesindel stürzen. Allerdings hatte gleich nach der Durchfahrt durch die Meerenge das Wetter umgeschlagen und die Sicht hatte sich immer weiter verschlechtert. Die Chancen auf Korsaren zu stoßen, waren momentan eher gering.

Bis zur Ankunft des neuen Geschwaderkommodore, Edward Preble, in Gibraltar, konnte es noch eine Weile dauern. Mittlerweile konnte sich die Philadelphia aber schon nützlich machen, indem sie sich auf die Jagd nach diesen räudigen Sandhaufenbanditen machte. Ursprünglich aber hatte Bainbridge vorgehabt, nahe der afrikanischen Küste zu segeln. Dort, vor den Küsten Marokkos, zwischen Tanger und Algier konnte er nämlich am ehesten auf die Schiffe des zweiten Geschwaders stoßen, welches von Kommodore Richard Valentine Morris kommandiert wurde. Zwar hatte Bainbridge den Befehl, Tripolis direkt anzulaufen, aber eine Kontaktaufnahme mit einem Kommandanten eines der Blockadeschiffe wäre äußerst wünschenswert gewesen. Der Befehl in der Tasche war ja ganz nett, basierte jedoch auf längst veralteten Informationen. Was aber war der aktuelle Stand? Den hätte er ganz gern in Erfahrung gebracht.

Der anherrschende Wind erlaubte mit Mühe einen stetigen Kurs nach Ost.

Immerhin hält unser Kurs direkt auf Tripolis zu und bis Algier werden wir schon direkt vor der afrikanischen Küste sein, dachte sich Bainbridge. Die sich öffnenden Wolkenlücken in Luv machten ihm wenigstens ein Stückchen Hoffnung auf bessere Sicht.

Bainbridge ging noch einmal rund ums Deck. Immer noch unzufrieden mit der Situation wandte er sich dann an den Wachhabenden: „Lieutenant Cox?"

„Aye, Capt'n?"

„Ich ziehe mich nun in meine Kabine zurück, aber wenn sich irgendetwas tun sollte, zögern Sie nicht, es mich wissen zu lassen!"

„Aye, Capt'n! Selbstverständlich, Sir!"

Mit angespanntem Gesicht stieg Bainbridge den Niedergang hinab und suchte seine Kabine auf. Dort war es bedeutend angenehmer als auf dem feuchten Deck.

John Cox indessen hatte noch dreieinhalb Stunden seiner Wache an Deck durchzustehen.

Stunden später hatte sich nichts an der Situation geändert.

Diese Wache ödet mich an, dachte sich John Cox, der Kommandant hat's gut. Hat sich in seine bequeme Kabine zurückgezogen und ich stehe hier auf dem feuchten Deck herum. Es ging einfach nur langsam schnurstracks vorwärts. Da waren keine Segelmanöver zu tätigen und nicht einmal Kurskorrekturen waren notwendig. Die Sicht hatte sich auch nicht gebessert und schon seit Gibraltar war kein Segel mehr gesichtet worden. Und feucht war es auch noch. Wenigstens war es nicht kalt, sondern angenehm lauwarm.

Laut Seekarte lag die spanische Stadt Málaga nur noch 20 Seemeilen entfernt im Norden.

Wenigstens sind wir wieder ein paar Meilen vorangekommen, sinnierte der Erste. Bisher hatte sich die Hoffnung, maurische

Kaperschiffe auszumachen, noch nicht erfüllt. Ein heftiger Hagelschauer hatte tagsüber die Sicht einmal nahezu auf null reduziert, aber zum Glück nur kurz angehalten. Danach aber war es kaum besser geworden. Der Nieselregen hielt an, während die spanische Küste immer näherkam, sodass die Navigation penible Arbeit erforderte und keine Fehler erlaubte.

Auch Captain Bainbridge war zutiefst enttäuscht. Bisher war die Aussicht auf Erfolg wenig vielversprechend. Auch alle bisherigen Kurswechsel, um ein größeres Gebiet abzufahren, waren bisher vergeblich und noch war man auf keine Korsaren gestoßen. Nun ließ er sein Schiff wieder auf den ursprünglichen Ostkurs gehen. Trotzdem spürte Bainbridge eine innerliche Erregung. Der Jagdinstinkt des Kommandanten hatte Blut geleckt.

Es war die Nacht zum 26. August, also nur zwei Tage nachdem die Philadelphia die Straße von Gibraltar passiert hatte, als John Wagner zusammen mit seinem Kameraden Karl Schuster auf der Bramsaling des Fockmastes standen, um als Ausguck ihre Pflicht zu erfüllen. Die Sicht hatte sich immer weiter aufgelockert, sodass das fahle Mondlicht den Blick bis zur Küste erlaubte. Im Norden zeigte sich anhand von Lichtern, welche nebeneinander und in verschiedenen Höhen angeordnet waren, dass dort eine Stadt sein könnte, die an einem Hügel lag. Auch das Kap, welches jetzt direkt vor dem Klüverbaum auftauchte, war nur zu erahnen. Dass es sich dabei um die Stadt Almería und um das Kap Gata handelte, konnten die beiden Matrosen auf der Saling natürlich nicht wissen.

John bildete sich ein, noch etwas anderes gesehen zu haben. Obwohl er jung war und ausgesprochen gute Augen hatte, war er sich doch nicht ganz sicher. Um seine angestrengten Augen aufzulockern, schloss er ein paar Mal kurz seine Augenlider. Dann sah er es. Da waren Segel. Er rempelte Karl an, deutete nach Nordost, aber sein Kamerad konnte immer noch nichts erkennen. Aber John war sich nun wirklich sicher.

„Segel in Sicht!", brüllte er nach unten.

Nur die wenigsten hätten bei dieser Sicht das Schiff dort drüben erkannt. Er stand nun seit 6 Glasen der Hundewache mit seinem Kameraden auf seinem Posten. In Kürze, nämlich bei 8 Glasen, konnten die beiden auf ihre Ablösung warten. Das Ausschauhalten bei dieser Sicht war äußerst anstrengend gewesen. Aber zuvor war auch bei größter Mühe nichts zu sehen gewesen.

John wusste den Mond im Rücken. Er war sich absolut sicher, dass die anderen dort drüben die eigene Fregatte trotz ihrer Größe derzeit noch nicht sehen konnten. Selbst als gemeiner Matrose wusste er, dass dieser taktische Vorteil um keinen Preis verschenkt werden durfte. Bei genauerer Betrachtung zeigten sich schemenhaft jetzt sogar zwei Schiffe, die dicht beieinander einher segelten. Zuerst hatte er nur das in Luv liegende größere Schiff ausgemacht. Jetzt allerdings sah er, dass da zwei Schiffe unter wenig Tuch, dicht an dicht bei geringer Fahrt westwärts segelten.

„Du Karl, kannst du die beiden da drüben jetzt erkennen?"

Karl war ein Landsmann von John und war schon um einige Jahre älter. Trotz seiner durchaus guten Augen konnte er mit Johns Sehkraft einfach nicht mithalten.

„Ja, John, ich seh' sie ja schon. Tatsächlich, das sind wirklich zwei Schiffe! Das größere scheint mir ein Kriegsschiff zu sein!"

„Und das dahinter könnte eine Brigg sein, oder was meinst du?"

„Wenn du das sagst! Schon möglich!"

„Dann geh schnellstens nach unten und melde, was wir gesehen haben! Ich halte weiterhin Ausschau!"

Hastig machte sich Karl an den Abstieg. Immerhin waren es gut 30 Meter bis an Deck.

Der Erste machte sich nach der Meldung selbst auf den Weg zur Saling. Er hatte ein gutes Nachtglas, welches aber die Eigenschaft hatte, alles auf dem Kopf stehend darzustellen, was einiges an Übung voraussetzte. Nachdem er sich vergewissert hatte, dass die Meldung des Ausgucks korrekt und präzise gewesen war, beuge sich Cox nach unten und schrie dem Kommandanten zu: „Zwei Schiffe raumschots auf Gegenkurs, wir sollten halsen!"

Captain Bainbridge war sich im Klaren, dass keine Zeit vertrödelt werden durfte. Jetzt musste erst einmal die Verfolgung aufgenommen werden. Während der Erste hurtig herabgeklettert kam, brüllte Bainbridge bereits selber: „Klarmachen zum Halsen!"

Jetzt kam Bewegung an Deck. Eine eingespielte Maschinerie lief nun an. Sämtliche Stationen an Deck wurden besetzt, jeder notwendige Tampen und jede Brasse bemannt. Die Seeleute wussten, wie man all die Rahen mit vereinten Kräften gleichzeitig auf einen neuen Kurs einzustellen hatte.

Die zwei fremden Schiffe waren nun in einer Entfernung, die zwischen zwei oder drei Kanonenschussweiten lag. Aber William Bainbridge war ein Jäger, der seine Beute nicht entkommen lassen wollte. Um keinen Preis! Nun hing es von einem perfekten Manöver ab, dass die Korsaren – falls es sich um solche wirklich handeln sollte – unschädlich gemacht werden konnten.

Paul Wagner hatte seine Position am Großmast zugeteilt bekommen. Gemeinsam mit den Kameraden zerrte er schnellstmöglich und mit aller Kraft an der Kreuzmarsbrasse. Er konnte kaum wahrnehmen, wie die Rahen achtern, am Kreuzmast zur anderen Seite schwangen, aber dann warf er einen kurzen Blick auf die vier Rudergänger, welche die Speichen der beiden Ruderräder eifrig herumwirbelten, um das Schiff auf neuen Kurs zu bringen. Ein wenig zeitverzögert machten sich die Seeleute am Achterdeck zu schaffen und brassten von dort aus die Rahen am Großmast. Der Wind, der zuvor etwas vorlicher als dwars eingefallen war, kam nun von achtern. Anschließend wurden die Rahen am Fockmast gebrasst. Zuletzt wurde jedes einzelne Segel dem neuen Kurs entsprechend getrimmt.

Während Paul auf das nächste Kommando wartete und wieder ein wenig durchatmen konnte, sah er es: ein Schiff entsprechend einer großen Korvette, oder einer kleinen Fregatte. Durch die Halse war man dem Fremden sogar noch nähergekommen als zuvor. Paul war bewusst, dass die Segel noch optimal getrimmt werden mussten, um die hohe Geschwindigkeit der Philadelphia auszuspielen.

Den taktischen Vorteil nutzend, den Mond im Heck und den Klüverbaum auf die fremden Schiffe gerichtet, schlich sich die Fregatte an die unbekannten Schiffe immer näher heran. Jedes unnötige Geräusch wurde vermieden. Der Gefechtsalarm ging von Mund zu Mund. Jedes Pfeifen und Trompeten hatte zu unterbleiben. Die Steuerbordbatterie wurde langsam und bedächtig klargemacht. Noch waren die Stückpforten geschlossen. Auf den Decks wurde Sand gestreut, Löschwasser wurde bereitgestellt und das Kombüsenfeuer wurde gelöscht. Längst waren die Hängematten als Splitterschutz in den Finknetzen verstaut worden. Gespannt stellte sich die gesamte Crew auf einen bevorstehenden Kampf ein.

Gespenstisch leise näherte sich die Philadelphia den beiden Schiffen.

Die ganze Schiffsführung stand beisammen und beriet sich.

„Ich denke, dass dies dort eine Korvette ist, 24 12-Pfünder, schätze ich!", meinte Thomas McDonough, der Zweite.

„Könnte auch eine kleine Fregatte sein mit 22 18-Pfündern!", spekulierte John Cox, der Erste.

„Und das dahinter ist eindeutig eine Brigg!", ergänzte Walter Brown, der Dritte Offizier. „Die gehören wohl zusammen!"

Diesem Ratespiel musste der Kommandant nun ein Ende setzen: „Gentlemen, wie auch immer, unter Einhaltung aller Vorsichtsmaßnahmen nähern wir uns jetzt auf Schussweite! Und es sieht ganz danach aus, dass sie uns bis jetzt immer noch nicht bemerkt haben. Das ist unser Vorteil. Das Kriegsschiff gibt eine prächtige Prise ab und auch das zweite sollte im Falle eines Falles möglichst unbeschadet bleiben. Falls wir es schaffen, ganz dicht heranzukommen, werden wir uns auch auf einen Enterkampf einlassen müssen!"

Die Seesoldaten standen längst in Reih und Glied. Einige trugen mit Bajonetten bestückte Musketen. Andere waren mit Säbeln oder Entermessern bewaffnet. Die Pistolen steckten bei allen im Gürtel. Oben auf den Marsen standen die Scharfschützen bereit.

Gleichzeitig legte die Deckscrew an der Bordwand entlang eine ganze Reihe an Leinen befestigter kleiner Wurfanker bereit. Die Anspannung bei den Männern stieg. Manchem pochte der Puls sichtbar am Hals. Andere, besonders die Unerfahrenen, wurden blass und neigten zu Hektik. Die Alten dagegen blieben gelassen.

Tatsächlich konnte sich die große Fregatte Stück für Stück dem fremden Schiffen nähern. Da es Nacht war, führte keines der Schiffe eine Flagge, genauso wie die Philadelphia keine führte.

Die 18-Pfünder der Fregatte waren zur Sicherheit geladen. Bis auf die noch immer geschlossenen Stückpforten war sie kampfbereit. Falls Gefahr drohte, konnten die Pforten urplötzlich aufgerissen werden. Noch bevor der vermeintliche Gegner etwas unternehmen konnte, würde er wie aus dem Nichts eine volle Breitseite abbekommen.

Captain Bainbridge war angespannt. Längst war die Philadelphia in gefährlicher Schussweite. Auf den beiden fremden Schiffen zeigte sich noch keine Reaktionen. Immerhin war selbst das größere der beiden Schiffe der großen Fregatte weit unterlegen. Aber trotzdem konnte dies eine Finte sein. Auch eine kleinere Fregatte – den Anschein hatte dieses Schiff nämlich – konnte mit gut Glück einem größeren Gegner einen schweren Schaden zufügen.

Natürlich konnten diese Schiffe dort drüben auch welche vom eigenen Geschwader sein, oder Briten, Spanier, oder Franzosen. Es gab noch so viele offene Fragen. Bainbridge entschied sich für eine freundliche, aber sicher Annäherung.

„Welches Schiff! Bitte um Identifizierung!", rief Bainbridge höchstpersönlich lautstark nach drüben.

Erst jetzt kam drüben Bewegung an Deck. Aufgeschreckt wie die Hühner rannten einige Männer, welche Turbane auf dem Kopf trugen, hin und her. Mauren!

In einem schlechten und hart ausgesprochenen Englisch erwiderte jemand: „Seid ihr Engländer?"

Bainbridge's Sinne rasten. Das war nicht die Antwort, welche er hören wollte. Wie auch immer! Vielleicht sollte man auf diesen Irrtum eingehen.

„Ja, sind wir und Sie?"

„Unser Schiff ist die marokkanische Fregatte Meshboha. Ihr Engländer bezeichnet sie auch gerne Mirboka. Und wie heißt euer Schiff?"

Währenddessen steuerte die Philadelphia nun in einem geschickten Manöver das Heck des Fremden an. In dieser Zeit konnte die ganze Steuerbordbatterie ausgerannt werden, ohne dass die Fregatte die Gefahr einer Breitseite durch den anderen ausgesetzt war. Beim nächsten Manöver, bei dem weiter Geschwindigkeit abgebaut wurde, ging die Philadelphia auf Parallelkurs. Die Stückpforten der kleinen Fregatte waren immer noch nicht geöffnet, weswegen von der Mirboka keine offensichtlichen kriegerischen Aktivitäten ausging.

„Unser Schiff ist die 44-Kanonen-Fregatte HMS York", log Bainbridge, „mein Name ist William Johnson!"

„Ich bin Ibrahim Lubarez Reis, Capitano der Fregatte Meshboha! Lassen Sie uns jetzt bitte unsere Fahrt fortsetzen!"

„Noch eine Frage Capitano: Um welches Schiff handelt es sich bei der Brigg?"

„Um ein amerikanisches, Sir! Aber das braucht euch Briten nicht zu kümmern! Ich wünsche euch eine gute Fahrt!"

Spätestens jetzt läuteten bei Bainbridge innerlich sämtliche Alarmglocken. Jedoch gab es so viele offene Fragen. Schließlich gab es doch keine kriegerischen Handlungen zwischen Marokko und den Vereinigten Staaten. Somit konnten die da drüben auch keine Freibeuter sein, welche per Kaperbrief legitimiert auf Kaperfahrt waren. Trotzdem erschien es Bainbridge ganz so, als ob da drüben wirklich ein Freibeuter am Werk wäre, der widerrechtlich ein amerikanisches Schiff gekapert hatte. War die Brigg dort seine Prise?

Aber wo war die gefangene Crew der Brigg? Auf der Brigg selbst? Bainbridge vermute die Gefangenen eher auf der Fregatte. Die Brigg trug nur wenige Segel und stellte mangels ersichtlicher Bewaffnung auch keine unmittelbare Gefahr dar. Die Brigg konnte man im Nachhinein immer noch verfolgen und stellen. Zunächst lag die gegnerische Fregatte als Priorität an oberster Stelle. Obwohl Bainbridge wachsam war und einige Sicherheitsvorkehrungen längst getroffen hatte, war er immer noch bestrebt, jedwede kriegerische Handlung gegen ein marokkanisches Schiff zu unterlassen.

„Lassen Sie sofort ein Boot aussetzen, Mr. Cox. Sie bemannen es unverzüglich und rudern dann hinüber und erbitten sich an Bord des Marokkaners gehen zu dürfen. Falls es Schwierigkeiten geben sollte, pfeifen Sie in Ihre Bootsmannsmaatenpfeife. Ich lasse dann sofort die Geschütze ausfahren. Wenn Sie ein Trompetensignal hören, heißt das, dass ich den Marokkaner entern lasse. Wenn Sie mir drei Signale geben, dann antworten wir mit drei Trompetensignalen. Dann sollten Sie sich sofort in Sicherheit bringen, weil wir dem verdammten Schakal dann sofort eine Breitseite verpassen werden. Alles klar, Mr. Cox?"

„Aye, Capt'n!"

„Macht die Pinasse klar!", befahl der Erste.

Der Bootsmann, der das Gespräch mitgehört hatte, hatte längst seinen Männern das Klarmachen des Bootes angeschafft. Schon in dem Moment, in dem der Erste den Befehl ausrief, machten sich die Männer am Davit, welcher seitlich des Achterdecks angebracht waren, ans Werk. Schon kurz danach wurde das Boot bemannt und der Erste konnte mit der Steuerbordpinasse zum Gegner übersetzen.

Dem marokkanischen Kommandanten gefiel das allerdings gar nicht. Empört schrie er herüber: „Was tut ihr da?"

„Wir kommen zu euch hinüber!"

„Wir legen keinen Wert darauf, Sir!"

„Wir bitten aber höflichst darum!"

Bainbridge gab dem Bootsmann einen Wink. „Mr. Scooter, lassen Sie unauffällig auch die Backbordpinasse zu Wasser."

„Aye, Sir!"

„Und Sie, Mr. McKillroy ...", Bainbridge wandte sich jetzt an den Lieutenant der Seesoldaten, „besetzen ganz ruhig das zweite Boot. Im Gegensatz zu Mr. Cox nehmen Sie sich aber ausreichend Waffen mit. Die tragen Sie aber noch nicht beim Besteigen des Bootes, sondern die lassen Sie sich durch eine offene Stückpforte zureichen."

„Aye, Sir, habe verstanden!“

Währenddessen war der Erste auf der Pinasse neben dem marokkanischen Kriegsschiff angekommen. Beide Fregatten hatten mittlerweile die gleiche Geschwindigkeit und liefen nur noch drei bis vier Knoten. Die zugeworfene Vorleine der Pinasse wurde aber von den Mauren gar nicht angenommen, sondern wieder ins Wasser zurückgeworfen. Welch eine Provokation! Der Erste gab sich Mühe nicht wütend zu werden. Zufrieden beobachtete er, wie seine Bootsbesatzung mitgedacht hatte. Zwei Männer griffen mit ihren kräftigen Händen nach den Rüsteisen, welche die Wanten mit dem Rumpf verbanden, und hielten sich somit an der Fregatte fest. Ein anderer fischte die nasse Vorleine wieder aus dem Wasser und machte sie mit einem Palstek an einem der Rüsteisen fest. Dabei wurden sie mit bösen Blicken der Mauren belohnt.

„Lieutenant Cox! Ich bitte an Bord kommen zu dürfen!“

Der Kommandant der Fregatte beugte sich übers Schanzkleid. Selbst im Dunkeln erkannte Cox den grimmigen Blick.

„Ich habe doch Ihrem Kommandanten schon klargemacht, dass wir keinen Wert auf Ihren Besuch legen, Sir! Was wollen Sie auf unserem Schiff?“

„Wir möchten nur überprüfen, ob bei Ihnen alles rechtens ist!“

„Bei uns ist alles rechtens, Sir. Ich sehe keinen Grund, Sie zu uns an Bord zu lassen, oder wollen Sie sich dies mit kriegerischen Mitteln erzwingen?“

„Wenn es sein muss, Capitano!“

„Macht endlich euer Boot los und verschwindet!“, brüllte Ibrahim Lubarez. Die maurische Crew oben am Schanzkleid lachte höhnisch.

Cox war wütend. Was sollte er tun? Mit seiner lächerlich kleinen Bootsbesatzung eine Fregatte entern? Er selbst trug zwar seinen Offiziersdegen und auch seine Pistole bei sich, aber seine Männer hatten höchstens ihre Takelmesser und Marlspieker mit sich. Und einfach losmachen und zur Philadelphia zurückkehren? Das wäre einfach blamabel den Mauren und auch Bainbridge gegenüber. Cox überlegte, wollte Zeit schinden und sah verzweifelt zu seinem Schiff hinüber. Da sah er, dass gerade hinter dem Heck der Philadelphia die zweite Pinasse erschien. Zügig pullte diese, vollbesetzt mit den Seesoldaten, auf die marokkanische Fregatte zu.

„Was ist los, David?“, rief Cox dem Lieutenant der Seesoldaten zu, nachdem sich das zweite Boot genähert hatte.

Dieser antwortete mit einem starken und kaum verständlichen Akzent, den die Mauren mit Sicherheit nicht verstehen konnten: „Befehl vom Capt'n! Wir sollen die Mirboka entern! Wir haben genügend Waffen dabei und wir können euch auch was abgeben!"

Cox hatte da seine Zweifel, was das Wort „genügend" betraf. Mit Schrecken beobachte er, dass auf der Mirboka bereits wieder Segel gesetzt wurden.

Eiligst pullte die zweite Pinasse auf das Kriegsschiff zu. Gekonnt machte auch sie sich an den Rüsten der Fregatte fest. Das Boot von Cox lag vorn und das von McKillroy an den Rüsten des Großmastes.

„Verschwindet endlich! Lasst uns in Ruhe! Wir lassen euch nicht an Bord!", brüllte der marokkanische Kommandant aufgebracht.

„Was wollen Sie dagegen tun?", schrie ihm McKillroy entgegen.

In diesem Moment wurde die Steuerbordbatterie auf der Philadelphia ausgerannt. Zuerst klappten laut knarrend die Stückpforten auf, dann rumpelten unter heftigem Getöse die Lafetten nach vorn, bis 18 böse Münder aus dem Rumpf der Fregatte ragten.

Diesen Moment nutzten Cox, McKillroy und ihre Männer und enterten den Marokkaner. Der Gefahr, durch die eigenen Geschütze bedroht zu werden, waren sie sich durchaus bewusst. Trotzdem zögerten sie nicht, hastig und gekonnt über die Rüsten auf das Oberdeck der Fregatte zu gelangen und zunächst dieses einzunehmen, was einen entbrennenden Enterkampf auslöste.

Mittlerweile war die Philadelphia immer näher herangekommen. Von den Marsen zielten Dutzende Musketen aufs Deck der Mirboka.

Die maurische Besatzung erkannte sofort die Gefahr und war sich der Überlegenheit durch die vermeintlich britische Fregatte durchaus bewusst. Hätten sie aber gewusst, dass es sich um ein amerikanisches Schiff handelte, hätten sie sich vielleicht auf einen Kampf eingelassen. So aber musste sich Capitano Ibrahim Lubarez auf seinem eigenen Schiff von Musketen und Pistolen bedrohen lassen. Er kochte vor Wut.

Nun lag es an Cox ein höhnisches Grinsen aufzusetzen.

„Nun Capitano, gestatten Sie? Dürfen wir einmal Ihr schönes Schiff etwas genauer unter die Lupe nehmen?"

„Ich verstehe nicht, was Sie mit Lupe meinen, so gut ist mein Englisch auch wieder nicht!"

„Durchsuchen, einfach genau durchsuchen!"

Lubarez spuckte Cox direkt vor die Füße: „Zum Schaitan mit Ihnen!"

„Schaitan? Tut mir leid Capitano, da reicht jetzt mein Arabisch oder Berberisch nicht aus!“

„Gehen Sie zum Teufel, aber gehen Sie!“

„Passen Sie auf den Kommandanten gut auf!“, befahl Cox einem der Seesoldaten. „Zögern Sie nicht und schießen Sie ihm ein Loch in den Turban, wenn er Unsinn machen sollte.“

Der Seesoldat salutierte grinsend: „Aye, aye, Sir!“

Die Marokkaner ließen sich ohne großen Widerstand die Waffen abnehmen. Es waren dunkelhäutige Männer, alle mit schwarzen Bärten. Teilweise trugen sie Turbane, andere farbige Tücher, welche von Kordeln gehalten wurden. Sie sahen zwar wild und verwegen aus, waren aber letztendlich doch nicht willens für ihre Freiheit zu sterben. Die Muselmanen mochten unbewaffneten Handelsschiffen gegenüber mutig und kaltblütig sein, vor der großen und überlegenen Fregatte zogen sie aber schneller als erwartet reumütig den Schwanz ein.

Nachdem das Oberdeck gesichert war, gingen Cox und McKillroy mit einer ausreichenden Mannschaft an Bewaffneten nach unten ins Batteriedeck. Wie sich zeigte, bestand die Bewaffnung aus 22 Stück 12-Pfündern.

Es dauerte lange, bis sich alle freiwillig ergeben hatten. Bis alle gefällst und gebunden waren, ging schließlich die Sonne auf. Erst bei Tagesanbruch ging auf der Philadelphia die amerikanische Flagge an der Gaffel hoch. Das Entsetzen hereingelegt worden zu sein, setzte der Schmach des marokkanischen Kommandanten noch mal eine extra Portion Wut obendrauf.

Cox konnte keine Rücksicht auf die Gefühle des Korsaren nehmen und so schickte er den empörten Kommandanten genauso wie all die anderen 90 Gefangenen nach und nach auf die Philadelphia. Als Cox jedoch dann einen Blick nach Lee warf, musste er mit Entsetzen feststellen, dass die Brigg nun alles Tuch setzte, was sie zur Verfügung hatte. Die marokkanische Prisenbesatzung suchte ihr Heil in der Weite.

Ob wir die Brigg auch noch stellen können, fragte sich Cox. Er hatte einige Bedenken. Triumph und Zweifel, beide Gefühle schossen dem Ersten durch den Kopf. Aber dann packte ihn auch noch die Wut. Beim Untersuchen des Orlopdecks, unterhalb des Batteriedecks, waren seine Soldaten nämlich auf acht in Ketten liegende Männer gestoßen. Daraufhin hatte ein Seesoldat sofort nach dem Ersten gerufen. Der hastete rasant hinab ins dunkle Orlopdeck und ließ sich eine Lampe reichen.

„Wer seid ihr?", wollte der einer der Gefangenen wissen, auf dessen verwundertes Gesicht der Schein der Petroleumlampe schien.

„Wir kommen von der Fregatte USS Philadelphia. Wir haben dieses Schiff eingenommen und werden euch nun befreien. Aber wer sind Sie, Sir?"

„Euch schickt der Himmel, Sir! Wir sind auch Amerikaner. Wir sind die Besatzung der Brigg Celia, Heimathafen Boston. Diese Piratenschweine haben unser Schiff weggenommen. Vor Málaga war das. Und nun liegen wir seit neun Tagen in Ketten. Ich, Kapitän Bob Norris, möchte mein Schiff wiederhaben. Aber weiß Gott, wo das geblieben ist!"

Während Cox dem Kapitän die Ketten löste, sprach er auf den gepeinigten Mann ein: „Sir, ich denke da kann ich Sie beruhigen. Die Brigg fuhr noch vor kurzem neben diesem Kaperschiff her. Die haben wohl im Verbund gejagt. Dann, als die bemerkt haben, dass wir diese Fregatte hier geentert haben – die haben wohl beobachtet, wie wir die Gefangenen zu uns aufs Schiff brachten – hat sich die Brigg aus dem Staub gemacht. Aber unsere Fregatte ist schnell. Ich denke, ich hoffe es jedenfalls, dass wir Ihre Brigg wieder finden und einholen können."

„Bei Gott, das hoffe ich auch! Und was geschieht nun?"

„Nun, Sir, darf ich Sie als Gast zu uns an Bord der Fregatte Philadelphia bitten!"

„Diese Einladung nehmen wir sehr gerne an, Mr. Cox. Es ist uns eine „Ehre!"

„Diese Ehre gewähren wir auch den Marokkanern. Allerdings in Fesseln."

„Und was geschieht mit diesem Schiff hier, Sir?"

„Dieses Kaperschiff ist jetzt eine Prise der Vereinigten Staaten. Nun Kommen Sie, Sir. Sie und ihre Leute werden das Sonnenlicht genießen und ich denke, dass Ihnen unsere Fregatte gut gefallen wird."

Mittlerweile hatte es einen regen Austausch zwischen den Fregatten gegeben. All die 90 Gefangenen der Mirboka sowie die acht befreiten Besatzungsmitglieder der gekaperten Brigg Celia waren nun an Bord Philadelphia. Die Mirboka war mit einer ausreichenden Prisenbesatzung bemannt worden. Diese setzte nun unter dem Kommando des knapp 20 Jahre alten Thomas McDonough Segel und nahm Fahrt auf, um sich auf die Suche nach der Brigg zu machen, welche längst außer Sicht war.

Die Prisenbesatzung kam mit der Mirboka verhältnismäßig schnell zurecht. Sicherlich war ihnen diese fremde Fregatte nicht wirklich vertraut, denn jedes Segelschiff hatte das laufende Gut zwar ähnlich systematisch angeordnet, war aber im Detail doch wieder etwas anders. Solch ein Vollschiff verfügte mindestens über 250 verschiedene Tampen laufenden Gutes, die an diversen Nagelbänken belegt waren. Aber die Crew der Philadelphia verfügte über genügend erfahrene Leute, um auch eine fremde Prise segeln zu können.

Auch die Philadelphia hatte längst alles Tuch gesetzt und hetzte dem vermeintlichen Kurs der Brigg Celia hinterher. Ihr Kurs unterschied sich aber von dem der Mirboka, da beide Schiffe die Fliehenden in die Zange nehmen wollten. Somit verringerte sich das Risiko, dass die räudigen Schakale von Freibeutern entkommen konnten.

Nachdem Captain Bainbridge sicher war, dass sein Schiff auf seine Befehle in diesem Moment nicht mehr angewiesen war, begab er sich nach unten in die Offiziersmesse. Dort stand der räuberische Kommandant der Mirboka unter strengster Bewachung. Mit wild funkelnden Augen blickte dieser auf Bainbridge.

„Capitano Lubarez. Ich habe Sie für den werten Kommandanten eines marokkanischen Kriegsschiffes betrachtet. Können Sie mir irgendeine Legitimation für Ihre schändlichen Kaperfahrten vorweisen?"

Verächtlich schüttelte der Marokkaner seinen Kopf und sah Bainbridge böse ins Gesicht. Dabei war er nicht willens zu antworten.

Gelassen fuhr Bainbridge fort: „Es sieht ganz danach aus, als seien Sie nichts anderes als ein räudiger Pirat. Ich frage mich nur eines: Wenn Sie als Pirat Jagd auf Handelsschiffe machen, droht Ihnen nun der Galgen. Warum zum Teufel, haben Sie sich dann von uns gefangen nehmen lassen?"

Wieder kam keine Antwort von Lubarez Reis. Seine Lippen waren fest verschlossen.

Bainbridge verlor bereits langsam die Geduld. Trotzdem hakte er nochmals ein: „Ich an Ihrer Stelle, als Kapitän eines Piratenschiffes, hätte lieber mit allen meinen Männern bis zum letzten Atemzug gekämpft, bevor ich mich ergeben hätte, um mich anschließend hängen zu lassen."

Endlich antwortete Lubarez: „Sie können mich nicht hängen. Ich bin bestenfalls Ihr Kriegsgefangener."

„Unsere Staaten sind nicht im Krieg. Und Sie haben nicht das Recht amerikanische Handelsschiffe zu kapern und die Besatzungen gefangen zu nehmen."

„Mir hat man gesagt, dass es zwischen unseren Staaten zum Krieg kommen soll. Das war mir Grund genug!"

„Das müsste mir bekannt sein, Capitano. Jedenfalls betrachte ich Sie als Piraten, solange Sie mir keine Legitimation vorweisen können. Wir haben Ihre Kajüte durchsucht und nichts dergleichen gefunden. Als Pirat werde ich Sie auch als solchen behandeln. Wissen Sie wie ich mit solchen Verbrechern verfahre?"

Trotzig und mit hasserfüllten Augen blickte Lubarez auf Bainbridge. Verbissen schloss er seine Lippen und sprach kein Wort mehr.

Nun verlor Bainbridge endgültig seine Geduld.

„Jetzt reicht es mir Capitano Lubarez! Ich gehe jetzt für exakt 15 Minuten an Deck. So viel Bedenkzeit gestehe ich Ihnen noch zu. Wenn ich zurückkomme, erwarte ich von Ihnen, dass Sie mir eine Legitimation vorlegen, die belegt, dass Sie das Recht haben gegen den amerikanischen Handel vorzugehen. Falls Sie weder fähig noch willens sind, diesen Nachweis zu bringen, lasse ich Sie sofort und ohne jede Gerichtsverhandlung an der höchsten Rah dieses Schiffes aufhängen. Und zwar unverzüglich!"

Bainbridge zog seine Taschenuhr aus seiner Rocktasche. Er sah nur noch auf seine Uhr. Den Blick auf seinen Gefangen sparte er sich.

„15 Minuten ab jetzt!", mit diesen Worten verließ Bainbridge die Offiziersmesse, schmiss die Tür laut hinter sich zu und ging an Deck.

Exakt 15 Minuten später riss Bainbridge gewaltsam die Tür zur Offiziersmesse wieder auf. Hartes Trampeln von Stiefeln kündigte sein Gefolge von Seesoldaten an. Ohne jedes Wort zog er seine Taschenuhr behutsam aus der Rocktasche. Ohne auch nur ein einziges Wort zu erheben, blickte er nur noch auf die Zeiger seiner Uhr.

Endlich hatte der Kaperkapitän seine Lage begriffen. Ein Blick in die eiskalten Augen des amerikanischen Kommandanten machte ihm klar, wie ernst es dieser meinte. Erst jetzt war ihm die Aussichtslosigkeit der Situation, in der er sich befand, bewusst geworden. Schweiß perlte ihm unter seinem Turban hervor und rann ihm über die Stirn. Mit zittrigen Händen öffnete er die Knöpfe seiner Weste, welche seinen fülligen Körper umschloss. Dann fingerte er am Innenfutter seiner Weste herum und tastete diverse versteckte Innentaschen ab.

Die Seesoldaten waren auf alles gefasst, auch auf eine im Wams steckende Waffe. So richteten sich gleich mehrere Pistolen auf den dicken Leib des Kaperkapitäns, dessen Nervosität seine Hände noch mehr zittern ließ. Aber schließlich kam ein gefaltetes Stück Papier zum Vorschein. Dieses überreichte er nun mit einem Blick der Hoffnung an Bainbridge.

Bainbridge entnahm ihm das Papier und entfaltete das Dokument. Es war in drei Sprachen verfasst. Eine war wohl in Arabisch, die andere vermutlich in Berberisch, die beide in einer wunderschönen aber absolut unlesbaren Schrift verfasst waren. Die dritte war in Englisch. Schon die wenigen Sätze machten sofort klar, dass diese Banditen ihre Untaten im Auftrag des Herrschers von Marokko vollbrachten und sich somit über jedes amerikanische Schiff her machen durften.

Bainbridge nickte tief entrüstet. Einerseits war er froh, dieses Beweisstück in seinen Händen zu halten, andererseits konnte er sich nun die Ausführung der Lynchjustiz, welche er dem Kaperkapitän angedroht hatte, ersparen. Auch Lubarez konnte endlich wieder aufatmen.

Auf gewisse Weise war Capitano Lubarez nun tatsächlich für seine schändlichen Kaperfahrten legitimiert. Aber dieses Schriftstück belegte schwarz auf weiß den Verrat des Gouverneurs von Tanger, einem der Herrscher von Marokko, gegenüber den Vereinigten Staaten von Amerika.

Bainbridge war entrüstet, aber nur wenig verwundert. Er hatte genügend Erfahrung in diesen Gefilden gesammelt, um zu wissen, dass man weder den Osmanen noch den maurischen Barbaren trauen konnte. Die Heimtücke der Muselmanen war ihm ein Gräuel.

Bainbridge war es leid, sich mit seinem Gefangen zu unterhalten, der sich glücklich schätzen konnte, nicht gehängt zu werden. Er wandte sich nur noch an die neben ihm stehenden Seesoldaten: „Bindet ihn und bringt mir diesen räudigen Schakal weg. Schafft ihn mir aus den Augen!"

Nur allzu gern taten ihm die Seesoldaten diesen Gefallen. Rau und ohne Rücksicht auf den Kapitänsrang fesselten sie ihn und brachten ihn mit zu den anderen nach unten ins finstere Orlopdeck.

Kapitän Bob Norris schritt zusammen mit William Bainbridge das lange Deck der Philadelphia ab. Der Klüverbaum zeigte mittlerweile wieder zurück auf Kap Gata, also dahin, wo man tags zuvor auf die beiden maurischen Kaper gestoßen war. Die Stimmung der beiden war verhalten. So froh Kapitän Norris auch war, dass er mitsamt seiner Crew nach nur neun Tagen Gefangenschaft schon wieder unbeschadet in Freiheit war, änderte nichts an der Tatsache, dass sein Schiff verloren schien. Die Hoffnungslosigkeit war dem guten Mann deutlich anzusehen.

„Wie schätzen Sie die Chancen ein, Capt'n Bainbridge? Können wir die Celia noch auffinden?"

Auch Bainbridge war sich nicht mehr ganz so sicher. Schließlich hatte man die Brigg schon seit über 24 Stunden aus den Augen verloren. Aber dank seiner Erfahrung und seines ihm ureigenen Jagdinstinktes wollte er so schnell nicht aufgeben.

„Sehen Sie Kapitän Norris, meine Fregatte ist in jedem Fall schneller als Ihre Brigg. Den Vorsprung, den die Celia hatte, konnten wir locker wieder gutmachen. Für den Fall, dass die Barbaren auf kürzestem Weg die marokkanische Küste angesteuert haben, hatten wir auf der Philadelphia mit unseren kreuzenden Kursen gute Chancen auf Ihr Schiff zu stoßen. Leider konnten wir Ihr Schiff, trotz der guten Sicht nicht ausmachen."

„Und nun, Capt'n? Was jetzt?"

„Nun setze ich auf meinen Ersten auf der Mirboka! Die kreuzt die Küste ab. Vielleicht kennen die Barbaren direkt vor der Küste Buchten oder Verstecke, in denen man eine kleine Brigg leicht verstecken kann. Lieber Mr. Norris, bei aller Hoffnung bleibt uns jetzt nichts anderes übrig, als uns weiterhin auf die Suche nach der Mirboka zu machen. Es tut mir leid, mehr bleibt uns im Augenblick nicht übrig!"

Enttäuscht senkte Kapitän Norris seinen Kopf und blickte auf das feuchte Deck, welches noch kurz zuvor mit Meerwasser überspült und dann mit den sogenannten Gebetbüchern abgeschrubbt worden war.

Auch Thomas McDonough, derzeitig die Prise Mirboka kommandierend, war nervös. Die Hoffnung noch auf die geflohene Brigg zu stoßen, wurde von Mal zu Mal immer geringer. Seit über einem Tag hatte er die Celia aus den Augen verloren. Er wusste nicht, ob die Philadelphia sie mittlerweile abgefangen hatte und wusste genauso wenig, ob er jetzt nach so langer Zeit überhaupt noch die geringste Chance hatte, die Brigg aufzuspüren. McDonough befahl seiner Prisenbesatzung ständig Schläge zwischen unmittelbarer Küstennähe und der See zu machen. Die andauernden Segelmanöver waren für die Crew eine harte Arbeit, welche sie aber mit dem fremden Schiff immer vertrauter machte. Mittlerweile kreuzte die Mirboka wieder dort herum, wo sie noch gestern übernommen worden war. Achteraus lag Kap Gata und voraus die Bucht von Almería.

So unwahrscheinlich es auch war, in diesen Gewässern auf die Brigg zu stoßen, hatte McDonough doch insgeheim die Hoffnung, dass die Barbaren glauben würden, dass diese Position, nämlich dort, wo die Flucht begonnen hatte, die allerletzte wäre, wo man nach ihnen suchen würde.

Trotz der geringen Wahrscheinlichkeit erscholl nun tatsächlich vom Ausguck lautstark der Ruf: „Segel in Sicht! Dort drüben in der Bucht!"

McDonough hastete nach vorn, sprang in die Wanten und raste nach oben. Auf der Saling angekommen nahm er sein Teleskop zur Hand, zog es in die Länge und setzte es an. Kein Zweifel! Eine Brigg, eine braune Brigg! Es konnte genauso gut auch eine andere sein, aber trotzdem glaubte McDonough daran, dass es sich um die Celia handelte. Die Jagd begann.

Die Küste in Lee, weit achteraus von Kap Gata mit einer schnellen und gut bewaffneten Fregatte im Rücken einer langsameren Brigg. Jagdfieber! McDonough's Mundwinkel zuckten, während sich seine Hände hinter seinem Rücken verkrampften. Die fliehende Brigg war ein relativ schnittiges und wendiges Schiff. Das war wohl genau der Grund, warum die Korsaren mit ihr in Küstengewässern operieren wollten. Aber auf offener See hatte die Brigg eben keine Chance gegen eine schlanke, vollgetakelte Fregatte.

Unaufhörlich holte die Mirboka auf, kam der unter prallen Segeln dahin rauschenden Brigg immer näher. Im Gegensatz zur Philadelphia hatte diese Fregatte nach vorn gerichteten Jagdkanonen, mit denen McDonough der Brigg ein paar Schüsse vor den Bug verpassen wollte. Beschädigen wollte er das Schiff, welches dem Kapitän Norris und seiner amerikanischen Besatzung zustand, auf keinen Fall.

„Kurs Zwo Sieben Acht!" befahl er den Rudergängern. Wir holen noch ein Stück auf, dann lasse ich feuern!"

Mit diesen Worten informierte er den Midshipman an seiner Seite, welcher auch als Läufer fungierte: „Sagen Sie den Stückmannschaften an den Jagdkanonen Bescheid!"

„Aye, aye Sir!", bestätigte der junge Kerl, bevor er nach vorn auf die erhöhte Back mit den nach vorn gerichteten Kanonen raste.

„Feuer frei!", schrie McDonough nach vorn.

„Feuer frei!", erscholl die Befehlserwiderung.

Dann krachten zwei Schüsse auf. Zwei Fontänen spritzten backbords vor dem Bug der Brigg auf.

Während die Fregatte der Brigg beharrlich folgte und ihr stetig ein Stück näherkam, bereitete der Erste seine Männer aufs Entern vor.

„Sie, Mr. Evans, Sie suchen sich nun 30 Mann als Entermannschaft aus. Zunächst versuchen wir noch dem Kaper die Gelegenheit zu geben, seine Segel zu streichen. Schließlich wollen wir die Brigg als Prise einnehmen!"

„Sie meinen, Sir, dass die bis zum letzten Mann kämpfen werden?"

„Wohl kaum! Die wissen sicher, dass ein Kaperbrief existiert. So fragwürdig der auch sein mag. Ich rechne nicht mit allzu großem Widerstand. Und nun machen Sie zu! Lassen Sie Waffen und Enterhaken vorbereiten!"

„Aye, aye Sir!

„Trotzdem, Mr. Evans, seien Sie ruhig dafür gewappnet, dass es einen harten Enterkampf geben wird. Das ist gut so! Zeigen Sie bloß keine Schwäche und laufen Sie nicht fahrlässig ins Verderben! Nur für den Fall, dass es sich zeigen würde, dass Sie mit Ihren bedenken Recht haben! Sie werden es aber sicherlich schaffen, das Schiff einzunehmen. Später bringen Sie die Brigg nach Gibraltar!"

„Aye, Capt'n, Sie können sich auf mich verlassen!"

„Recht so, Mr. Evans!"

McDonough hatte Recht behalten. Ein Widerstand der kleinen Brigg gegenüber einer Fregatte mit 22 Kanonen war zwecklos. Endlich drehte sie in den Wind. Am Gaffelsegel wurde nun rasch die marokkanische Flagge eingeholt und ebenso schnell durch eine weiße ersetzt. Es war genauso, wie es der junge McDonough vorausgesagt hatte: Schon nach der ersten Salve vor den Bug, strichen die maurischen Korsaren die Segel und drehten bei.

„Klar zum Entern!", brüllte Evans erregt. Er und seine Entermannschaft machten sich entlang des Schanzkleides und der Finknetze an der Steuerbordseite bereit. Die Bordwände der beiden

Gegner kamen sich immer näher. Drüben auf der Brigg standen verbissen dreinschauende bärtige Männer, während oben an der Gaffel die weiße Flagge wehte.

Die Geschwindigkeit der beiden beigedrehten Schiffe betrug nur noch zwei oder drei Knoten, als die Männer der Mirboka schon die Enterleinen hinüberwarfen. Kurz danach sprang die Entermannschaft hurtig auf das gegnerische Schiff. Sie schwangen mit wilden Bewegungen ihre Säbel und Entermesser, oder zielten mit ihren Pistolen auf die maurischen Freibeuter. Die aber hatten trotz ihres wilden Aussehens all ihre Waffen längst abgelegt. Sie zeigten sich sogar relativ gelassen. Böse Blicke und zynisches Grinsen war das Einzige, was sie ihrem überlegenen Gegner entgegensetzten.

Die erfahrene Entermannschaft nahm mittlerweile vorsichtig und routiniert, aber ohne jede Gegenwehr das Schiff ein. Jedem der Gegner wurden unverzüglich Fesseln angelegt.

Die Klüverbäume dreier Schiffe zeigten direkt auf die rot glühende Scheibe der in Kürze untergehenden Sonne. Ganz vorne lief die Celia. Die Brigg bestimmte als langsamste im Verbund die Geschwindigkeit. Ein Stück weiter achteraus in Luv versetzt, lief die Mirboka und noch weiter achteraus, in einer Linie hinter der voraus segelnden Brigg die Philadelphia. An den Gaffeln aller drei Schiffe wehte die amerikanische Flagge. Alle drei rollten ein wenig in der schräg seitlich auflaufenden See und kamen im nachlassenden Abendwind nur noch mit gut vier Knoten Fahrt voran, Kurs Gibraltar.

Nahezu die gesamte Besatzung der Philadelphia war an Oberdeck angetreten. In Reih und Glied standen sie da. Alle blickten auf ihren Kommandanten, dessen Gesicht von den letzten Strahlen der untergehenden Sonne feuerrot angestrahlt wurde. Captain Bainbridge stand breitbeinig da, die Hände hinter seinem Rücken verschränkt. Er ließ seinen Blick langsam über seine Crew schweifen.

Gleichzeitig ging ihm folgender Gedanke durch den Kopf: Der Adler hat zugeschlagen! Nicht nur ein Fuchs, sondern gleich zwei, waren als Beute gemacht worden. Er lächelte selbstzufrieden.

Dann erst erhob er seine Stimme: „Männer! Ich bin stolz auf euch. Unser Ziel ist es, unser Geschwader, welches vor Tripolis liegt zu unterstützen. Die Aufgabe dieser kleinen Flottille wiederum ist es, gegen das seeräuberische Unwesen hier in diesen Gewässern vorzugehen. Nun segelt unser Schiff gerade erst seit etwas über drei

Tagen im Mittelmeer ..." Bainbridge setzte bewusst eine kurze Unterbrechung ein und blickte dabei auf seine Männer und fuhr fort, „... und schon haben wir zwei Kaperschiffe gestellt. Eines davon, die Brigg Celia, ist ein amerikanisches; als Prise aufgebracht von Marokkanern. Dieses Schiff haben wir nun zurückerobert. Wir können stolz auf uns ein, dass wir die Besatzung unverletzt befreien konnten und ihnen ihr Schiff zurückgeben konnten. Bis Gibraltar steht sie weiterhin unter unserem Schutz und wurde zusätzlich auch noch mit ein paar unserer Männer bemannt. Unsere Philadelphia hat gezeigt, dass sie ein großartiges Schiff ist. Ihr aber habt erst gezeigt, zu was unsere Fregatte fähig ist. Ihr habt gute Arbeit geleistet! Dafür bin ich euch dankbar! Unsere Kommodores werden stolz auf euch. Sowohl Kommodore Richard Valentine Morris vom zweiten Geschwader, welcher in Bälde abgelöst wird, als auch Kommodore Edward Preble, welcher dann unser nunmehr drittes Geschwader kommandieren wird. Sie werden stolz auf jeden einzelnen von uns sein. Nun nehmen wir Kurs auf Gibraltar. Wir segeln wieder dahin zurück, wo wir schon vor drei Tagen vorbeigesegelt sind. Wenn es nach mir ginge, dann hätten wir all diese Schurken, welche wir gefangen genommen haben, ohne Gerichtsverhandlung aufgehängt, schön gleichmäßig auf alle Rahen verteilt, oder wir hätten einen nach dem anderen über Bord geworfen ..."

Wieder setzte Bainbridge aus. Diesmal jedoch, weil die Besatzung vor Begeisterung in lautstarkem Jubel ausbrach. Die Mannschaft grölte dermaßen, dass das ganze Deck im Triumphgeschrei erzitterte. Nun wusste der Kommandant, dass er seine gesamte Besatzung bei seiner Aufgabe hier vor der Barbarenküste auf seiner Seite haben würde. Die Wut und die Verachtung gegenüber diesem räuberischen Pack, welches die Seeleute der Handelsschifffahrt mit Tod und Sklaverei bedrohte, hatten sich solidarisiert. Bainbridge genoss diesen Moment.

„Männer! Ich bin stolz auf euch und deshalb wollen wir unseren Erfolg feiern. Jeder von euch erhält heute einen Grog mit einer Extraration Rum. Der Tradition gemäß erteile ich nun den Befehl: Besanschot an!"

„Hipp, hipp, hurra!", erscholl der Jubel der angetretenen Mannschaft, ganz wie aus einem Munde. Dann schenkte der Smut den heiß begehrten Grog aus.

Währenddessen kauerten und lagen tief unten im Orlopdeck der Fregatte um die 120 Gefangene, ungefähr 30 davon von der Celia.

Den Gefangen war freilich nicht zum Feiern zumute. Allerdings schien keiner von ihnen, Angst um ihr Leben zu haben. Stattdessen stieg ihr Hass gegen die Ungläubigen ins Unermessliche, denn schließlich waren allesamt Muslime. Die meisten waren Marokkaner, andere waren vielleicht von einem der anderen Vasallenstaaten, welche der staatlich geförderten Freibeuterei an der Barbarenküste nachgingen. Wieder andere schienen direkt aus dem Herzen Schwarzafrikas zu entstammen. Aber egal ob sie wegen ihrer osmanischen oder arabischen Herkunft nun ein helles Braun als Hautfarbe vorwiesen, oder wegen ihrer afrikanischen Rasse dunkelbraun oder gar schwarz wie die Nacht waren, alle standen unter schwerster Bewachung.

Gleichzeitig genossen im diffusen Licht der Dämmerung die Sieger an Deck ihre Sonderration Grog. Die Wagner-Brüder fanden endlich wieder einmal eine Gelegenheit miteinander zu sprechen.

John grinste Paul fröhlich an. Nach guter deutscher Art hob er seinen Krug zum Anstoßen an: „Auch wenn ihr nicht gefeuert habt, trotzdem auf deinen erfolgreichen Einsatz eurer 18-Pfünder! Auf unseren ersten Sieg!"

Das ließ sich Paul kein zweites Mal sagen. Er hob seinen Krug an. „Auf den gewonnenen Kampf! Auf deine erfolgreichen Segelmanöver, Bruderherz!" Dann stießen sie fröhlich ihre Krüge an, setzten an und genossen jeden der heiß brennenden Schlucke.

Jemand schien ihnen aber diese Freude nicht ganz zu vergönnen. Einer der älteren und erfahrenen Seeleute, Donald McLean, hatte den beiden Brüder von hinten zugehört. Jetzt mischte sich dieser aufdringlich und wichtigtuerisch ein.

„Sieg? Gewonnen, sagt ihr? Das war kein Kampf und schon gar keine Schlacht, das war Ringelpietz mit anfassen, ihr Rotärsche! Ihr seid doch noch grün hinter den Ohren und ihr habt doch nicht die geringste Ahnung von einem Kampf, oder gar von einem Gefecht!"

Paul war wütend. Er wollte gebührend antworten, aber da fehlten ihm die entsprechenden Worte in Englisch. In Deutsch hätte er schon gewusst, was da zu sagen wäre.

John dagegen wollte sich die gute Stimmung nicht verderben lassen und erwiderte: „Was soll's? Trotzdem ist uns nach Feiern zumute. Ich geb' ja zu, dass die Jagd auf die unterlegenen Schiffe nicht besonders spektakulär war."

„Spektakulär war's wirklich nicht! Endlich kann ich dir Recht geben, Kleiner! Wisst ihr beiden Rotärsche eigentlich, dass uns auch der größere der beiden Kaper erheblichen Schaden hätte zuführen können? Immerhin war der mit 22 12-Pfündern bestückt!", mäßigte sich McLean.

„Aber wir haben 36 18-Pfünder!", entgegnete Paul trotzig.

„Ah sieh mal einer an, der Herr Kanonier spricht! Natürlich sind wir dem überlegen, schon klar! Aber eine Besatzung die verbissen um ihr Leben kämpft, kann mit ein wenig Glück auch einer Fregatte wie der unseren einigen Schaden zufügen. Da hätten auch bei uns einige draufgehen können. Vielleicht würde dann auch einer von euch in seinem eigenen Blut liegen, anstatt prahlerisch einen Sieg zu feiern."

Nun nickten die beiden Brüder beschämt.

„Wir freuen uns eben, dass alles so glimpflich abgelaufen ist!", entgegnete John.

Nun hob McLean beschwichtigend seinen Krug: „Ok, das ist wirklich ein Grund, auf den man anstoßen kann. Cheers!"

„Cheers!"

„Ihr müsst wissen, Jungs, dass ich schon genügend Erfahrung mit diesem Pack habe. Unter Umständen hätten die Barbaren unsere beiden Bootsbesatzungen niedergemacht, oder als Geisel genommen! Aber diese feigen Ratten haben sich sang- und klanglos ergeben. Genauso wie die von der Brigg. Die wissen, dass man sie nicht hängen wird. Geben einfach so auf!"

„Die haben uns nur eine Menge unnötiger Zeit gekostet", meinte John, „die hätten sich doch gleichstellen können, wenn die sich nachher sowieso kampflos ergeben!"

„Richtig! Aber eben nur eigentlich. Denn wenn ihr diese Muslime mal besser kennen würdet, dann wüsstet ihr, dass die immer alles anders machen als man zunächst denkt!"

„Wie lange kennst du eigentlich schon Capt'n Bainbridge?", wollte Paul wissen.

„Hmm, muss mal überlegen. So vier fünf Jahre oder so. Segle also schon eine Weile unter dem Alten. Der ist genau der Richtige, um auf diese Seeräuber angesetzt zu werden. Der denkt genauso wie ich und ich hätte diese Verbrecher lieber eigenhändig gehängt!"

Plötzlich waren sich die drei einig, was Grund genug war, um die Krüge erneut anzuheben.

Walter Brown stand als dritter Offizier neben seinem Kommandanten. Bewusst hielt er sich mit dem Grog zurück, denn er musste seinen Kopf behalten und würde bis Gibraltar nur wenig

Schlaf finden, das war ihm klar. Denn der Erste kommandierte derzeit die die Mirboka und der Zweite schlief in seiner Kammer. Warum man aber umkehrte und die Prisen zurück nach Gibraltar brachte, war ihm längst nicht klar. Und der Kommandant hatte es bis jetzt nicht für nötig betrachtet, eine Erklärung abzugeben.

Nun gut, dachte sich Brown, die Stimmung ist gerade gut, dann frage ich eben.

„Capt'n, warum eigentlich bringen wir die Prisen nicht zu unserem Geschwader, das verteilt vor Tunis, Algier und Tripolis liegt? Warum steuern wir einen britischen Hafen an?"

„Nun Mr. Brown, die Mirboka könnten wir als Prise schon gebrauchen, aber was ist mit den Gefangenen? Haben Sie eine Ahnung, wie lange es dauern kann, bis irgendwelche Diplomaten irgendwelche Ergebnisse erzielt haben? Haben Sie überhaupt eine Vorstellung davon, wie schwierig es sein kann, mit Osmanen oder Mauren zu verhandeln?"

„Nein, Sir. Tut mir leid, Sir. Ich segle zum ersten Mal in hiesigen Gewässern."

„Sehen Sie! Deshalb segeln wir nach Gibraltar. Kommodore Preble auf der USS Constitution wird in Bälde dort eintreffen. Außerdem ist dort einer unserer Diplomaten, vielleicht unser Konsul oder gar der Botschafter höchstpersönlich. Jedenfalls wird man uns dort diese Problematik abnehmen. Dort wird man zunächst einmal die Gefangenen an die Briten übergeben. Damit sind wir schon mal die größte Belastung los. Allein die Verpflegung, welche wir für diese Hurensöhne brauchen würden. Wenn ich nur daran denke!"

„Und was geschieht mit der Mirboka?"

„Das weiß ich vorerst selbst nicht. Ich bin nichts weiter als ein Captain der Navy. Uns beide braucht das nicht mehr zu interessieren."

„Und die Briten werden mit uns kooperieren? Noch vor Jahren erkämpften wir uns die Unabhängigkeit gegen die Briten. Da waren wir noch im Krieg. Und John Paul Jones kämpfte sogar als Freibeuter gegen das Land, aus dem er ursprünglich stammte."

„John Paul Jones! Hmm, ja unser großer Held. Wenn er nicht so erfolgreich auf unserer Seite gekämpft hätte ...", Bainbridge wurde nachdenklich.

„Die Briten hatten ihn als Piraten bezeichnet!"

Captain Bainbridge nickte schwerfällig, wollte aber nicht über dieses umstrittene Thema sprechen.

„Ja, Mr. Brown, aber das ist Vergangenheit. Hier im Mittelmeer ziehen wir gemeinsam am gleichen Strang. Zurück zu unseren jetzigen Gegebenheiten. Wir sind hier nicht vor der amerikanischen Küste. Wir befinden uns hier zwischen Europa und Afrika. Hier gibt es so viele Allianzen, so viele verfeindete Staaten, aber auch viele Neutrale, dass es zu weit gehen würde, dieses im Einzelnen verstehen und erklären zu können. Selbst gegnerische Staaten haben oft gemeinsame Interessen. So halten die christlichen Europäer, egal ob Katholiken, Protestanten oder Orthodoxe, gerne zusammen, wenn es um eine Allianz gegen die muslimischen Türken, Araber und Afrikaner geht. Wo liegt denn unser eigenes Interesse? Was denken Sie, Mr. Brown?"

„Äh, ich würde sagen, Sir, dass wir in dieser Angelegenheit die gleichen Interessen vertreten wie die Europäer. Wir wollen uns die seeräuberischen Überfälle auf unsere Handelsflotte nicht weiter gefallen lassen!"

„Gut gesprochen, Mr. Brown, so ist es! Und eben diese Interessen lassen sich am besten von Gibraltar aus vertreten. Alternativ käme natürlich Malta oder Syrakus auf Sizilien in Betracht. Wie auch immer, die Order, Jagd auf zwei Kaper zu machen, erhielten wir in Gibraltar. Weiteres soll uns nicht kümmern. Nehmen wir einen Schluck darauf, Mr. Brown. Cheers!"

„Cheers, Capt'n Bainbridge!"

Das feuchte und trübe Wetter der letzten Tage war einem blauen Himmel gewichen. Lockere Kumuluswolken trieben nach Lee. Nur fünf Tage nachdem die Philadelphia nahe vor der spanischen Küste Gibraltar passiert hatte, um Kurs auf Tripolis zu nehmen, steuerte sie nun den britischen Festungshafen erneut an. Diesmal aber im Gefolge von zwei Prisen.

Die Bucht zwischen der spanischen Stadt Algeciras und dem massiven Felsen des britischen Gibraltars machte einen friedlichen Eindruck, obwohl die Spanier und die Briten alles andere als Freunde waren. Vor Algeciras schaukelten viele kleine und bunte Fischerboote in den Wellen. Das größte Schiff dort war neben drei Schonern eine kleine Brigg.

Im gegenüberliegenden britischen Kriegshafen dagegen lag eine 74-er, ein Linienschiff der dritten Klasse. Dort ankerten auch noch zwei weitere Kriegsschiffe. Eine größere Glattdeckskorvette, welche noch der sechsten Klasse entsprechend klassifiziert war sowie eine kleinere als Brigg getakelte Sloop.

Nun liefen drei unter Segel stehende, bewaffnete Schiffe, darunter gleich zwei Fregatten, die Bucht an. Das mochte in kriegerischen Zeiten durchaus eine Gefahr für die vor Anker liegende Briten darstellen, aber da waren natürlich auch noch die Festungsbatterien oben auf dem Felsen. In gebührendem Abstand feuerte jedes der drei Schiffe Salutschüsse ab, die ein Zeichen zeremonieller Begrüßung setzen sollten und nicht etwa das einer Drohung.

Trotzdem aber waren die Briten wachsam. Ein Kriegskutter mit einem vorbildlich eingebundenen Rahsegel, straff dichtgeholten Klüvern und einem riesigen, prall stehenden Gaffelsegel, preschte hart am Wind der kleinen amerikanischen Flottille entgegen. Als Vorposten und Wachboot gewissermaßen, denn eine Gefahr stellte der kleine Kutter für die Fregatte nicht dar. Trotzdem waren die Stückpforten dreist geöffnet, sechs an der Seite. Noch in einem sicheren Abstand feuerte eine der Karronaden, aber damit verschaffte sich der Kutter nur den sich gebührenden Respekt. Während auf der Philadelphia schon die ersten Segel geborgen wurden, wendete der Kutter in einem gekonnten Manöver. Dann ging er in Luv der Fregatte auf Parallelkurs, um sich anschließend der Fregatte bis auf Rufweite zu nähern.

Ein junger Mann, kaum über 20 Jahre alt, stand in solch einer stolzen und aufrechten Haltung zwischen zwei Karronaden an der Reling, dass er selbst ohne seine tadellos gepflegte und perfekt sitzende Uniform als Kommandant des kleinen Kriegsschiffes zu erkennen gewesen wäre. Dann salutierte er mit einem selbstbewussten Blick, der nach oben zum Schanzkleid des Achterdecks der Fregatte gerichtet war. Wer sein Ansprechpartner dort war, erkannte der junge Mann natürlich auch sofort.

„Lieutenant Norton, Kommandant des Kutters HMS Seaflower. Mit wem hab' ich die Ehre, Sir?", eröffnete er das Wort.

„Captain William Bainbridge, Kommandant der Fregatte der Vereinigten Staaten USS Philadelphia. Wir haben die Ehre unseren britischen Freunden einen Besuch abzustatten!"

„Darf ich den Grund des Besuches erfahren, Sir?"

„Wir haben zwei marokkanische Kaper geentert. Eines davon war noch vor wenigen Tagen ein amerikanischer Kauffahrer und haben 120 Gefangene gemacht. Diese wollen wir an Seine Majestät übergeben. Außerdem bitte ich um ein Gespräch mit einem Diplomaten, der Verbindungen zwischen den Vereinigten Staaten und dem britischen Königreich hat."

„Ich verstehe, Capt'n Bainbridge! Bitte lassen Sie unseren Lotsen zu sich an Bord kommen!"

„Es ist uns eine Ehre, Lieutenant Norton!"

Die Jakobsleiter war natürlich schon längst an der hohen Bordwand der Fregatte herabgelassen worden. Hurtig erklomm der Lotse die beinahe senkrecht hängende, holzsprossenverstärkte Strickleiter. Dann gesellte sich dieser neben dem Kommandanten, um die Fregatte zur Einfahrt in den Hafen zu lotsen, die zwischen zwei langen Molen lag.

Währenddessen entfernte sich der Kriegskutter und rauschte wendig und behände zur Mirboka, einstweilen dem zweitgrößten Schiff unter amerikanischer Flagge.

Dass gleich drei Schiffe mit amerikanischen Flaggen Gibraltar anliefen, kam auch nicht gerade jeden Tag vor. So war es wenig verwunderlich, dass die Molen, welche den Hafen umgaben und abgrenzten, voller Neugieriger waren.

Nun gaben sich die Kommandanten aller drei Schiffe die größte Mühe, sich beim Einlaufen und beim Ankermanöver keine Blöße zu geben. Trotzdem ließ Bainbridge einige Segel bis zum letzten Moment stehen. Majestätisch glitt die Philadelphia in den Hafen und drehte zuletzt elegant in den Wind.

„Fallen Anker!", ertönte erst dann der Befehl.

Der erste der beiden schweren Anker der Fregatte platschte ins Wasser. Der Anker zerrte das dicke Ankertau hinterher hinab in die Tiefe. Nach einer Weile hatte sich das Schiff entsprechend der Strömung und der Windrichtung ausgerichtet. Hoch über den Masten ragte ein hoher Berg auf, dessen westliche Flanken, welche sich dem Hafen zugewandten, stark bewaldet waren. Eine ganze Reihe von dicken Kanonenrohren richteten sich geradezu bedrohlich auf den Hafen.

Auf allen drei Schiffen unter amerikanischer Flagge herrschte emsiger Eifer. Rein Schiff stand nun auf dem Programm. Noch bevor alle Tampen ordentlich aufgeschossen werden konnten, mussten natürlich sämtliche Rahen vierkant gestellt werden, denn vor den Briten wollte sich Bainbridge mit seiner kleinen Flottille keine Blöße geben. Nun ankerte die Philadelphia mit ihren beiden Prisen unterhalb des Affenfelsens und gaben ein schönes Bild ab, doch bis auch auf den Decks alles in perfekter Anordnung und vorbildlicher Sauberkeit war, verging noch eine geraume Weile.

Währenddessen näherte sich Jolle der Celia mit zwei Seeleuten an den Riemen der Philadelphia und machte nach einer Weile vorn

neben den Fockrüsten der Fregatte an der quer zum Schiff
ausgelegten Spiere fest. Der Austausch der Besatzungen – genauer
gesagt der Prisenbesatzung der Celia und der befreiten Celia-Crew,
die bis Gibraltar Gäste der Philadelphia gewesen waren – war längst
erfolgt. Nur Kapitän Norris war anstandshalber und das trotz seiner
Unsicherheit, ob mit seinem Schiff alles in Ordnung war, bis als
Letzter bei Bainbridge geblieben.

Die Bootsgasten in der Jolle meldeten ihrem Kapitän sofort: „Alles
in bester Ordnung, Kapitän! Machen Sie sich keine Sorgen!"

Jetzt trat der Kapitän an Deck an das ausgebrachte Fallreep heran.
Bainbridge folgte ihm.

„Nun ist es an der Zeit mich von Ihnen und Ihrem prächtigen
Schiff zu verabschieden, Capt'n Bainbridge. Ich muss Ihnen wieder
und wieder meinen herzlichen Dank ausdrücken, auch im Namen
meiner Crew und im Namen meiner Reederei. Wir haben wieder
unsere Freiheit und Sie haben mir sogar mein Schiff zurückgebracht.
"

„Das ist mir eine Pflicht und eine Ehre, Kapitän Norris. Ich würde
Sie gerne noch einladen, um gemeinsam mit mir einen Besuch beim
Vertreter des amerikanischen Konsuls zu machen, aber ich verstehe
Sie ja. Sie haben viel Zeit verloren, beinahe zwei Wochen, und nun
wollen Sie auf ihr Schiff zurück."

„Natürlich muss ich meine Celia frisch verproviantieren und die
Frischwasservorräte auffüllen. Und, und, und … Dann geht es
zurück nach Boston."

„Selbstverständlich, Sir! Ich werde Sie nicht mehr länger aufhalten!
Alles Gute Ihnen und Ihrer Crew. Gute Reise Kapitän Norris!"

„Auf Wiedersehen, Capt'n Bainbridge. Auch Ihnen und Ihrem
Schiff alles, alles Gute und weiterhin viel Erfolg und nochmals vielen
Dank!"

Kurz danach legte das Beiboot ab und machte sich auf den Weg zur
Celia.

Captain Bainbridge hatte sich den Besuch beim Vertreter des
amerikanischen Konsuls etwas anders vorgestellt. Zum Beispiel
hatte er sich eine Einladung zu einem vornehmen Lunch erwartet,
oder wenigstens ein gemütliches Beisammensein in dessen stilvollen
Villa. Stattdessen wurde er von dem Diplomaten namens James
Flemming zu einem Marsch auf den Gipfel des Felsens eingeladen.
Bainbridge blickte auf seine Schuhe, die die besten waren, die er

besaß. Zu diesem Zwecke aber waren sie völlig ungeeignet, jedoch musste er nun dadurch.

Letztendlich kam es nicht ganz so schlimm, wie befürchtete. Flemming hatte nämlich einen Zweispänner als Selbstfahrer anspannen lassen. Erleichtert stieg Bainbridge in den Buggy ein. Zwei Fuchsstuten, dessen rotbraunes Fell herrlich in der Sonne glänzte, scharrten mit ihren Hufen schon ungeduldig im Boden. Dann setzte sich das Gefährt in Bewegung. Unterwegs musste Bainbridge natürlich als erstes von der Auffindung, der Verfolgung und letztendlich der erfolgreichen Einnahme der beiden Kaperschiffe berichten.

Zunächst ging es durch enge Gässchen des Städtchens. Meistens hatte Bainbridge den Eindruck, direkt in England zu sein, jedoch schon nach der nächsten Kurve ließ das südländische Flair eher vermuten, in Spanien unterwegs zu sein. Da gab es auch verwitterte, von Säulen umrahmte Gebäude römischen Ursprungs und nicht weit davon entfernt, standen schmucke Gebäude maurischer Architektur mit fein gestalteten Fassaden, welche herrliche Reliefs, orientalische Ornamente und geometrische Mosaiken vorwiesen. So klein das britische Hoheitsgebiet von Gibraltar auch war – immerhin so um die 25.000 Menschen lebten hier – so abwechslungsreich war es in ihrer kulturellen Vielfalt. Nun fuhren sie entlang der Stadt- und Befestigungsmauern, bis der Weg immer weiter aufwärts führte und zunehmend auch immer steiler wurde.

Flemming bemerkte, wie sich sein Gast interessiert umsah.

„Dies gefällt jedem, der zum ersten Mal hier oben ist, Capt'n Bainbridge! Aber glauben Sie mir, wenn man hier in Gibraltar zu lange ist, dann kommt einem alles zu begrenzt und zu eng vor."

„Mr. Flemming, wenn Sie die Enge eines Segelschiffs in Relation dazu sehen, dann ist dies hier nahezu unbegrenzt und riesig."

„Ja so ist das mit der Relation! Wenn man den verhältnismäßig geringen Aufwand betrachtet, den Sie in dieser kurzen Zeit benötigt haben, um zwei Schiffe zu entern und 120 Gefangene zu machen und dies in Relation setzt zu den oft monatelang dauernden Schriftwechseln und Verhandlungen eines Diplomaten, um ein befriedigendes Ergebnis zu erzielen, dann haben Sie, Capt'n Bainbridge, ein wirklich großartiges Ergebnis erzielt. Das macht mir nun meine Arbeit ungemein leichter. Ich bin so froh, dass die Besatzung der Celia so ungeschoren davonkam. Die haben jetzt Dank Ihres erfolgreichen Einsatzes sogar ihr Schiff wieder zurück.

Ich denke, die Crew und auch der Reeder werden Ihnen ewig zu Dank verpflichtet sein."

„Vielen Dank für das Lob, Mr. Flemming!"

„Gerne, gerne! Und dieses Schiff, diese Mir..."

„Mirboka Sir, oder auch Meshboha. So jedenfalls nannte der Schurke von Kaperkapitän sein Schiff!"

„Ja, nun, wie auch immer, mit dieser Fregatte als Pfand, sozusagen als Gegenwert zu einer Lösegeldzahlung lassen sich ja auch noch hunderte von Amerikanern von den Mauren freikaufen. Die Forderungen werden ohnehin immer dreister. Ich weiß nicht, wie lange wir uns das überhaupt noch gefallen lassen müssen", gestand er fragend.

„Ehrlich gesagt, Mr. Flemming, ich hätte diese Piratenbande am liebsten noch an Bord meines Schiffes aufgehängt. Mir platzt der Kragen, Sir, wenn ich mitansehen muss, wie diese Barbarenvölker mit den Besatzungen von Schiffen aus der zivilisierten Welt umgehen."

„Da gebe ich Ihnen vollkommen Recht, Sir! Jedoch müssen wir Diplomaten immer die Etikette einhalten. Auch ich muss mich oft mäßigen, obwohl ich persönlich gerne einen anderen Ton einschlagen möchte. Meiner Meinung nach – aber das bleibt jetzt unter uns – waren die Kommodores, das gilt für Richard Dale vom ersten Geschwader und auch für Richard Valentine Morris vom zweiten Geschwader, viel zu passiv. Ich hoffe, und ich denke auch, dass unter Kommodore Preble ein anderer Wind wehen wird. Ich denke auch, dass Sie genau der Richtige sind, um da ein wenig mehr Gegendruck gegen die maurischen Frechheiten zu erzeugen. Sie sind ja geradezu prädestiniert, um gegen solche Seeräuber vorzugehen. Ich weiß, dass die Navy nicht so darf, wie sie eigentlich wollte. Eure Schiffe durften bis jetzt nur die Handelsschiffe schützen, aber ansonsten keine offensiven kriegerische Aktivitäten an den Tag legen. Aber manchmal meine ich, dass manche Kapitäne da zu wenig wagemutig sind. Ein bisschen mehr Courage würde ich mir da schon manchmal wünschen!"

„Ich verspreche Ihnen, Mr. Flemming, dass ich mein Bestes tun werde!"

„Davon bin ich überzeugt, Capt'n!"

„Und ich werde mich so bald wie möglich mit unserem Konsul in Tunis, William Eaton, in Verbindung setzten und ihn erbitten, der Flotte eine etwas freiere Hand zu geben, sodass die maurischen Freibeuter nicht allzu übermütig werden."

Der Weg zog sich nun in Serpentinen weiter hinauf, vorbei an militärischen Kontrollstellen und Artilleriestellungen, die den Hafen absicherten. Schließlich hielt Flemming die Kutsche unter einem schattigen Baum an, stieg aus dem Buggy und befestigte die Zügel an einem Ast. Die beiden Stuten konnten nun in aller Ruhe grasen. Er ließ seinen Blick kurz in die Ferne schweifen, bevor er sich direkt an Bainbridge richtete.

„Ist die Aussicht nicht herrlich, Capt'n? Sehen Sie den Hafen und Ihr stolzes Schiff? Und dort die Meerenge. Dort drüben – heute kann man wirklich gut hinübersehen – die Küste Marokkos mit dem Atlasgebirge. Man mag es gar nicht glauben, dass es nur acht Seemeilen sind. Aber was sage ich Ihnen da, Sie sind Kapitän, Sie sind Navigator!"

„Ja schon, aber erst von hier hat man den richtigen Überblick, wie bedeutungsvoll diese britische Festung hier eigentlich ist!"

Tatsächlich war auch für Bainbridge diese Meerenge, welche er als Seemann sehr gut kannte, von hier oben betrachtet etwas Neues und Beeindruckendes. Schließlich trennte die Meerenge mit ihren heftigen Strömungen nicht nur den europäischen Kontinent vom afrikanischen, sondern auch den Atlantik vom Mittelmeer. Auch strategisch war dieser Felsen außergewöhnlich.

„Macht es Ihnen was aus, Capt'n Bainbridge, wenn wir unseren Weg von hier zu Fuß fortsetzen?"

Das Schlimmste haben wir hinter uns, dachte sich Bainbridge, der froh war, so ein gutes Stück mit der Kutsche zurückgelegt zu haben, denn einen allzu langen Fußmarsch war er schon lange nicht mehr gewohnt.

„Aber gerne! Wie hoch ist eigentlich dieser Felsen?"

„Naja, dieser steile, schroffe Kalkfelsklotz erreicht immerhin eine Höhe von über 400 Metern. Das Massiv hier erstreckt sich auf einer Länge von sechs Kilometern von Nord nach Süd. Im Norden ist die Halbinsel nur an einem etwa einen Kilometer schmalen Streifen mit dem spanischen Festland verbunden. Möchten Sie noch mehr darüber erfahren?"

„Selbstverständlich, Sir!"

„Nun zunächst sollten wir diese Kontrollstelle passieren. Ab hier müssen wir ohnehin das Geleit durch englische Soldaten akzeptieren!"

Flemming kümmerte sich um die Formalitäten. Die Wache stellte sogleich zwei Soldaten mit Musketen ab, um die hohen Herren zu eskortieren. Dann machten sich die Männer behäbig auf den ständig aufwärts führenden Weg. Flemming fing nun an, mit Begeisterung zu erzählen.

„Nun, dieser Fels hier und der Berg Abyla bei Ceuta drüben auf der afrikanischen Seite bildeten in der Antike die Säulen des Herkules. Der Felsen hier wurde nach dem muslimischen General Tarik Ibn Sijad, der 711 in Spanien eingedrungen ist, Dschabal Al Tarik, Berg des Tarik genannt. Anfang des 14. Jahrhunderts wurde Gibraltar dann von den Kastiliern erobert und ungefähr 20 Jahre später von den Mauren zurückerobert. Diese herrschten dort bis 1462. Dann verloren sie es wieder an die Spanier. Während des Spanischen Erbfolgekrieges wurde Gibraltar 1704 dann durch vereinte englische und holländische Truppen erobert.“

Bainbridge sah sich verstohlen um, aber die britischen Soldaten waren außer Hörweite.

„Ja und die Spanier, Sir? Die müssten doch selbst Interesse daran haben, diesen strategisch so wichtigen Standort innezuhaben? Haben die nie versucht Gibraltar den Briten wieder wegzunehmen?“

„Aber natürlich! Die Spanier haben immer wieder Versuche unternommen, Gibraltar zu erobern. Von 1779 bis 1783 haben sie es auch mit einer Blockade belegt. Sie werden es schon noch sehen. Da gibt es eine Menge an Tunnelanlagen, die entweder der Verteidigung dienten, oder aber sie stammen von den großen Belagerungen durch die Spanier. Diese Tunnels entstanden vornehmlich zwischen 1779 und 1797.“

Die Aussicht während des Marsches, bei dem Bainbridge ein wenig ins Schwitzen kam, war wirklich überragend. Der Atlantik auf der einen, das Mittelmeer auf der anderen Seite. Ein kräftiges Blau schillerte von tief unten in die Höhe. Nach der nächsten Serpentine lugte ein mächtiges Kanonenrohr aus einer Aussparung im Felsen. Ein Stück weiter um die Ecke zeigte sich ein von Soldaten bewachter Zugang.

Flemming wandte sich an Bainbridge: „Vielleicht erlaubt man uns einen kurzen Blick ins Innere. Ansonsten ist uns kein Zugang ins Labyrinth der Tunnelanlagen gestattet. Es ist ja auch verständlich, dass die Briten uns gegenüber das meiste geheim halten.“

Tatsächlich ließen die Wachen die Beiden passieren. Flemming war dem Offizier der Geschützbatterie längst kein Unbekannter mehr.

„Aber nur bis zur ersten Stellung!“, befahl der Offizier den zwei Aufpassern, welche die beiden Amerikaner in gebührendem Abstand sowieso die ganze Zeit gefolgt waren.

Im Inneren waren höhlenartige Gewölbe. Trotzdem war es relativ hell, denn gleich aus drei Richtungen drang Tageslicht in die künstliche Höhle. Im Felsen waren arkadenförmige Aussparungen, – genau solche, die die Beiden vorhin von außen gesehen hatten – in denen schwere, weitreichende Geschütze aufgestellt waren. Die Mannschaften mit ihren hohen schwarzen Hüten, den roten Röcken über denen sie gekreuzte weiße Gurte trugen und den weißen Hosen mit Gamaschen über den Schuhen erinnerten Bainbridge sehr an seine Seesoldaten. Nun salutierten sie vor dem amerikanischen Kapitän und seiner Begleitung. Nicht ohne Stolz erklärte der Geschützführer Stärke, Reichweite und Ausrichtung seines guten Stückes. Dieses Geschütz, welches der Meerenge zugewandt war, wies sogar ein Kaliber von 17,53-cm, wodurch es sich um einen 42-Pfünder handelte. Andere waren 32-Pfünder mit 16,13-cm-Kaliber – allemal genug, um den Hafen zu sichern.

Bainbridge und Flemming bedankten sich sowie sie sich verabschiedeten und setzten ihren Marsch fort. Sie gingen durch ein Wäldchen, in dem das muntere Vogelgezwitscher lautem hysterischen Kreischen und lautem Gebrüll wich.

„Was ist denn das?", fragte Bainbridge irritiert.

Flemming lachte.

„Das sind die wirklichen Herren über den Felsen von Gibraltar. Wenn die einmal nicht mehr sein sollten, dann werden wohl auch die Briten diesen Stützpunkt aufgeben müssen. Das besagt jedenfalls die Legende!"

„Wovon sprechen Sie, Sir? Ich bin ein wenig verwirrt!"

„Na von den Affen natürlich! Wussten Sie denn nicht, Capt'n, dass hier Berberaffen leben? Diese Tiere stammen ursprünglich aus Afrika. Wie die hierher kamen, weiß keiner so genau. Die Briten jedenfalls legen sehr viel Wert darauf, dass ihnen diese frechen Biester erhalten bleiben. Die Soldaten füttern sie sogar regelmäßig."

„Nun erinnere ich mich, natürlich habe ich schon davon gehört! Nicht umsonst nennt man diesen Berg hier Affenfelsen. Sind es wirklich solche Biester?"

„Sie wären nicht der Erste, dem der Hut vom Kopf gestohlen wird. Also passen Sie gut auf sich auf. Sehen Sie, dort drüben ist eine ganze Horde", erklärte der Mann, während er auf die Gruppe hellbrauner und schwanzloser Tiere mit frechen Gesichtern zeigte, die in den Ästen saßen.

Einige näherten sich sogar auf zwei oder auf vier Beinen den Menschen. Besonders scheu schienen diese Affen nicht zu sein. Es war interessant, diese Tiere zu beobachten. Trotzdem war es nun an der Zeit umzukehren.

Nach diesem schönen und interessanten Abstecher erwartete Bainbridge tatsächlich ein vornehmes Dinner. Einige seiner Offiziere plauderten bereits mit der Gesellschaft, vorwiegend jedoch mit den Damen. Es war auch nicht verwunderlich, denn diese Frauen in ihren schönen sowie eleganten Kleidern und ihren verspielten hochgesteckten Frisuren waren ein Anblick, den man auf See nur allzu sehr vermisste. Noch standen die meisten der Anwesenden im Schatten der ausladenden Bäume im Garten, der beinahe schon ein kleiner Park war.

Nun trat Bainbridge eine vornehme Dame mit einem charmanten Lächeln entgegen. Ihr Haar war dunkelblond und ihre Augen unergründlich grün. Sie trug ein zweilagiges Kleid, welches dicht unterm Busen durch ein Mieder eng geschnürt war. Die wohlgeformten Brüste wurden durch zarten, fast transparent wirkenden Chiffon mehr betont als verborgen. Die äußere Lage des Kleides bestand aus hellblauer Seide, die sich nach vorne hin öffnete und einen Blick auf die zweite Lage aus zart schimmerndem weißem Taft freigab. Flemming legte seine Hand auf die Schulter der Dame.

„Lydia, darf ich vorstellen? Capt'n William Bainbridge, Kommandant der Fregatte USS Philadelphia." Dann wandte er sich an Bainbridge. „Ich habe die Freude Ihnen meine Gemahlin vorzustellen. Sie würde sich sehr freuen, Ihnen gegenüber sitzen zu dürfen! Nicht wahr, Lydia?"

„Aber sicher doch! Es ist immer so aufregend zu hören, was ihr Seeleute für entsetzliche Entbehrungen und dramatischen Abenteuer auf See erlebt."

Bei diesen Worten strich sie mit einer sanften Bewegung ihrer zartgliedrigen Hand ihre Röcke glatt.

Bei diesem Anblick konnte es Bainbridge nicht mehr vermeiden, dass sich seine Augen vor Bewunderung weiteten. Flemming schien dies nicht zu bemerken, aber seine Gattin reagiert unwillkürlich mit einem koketten Wimpernaufschlag. Bainbridge bemerkte seinen sich beschleunigenden Puls und gab sich alle Mühe gelassen zu bleiben.

„Äh, die Freude ist ganz auf meiner Seite, Mrs. Flemming, es ist mir eine Ehre!"

„Dann lassen Sie uns zur Tafel schreiten, mein lieber Gast!", erwiderte die schöne Frau, die genau wusste, wie man einen Seemann aus der Fassung bringen konnte. Mit einer eleganten

Bewegung drehte sich Lydia Flemming herum, um zur gedeckten Tafel zu gehen. Dabei schwangen die Säume ihres Kleides wie zarte Schmetterlingsflügel herum und knisterten sinnlich bei jedem ihrer Schritte. Die beiden Herren schritten ihr forsch hinterher, um sie die Ellenbogen anbietend in ihre Mitte zu nehmen. Bainbridge nahm in dieser Nähe unmittelbar den angenehmen Duft ihres Parfüms war. Ein Geruch, den all die Weiten der Ozeane nicht bieten konnten.

Bainbridge dachte gerade an Susan, seine Gemahlin, welche er vor fünf Jahren geheiratet hatte. Seine aufkommenden Gefühle vermittelten ihm eine Sehnsucht nach ihr, welche von Schuldgefühlen untersetzt waren. Wie sehr er doch seine Gattin vernachlässigte und nun fühlte er auch noch eine gewisse Erregung wegen dieser Lydia.

Kurz danach wurde das Dinner eröffnet. Es war eindrucksvoll aufgedeckt, der Geruch war großartig und die verschiedenen Gänge waren der reinste Genuss. Die feine Gemüsesuppe war nur der Anfang. Der Truthahn, der darauffolgte, war prächtig aufbereitet, aber das schönste für Bainbridge war sein Gegenüber. Mrs. Flemming bot einen Anblick, der ein Genuss für sämtliche Sinne bot. Verlockung genug, um zu überdenken, ob sich das ganze Leben wirklich nur auf See abzuspielen hatte.

Wie nicht anders zu erwarten, musste Bainbridge wieder und wieder von der erfolgreichen Jagd auf die beiden Korsarenschiffe erzählen. Natürlich war es auch nur eine Frage der Zeit, bis das Thema Freibeuterei und Piraterie im Allgemeinen angesprochen wurde. Wie schon so oft musste Bainbridge ausführlich darüber berichten. Auch wenn ihm anderes im Sinn stand, so konnte er dieses Thema solch einer attraktiven Schönheit nicht vorenthalten. Mrs. Flemming folgte gebannt seinen Ausführungen und stellte immer wieder gezielte Fragen, welche Bainbridge mit Vergnügen beantwortete.

„Diese Freiheit, diese Erlebnisse und all die Abenteuer, welche Sie schon so erfolgreich gemeistert haben! Einfach unglaublich, Sir. Ich bewundere Sie! Ich bin überzeugt, dass es keinen geeigneteren Kapitän als Sie gibt, um diese Schurken hier vom Mittelmeer zu verjagen!"

„Danke für Ihr Vertrauen, Mrs. Flemming! Ich werde mein Bestes tun, das verspreche ich Ihnen! Aber sagen Sie, fühlen Sie sich hier in Gibraltar nicht beengt, wenn Sie hier nur so wenig Bewegungsspielraum haben, wo doch das spanische Festland direkt vor Ihrer Nase, aber durch die geschlossene Grenze doch so fern ist?"

„Ach nein, denn in diplomatischen Angelegenheiten bin ich ja mit meinem Gatten doch immer wieder unterwegs. Auch ich reise immer wieder mal auf einem Segelschiff und lerne fremde Länder kennen. Und im Übrigen sind wir Damen doch ganz froh, dass die Grenze nach Spanien geschlossen ist."

Verschmitzt lächelnd wandte sich Mrs. Flemming zuerst an die neben ihre sitzende Dame, dann an ihren Gatten.

„Wie darf ich das verstehen, Mrs. Flemming?", zeigte sich Bainbridge etwas verwirrt.

„Na ja, weil doch dort die rassigen Spanierinnen mit ihren Verlockungen aufwarten. Da ist es der Damenwelt nur recht, dass man den Männern den Grenzübertritt verwehrt – nicht wahr mein lieber Göttergatte?"

Nun musste selbst Mr. Flemming lachen und natürlich auch Bainbridge. Die Damen dagegen kicherten neckisch.

Eine der Damen, man sah ihr die typische englische Lady schon von weitem an, mischte sich nun ins Gespräch: „Ich stimme dem, was Mrs. Flemming über die Grenze gesagt hat, vollkommen zu, Mr. Bainbridge, aber ich, als Engländerin, mache mir da noch ganz andere Sorgen. Da macht ihr euch als Amerikaner wohl wenig Gedanken."

„Darf ich fragen, was Ihnen so viel Kummer macht, Mylady?", fragte Bainbridge.

„Na dieser kleine, machtbesessene Napoleon Bonaparte mit seinem Franzosenpack! Wenn der die Grenze, diese ist ja wirklich nur eine Meile lang, überrennt? Und dann? Was wissen Sie überhaupt über die politische Lage hier in Europa, Sir?"

Bainbridge räuspert sich. „Na ja, das Allgemeine eben, das Wichtigste sozusagen. Zum Beispiel, dass ihr Briten nicht gerade gut Freund mit den Franzosen seid. Aber das ist ja nichts Neues, nicht wahr?"

„Das ist sicherlich nichts Neues, schließlich waren wir seit 1792 im Krieg mit den Franzmännern. Aber sie wissen, Sir, dass wir letztes Jahr mit dem Vertrag von Amiens endlich Frieden geschlossen haben?"

Bainbridge nickte, obwohl er sich mit diesen Einzelheiten noch nicht befasst hatte.

„Wissen Sie auch, dass diese kurze Periode des Friedens bereits am 18. Mai dieses Jahres schon wieder ein Ende gefunden hat?"

„Das habe ich zu Ohren bekommen, Mylady! Seien Sie froh, dass Großbritannien ein Inselreich ist."

„Das bin ich, Sir, glauben Sie mir das. Aber hier? Hier sitzen wir auf einer kleinen, zwar gut armierten Halbinsel, aber hält die einem Sturm von hunderttausenden Franzosen auch stand?"

Bainbridge zuckte mit den Schultern. Diesbezüglich hatte er da auch so seine Bedenken.

Mr. Flemming mischte sich ins Gespräch: „Da muss ich Lady Sommerville recht geben. Dieser Napoleon wird immer dreister. Er scheint sich zu einem Tyrannen zu entwickeln. Ich habe fast den Eindruck, dass er seine Machtansprüche in ganz Europa durchsetzen will. Ich glaube, da kommt noch einiges auf Europa zu! Und wenn es jetzt schon so ernst wäre, dann würde ich mich mit meiner lieben Gemahlin am liebsten gleich auf ihr starkes Schiff begeben."

Mrs. Flemming sah Bainbridge mit einem schelmischen Lächeln direkt in die Augen: „Sie würden uns doch sicherlich mitnehmen, Capt'n, oder?"

„Wie könnte ich Ihnen ...", Bainbridge wäre beinahe wieder zum Flirten gekommen, erkannte dies aber gerade so noch im letzten Moment und so fügte er hinzu: „... oder Ihrem Gatten je einen Gefallen abschlagen, Mrs. Flemming?"

Langsam ging auch dieser schöne Tag mit diesem zauberhaften Abend zu Ende. Captain Bainbridge mitsamt seinen Offizieren entschuldigte sich und man nahm Abschied. Zusammen machten sie sich zurück auf dem Weg zum Hafen, zurück in den harten Alltag des Bordlebens. Aber eines hatte Bainbridge in der Tasche: Die Gewissheit auf dem richtigen Weg zu sein, um couragierter gegen diese schurkischen Korsaren vorzugehen.

Am Morgen des nächsten Tages machten sich die Phillies, wie sich die Besatzung der Philadelphia gerne nannte, daran, den Anker kurzstag zu holen. Sowohl auf dem Oberdeck als auch unten im Batteriedeck wurden die Handspaken aus ihren Halterungen genommen und dann in ihre Aussparungen im Spill gesteckt. Es war die Aufgabe der kräftigen Artilleristen das Gangspill zu bemannen, während sich die seemännische Decksbesatzung ans Segelsetzen machte.

„Anker kurzstag holen!", brüllte der Bootsmann.

Nun rannten die Spillgasten los, wonach sich das Spill zu drehen begann und dabei an den Windungen des Kabelaars zerrte, welches wiederum die noch dickere Ankertrosse einholte. Egon, das Pulveräffchen saß obendrauf und schlug den Takt auf einer Trommel. Freudig sangen die Männer ein Shanty dazu, um sich die einfältige, aber anstrengende Arbeit zu versüßen.

Gleichzeitig enterten Matrosen an allen drei Masten auf, bestiegen die Fußpferde der Marssegelrahen und lösten die Zeisinge, um die Marssegel zum Setzen klarzumachen. Selbst der Besan wurde schon zum Setzen vorbereitet und die aufgeschossenen Fallen für Piek und Klau wurden von ihren Belegnägeln heruntergenommen und sorgfältig an Deck gelegt.

Ian Brannigan, der Master blickte nach oben und begutachtete die Wolken, die über den azurblauen Himmel trieben. Der hier meist übliche Westwind war auch heute zugegen und versprach ein gutes Vorankommen ostwärts, aber das Hinaussegeln aus dem Hafen von Gibraltar erforderte gute Vorbereitung, eine gekonnte Wende und gegebenenfalls sogar einiges Kreuzen.

Brannigan schaute eine ganze Weile der britischen Sloop nach, welche gerade eben die Durchfahrt zwischen den Molen genommen hatte und sich an eine Wende machte. Schon wurden die Rahsegel am Fockmast backgesetzt, sodass der einfallende Wind den Bug zur Seite drückte, hinaus Richtung Meerenge.

Nun erwartete Brannigan von seinen Leuten, dass sie das Hinaussegeln aus Hafen und Bucht ebenso gut zu Stande bringen würden wie die Engländer, weil sich die U.S. Navy der Britischen gegenüber nicht gerne eine Blöße gab. Er sah nach seinem Mastergehilfen, schaute hinauf auf die Rahen, sah nach allen Nagelbänken und Mastgärten, ob alle Positionen besetzt waren und blickte zuletzt auch noch einmal der sich entfernenden Sloop hinterher, die jetzt neben den voll angebrassten Rahsegeln schon alle Klüver und Stagsegel gesetzt hatte und sich hart am Wind segelnd majestätisch überlegte.

Nach einer Weile blähten sich auch die Segel der Philadelphia, die ihren Küverbaum nordwärts richtete und langsam an der ersten Bugwelle am Steven vorbei schwappte. Die beiden Anker hingen noch direkt unter ihren Kranbalken, bereit, um im Notfall sofort wieder geworfen zu werden. Das seefeste Zurren der Anker konnte dann immer noch vor dem Verlassen der Bucht nachgeholt werden.

Nach einer bravourösen Wende glitt die Philadelphia zuerst langsam voran und wurde bald spürbar lebhafter. Es war gerade so, als würde die Fregatte nach Freiheit streben. Sie legte sich in den Wind und preschte voran.

Die Bucht von Gibraltar und Algeciras hinter sich lassend drehte sich der Bug der Fregatte bald wieder ostwärts und nahm Kurs auf Algier.

Der Master befahl nun auch die Leesegel setzen zu lassen, was die stetige, achterlich einfallende Brise problemlos erlaubte. Den Anblick mit den in die Breite gehenden Leesegeln, die zusammen mit den gewöhnlichen Rahsegeln, besonders an Fock- und Großmast, gewaltige Segelpyramiden bildeten, liebte der Master. Er genoss es aber auch, endlich wieder frischen Wind auf der Haut und durchs Haar streichen zu fühlen. Im Gegensatz zu manch anderen, trug Brannigan sein Haar offen und verzichtete darauf, sich einen altmodischen Zopf im Nacken zu binden. Jetzt nach den beiden Tagen, die man vor Anker gelegen war, tat es ihm doch wieder gut, das Rauschen der Wellen zu hören, und die leichten Schwankungen unter den Füßen wahrzunehmen. Brannigan warf wieder einen prüfenden Blick nach oben und besah sich die prall gefüllten Segel. Waren alle Segel ordentlich getrimmt und durchgesetzt? Natürlich fand sich da noch etwas zum Optimieren. So rief er sofort seinen Gehilfen herbei und delegierte alles Erforderliche. Nachdem das Beste aus dem Trimm der Segel gemacht war, rauschte die Fregatte mit gut neun Knoten dahin, was platt vor dem Wind bei der derzeitigen Windstärke keineswegs unbefriedigend war.

Kapitel 4: Das dritte Geschwader

Kommodore Richard Valentine Morris wagte es zum letzten Mal, dem Dey von Tripolis seine Aufwartung zu machen. Begleitet wurde er von vier bewaffneten Marineinfanteristen, welche ihm einerseits wegen der schmucken Uniformen repräsentativ zur Seite standen, andererseits die Präsente für den Dey zu tragen hatten. Wirklichen Schutz konnten ihm diese paar Männer in dieser Stadt, welche voller feindlich gesinnter Barbaren war, natürlich nicht bieten. Es war ohnehin schon gewagt, sich mit der Barkasse, die mit einer Besegelung versehen war, des Flaggschiffs USS New York in einen Hafen zu wagen, den man gleichzeitig mit dieser 36-Kanonen-Fregatte zu blockieren versuchte. Aber Morris genoss diplomatische Vorrechte, denn er hatte nicht umsonst immer an seinen politischen Beziehungen gebastelt. Die Beziehung zu William Eaton, dem amerikanischen Konsul in Tunis, war zwar längst ziemlich zerrüttet, aber noch wagte Morris, auf Zugeständnisse von Jussuf Karamanli Pascha zu hoffen.

Nun schritten die fünf Amerikaner umgeben von zwei Dutzend Leibgardisten des Paschas, welche mit ihren in der Sonne glitzernden Säbeln und den überlangen Musketen ein imposantes Bild abgaben, der Mauer der Zitadelle entlang. Da dieser ummauerte Festungsbau gleichzeitig der Amtssitz des Paschas war, in dem sich auch sein Palast befand und eben diese Zitadelle direkt am Südhafen lag, war der Weg vom Boot zum gut bewachten Eingangstor nicht weit. Vom Weg aus war von der orientalisch anmutenden Stadt Tripolis nur wenig zu sehen, denn die eigentliche Stadt lag hinter den Stadtmauern, die sie umgab und mit maurisch geschwungenen Zinnen gekrönt war. Gerade als die Gruppe im Geleit der Leibgardisten das Südtor zur Stadt durchschreiten wollte, – der Zugang zur Zitadelle war gleich um die Ecke – kam eine kleine Karawane durch dieses Tor aus der Stadt heraus. Sie bestand aus berittenen, oder schwer beladenen Kamelen sowie einigen mit Turbanen und Umhängen verhüllten Reitern auf feurigen, pechschwarzen Araberrappen. Allem Anschein nach machte sich die Karawane auf den harten und entbehrungsvollen Weg durch die Wüste. Erst als sich die Reiter entfernten, konnte Morris mit seinen Soldaten im Schutz der Gardisten das Tor durchschreiten.

Nachdem die Kontrollen durch die Torwächter erfolgreich absolviert waren, durften die fremdländischen Besucher im Geleit sowohl das Stadttor als auch das Tor zur Zitadelle passieren. Dann aber ließ man die Besucher erst einmal warten. Für Morris war dies nichts Neues und er vermutete sogar, dass dies eine absichtliche Schikane war. Tatsächlich verging über eine Stunde, bis der Wesir erschien, der Morris bat, ihm zu folgen. Auf seinen persönlichen Schutz, der aus den Marineinfanteristen bestand, musste der Kommodore natürlich verzichten, denn diesen wurde gebieterisch eine kleine Ecke zum Hinsetzen geboten.

Morris folgte dem Wesir in langen Schritten. Das Innere dieses Bereiches der Zitadelle war äußerst prunkvoll, zählte aber noch nicht zum eigentlichen Palast. Allein die Gänge waren mit prächtigen Fayencen versehen, andere Wände mit wunderbaren Ornamenten verziert und selbst die zwiebelförmigen Fensterbögen sahen elegant aus. Draußen im Patio plätscherte das Wasser in Kühle spendende Brunnen. Mosaike schmückten die Durchgänge und das Portal zum Audienzsaal war mit betörend schönen Schnitzereien verziert. Dieses Portal wurde nun von zwei pechschwarzen Türstehern würdevoll geöffnet. Zuvor jedoch wurde Morris deutlich gemacht, dass er sich beim Betreten deutlich und zwar sehr deutlich zu verneigen habe.

Morris befand sich dabei ziemlich unbehaglich, aber neu war es ihm nicht und so folgte er artig der Etikette. Er beugte sich sichtlich nach vorn, machte mit seiner rechten Hand nach Landessitte eine grüßende Bewegung und betrat den Saal, gefolgt von sechs Leibgardisten. Hinten im Raum saß der Pascha verschlagen lächelnd auf einem Diwan und zog an seiner Wasserpfeife. Zu beiden Seiten standen schwarze Sklaven, welche an langen Stielen Fächer aus Pfauenfedern hin- und her wedelten, um für Abkühlung zu sorgen. Die Schönheit des Saales mit der reichen Ornamentik an der Decke, den kostbaren Wandteppichen, den mosaikverglasten Fensterscheiben und den herrlichen Intarsien im Boden beachtete Morris diesmal gar nicht. Er war ja nicht zum ersten Mal hier. Zuletzt hatte er sogar seine Gattin bei sich gehabt.

Morris ging bedächtig auf Karamanli zu. Er versuchte noch aus der Distanz, die Stimmung des Deys zu erahnen, aber schon bei der Annäherung erkannte er, dass der verschlagene Herrscher wie auch sonst freundliche Miene zum bösen Spiel machte.

Der Dey sprach ein sehr einfaches Englisch, welches jedoch recht klar und gut verständlich war.

„Capt'n Morris, so treten Sie doch näher! Allahs Wille hat Sie wieder zu mir geführt. Zu meiner großen Freude!"

„Ich grüße Sie, Jussuf Karamanli Pascha, Dey von Tripolis, Herrscher von Tripolitanien!"

„Ich grüße Sie, Anführer eines großen Geschwaders, Kapitän einer großen und schnellen 44-Kanonen-Fregatte. Oder waren es etwa weniger?"

Morris hatte es geahnt. Schon während der Begrüßung ging es los mit den bösen Spielchen.

„36 sind es auf meiner New York, Herr!"

„Wie auch immer! Setzen sie sich doch bitte. Dort sind genügend Sitzkissen."

Karamanli bot Morris sogar die Wasserpfeife an, welcher diese Geste als willkommene Gelegenheit betrachtete, wieder einmal den köstlich aromatischen Duft inhalieren zu dürfen.

„Wird es Ihnen denn nicht langweilig da draußen auf dem Meer? Ach, ich habe ja vergessen, dass Sie Ihre Gemahlin und Ihr Kindchen mit an Bord haben. Wo haben Sie denn heute Ihre werte Gattin gelassen? Das letzte Mal waren Sie so freundlich und haben sie mitgebracht. Ist ihr nicht wohl?", fuhr der Pascha fort.

Morris war um eine Antwort verlegen. Innerlich kochte er sogar vor Wut. Diese Groteske, dieses elende Theaterspiel widerte ihn an, aber was blieb ihm anderes übrig, als den Anstand zu wahren und gelassen zu bleiben?

Als Geschwaderkommodore und diplomatisch veranlagter Verantwortungsträger musste er da einfach durch. Freundlichkeiten heuchelnd gingen die langatmigen Begrüßungen und Vorreden langsam ins Wesentliche über. Schließlich sollte die Audienz dem Zweck dienen, die Forderungen des Paschas zu mäßigen. Um eine gute Stimmung zu erzielen, überreichte Morris dem Pascha nun noch seine Geschenke. In einer reich mit Intarsien ausgeschmückten Holzschatulle war ein verzierter Admiralssäbel verborgen, dessen Griff kostbare Gold- und Silbereinlagen vorwies. Doch neben diesem Gastgeschenk kam noch das wichtigste hinzu: eine kleine Silbertruhe mit einer großzügigen Tributzahlung.

Karamanli nickte anerkennend, bedankte sich aufs höflichste und lenkte anschließend das Gespräch wieder in eine förmliche Richtung. Der Kommodore gab sich alle Mühe, den Dey, um eine Mäßigung bei den immer höheren Forderungen zu erbitten. Karamanli hörte gelangweilt zu. Es hatte den Anschein, dass der Dey seiner Wasserpfeife mehr Aufmerksamkeit schenkte als dem Geschwaderkommodore. Schließlich, nachdem Morris sein Begehren vorgebracht hatte, kam Karamanli zur Sache.

„Mr. Morris, Allahs Ozeane sind unermesslich groß. In allen Himmelsrichtungen können die Meere befahren werden. Von Ihren Schiffen und auch von den unseren. Aber sagen Sie mir doch, wer verlangt denn von Ihnen oder Ihrer Nation, eure Schiffe in unsere Gewässer zu entsenden – hier vor die gesegneten Küsten Nordafrikas?"

Morris wusste im Augenblick nicht, wie er darauf antworten sollte, was Karamanli für sich nutze.

„Sehen Sie, wir Mauren – eigentlich bin ich selbst ja osmanischer, meine Vorfahren ursprünglich sogar albanischer Abstammung – wir Mauren oder wie auch immer Sie uns bezeichnen mögen, wir segeln nicht vor der amerikanischen Küste. Es liegt also ganz an ihrem Volk, wenn sie hier im Mittelmeer fernab der Heimat, Handel treiben wollen. Unser Volk jedoch lebt hier an diesen Küsten. Unser Volk hat auch die schnellsten und wendigsten Schiffe. Unsere Galeeren sind noch nicht einmal auf den Wind angewiesen. So müsst ihr Amerikaner euch eben damit abfinden, dass wir diese Küsten beherrschen. Und so liegt es eben an uns, gegen entsprechende

Subsidien natürlich, euch Amerikanern das Recht zu gewähren, unsere Gewässer zu befahren. Sehen Sie dies doch einfach als Privileg an", fuhr er fort.

Den letzten Satz unterstrich Karamanli mit einem gönnerhaften, geradezu arroganten Gesichtsausdruck. Morris musste sich sehr bemühen gelassen zu bleiben. Innerlich jedoch wollte er aus seiner Haut fahren. Unmerklich ballte er seine Fäuste.

„Was Sie als Subsidien bezeichnen, werter Herrscher, würde ich eher als Schutzgelderhebung bezeichnen."

„Aber, aber, Mr. Morris, Allah hat uns Menschen mit einer Vielfalt an Sprachen beschert und mit unzähligen Wörtern bereichert. Es steht Ihnen vollkommen frei, sich das Wort auszusuchen, welches Ihrem werten Geschmack am besten mundet, aber mir steht es frei, die Summe für mein Land, für mein Volk, für Tripolitanien festzulegen."

Mit einem freundlichen Lächeln verbeugte sich Morris heuchlerisch vor Karamanli. Der Abschied entsprach in jeder Form der Etikette, aber dann konnte es ihm nicht schnell genug gehen, den Palast des Paschas hinter sich zu lassen. Verdrossen schritt er die Eingangstreppe hinab, seine vier Marineinfanteristen und die Leibwache neben sich. Auf dem gleichen Weg, wie sie gekommen waren, marschierte die Gruppe von den Einheimischen begafft zurück zum Beiboot.

Zum Fuße der Zitadelle unterhalb der Kaimauer lag die Barkasse. Bewacht von den Bootsgasten, welche wiederum von den Soldaten des Deys bewacht wurden. Wenigstens lag das Boot unbehelligt da und die Crew war erholt und wohlauf. Morris und seine Soldaten salutierten. Die einheimischen Soldaten erwiderten distanziert, aber gebührlich den Gruß. Dann bestieg Morris mit seinen Männern die Barkasse. Da es ihm nicht schnell genug gehen konnte, befahl er: „Riemen auf!"

Erst nachdem sich die Barkasse ein wenig von der Kaimauer entfernt hatte, ließ er das Gaffelsegel setzen. Die Riemen wurden wieder eingeholt und die Barkasse nahm eine leichte Krängung ein, sodass die Bootsgasten nach Luv rutschen mussten. Es waren nur wenige Meilen bis hinaus vor die Riffe, dort wo sein Flaggschiff, die Fregatte New York, lag. Dieser Schlag war selbst mit einem nur zehn Meter langen Boot kein Problem.

Das Problem, welches Morris wirklich zu schaffen machte, war, dass er wieder mal nichts erreicht hatte. Seine Zeit als Geschwaderkommodore ging dem Ende entgegen. Er hatte sich alle

Mühe gegeben, die Eskalation zu einem offen erklärten Krieg zu verhindern, genauso wie Kommodore Richard Dale im Jahr zuvor, was ihm letztendlich auch gelungen war. Wie sehr hatte er doch versucht, auf politischer Ebene mit geschickten Beziehungen und diplomatischen Bemühungen einen Krieg zu verhindern. War dies nicht wichtiger als alles andere? Krieg kostete immer mehr als alle anderen Lösungen und Morris konnte mit Recht von sich behaupten, dass während seiner Zeit als Kommodore des zweiten Geschwaders nur wenige Männer seiner Besatzung ums Leben gekommen waren. Er gestand sich ein, dass das gelegentliche Fahren von Geleitschutz und das Patrouillieren vor den Küsten nur wenig gebracht hatte. Er gab auch zu, dass die bisherige Blockade sicherlich nicht von einem großen Erfolg gekrönt war. Morris fühlte sich zutiefst verstimmt. Wenn doch dieser Halunken-Pascha mit seinen Schutz- und Lösegeldforderungen Maß gehalten hätte, aber nein, da der Dey von Algier inzwischen auch immer mehr Tribut forderte, wollte es ihm dieser verfluchte Karamanli gleichtun.

Man setzt immer so viele Erwartungen in uns Diplomaten, aber schon wieder einmal gab es nur ein frustrierendes Ergebnis, dachte sich Morris.

Während es in Europa und auch in anderen Ländern durch geschicktes Verhandeln oft möglich war, befriedigende Verhandlungsresultate zu erzielen, war dies in der islamischen Welt sehr viel schwieriger. Egal ob es nun um Verhandlungen in der arabischen Welt weiter im Osten ging, oder im östlichen Mittelmeer, was das Gebiet des Osmanischen Reiches war, es war immer dasselbe. Genau wie hier bei den Mauren oder Barbaresken im nordafrikanischen Raum des westlichen Mittelmeeres: Palavern, verhandeln, nochmals palavern und Höflichkeiten austauschen, die gepaart waren mit zynischen Bosheiten. Meistens kam nichts dabei heraus, es sei denn, dass die Paschas, Beys und Deys oder Sultane für sich oder ihr Volk irgendwelche Vorteile erzielten.

Was bleibt für uns Amerikaner, fragte sich Morris verzweifelt. Ein wenig freien Handel treiben – mehr nicht! Dieses ewige Palavern kannte er aus ausführlichen Gesprächen mit Landsleuten in Bezug auf Verhandlungen mit den Ureinwohnern Amerikas. Auch die Indianer legten sehr viel Wert auf dieses ewige Geschwafel. Auch die wollten nicht wie die Europäer oder Amerikaner möglichst schnell und direkt auf den Punkt kommen und vermieden sogar jedes vorschnelle Ansprechen des eigentlichen Themas. Allerdings gab es einen Unterschied: Die Indianer hielten sich ehrenvoll an die

Absprachen. Sehr viel mehr sogar als die Weißen selbst. Bei Muslimen hingegen konnte man sich auf nichts verlassen. Außer darauf, dass die Schutzgeld- bzw. Lösegeldforderungen von Jahr zu Jahr höher wurden. Auf die eigene Navy konnte man sich genauso wenig verlassen. Seit Jahren lungerten die Schiffe im Mittelmeer herum und verschlangen Unsummen an Kosten. Die Blockade hatte auf Dauer nur wenig gebracht, genauso wie direkte Angriffe auf Tripolis bisher erfolglos geblieben waren. Der Hafen und die Stadt waren zu gut von Artilleriestellungen geschützt sowie die Anzahl an eingenommen Prisen sich in Grenzen hielt. Stattdessen kostete der Erhalt der Schiffe und die Besatzungen mit hunderten hungriger Mäulern Millionen Dollars von Steuergeldern.

Es ist einfach frustrierend, das macht keinen Spaß mehr, dachte sich Morris resignierend, während der Rückfahrt zur Fregatte. Den Besuch beim Dey von Tripolis hätte ich mir wirklich sparen können!

Auf halber Länge zwischen Cartagena und Algier überraschte in dunkelster Nacht ein schwerer Gewittersturm die Philadelphia.

„Hopp, hopp, hopp, rauf mit euch, ihr Trantüten!", hetze Ian Brannigan augenblicklich seine Männer ins Rigg.

Das Vormarssegel war backbords gerissen. Kein Wunder, denn der Sturm fetzte mit brachialer Gewalt durchs Rigg und komponierte mit seinem Heulen und Pfeifen derweil ein schauriges Lied. Die Blöcke knarrten und ächzten. Der heftige Regen prasselte erbarmungslos auf Deck, durchnässte das Segeltuch und machte es gleichzeitig schwerer und schwerer. Auf die Besatzung der Philadelphia nahm der Regen ohnehin keine Rücksicht. Die Fregatte arbeitete heftig, der Bug stampfte mit eisernen Schlägen gegen die Wogen und zerteilte die auflaufenden Brecher. Die brodelnde See war übersät mit Gischt. Diese weißen Schaumkronen und die sich überschlagenden Wellen waren das Einzige, was in dieser stockfinsteren Nacht zu sehen war. Gleichwohl mussten zwei Dutzend Männer hinauf, um das killende Segel einzuholen.

John Wagner war einer davon. Er konnte kaum seine Hand vor Augen sehen. Trotzdem hastete er in den im Sturm vibrierenden Wanten nach oben. Zum Glück kannte er bereits jeden Griff. In seinen Armen hatten sich längst Muskeln entwickelt. Unter anderen Umständen liebte er es sogar, im Rigg zu arbeiten. Manchmal fühlte er sich, wie ein Vogel, der hoch über dem Meer schwebte, aber heute bei diesem heulenden und peitschenden Sturm, der wegen der

Nässe noch mehr Wucht zu haben schien, war bereits der Aufstieg ein Weg, der gerade in die Hölle zu führen schien.

Schließlich erreichte John mit seinen Kameraden die zweite Rah am Fockmast mit dem wild um sich schlagenden Marssegel. Irgendwie hatte sich ein Reffbändsel gelöst, weitere waren gerissen und je länger die sich auflösende Reihe wurde, desto mehr Wind war in das gebundene Segeltuch eingedrungen. Wie eine Blase hatte es sich backbords aufgebauscht, bis sich ein Teilstück zuerst laut knatternd, dann hysterisch zirpend in Fetzen aufgelöst hatte. Nun war für die Männer im Rigg ein harter Kampf angesagt. Allein sich sicher auf der Rah halten zu können, erforderte von jedem viel Kraft und Ausdauer, aber die Bemühungen, um das Segel zu bändigen, mit aller Gewalt in den Griff zu kriegen, weiteren Schaden zu verhindern, forderte das Letzte von jedem Einzelnen.

Auch John kämpfte dort oben, sowohl um die Sicherheit des Schiffes als auch um das eigene Überleben. Inständig hoffte er, dass er durchhalten könne. Die Anstrengung kostete ihm die letzte Kraft. Er war sich bewusst, dass er diesen erbarmungslosen Einsatz gegen die Naturgewalten noch vor einem Monat nicht gewachsen gewesen wäre. Das hier war die Hölle.

Irgendwie war es der Gruppe auf der Rah dennoch gelungen, das Segel zu bändigen. Trotz der ungebändigten Kraft des Windes, trotz der Härte des prallen Segeltuchs, welches eher mit Holzlatten als mit Stoffbahnen vergleichbar war.

Mittlerweile waren Johns Unterarme klamm. Die Prellungen, welche ihm die wild um sich schlagenden Fetzen verpasst hatten, spürte er in diesem Moment noch gar nicht. Am nächsten Tag würde er immer noch genügend Zeit haben, seine blauen Flecken zu zählen. Auch nicht alle seiner Kameraden waren ohne Blessuren ausgekommen, aber wenigstens hatte sich keiner ernsthaft verletzt und vor allem war keiner abgestürzt. Stürze aus dem Rigg kamen gelegentlich vor. Besonders wenn Erschöpfung mit ins Spiel kam, aber dann spielte es letztendlich keine Rolle, ob das Opfer aufs harte Deck knallte oder unverletzt in die See stürzte, denn eine Bergung wäre unter diesen Bedingungen ohnehin nicht möglich gewesen.

Mit letzter Kraft stieg John von der Rah in die Wanten über. Den Abstieg konnte er nur noch mit seiner letzten Willenskraft bewältigen. Doch als er dann seine Füße wieder aufs Deck setzte, durchnässt, erschöpft und außer Atem, fühlte John sich stark und glücklich. Er hatte es geschafft!

„Jetzt geht nach unten ihr Halunken!“, empfang der Master seine Gruppe wieder, die er zuvor so gnadenlos ins Rigg getrieben hatte.

Die Gruppe folgte dem Master hinunter ins Batteriedeck. John hätte einen etwas freundlicheren Empfang erwartet. Besonders nach solch einem Einsatz!

Außerdem sind acht Glasen längst vorüber und jetzt steht mir meine Freiwache auch zu, dachte er sich. Seine Wut konnte er kaum noch unterdrücken, weswegen er dem Master doch noch einen grimmigen Blick zuwarf.

Gelassen fuhr Brannigan fort: „Ich weiß, dass ihr jetzt gern’ einen heißen Tee hättet, aber wie ihr wisst, wurde das Kombüsenfeuer längst gelöscht. Bei so einem Sturm gibt es halt nichts Warmes.“

Jetzt machte ein enttäuschtes Murren die Runde. Im Dunkel des Decks war Brannigans Grinsen nicht zu erkennen.

„Nun geht schon zum Smut. Sagt ihm, dass der Master euch geschickt hat und holt euch eine Ration Rum ab. Der steht für euch schon bereit und den habt ihr euch auch redlich verdient.“, knüpfte er unberührt von der Stimmung an.

„Hurra! Das lassen wir uns nicht zwei Mal sagen, Mr. Brannigan!“, antwortete einer der Männer.

Dann eilte die Meute nach vorn zur Kombüse. John, der vor Nässe triefte, hetzte hinterher. Was gab es jetzt Besseres als feurig brennenden Rum? Mit Genuss ließ John die ersten Schlucke durch seine Kehle laufen, als ihm jemand auf die Schulter tippte.

„Schon wieder beim Saufen?“

John brauchte sich nicht umzudrehen, um zu wissen, dass es sein Bruder war.

„Den Schluck hab’ ich mir wirklich verdient, Bruderherz! Hockst hier in der trockenen Bude, während ich mich da oben in der Nässe mit allen Naturgewalten gleichzeitig anlege. Trotzdem, weil du es bist, Paul! Magst du 'nen Schluck?“

„Danke John, mir ist schon wieder speiübel! Ich hätte niemals auf dich hören sollen. So ein Schiff ist halt nichts für mich!“

„Du verträgst den Seegang wohl immer noch nicht, oder?“

„Eigentlich dachte ich, dass ich mich endlich daran gewöhnt hätte. Aber das hier? Na, das ist verdammt heftig heut’. Hab’ schon drei Mal die Fische gefüttert und deshalb verzichte ich jetzt auch gerne auf den Rum, aber ich muss sagen, alle Achtung. Bin froh, dass ich da nicht rauf muss! Wie hältst du das da oben überhaupt aus?“

Mit der aufgehenden Sonne legte sich der Sturm so rasch, wie er am letzten Abend aufgekommen war. Die Spitze des Klüverbaums zeigte direkt auf die noch ein wenig blass wirkende rotgelbe Scheibe, welche aber bereits jetzt die Philadelphia mit ihren ersten wärmenden Strahlen verwöhnte. Paul stand mittschiffs an Deck und genoss die frische Luft. Dort war ihm wohler als unten im feuchten, muffigen Batteriedeck, in dem er die Bewegungen der immer noch heftigen Dünung stärker wahrnahm als hier auf dem Oberdeck. Egon, der schon gut mit dem Bordalltag vertraut war, stand neben ihm, doch er war sehr zurückhaltend und sprach niemals ältere Kameraden an, sondern war meist nur mit seinesgleichen zusammen, Jungen zwischen zwölf und 15 Jahren. Vor Paul, mit seiner gutmütigen und vertrauensseligen Ausstrahlung, jedoch zeigte er sich weniger scheu. Paul sprach ihn an.

„Du Egon, du scheinst dich hier ja ganz wohlzufühlen auf diesem Schiff, stimmt's?“

„Schon! Hab' ja kein anderes Zuhause! Und hier hab' ich eins.“

„was ist mit deinen Eltern? Wo sind die?“

„Irgendwo auf dem Meeresgrund“, er deutet auf die See.

„Hier im Mittelmeer?“

„Nein, tief unten im Atlantik. Dort ist das Grab, aber auch nicht nässer als hier.“

„Dann bist du ein Waisenkind! Übrigens bin ich auch eins.“

Egon grinste: „Du bist doch kein Kind mehr, Mann!“

„Trotzdem bin ich Waise. Genauso wie mein Bruder John. Unsere Eltern sind wegen eines Gewitters, das unsere Farm entzündet hat, verbrannt. Hast du wenigstens noch Geschwister?“

„Nein, auch meine Schwestern Eva und Maria sind damals gestorben. Liegen auch da unten.“

„Was ist mit ihnen allen passiert?“

Egon senkte nachdenklich und traurig seinen Kopf und erzählte: „Die wurden während der Überfahrt von Bremen nach Amerika alle krank, einer nach dem anderen. Viele andere im Zwischendeck auch. Die haben ständig gekotzt und gesch...., so wie du!“

„He, du Äffchen, mir ist nur schlecht wegen dem Seegang!“

„Man sagte, die haben die Chohl..., oder so.“

„Du meinst wohl Cholera?“

„Ja genau! Jedenfalls hat man dann alle über die Reling geworfen, sofort nachdem sie tot waren. Es war schrecklich!“

Paul sah es dem Jungen genau an, dass er schon als Kind einiges Schreckliches hatte erleben müssen.

„Es tut mir leid für dich. Wie alt warst du damals?"

„Na das war kurz vor meinem zwölften Geburtstag."

„Und dann? Du warst ja dann ganz allein!"

„Irgendwelche Deutschen haben mich bis nach Pennsylvania mitgenommen. Dort gibt es irgendeine deutsche Gesellschaft und die haben mich auf die Philadelphia gebracht. Soll fast ein deutsches Schiff sein, hat man mir gesagt. Da sind viele Deutsche drauf und das stimmt ja auch. Du bist einer, dein Bruder John und viele, viele andere auch. Auch wenn es manche gar nicht mehr hören wollen, es sind immer noch Deutsche, auch wenn sie längst behaupten Amerikaner zu sein. Auch wenn die meisten von ihnen englisch klingende Namen angenommen haben und nun Englisch sprechen. Das kann ich jetzt eh schon gut! Und das Schiff hier ist jetzt mein Zuhause!"

„Du bist ein tapferer Junge, Egon! Ich muss mich immer noch an diese Segelei gewöhnen. Aber weißt du, was ich toll finde?"

„Was denn?"

„Dass uns allen ein Prisengeld zusteht! Wegen der zwei Kaper, die wir genommen haben."

„Da bekomme ich auch meinen Anteil ab. Da freue ich mich jetzt schon drauf!"

Plötzlich kam Leben an Deck. Reihenweise kamen Männer den Niedergang herauf. Sie trugen vor Nässe triefende Kleidung in den Händen. Übereifrig versuchte jeder einen Platz zum Trocknen zu finden. In den Wanten, in den Pardunen und an anderen geeigneten Stellen, wo das stehende Gut sich anbot, um nasse Wäsche aufzuhängen. Zwar bot die Fregatte anschließend einen eher unordentlichen Anblick, aber weit und breit war ohnehin kein weiteres Schiff in Sicht und die gleichmäßige Fahrt und wärmende Sonne musste genutzt werden, um die Nässe aus den Decks zu bekommen.

Als die ersten Stückpforten zum Lüften des Decks geöffnet wurden, rasten Paul und Egon hektisch den Niedergang hinab. Einen Anschiss durch den Stückmeister wollten sich die beiden unbedingt ersparen.

Je weiter die Philadelphia gen Osten vordrang, desto rastloser wurde William Bainbridge. Die Hoffnung auf weitere Korsaren zu stoßen, weitere Prisen zu nehmen und noch mehr Erfolge in kurzer Zeit einzustecken, hatte sich vorläufig zerschlagen. Nun machte er sich Gedanken, welche Befehle auf ihn warten würden, wenn er auf das Geschwader stoßen würde. Mit welchen Aufgaben würde Kommodore Preble seine Fregatte betreuen? Routinemäßigen Patrouillenfahrten? Oder monatelangen Ankerliegen als Blockademaßnahme?

Nur das nicht, dachte sich Bainbridge. Er hatte genügend Erfahrung in Bezug auf Osmanen und Mauren, um zu wissen, dass der Kampf gegen diese Sandhaufenbanditen nahezu aussichtslos war und dass selbst diplomatische Verhandlungen so Erfolg versprechend waren, wie die Abwehr von Moskitos in den Tropen. Das Schlimmste, was sich Bainbridge vorstellen konnte, war aber eine Verurteilung zum Nichtstun. Im Bewusstsein mit der Philadelphia das Schiff zu kommandieren, welches unter allen Fregatten der U.S. Navy der schnellste und beste Segler war, gab ihm aber die Hoffnung, Jagd auf Galeeren, Schebecken, Mysticos und wie die Schiffstypen der Barbaresken alle hießen, machen zu dürfen.

Bainbridge wischte sich die Schweißperlen von der Stirn. Die Hitze wurde immer unerträglicher. Der Schirokko hatte eingesetzt, der warme Wüstenwind, der von der nordafrikanischen Küste her wehte. Stetig zog die Philadelphia ihre Bahn nach Osten, achteraus eine Spur aus perlendem Kielwasser.

Zur gleichen Zeit, während Kommodore Edward Preble am 12. September 1803 auf dem Stolz der Flotte, der äußerst glorreichen 44-Kanonen-Fregatte USS Constitution in Gibraltar einlief, dümpelte die Philadelphia beinahe schon auf der geografischen Länge von Malta und Tripolis, in der brütenden Sommerhitze einer Flaute. Da nützte es rein gar nichts, dass der Kommodore, der ab nun das dritte Geschwader befehligen sollte, angestachelt durch den Präsidenten Thomas Jefferson höchstpersönlich, hier in den von Korsaren gefährdeten Gewässern des Mittelmeeres mit einer offensiveren Vorgehensweise für frischen Wind sorgen wollte. Der übermächtige Neptun selbst hingegen scherte sich rein gar nicht darum, ignorierte wohlwollend alle strategischen Denkweisen der Menschen, einzelner Völker und Staaten und verpasste in seiner momentanen Laune dem südlichen Mittelmeer ganz einfach eine hochsommerliche Flaute.

Damit die Beiboote in der Hitze nicht austrockneten und Gefahr liefen, beim nächsten Einsatz leck zu werden, befahl der Bootsmann, die Boote zu wässern. Für diese Aufgabe fanden sich plötzlich viel mehr Männer ein, als nötig gewesen wären. Warum, wurde dem Bootsmann sofort klar: Wie fröhliche Kinder nässten die Seeleute nun nicht nur die Boote, sondern sie beschütteten sich vor allem gegenseitig mit dem kühlen Meerwasser, was nicht nur für gute Laune, sondern vor allem für Erfrischung sorgte.

Da lag sie nun, die Fregatte Philadelphia, bewegungslos, aber mit einer gewaltigen Pyramide aus Segeln, die sich über dem Deck des Schiffes erhob. Alle Segel, einschließlich der Leesegel, waren gesetzt. Doch so beeindruckend dieser Anblick eigentlich sein sollte, war er nicht. Ganz im Gegenteil. Die Wirklichkeit war sehr ernüchternd. Anstatt dass die Segel straff und prall gefüllt am Rigg zerrten und das Schiff kraftvoll vorantrieben, hingen die Segel schlaff und kraftlos an ihren Rahen, Spieren oder Stagen. Die einzigen Bewegungen der Segel rührten vom kaum wahrnehmbaren Rollen in der Dünung her. Hin und wieder gab es ein zartes Lüftchen, das aber nicht ausreichte, die Segel zu füllen.

Genauso wenig wie der Wind angehalten hatte, war es auch mit den Erfolgen der Philadelphia: Die hatten sich vorerst eingestellt. So fantastisch die wenigen ersten Tage im Mittelmeer auch verlaufen waren, so unspektakulär waren die anschließenden Tage gewesen.

Bainbridge knurrte innerlich. Er war zur Tatenlosigkeit verurteilt. Aufgrund der Hitze und mangels Fahrt bemerkte er sofort, dass sich die Stimmung an Bord verschlechterte. Zwar beschäftigte er seine seemännische Besatzung im Schatten der Wand aus Segeln mit Wartungs- und Reparationsarbeiten wie Spleißen und Farbe tünchen, die Seesoldaten und Artilleristen mit Drill und Waffen exerzieren, aber bei dieser Hitze, welche vor den Küsten Afrikas mit seinen Wüsten wirklich unerträglich war, wollte er seine Männer nicht allzu sehr schinden. Natürlich durfte er seine Besatzung auch nicht einfach nur herumlungern lassen, denn dann kam es schnell zu Langeweile, wonach Aggressionen mit Schlägereien und Machtspiele nicht lange auf sich warten ließen. Aufmüpfigkeit gegenüber Vorgesetzten wiederum, führte schnell dazu, dass sich ein brüskierter Midshipman oder Offizier Autorität verschaffte, indem er das betreffende Besatzungsmitglied bestrafen ließ. Solche Bestrafungen wiederum verschlechterten die angeschlagene Stimmung noch zusätzlich. Außerdem war Bainbridge als menschlicher Kommandant bekannt und nicht als Leuteschinder.

Während Bainbridge im Schatten der Segelpyramide das Deck auf- und abschritt und darüber sinnierte, wie lange die Flaute noch anhalten würde und wann endlich seine Fregatte den befohlenen Standort vor Tripolis erreichen würde, rief der Ausguck aufgeregt: „Zwei Schiffe in Sicht, Steuerbord voraus!"

Bainbridge ging nach vorn, innerlich wachgerüttelt, aber äußerlich gelassen. Es dauerte noch eine Weile, bis der Ausguck die Situation näher beurteilen konnte.

„Galeeren! Zwei Galeeren, kommen näher!"

Bainbridge ließ sich von seinem Ersten, der sich mittlerweile neben ihn gesellt hatte, das Teleskop reichen. Nun setzte er es an sein Auge, richtete es aus und stellte behutsam die Schärfe nach. Da sah er sie klar und deutlich: Zwei schlanke, ranke Galeeren, welche mit synchron geschwungenen Riemen durch die spiegelglatte See glitten. Ohne jeden Gegenwind pflügten sie mit Geschwindigkeit, die seiner Fregatte auch bei gutem Wind gut zu Gesicht gestanden wäre, durch die See. Nachdem sich Bainbridge vergewissert hatte, dass die Galeeren tatsächlich auf die Fregatte zuhielten, gab er das Fernrohr wieder an seinen Ersten zurück.

Dieser setzte sein Teleskop an, stellte die Schärfe nach und bestätigte die Meinung seines Kommandanten, dass mit einer Offensive durch die zwei Barbareskenschiffe zu rechnen war.

„Es sieht wirklich so aus, Sir, dass die Barbaren so wahnwitzig sind, uns anzugreifen!"

„Dazu müssen sie aber erst einmal in Schussweite herankommen, Mr. Cox! Und wir haben jedenfalls viel mehr Geschütze als die, wobei die unseren mit Sicherheit auch die größere Reichweite haben als die Stücke auf den Galeeren dort. Ich glaube nicht, dass die mit etwas Größerem als 12-Pfündern aufwarten können."

„Aber wir liegen hier und sind zur Bewegungslosigkeit verurteilt, während die Galeeren jede gewünschte Position einnehmen können. Was ist, wenn die uns von vorn oder von achtern beschießen?"

„Sie haben Recht, Mr. Cox. Lassen Sie die beiden Pinassen aussetzen!"

„Zum Schleppen, Sir?"

„Nein, nicht direkt. Ein Boot quer zum Bug und das zweite quer zum Heck. Dann können wir auf der Stelle drehen und unsere Breitseiten immer so ausrichten, wie es die Situation mit diesen zwei Galeeren eben erfordert."

„Gute Idee, Sir!"

Wie befohlen wurden die beiden Beiboote bemannt und zu Wasser gelassen. Am Bug und am Heck der Fregatte wurden Leinen ausgebracht und an die Boote übergeben. Gleichzeitig ließ Bainbridge sein Schiff gefechtsklar machen sowie die Steuerbordbatterie auf höchste Schussweite laden und ausrichten.

Währenddessen kamen die Galeeren immer näher. Plötzlich jedoch, immer noch außer Schussweite, änderten sie ihren Kurs und passierten die überlegene Fregatte auf Parallelkurs.

„Diese Schakale wollen uns nur reizen", schimpfte Bainbridge. „Das können wir ebenso! Mr. Piani!"

Bainbridge wandte sich an den Midshipman, der als Läufer fungierte: „Melden Sie dem Stückmeister: Feuer frei auf höchste Schussweite!"

„Aye, aye, Sir, melde Feuer frei auf höchste Schussweite!"

Kurz danach donnerte es los. Der Lärm zerstörte mit einem Schlag die ruhige Idylle auf der glatten See. Pulverdampf legte die Fregatte in grauen Nebel. Eine Fontäne schoss neben der anderen in der Nähe der beiden Galeeren in die Höhe, aber selbst für die 18-Pfünder war die Distanz einfach zu weit.

Unbehelligt zogen die Galeeren ihres Weges, um anschließend wieder den ursprünglichen Kurs einzuschlagen.

Bainbridge war sichtlich niedergeschlagen.

„Bei Gott, ich hoffe, diese Barbaren stoßen bei dieser Flaute auf keinen hilflosen Kauffahrer. Zwar haben sich die Korsaren uns gegenüber als Feiglinge erwiesen, aber selbst ein Handelsschiff mit leichter Bewaffnung hat keine Chance gegen zwei bewaffnete und solch bewegliche Galeeren. Solch ein Tag ist für die Barbaresken geradezu geschaffen, um Beute zu machen", meinte er, während er sich seinem Ersten zuwandte.

Cox nickte und erwiderte: „Aber wenigstens sind unsere Stückmannschaften heute wieder motiviert. Die haben doch eine wahre Freude daran, wenn es mal wieder kracht und scheppert – und das ohne jeden Verwundeten!"

Bainbridge lächelte. Das waren wahre Worte, die der Erste sprach.

„Nicht nur die Stückmannschaften hatten ihren Spaß daran. Auch der Rest der Crew hatte es genoss und jetzt haben die Leute wenigstens wieder ein bisschen Gesprächsstoff", ergänzte Bainbridge.

Langsam verschwanden die beiden Galeeren hinter der Kimm und damit außer Sicht. Die feuerrote Scheibe der untergehenden Sonne warf eine rote Bahn auf die glatte, dunkelblaue See, welche direkt auf die Heckgalerie der dümpelnden Philadelphia zuführte.

Am nächsten Morgen brachte endlich eine leichte Brise wieder ein wenig Fahrt in die Fregatte. Jetzt diente die gewaltige Segelfläche nicht nur der Schattenspende, sondern trieb das Schiff, wenn auch langsam, wieder voran. Jeder an Bord hoffte, dass der Wind anhalten und vielleicht sogar noch zunehmen würde. Der Besatzung war der Zeitpunkt der Ankunft am vorgesehenen Standort ziemlich egal, denn mit den Freuden eines Landganges war nicht wirklich zu rechnen, aber ein wenig Wind würde wenigstens wieder ein bisschen Luft in die stickigen heißen Decks bringen.

Captain Bainbridge blickte nochmals durch die geöffneten Fenster der Heckgalerie. Wie schon so oft genoss er auch heute den Anblick der scheinbar mit dem Meer verschmelzenden Sonne. Jetzt wandte er sich wieder der Seekarte zu, beugte sich darüber und maß mit dem Zirkel den Abstand zur Küste. Er hoffte darauf, bei anhaltendem Wind die Küste von Tripolitanien schon morgen in Sichtweite zu erblicken.

Am nächsten Tag erschien tatsächlich gegen acht Glasen ein Streifen an der Kimm, der entgegen der hochstehenden Sonne kaum zu erkennen war. Die mittägliche Luft machte wieder nur einen leichten Zug sowie die See ruhig war und nur leicht gekräuselt. Nur kläglich arbeitete sich die Philadelphia vorwärts. Erst am späten Nachmittag kam eine Brise mit einer Stärke von drei Beaufort auf, sodass die Fregatte wieder ein wenig tüchtiger vorankam. Endlich plätscherte wieder eine Bugwelle, blubberten Wellen gemächlich an der Bordwand entlang und die Luft verlor etwas an drückender Hitze. Schon bald wurde das Rigg einer ankernden Fregatte gesichtet, welches vor den Riffen der Zufahrt zum Hafen von Tripolis lag.

Bainbridge befahl unverzüglich, Kurs auf dieses Schiff zu nehmen. Kurz vor der Annäherung wurden freudig Salutschüsse ausgetauscht und noch vor Anbruch der Nacht ging die Philadelphia mit ausreichend Abstand neben der anderen Fregatte vor Anker. Es war die in Baltimore beheimatete USS Constellation, eine 38er. Auf ihr gingen rasch Signalflaggen hoch, welche wegen der schnell einfallenden Dunkelheit nur noch mit Mühe zu erkennen waren. Für Bainbridge und seine Schiffsführung bedeutete dies nichts anderes als eine Einladung an Bord des Dienstes tuenden Blockadeschiffes.

Schon bald darauf wurde der Kommandant und die höchsten Offiziere der Philadelphia an Bord der Constellation herzlich begrüßt. Noch bevor es sich die Neuankömmlinge in der Offiziersmesse bequem machen konnten, wurden sie mit Fragen überschwemmt. Wie denn die Überfahrt gewesen sei, ob sich in der Heimat etwas Neues getan hatte, und so weiter. Die Gäste dagegen wollten vielmehr von den Erfolgen des Geschwaders hören, insbesondere natürlich von denen der Constellation.

In der Messe sah es kaum anders aus als auf der Philadelphia. Das Skylight und die schrägen Fenster der Heckgalerie waren wegen der Hitze alle geöffnet. In einer Ecke stand ein fein detailliertes Modell des Schiffes, auf dem sie sich befanden und aus Knochen gefertigt war. Auf knapp einem halben Meter Länge konnte man die unglaubliche handwerkliche Geschicklichkeit bestaunen.

Aufgrund der Zusammenkunft der Offiziere von beiden Schiffen ging es nun entsetzlich eng her. Das Stimmengewirr war kaum noch zu ertragen.

Alexander Murray, Kommandant der Constellation, stand auf und pochte mit der flachen Hand ein paar Mal auf die Back.

„Mit Verlaub, darf ich um Ruhe bitten, meine Herren! Begrüßt und gegenseitig vorgestellt haben wir uns ja schon. Nun machen wir es uns erst einmal bequem und dann lasse ich auftischen. Gott sei Dank, ist es noch nicht allzu lange her, dass wir unseren Proviant, Frischwasser, aber auch Bier und Wein im britischen Kriegshafen Valletta auf Malta aufgestockt haben. Verhungern muss heute also niemand!" Dann klatschte Murray in die Hände, was seinen Kapitänsdiener und die Backschafter der Offiziersmesse dazu veranlasste, den längst für ein festliches Zusammensein vorbereiteten Tisch zu deckten. Neben Rinder- und Lammbraten gab es sogar frisches Obst. Kein Vergleich zu Pökelfleisch und trockenem Schiffszwieback.

Mittlerweile war es etwas ruhiger geworden und die ersten Schlucke sizilianischen Weins mundeten bereits in den Kehlen, als Murray sein Word an seinen höchsten Gast richtete.

„So Capt'n Bainbridge, wie war denn der Törn?"

„Nun, über die Atlantikpassage gibt es nicht sehr viel zu berichten. Vor Neufundland hatten wir einmal mit einem heftigen Sturm zu kämpfen, aber dann hatte uns der Passat im Griff. Sie wissen, was ich meine? War ein gemütlicher Sonntagsausflug. Als wir gerade im Mittelmeer angekommen waren … Sie glauben es nicht, wie schnell es interessant wurde, denn schon kurz nachdem wir die Südküste Spaniens absuchten, stießen wir auf zwei Korsaren, als wir vor Málaga Richtung Almería nur aufgrund von Gerüchten patrouillierten. Und das schon nach zwei Tagen, nachdem wir Gibraltar passiert hatten!"

Nun spitzten sich die Ohren der Soldaten der Constellation und Bainbridge musste, während das Essen aufgedeckt wurde, die Jagd auf die beiden Kaper ausführlich schildern. Cox erzählte anschließend dramatisierend, wie sie zuerst die zwei Bootsbesatzungen der Mirboka geentert und eingenommen hatten, um tags darauf die amerikanische Brigg Celia zurückzuerobern.

„Alle Achtung, typisch Bainbridge!", meinte Murray. „Sie waren immer schon ein erfolgreicher Piratenjäger. Respekt!"

„Und Sie, Murray, alter Kamerad? Wie geht bei Ihnen das Geschäft auf Ihrer Constellation?"

„Hm, so aufregend war unser Blockadedienst nicht gerade. Wir gaben uns alle Mühe, die Barbaren vor dem Ein- und Auslaufen aus Tripolis zu hindern. Manchmal ankern wir hier, das andere Mal wieder weiter drüben im Osten, dann wiederum patrouillieren wir der Küste entlang nach Norden hinauf bis Tunis oder ostwärts, entlang den Küsten Tripolitaniens und Cyrenaikas, bis hinauf nach Bengasi. Aber wenn Sie mich nach großen Erfolgen fragen ... Sicherlich geben wir unseren Kauffahrern Sicherheit, indem wir ihnen Geleitschutz bieten, aber strategisch gesehen sind wir nicht weitergekommen als im Jahr zuvor – leider!"

Der Erste Offizier der Gastgeber ging dazwischen: „Wie ist denn diesbezüglich eigentlich die Stimmung unseres werten Präsidenten Thomas Jefferson, Capt'n Bainbridge?"

„Mit Verlaub, meine Herren, nach allem, was mir zu Ohren gekommen ist, ist unser Präsident, verhalten ausgedrückt, äußerst ungeduldig. Er erwartet Resultate! Es reicht ihm nicht mehr, dass Konvois beschützt werden und gelegentlich ein paar Prisen gemacht werden."

„Was erwartet er von uns, Sir?", wollte ein anderer Offizier wissen.

„Hm, nun, es stinkt ihm genau gesagt, dass der größte Teil der Flotte der U.S. Navy fern der Heimat eingesetzt wird und immense Summen an Geldern verschlingt. Gleichzeitig steigen beinahe halbjährlich die Forderungen der Paschas, Beys und Deys an Tributen, wobei ich dies persönlich direkt beim Namen nennen möchte: nämlich Schutzgelder. Genauso verhält es sich auch mit den immer dreister werdenden Lösegeldzahlungen. Von unserem Geschwader erwartet der Präsident, dass wir diesem ein Ende setzen! Ansonsten meint er, dass unsere Kauffahrer künftig einfach einen großen Bogen um das Mittelmeer machen sollten. Wo steckt eigentlich unser werter Kommodore Morris, Capt'n Murray?"

„Eigentlich hätten Sie ihm in Gibraltar begegnen können. Übrigens befehligt er jetzt nicht mehr die USS Chesapeake, sondern im April wechselte er sein Flaggschiff. Das ist nun die USS New York. Wie auch immer, immerhin sind auf beiden Schiffen Ehefrauen gerne willkommen gewesen."

Cox räusperte sich: „Was wollen Sie damit andeuten, Sir?"

Murray lächelte diebisch und auch seine Offiziere grinsten sich gegenseitig zu.

„Ja wissen sie denn nicht, dass unser werter Kommodore seine Ehefrau mitsamt seinem Baby und einer schwarzen Zofe mit an Bord hat?"

Cox und auch einige der anderen schüttelten ungläubig ihre Köpfe. Cox ließ nicht locker: „Viele sind immer noch der Meinung, dass Röcke an Bord Unglück bringen!"

Diese Meinung wurde von vielen der Anwesenden mit einem kräftigen Nicken bestätigt.

„Die Zeiten ändern sich, meine Herren. Manche Kapitäne sind bis heute strikt dagegen, Unterröcke über das Deck wischen zu lassen. Anderen macht dies überhaupt nichts aus und viele Kapitäne weigern sich strikt, an einem Freitag auszulaufen. Allein schon wegen der Ängste, welche sich unter der Mannschaft breitmachen, verzichten die meisten Kapitäne sowohl aufs Auslaufen an Freitagen als auch aufs Mitnehmen von Weibern", fuhr Murray gelassen fort und machte dann eine kurze Pause, bevor er schelmisch ergänzte, „immerhin war unser Kommodore so fair, dass er dieses Privileg in Bezug auf Ehefrauen nicht für sich allein behielt. So erlaubt er auch seinen höheren Offizieren, es ihm gleichzutun."

Der dritte Offizier der Constellation hatte vom vielen Wein schon einen hochroten Kopf. Zunächst grinste er nur giftig, sah sich in der Gesellschaft um und erhob dann mit einem pfiffigen Blick sein halb leeres Glas.

„Lasst uns einen Toast ausbringen. Auf die Kommodorin, eine wirklich ansehnliche Dame! Cheers!"

Zwar hoben alle die Gläser, aber die Männer der Constellation lachten hämisch.

„Wenn die für dich ansehnlich ist, dann möchte ich nicht wissen, was für dich hässlich ist, Bob!", meinte Henry Wadsworth. „Aber über Geschmack lässt sich bekanntlich streiten!"

Bob ließ sich nicht aus der Ruhe bringen, sondern erwiderte: „Ich finde schon, dass sie hinter einem dichten Schleier schon irgendwie was hermacht."

Das war jetzt genug für Murray, der sich lautstark räusperte: „Mit Verlaub, meine Herren, das reicht jetzt! Wo waren wir eigentlich stehen geblieben?"

„In Gibraltar!"

„Genau! In Gibraltar soll Morris auf seine Ablösung durch den nächsten Kommodore stoßen. Wer wird dies eigentlich sein?"

„Meines Wissens wird es Edward Preble werden. Er soll ziemlich an Magengeschwüren leiden, sagt man!"

„Aha, kenne ihn! Ein guter Mann! Etwas sauertöpfisch zwar, aber mit hohem Durchsetzungsvermögen. Vielleicht wird dann hier etwas heftiger aufgemischt!"

„Bisher durften wir ja nicht so, wie wir eigentlich wollten!", meinte der dritte Offizier der Constellation.

„Sehr richtig!", ereiferten sich die anderen.

„Jedenfalls haben wir uns während der letzten Wochen einen genaueren Überblick über die Zufahrt zum Hafen von Tripolis verschafft. Außerdem bekamen wir über unsere Spione aktuelle Informationen über die Artilleriestellungen der Stadt und der angrenzenden Buchten sowie über die derzeitige Flotte des Schurkenpaschas Jussuf Karamanli."

„Schießen Sie los, Capt'n Murray, jetzt sind wir aber alle gespannt! ", sagte Bainbridge, während der nächste Gang aufgetischt wurde.

Murray schaute verschmitzt seine Gäste an, dann meinte er: „Ich denke, ich lasse Sie alle noch ein wenig zappeln, meine Herren. Genießen Sie doch erst einmal diesen herrlichen Rinderbraten. Dann lasse ich die Katze aus dem Sack! Erst einmal zum Wohl!"

„Cheers!", erwiderten die anderen Männer am Tisch.

Natürlich fanden im Laufe des Essens weiterhin Gespräche von Mann zu Mann statt, aber erst, nachdem das Geklimper des Besteckes wieder nachgelassen hatte und die Portionen auf den Tellern kleiner geworden waren, war es dem gastgebenden Kommandanten genehm, auf die zuvor angedeuteten Einzelheiten einzugehen.

„Ich denke, das hat wirklich gemundet. Jetzt möchte ich meine Gäste nicht weiter schmoren lassen. Nun zu den Einzelheiten: Der Bey von Tripolis verfügt insgesamt über ungefähr 25.000 Soldaten."

Die Gäste horchten interessiert auf.

„Ich sehe, das erstaunt Sie alle. Also auf den Gedanken die Stadt einzunehmen, brauchen wir gar nicht erst kommen, selbst wenn wir hier vor Ort das zweite und dritte Geschwader zusammenlegen würden."

„Da würden wir eine ganze Armee benötigen!", bestätigte Bainbridge. „Und wie sieht es mit den Schiffen aus?"

„Nun, die Schiffe machen uns von der Größe her weniger Sorgen. Es handelt sich meist um Schebecken, Galeeren und Mysticos. Dazu eine Anzahl an kleineren Kanonenbooten. 24 Schiffe sind es nach neuesten Informationen insgesamt. Das heißt, dass wir ihnen zumindest anhand ihrer Anzahl vor Ort natürlich nicht gewachsen sind.“

„Außerdem sind wir gegenüber den Galeeren bei Windstille machtlos. Das haben wir vor Kurzem selbst mit ansehen müssen!“, warf Thomas McDonough ein.

„Da kann ich Ihnen nur beipflichten, Mr. McDonough!“, meinte Murray.

„Sie wollten uns auch noch über die Artillerie aufklären, Sir!“, mahnte John Cox an.

„Sicher, sicher! Die bereitet uns wirklich Kopfzerbrechen, Mr. Cox, denn wir haben es schon vor kurzem versucht. Bei schlechter Sicht sind wir bis in die Hafennähe vorgedrungen und haben die Festungen und die Stadt beschossen. Aber auf diese Distanz haben wir wohl keinen großen Schaden anrichten können.“

„Und Ihr Schiff, Sir?“

„Unsere Constellation hat zum Glück nur ein paar Kratzer abbekommen! Nun gut, zur Sache: Da sind zunächst einmal die Bastionen und Festungen. Kopien von den Plänen werde ich Ihnen, Capt’n, noch zukommen lassen. Im Nordosten wird die Hafenzufahrt von einer vorgelagerten Schanz, Spanisches Fort genannt, mit einem Rundturm beschützt, dessen Kanonen beinahe alle Richtungen bestreichen können. Nördlich der Stadt hinter der Stadtmauer liegt Fort Tabi. Außerhalb der Mauern vorgelagert auf einem kleinen Inselchen noch eine Batterie. Innerhalb der Stadt befindet sich ein weiteres Fort. Der Pascha selbst hat seinen Sitz mit seinem Palast innerhalb der Zitadelle, welche an der südöstlichen Ecke der fünfeckigen Stadtmauer liegt. Natürlich ist diese Zitadelle, ebenfalls wie einige Türme der Stadtmauer mit Geschützen armiert. Im Südosten der Bucht gibt es zwei weitere Batterien, Französisches und Englisches Fort, genannt. Summa summarum: 115 Kanonen, und zwar 18-Pfünder, 24-Pfünder und 32- oder 36-Pfünder! Vielleicht sogar auch noch schwerere Stücke.“

Nach einer kurzen Pause stammelte Bainbridge: „115 Stücke?“

„Zum Teufel, so ist es!“

„Keine leichte Sache!“, murrte Bainbridge in Gedanken vor sich hin.

Nun wollte er aber auch etwas über die Erfolge des zweiten Geschwaders in Erfahrung bringen.

„Capt'n, Murray, nun sagen Sie uns doch, was sich so während des letzten Jahres ereignet hat, beziehungsweise welche Erfolge die einzelnen Schiffe des zweiten Geschwaders vorzuweisen haben."

Murray schilderte im Groben die Maßnahmen und die im Ganzen eher mäßigen Erfolge des vergangenen Jahres. Außerdem schilderte er die Aufstellung des Geschwaders.

„Das Flaggschiff unseres Kommodores war bis April dieses Jahres die Chesapeake. Sie wurde ersetzt durch die New York. Ihre und auch die Aufgaben der Constellation waren es Tripolis zu blockieren. Nun sind Sie dran mit Ihrer Philadelphia, Sir!" Nach einem tiefen Schluck aus dem Weinglas fuhr Murray fort. „Nun zu den besonders erfolgreichen Schiffen: Da wäre mal die John Adams, eine 28-er. War sehr aktiv. Anfang Mai beschoss sie sowohl die Kanonenboote als auch die Festungen von Tripolis. Ein paar Tage später hat sie zusammen mit der fast gleichnamigen Adams – wie kann man denn bloß zwei fast baugleichen Schiffen auch noch den fast gleichen Namen geben? – einen 20-Kanonen-Kaper namens Meshouda aufgebracht. Am 22. Mai, hat die John Adams zusammen mit der New York und der Enterprise eine ganze Kanonenbootsflottille erfolgreich abgewehrt – zurückgetrieben bis vor die Festungsmauern von Tripolis. Und diese kleine, aber äußerst tüchtige Sloop Enterprise, ein Toppsegelschoner mit zwölf Stück 6-Pfündern bringt es doch immer wieder mal fertig, Barbaren aufzubringen. Klein aber fein!"

„Alle Achtung, Respekt!"

„Ihr Respekt in allen Ehren, Sir, aber diese Erfolge reichen einfach nicht! Die Überfälle auf unsere Kauffahrer nehmen kaum ab und die Forderungen der hiesigen Landesfürsten werden immer dreister. Die Lage ist einfach nicht befriedigend! Trinken wir noch einen Schluck meine Herren! Cheers, auf künftige Erfolge!"

„Cheers, auf unser aller Wohl!"

Die leeren Rotweinflaschen waren immer mehr geworden, die Köpfe der Anwesenden immer voller, die Nacht immer später. Einige konnten sich nur noch mit Mühe auf den Beinen halten und die Phillies mussten ja noch zurück auf ihr eigenes Schiff. Teils lallend verabschiedete sich die beiden Schiffsführungen voneinander. Schwankend machte sich die eine Hälfte mit den Booten zurück auf den Weg zum eigenen Schiff.

Noch lagen die zwei Fregatten nördlich von Tripolis. Für die Constellation waren jedoch die letzten Tage an diesem Standort gekommen, da sie nämlich in Kürze mit Kurs West in See stehen würde, zurück in die Heimat. Noch stellten die beiden Fregatten zusammen eine nicht zu unterschätzende Gefahr dar und waren für die im gesicherten Hafen liegenden Schiffe der Barbaresken ein guter Grund nicht in See zu stechen.

Währenddessen waren die Fregatte John Adams und der Toppsegelschoner Enterprise seit ein, zwei Wochen auf Patrouille. Bevor sich aber die Constellation auf den Weg in die Ferne machte, setzte die Philadelphia Segel. Für den Wachdienst der kommenden Wochen sowie für Patrouillen- und Geleitzugfahrten musste die Fregatte erst noch einmal frisch verproviantiert werden, das alte, brackige Trinkwasser musste mit Frischem ersetzt werden und das beim Drill verschossene Pulver und die Kanonenkugeln mussten aufgestockt werden. Das alles gab es in Valletta, im Stützpunkt der Briten auf Malta. Und sicherlich gab es dort auch die neuesten Nachrichten und Befehle.

Die Anker wurden bereits aus dem Grund gebrochen, die Männer am Gangspill legten ihre kräftigen Hände an die Spillspaken und die Seeleute im Rigg und an den Tampen an Deck bereiteten ihr Schiff aufs Auslaufen vor.

Captain Bainbridge warf einen Blick nach oben. Die ersten Segel blähten sich bereits. Der Wind stand gut, eine mäßige Brise mit der Stärke vier aus West, war geradezu fantastisch, um auf einen Kurs von Nordnordost zu gehen. Die Entfernung nach Malta betrug ohnehin nur 170 Seemeilen, sodass Valletta in gut 20 Stunden zu erreichen war.

Kaum lösten sich die Anker vom Grund, nahm die Fregatte Fahrt auf. Der leicht achterlich dwars einfallende Wind schob das Schiff eifrig voran. Die tiefblaue See war leicht bewegt und mit jeder Stampfbewegung rauschte ein kräftiger, von der Bugwelle gebildeter Schwall an den Planken entlang. Das Kielwasser bildete eine perlende Bahn aus Sauerstoffbläschen.

Ohne Schiffssichtungen und ohne besondere Vorkommnisse segelte die Philadelphia unter der immer höher steigenden Sonne nordwärts. Gegen Abend senkte sich die Sonne wieder als rot glühende Scheibe auf die Kimm und ein herrliches Abendrot läutete die einbrechende Nacht ein. Auch über Nacht tat sich außer Routine nichts anderes als das Funkeln der unzähligen Sterne am Firmament, welches in seiner unermesslichen Weite kein Maßstab für den kurzen Törn nach Malta war.

Da der Wind angehalten hatte und der Kommandant der Küste von Malta nachts lieber nicht zu nahekommen wollte, befahl er dem Master noch einen Schlag zu machen. Frühmorgens, nach Tageseinbruch steuerte die Philadelphia dann den Hafen von Valletta an.

Das Einlaufen in Valletta war immer ein besonderes Ereignis, denn es fing mit den Salutschüssen des einlaufenden Schiffes an, die gleichzeitig Stärke und Respekt eindrucksvoll demonstrierten. Die Festungsgeschütze erwiderten den Salut und begrüßten gleichzeitig den Gast, aber nicht ohne simultan ihre Abwehrkraft darzustellen. Unweigerlich sahen die Besatzung der Fregatte auf die mächtigen Mauern, welche die Stadt umgab, die auf einer Halbinsel inmitten einer Bucht lag. Der Anblick der Stadtmauern und der an manchen Ecken vorgelagerten Bastionen hatte nichts mit den amerikanischen Hafenstädten gemein, erinnerte aber alle von Europa eingewanderten Besatzungsmitglieder an ihre alte Heimat. Valletta hatte eindeutig etwas Mittelalterliches an sich. Fort St. Elmo verstärkte diesen Eindruck noch erheblich. Tatsächlich war Malta die am stärksten befestigte Insel des Mittelmeeres und hatte schon etliche Eroberungsversuche abgewehrt, wobei der Sieg gegen 40.000 Osmanen in der Mitte des 16. Jahrhunderts wohl der größte Erfolg war, den Malta gegen seine Angriffe vorzuweisen hatte.

Mit geschickten Manövern arbeitete sich die Philadelphia in den Grand Harbour vor, den südöstlich der Stadt liegenden Hafen. Da dort noch eine ganze Reihe anderer Kriegsschiffe lagen – auf den meisten wehte natürlich die Flagge der königlich britischen Navy – erforderte das vor Anker gehen der Schiffsführung seine ganze Aufmerksamkeit und Können ab. Neben den vielen Schiffen mit ihrem Gewirr aus Masten und Rahen, stehenden und laufenden Gutes bewegten sich ja auch noch viele andere Fahrzeuge im azurblauen Hafenwasser. Da waren Versorgungsleichter, Pinassen, Barkassen, Gigs und Jollen. Dazwischen wuselten Marketenderboote und Fischer mit ihren Booten herum, welche den im Hafen liegenden Schiffen reife Früchte oder frisch gefangenen Fisch anboten.

Kaum lag die Philadelphia vor Anker, machte ein Boot der U.S. Navy an der quer zum Fockmast ausgebrachten Spiere neben dem Bug fest.

Die beiden Wagner-Brüder schlenderten am frühen Abend fröhlich durch die engen Gassen der Stadt. Zuvor hatten sie aber noch mächtig malochen müssen wie all die anderen auch, um die ersten Proviantladungen an Bord zu übernehmen und zu verladen. Auch die erste Post war vorhin an das Schiff übergeben worden. Einige Bordkameraden hatten sich begierig und mit leuchtenden Augen über ihre Briefe gestürzt. Doch Paul und John waren leer ausgegangen. Wer hätte ihnen auch einen Brief schicken sollen? Die Eltern waren tot und Verwandte hatten sie in der Neuen Welt ja nicht. Nun aber hatten die beiden Glück gehabt. Die Liegezeit hier sollte nur kurz sein, aber der Kommandant hatte genügend Einsehen mit seiner Besatzung, dass er den meisten den Landgang ermöglichte. Gibraltar war zuletzt für viele die letzte Möglichkeit gewesen – und auch dort war die Liegezeit nur äußerst kurz gewesen – und nun bot sich erneut nur eine sehr begrenzte Zeit für diverse Vergnügungen. All jene, die an Bord zu verbleiben hatten, waren nun eher in einer ziemlich schlechten Stimmung, was jeder der Landgänger nur allzu gut verstand, denn in der künftigen Routine eines Blockadedienstes würde es kaum noch Möglichkeiten für Landgänge geben.

„Arme Schweine, unsere Kameraden, die an Bord bleiben müssen! “, meinte Paul, der sich in diesem Moment ganz besonders glücklich fühlte. „Du kannst dir gar nicht vorstellen, wie ich mich fühle, John! Endlich mal wieder festen Boden unter den Füßen zu haben.“

„Jetzt, wo du dich endlich an den Seegang gewöhnt hast!“

„Stimmt, aber weißt du was? Jetzt im Moment fühle ich immer noch Schwankungen unter meinen Füßen und das hier auf diesem steinernen Boden. Geht's dir auch so?“

„Und ob! Aber lass uns gleich ein paar frische Bierchen reinziehen und dann geht es uns gleich wieder besser!“

„Mir geht es jetzt schon wieder besser, sieh' mal, und zwar gerade wegen der Schwankungen.“

„Wie meinst du das, Paul?“

Paul grinste und deutete auf ein fesches Mädel in einem engen Mieder, welches ihre großen Brüste besonders emporhob.

„Ja schau doch mal: dieses Schwingen, dieses Wippen. Solch einen Anblick vermisse ich schon lange, Bruderherz!“

„Nicht nur du!“

Das Mädchen bemerkte, dass es von den beiden Seeleuten begierig angestarrt wurde. Jedes hübsche Mädchen in einer Hafenstadt wusste, dass gemeine Seeleute diesbezüglich nur wenig Benehmen zeigen und angestarrt zu werden, war gerade für diese hübsche Malteserin nichts Neues.

Keck rief sie den jungen Männern zu: „Glaubt bloß nicht, dass ihr mich haben könnt. Ich bin keine solche. Wenn ihr nach Hafenhuren sucht, müsst ihr euch schon woanders umschauen!" Stolz warf sie ihren Kopf nach hinten. Kokett hob sie ihre Röcke, schwang sich so flott herum, dass die Spitzenrüschen ihre Unterröcke hervorblitzten, bevor sie schon mit schwingenden Hüften davon schritt. Nach einer Weile drehte sich das Mädel aber nochmals um, um sicherzustellen, dass man ihm immer noch hinterher sah und musste dafür gleich ein paar begeistert Pfiffe einstecken.

Paul und John hätten sich gerne um diese schöne Malteserin gestritten, aber die war plötzlich in einer der engen Gassen verschwunden.

Die Beiden gingen weiter und verschafften sich einen Eindruck von der fremden Stadt. Selbstverständlich vergaßen sie dabei nicht, jedem schwingenden Rockzipfel nachzusehen und gleichzeitig nach einer geeigneten Taverne Ausschau zu halten.

„Was glaubst du Paul, würden unsere Eltern jetzt denken, wenn die uns jetzt hier zusammen, im südlichsten Europa – oder gehört diese Insel hier schon zu Afrika – sehen würden?"

„Unsere armen Eltern? Gott hab sie selig! Ich glaube fest daran, dass die uns von dort oben im Himmel jetzt sehen können. Ich denke, die würden sich sehr wundern, warum wir hier sind und nicht in Pennsylvania, aber dass wir zusammen sind, würde sie noch mehr wundern. Und dass du nicht mit uns gemeinsam die Farm bewirtschaften willst, hat ihnen eh nicht gepasst!"

„Tut mir ehrlich leid, aber ich denke, es ist nicht meine Berufung in der Neuen Welt Bauer zu werden. Was wird denn jetzt aus deinem Land werden?"

„Für dieses und nächstes Jahr stehen mir ja die Rechte zu, aber danach? Oder was wäre, wenn mir bei irgendeinem Seegefecht etwas geschehen würde? Wenn ich einen Arm oder ein Bein oder gar mein Leben verlieren würde?"

„Über solche Sachen solltest du dir keine Gedanken machen, Paul!"

„Oh Johnboy, deine leichtfertige Einstellung möchte ich auch gerne haben!"

Nachdem die Brüder schon ein paar überfüllte Kaschemmen und Tavernen passiert hatten, fanden sie etwas abseits eine etwas gemütlichere Taverne. Natürlich waren auch in ihr schon einige Phillies.

„Kommt zu uns, ihr zwei seht ja noch viel zu nüchtern aus!", rief einer der Bordkameraden.

Paul und John ließen sich dies nicht zwei Mal sagen und gesellten sich fröhlich in die Runde. Schon kurz darauf floss auch durch ihre Kehlen kühles Bier. Langsam kam die Wirkung des Gerstensaftes zum Tragen und die Stimmung wurde immer lauter und rauer. Noch war die Gaststube der Taverne, die fast vollständig von den Phillies belegt war, nicht überfüllt, als eine Gruppe schwankender, lautstark grölender englischer Veteranen hereinmarschierte. Misstrauisch beäugten sie die meist jüngeren Amerikaner. Nichtsdestotrotz blieben sie hier, ohne sich aber zu den Amerikanern zu gesellen und soffen schon bald, was das Zeug hielt.

Einer der Ältesten von ihnen, bei weitem aber nicht der Schwächste, beäugte immer wieder die Amerikaner mit bösen Blicken. Ihm fehlte eine Hand. Stattdessen trug er am Stumpf eine eiserne Manschette mit einem Haken, dessen Spitze äußerst gefährlich aussah. Nach einer Weile aber rückte er näher, fuchtelte dabei mit seinem Haken herum und sah sich nach einem geeigneten Gesprächspartner um. Paul mit seiner friedfertigen Erscheinung kam ihm scheinbar gerade recht. Vielleicht auch einfach nur deshalb, weil Paul dem Eingang am nächsten saß.

„Amerikaner, hä?", stieß der Alte verächtlich hervor.

„Ja, was dagegen?", entgegnete Paul unverblümt. „Gehöre zur Crew der Fregatte Philadelphia, bin Kanonier!"

„Du sprichst aber ein verdammt beschissenes Englisch, für einen Amerikaner, Jungchen!"

„Na und! Bin ja nicht dort geboren!"

„Sondern?"

„In Süddeutschland!"

„Und warum bist du nicht dortgeblieben?"

„Wir waren kurz vorm Verhungern. Dann bin ich zusammen mit meinem Bruder und meinen Eltern nach Amerika ausgewandert."

„Egal, dein Fehler Jungchen! Wärst lieber geblieben, wo du hergekommen bist!"

„Warum?"

„Das heißt, warum, Sir! Merk dir das! Du solltest wissen, wie man mit einem altgedienten Veteranen spricht!"

John bemerkte, wie das Funkeln in den Augen des Alten immer heftiger wurde. Er war sich auch sicher, dass sein Bruder noch gar nicht bemerkt hatte, dass das Gespräch mit dem Alten auf eine Konfrontation hinauslief. Außerdem wurde ihm gewahr, dass die anderen Briten mit verbissenem Grinsen immer wieder verstohlen das Gespräch der beiden verfolgten und von seinen vielen Spelunken-Aufenthalten in Philadelphia wusste er, was auf Paul zukam. Der aber schien es nicht zu merken.

„Tut mir leid, Sir, aber ich hab' keine Erfahrung mit alten Veteranen!"

„Hast du alt gesagt? Hast du wirklich alt gesagt, du junger Rotzlöffel? Ich bin ein erfahrener Veteran, ja das stimmt, und ich habe eine ganze Menge an Erfahrung, besonders im Kampf gegen Amerikaner, aber hab' ich gesagt, dass ich alt bin? Habe ich etwa auch gesagt, dass ich ein Krüppel bin? Weil ich nur noch eine Hand habe?" Jetzt kam der Alte erst richtig in Rage.

Seine Kameraden drängten sich neugierig um ihn herum. Auch John rückte näher an seinen Bruder heran und versuchte ihn zurückzuziehen, aber inzwischen waren auch seine Bordkameraden näher ans Geschehen herangerückt.

„Weißt du, Jungchen, wer mir diese Hand abgeschossen hat?"

Erst jetzt bemerkte Paul, dass er von dem Alten als Sündenbock auserwählt worden war. Langsam wurde er nervös.

„Leider, Sir, ich habe keine Ahnung!"

„Dass du keine Ahnung von nichts hast, war mir von Anfang an klar, Jungchen! Aber ich sag's dir: Euer verdammter Hurensohn von Pirat war das, euer verfluchter John Paul Jones. Und bei dem hab' ich noch eine Rechnung offen!"

„Aber das ist verdammt lange her, Sir! Sonst könnten wir nicht hier in Malta liegen", entgegnete Paul.

„Ihr habt hier überhaupt nichts zu suchen! Nicht, wenn's nach mir ginge! Über 25 Jahre ist das her! So lange schon muss ich mit diesem verdammten Haken leben. Und außerdem ...", unterbrach der Alte mitten im Satz und schlürfte mit einem heftigen Schluck aus seinem Krug. Dem Geruch nach war es purer Rum. Dann fuhr er gereizt fort: „Außerdem hat euch hier niemand eingeladen. Ihr wollt Korsaren bekämpfen? Ihr? Wo dieser räudige John Paul Jones selber ein Bastard von Pirat war!"

Paul bemerkte noch, wie die Mundwinkel des Alten böswillig aufzuckten und sah, wie die anderen Briten noch näher an das Geschehen herankamen. Er wollte etwas erwidern, kam aber nicht mehr dazu.

Der Alte hob den Haken drohend nach oben und brüllte: „Schöne Grüße an John Paul Jones!" Er schlug Paul seine Faust mit aller Kraft in die Magengegend.

Diesem blieb die Luft weg und beugte sich im Schmerz nach vorne, nicht fähig zurückzuschlagen. Erst als er in die tierische Fratze des Alten schaute, ballte er seine Fäuste, um zuzuschlagen. Seine Faust schnellte nach vorne und schmetterte dem Alten hart unter die Rippen, aber dem schien das nichts anzuhaben. Stattdessen ließ er seinen erhobenen Arm heruntersausen, sodass sich der eiserne Haken tief in Pauls linker Schulter vergrub. Paul schrie vor Schmerz laut auf. Blut rann aus einer Wunde. John preschte nach vorn, schmetterte zuerst dem Alten seine Faust ins Gesicht und packte dann mit beiden Händen den Unterarm mit der Manschette, um den Haken aus Pauls Schulter zu ziehen.

Plötzlich war ein heftiges Gerangel im Gange und eine wüste Schlägerei war entbrannt. Die Amerikaner schlugen auf die Briten, die es scheinbar nur auf solch eine Auseinandersetzung abgesehen hatten, wütend ein. Die wiederum warfen kampflüstern ihre Fäuste gegen die Phillies. Es dauerte eine Weile, bis der Wirt unterstützt von ein paar Uniformierten, die er inzwischen herbeigerufen hatte, die zwei Parteien auseinanderbringen konnte.

Pauls Wunde war inzwischen verbunden worden. Er hatte ein blaues Auge abbekommen sowie andere Bordkameraden hatten ein paar weiter Blessuren einstecken müssen. Einer davon hatte sich sogar eine Rippe gebrochen. Nun machten sich die Phillies auf den Rückmarsch zum Schiff. Nichtsdestotrotz waren sie alle in feuchtfröhlicher Stimmung. Den Briten hatten sie es gezeigt. Auch die hatten derbe Schläge einstecken und einige Zähne verlieren müssen.

Mit leichtem Stampfen und mit einiger Krängung arbeitete sich die Philadelphia auf die Küste von Cyrenaika zu, welches als östliches Nachbarland von Tripolitanien galt und unter der Herrschaft eines anderen Deys stand. Die Rahen der Fregatte waren bis zum äußersten angebrasst, die Segel standen prall im Wind und gelegentlich, wenn wieder eine Bö einfiel, legte sich das Schiff über. Da ächzten und knarrten die Blöcke, während sich die Luvwanten und Luvpardunen strafften. Achteraus im Licht der Vormittagssonne lag die felsige Küste der Insel Malta. Vereinzelte Wolken zogen über das hohe Rigg der Fregatte und ein paar Möwen zeigten ihr akrobatisches Flugvermögen, das von ihrem wichtigtuerischen Geschrei begleitet wurde, um sich Gehör zu verschaffen.

Captain Bainbridge stand aufrecht vor der angetretenen Mannschaft. Backbords die Seeleute, steuerbords die Seesoldaten in ihren markanten Uniformen. Nahezu die gesamte Besatzung stand auf dem Deck zwischen Groß- und Kreuzmast versammelt. Die Rudergänger gingen ohnehin ihrer Arbeit am Ruderrad nach und so fehlte eigentlich nur der Ausguck, der seinen Posten auf der Vorsaling hatte.

Nun entfaltete der Kommandant seine Befehle. Befehle, welche er mittels einer Depesche gleich nach dem Einlaufen in Valletta erhalten hatte.

Bainbridges Hoffnung, in Valletta auf den Kommodore Edward Preble zu stoßen, hatten sich leider nicht erfüllt. Preble hatte Bainbridge durch diese Depesche jedoch mitteilen lassen, dass er derzeit noch mit Marokko in Verhandlungen war. Preble war Bainbridge für das Aufbringen der Mirboka unendlich dankbar. Nicht nur wegen der erbeuteten Prise, sondern insbesondere wegen der Aufdeckung der hinterhältigen Machenschaften des marokkanischen Herrschers, welche aufgrund der Sicherstellung des Kaperbriefes nun eindeutig bewiesen waren. Die momentane Order für die Philadelphia war nun noch eine letzte Patrouille, die vorsah, von der Grenze Ägyptens bis Tripolis zu fahren und gegebenenfalls amerikanischen Schiffen Geleitschutz anzubieten. Dann konnte die Constellation ankerauf gehen, während die Philadelphia dort vor Tripolis ihren Posten übernehmen und jedwedes Ein- und Auslaufen von Kapern unterbinden sollte. Preble ließ außerdem mitteilen, dass von nun an kleinere Einheiten als bisher, offensive Jagd auf Kaper bis vor die flache Küste machen sollten. Eines jedoch war Bainbridge klar: Kommodore Preble verfolgte eindeutig eine härtere Linie als die Kommodores Dale oder Morris zuvor. Dieses wollte er nun seiner Crew klarmachen.

„Männer, Soldaten! Ich habe euch hier antreten lassen, um euch mitzuteilen, dass es mir die neuen Befehle erlauben, eine härtere Gangart gegen die Kaperschiffe vor den Küsten Tripolitaniens vorzugehen. Unser Kommodore Edward Preble rügt die passiven Vorgehensweisen unserer Vorgänger. Die Zeit des Müßigganges ist nun vorbei!"

Die an Deck aufgereihten Männer horchten auf. Gab es nun für die Fregatte einen richtigen Einsatz? Durfte die Philadelphia nun endlich muselmanische Piraten auf den Grund des Mittelmeeres schicken?

Bainbridge fuhr fort und sprach das aus, was in den Köpfen der Männer längst um sich gegriffen hatte: „Dieses passive vor Anker liegen und die wenigen Patrouillenfahrten schlugen allen aufs Gemüt. Die Philadelphia wird zunächst die Küste Cyrenaikas ansteuern, um dann wieder vor Tripolis Anker zu werfen. Alsbald werden wir aber wieder Segel setzen. Wir werden hier auf und ab kreuzen, bis wir einen dieser Schurken aufbringen, oder noch besser mit Mann und Maus auf den Meeresboden schicken."

Das war genau das, was die Männer hören wollten. Ihre Mienen erhellten sich.

„Mit unseren neuen Befehlen hat sich Grundlegendes geändert! Nun dürfen wir nicht nur die Handelsschifffahrt beschützen, unsere Befehle erlauben es jetzt auch, offensivere Maßnahmen zu ergreifen, um diese Barbaresken zu bekämpfen und zu vernichten. Diese längst überfällige Option blieb den bisherigen Geschwadern untersagt."

Die Erfahrenen der Crew wussten, dass solch ein Blockadedienst äußerst langwierig, langweilig und zermürbend sein konnte. Captain Bainbridge war froh, festzustellen, dass seine Crew seine Ansicht teilte. Taten waren gefragt. Eine Fregatte musste zeigen, was in ihr steckte. Ansonsten verkam die Moral.

Nun fuhr der Kommandant fort: „Man teilte mir mit, dass unsere Flottille von den muselmanischen Korsaren schon gar nicht mehr ernst genommen wird. Sie scheinen nun sogar noch aktiver zu werden. Sie machen Jagd auf Schiffe der Christen, sodass die Ärmsten in der Gefangenschaft und der Sklaverei enden. Die Forderungen der anstiftenden Landesfürsten werden immer dreister. Sei es, was die Schutzgelder betrifft, oder seien es die Lösegelder. Diese gemeinen Korsaren meinen nun, sich ungestraft diese verbrecherischen Frechheiten erlauben zu können. Aber nicht mit uns! Unser neuer Geschwaderkommodore, Edward Preble, ja selbst unser hochverehrter Präsident Thomas Jefferson, erwarten von uns Resultate. Männer, ich bin mir sicher, dass wir auf unseren Patrouillen auf einige dieser verfluchten Piraten stoßen werden und sollten wir auch nur einem einzigen räuberischen Schiff begegnen, welches einem ordentlichen Handelsschiff auch nur die geringste Androhung zukommen lässt, dann ...", setzte er kunstvoll eine Pause ein. Diese nutzte er, um die Gesichter seiner Männer zu mustern. Er wusste, dass diese nur allzu begierig waren, endlich auf die unzähligen Frechheiten der verbrecherischen Barbaren Taten folgen zu lassen. Nun erzählte er selbstsicher weiter: „Dann verspreche ich euch Männer, dass wir diesen Schurken so lange jagen werden, bis er in Stücke geschossen ist oder in Flammen aufgeht …"

Die gesamte Besatzung brüllte begeistert auf.

„… oder sich auf dem Grunde des Meeres wiederfindet! Das verspreche ich euch!"

Der Jubel an Deck artete zu einem Lärm aus, der mit der Breitseite eines Gefechtes vergleichbar war. Die Möwen über den Köpfen der Leute drehten hastig ab.

Die größte Hitze vor der afrikanischen Hitze war endlich vorüber und die Tage wurden bereits kürzer. Immerhin war es bereits Oktober. Unter Deck der Fregatte konnte es die von Hitze geplagte Besatzung endlich wieder aushalten, ganz besonders wenn das Schiff bei Windstille vor Anker lag.

Auch jetzt ankerte die Fregatte wieder einmal tatenlos nördlich von Tripolis. Noch konnte Bainbridge nicht die offensiven Erfolge vorweisen, welche er seiner Besatzung versprochen hatte. Das lag aber weder an ihm noch an seinem Schiff, sondern eher an der Tatsache, dass das zweite Geschwader teilweise schon abgelöst war und das dritte derzeit noch gar nicht vollständig war und auch noch auf die Längen von 6° West bis 20° Ost verteilt vor den Küsten Afrikas patrouillierte. Die Philadelphia selbst diente derzeit eher aufgrund ihrer Größe und Bewaffnung den Barbaresken gegenüber als Abschreckung. Diese wagten sich bei gutem Wind weder aus dem Hafen noch trauten sie es sich zu, den Hafen von Tripolis anzusteuern. Die beiden anderen Fregatten, Constitution und John Adams waren irgendwo vor Algerien oder Marokko. Auch die kleineren Schiffe, welche Preble als Kommodore wegen ihrer Wendigkeit, den guten Segeleigenschaften am Wind und des geringeren Tiefganges wegen, nahe der Küste einsetzte, waren irgendwo unterwegs. Zu diesen Schiffen zählten die beiden Briggs Argus und Siren und die Schoner Nautilus und Vixen. Die als sehr erfolgreich gewürdigte Enterprise, ging gerade eben neben der Philadelphia in den Wind. Langsam verlor sie an Fahrt. Ihre Rahsegel, welche sie erst beim letzten Umbau erhalten und somit das Schiff vom Schoner zu Toppsegelschoner gemacht hatte, standen längst back und bremsten das letzte Vorwärtsstreben ab. Kurz danach rauschte der Anker in die Tiefe.

Es dauerte nicht lange, bis das größte Beiboot des Toppsegelschoners ins Wasser gelassen wurde. Zwei Bootsgasten und der Kommandanten bestiegen das Boot. Da der Abstand zur

Fregatte nur eine Kabellänge betrug, dauerte es folglich nicht lange, bis das Boot neben der Fregatte festmachte. Dem Kommandanten wurde mit der Bootsmannsmaatenpfeife ein gebührender Empfang gepfiffen.

„Isaac Hull, Kommandant des Toppsegelschoners USS Enterprise! Ich melde mich in einem persönlichen Anliegen an Bord der Fregatte USS Philadelphia.

Bainbridge musterte kurz seinen Gast, dann trat er Hull entgegen und drückte ihm die Hand.

„Es freut mich, Sie, Mr. Hull, an Bord meines Schiffes begrüßen zu dürfen. Sie haben mit ihrem glücklichen Schiff wohl schon wieder einige Erfolge zu verbuchen?"

Hull nickte bescheiden aber sein Lächeln bestätigte Bainbridges Vermutung.

„Dann meinen herzlichen Glückwunsch zu Ihren Leistungen!"

„Danke, Sir!"

„Das wäre doch ein Grund, in meiner Kajüte eine Flasche Malteserwein aufzumachen und mir dabei zu erzählen, was Sie aktuell zu berichten haben. Und den eigentlichen Grund Ihres Besuches wollen Sir mir ja sicherlich auch noch mitteilen, nicht wahr? Dann kommen Sie doch bitte mit mir nach unten."

Durch die offenen Fenster der Heckgalerie drang erfreulicherweise frische Luft. Der Kapitänssteward erschien wie aus dem Nichts, wonach die beiden Kommandanten an dem herrlichen Rotwein nippten, ihre neuesten Informationen austauschten und von den neuesten Ereignissen berichteten. Hull schilderte noch kurz das Aufbringen der Paulina durch seinen Vorgänger Andrew Sterett im letzten Januar. Dabei hatte es sich um ein tunesisches Schiff gehandelt, welches im Auftrag des Paschas von Tripolis, Jussuf Karamanli Pascha, auf Fahrt war. Im Mai, also bereits unter Hulls Kommando war ein Schiff von 30 Tonnen direkt vor dieser Küste als Prise genommen worden. Hull war bereits 30 Jahre alt und konnte schon beträchtliche Erfahrungen vorweisen. Bereits 1798 hatte er an Bord der Fregatte USS Constitution im Quasi-Krieg gegen die Franzosen gekämpft. Im letzten Jahr, 1802 war er der erste Offizier der Fregatte Adams gewesen. Bainbridge hatte interessiert zugehört.

Nachdem Hull in kurzer Form seinen Bericht zum Abschluss brachte, sagte er ganz bescheiden: „Das war's, mehr kann ich nicht berichten."

„Mein Kompliment an Sie, Mr. Hull! Das hört sich alles gut an. Mein Respekt gilt auch Ihrem Schiff und seiner Besatzung."

„Danke, Sir! Und Sie, Sir, man sagt, dass Sie gerade Mal zwei Tage hier im Mittelmeer waren und schon zwei Schiffe erobert haben. Alle Achtung, Sir!"

„Danke, danke, nicht der Rede wert!"

Die beiden Männer erhoben die Gläser und genossen den mundigen Wein.

„Nun zur Sache, Mr. Hull. Was kann ich für Sie tun?"

Hull schilderte nun die Probleme, welche eher auf kleinen Schiffen als auf großen zum Tragen kamen. Im Laufe der Zeit fielen immer mehr Männer als voll einsatzfähige Besatzungsmitglieder aus, da es einige Kranke oder durch Unfälle Verletzte gab. Bei einigen Schusswechseln oder Entergefechten blieb es natürlich nicht aus, Verwundete zu haben. Glücklicherweise hatte es auf der Enterprise schon des längeren keine tödlichen Verluste mehr gegeben.

„Dürfte ich Sie bitten, Sir, dass wir ein paar dieser Leute austauschen? Könnten Sie einige meiner Männer übernehmen und mir dafür ein paar tüchtige, gesunde Leute überlassen?"

Bainbridge bemerkte die Verlegenheit des jungen Schiffsführers. Die Problematik war ihm aber nichts Neues. Auch er hatte früher mit solchen Sachen zu tun gehabt.

„Wir haben noch nicht einmal einen Schiffsarzt an Bord", ergänzte Hull schnell.

„Verstehe, verstehe! Mit wie vielen Leuten kann ich Ihnen dienlich sein?" Bainbridge nickte verständnisvoll.

„Wäre es unverschämt, Sir, wenn ich acht meiner Männer austauschen würde?"

„Acht Mann? In aller Bescheidenheit, Mr. Hull, ich denke, meine Fregatte hat derzeit eine Besatzung von 307 Mann und falls wir endlich wieder einmal die Gelegenheit erhalten sollten, ankerauf zu gehen, dann schafft dies die Philadelphia mit ein paar weniger arbeitsfähigen Männern auch noch. Suchen Sie sich welche aus!"

„Vielen Dank, Sir!"

Eine Weile später standen im abendlichen Licht einer aufkommenden Vollmondnacht ein großer Teil der Besatzung an Deck der Fregatte. Hull schritt langsam musternd und jeden Einzelnen abschätzend von Mann zu Mann den Reihen entlang. Bei einigen blieb er stehen, fragte nach der jeweiligen Rolle und nach der Erfahrung. Fünf Leute hatte er sich schon ausgesucht. Nun blieb er direkt vor John stehen.

„Junger Mann, wie heißt du und wie lange bist du schon an Bord?"

„John Wagner, Sir, leider erst seit Frühsommer!"

Bainbridge mischte sich dazwischen: „Noch nicht lange, Mr. Hull, aber der Bursche macht sich sehr gut im Rigg. Im Drill mit dem Entermesser schlägt er sich auch sehr gut."

John wurde langsam das Gefühl nicht los, dass Bainbridge ihn loswerden wollte. Vielleicht wegen der Wirtshausschlägerei auf Malta?

„Und sonst?"

John wusste nicht, was er nun sagen sollte: „Äh, Sir, nun, mhh ..."

Wieder kam Bainbridge zu Wort: „Auf Malta hat er sich auch recht wacker gegen englische Veteranen geschlagen. Hat unsere Ehre als Amerikaner gegen alte Briten, die uns die Unabhängigkeit bis heute nicht verziehen haben, ganz gut verteidigt. Ich gebe ihn nur ungern weg, aber wenn Sie ihn wollen?"

„Danke, den nehme ich!" Dann stand Hull vor Paul. „Und du? Ihr beiden seht euch ähnlich."

„Paul Wagner, Sir, wir sind Brüder. Bin auch erst seit Frühsommer hier an Bord!"

„Willst du auch zu mir an Bord kommen?"

„Gerne, Sir, aber ..."

„Aber was?"

„Lieber nicht!", meinte Bainbridge. „Er war auch bei der Schlägerei involviert und wurde dabei von einem Haken eines Einhändigen verletzt, sodass er bis heute seinen linken Arm nicht richtig heben kann."

„Leider nicht, junger Mann!", entschuldigte sich Hull.

Paul war einerseits froh, nicht auf so eine kleine Nussschale von weniger als 30 Metern Deckslänge gehen zu müssen, aber er hätte seinen jüngeren Bruder schon lieber in seiner Nähe gehabt.

Nachdem Hull seine acht Leute beieinanderhatte, welche ihre Seekiste bereits gepackt hatten, verabschiedete er sich und stand schon bereit, um als Letzter ins Boot zu steigen. Die Seekisten waren bereits ins Boot verladen und sechs neue Mannschaftsmitglieder verließen nacheinander die angetraute Fregatte. Als Letzter der acht stand noch John da und nahm Paul nochmals in die Arme.

Paul drückte John fest an sich und sagte: „Mach's gut kleiner Bruder. Fall mir bei dem kleinen Schiffchen nicht über Bord! Ich bleib' da mal lieber auf diesem Dickschiff. Inzwischen fühl' ich mich ja da schon fast zu Hause."

John grinste Paul an und meinte: „Du kommst ja bloß nicht mit, weil dir diese Kanönchen zu klein geraten sind. Ich wünsch' dir alles

Gute. Bald sehen wir uns wieder. Dann erzähl' ich dir, wie es auf so einem Schoner zugeht!"

„Schon dich erst mal auf deinem Schoner oder wie das kleine Ding da auch immer heißen will. Mach's gut!", antwortete Paul verschmitzt lächelnd.

Geschickt kletterte John nun an der Jakobsleiter hinab und stieg ins Beiboot der Enterprise. Als Letzter folgte Hull. Schon wurden die Riemen angehoben. Im Gleichtakt tauchten sie ins Wasser, bevor das Beiboot ablegte. John blickte nochmals nach oben und winkte Paul und den anderen Kameraden zu.

„Also bis bald, Jungs, bald bin ich wieder zurück!"

Paul beugte sich übers Schanzkleid und rief nach unten: „Bis bald, John! Ich wette, wir sehen uns schon in Kürze wieder."

Die beiden Brüder konnten gar nicht ahnen, wie sehr sie sich täuschen sollten, denn Paul sollte es nicht vergönnt sein diese Wette zu gewinnen.

Kapitel 5: Die Verfolgung

Captain Bainbridge schritt ruhelos an Deck auf und ab. Seine Schritte waren breitbeinig, denn sein Schiff rollte heftig, während es sich mit flotter Fahrt einen Weg durch die schaumgekrönten Wogen bahnte. Eigentlich bereitete ihm solch ein Dahinjagen bei einer schönen, steifen Brise und angenehmen Temperaturen Vergnügen. Das waren doch genau jene Momente, welche er an der Seefahrt so liebte. Die Fregatte hatte beim letzten Loggen immerhin 15 Knoten gemacht. Die Segel standen prall und waren perfekt getrimmt. Der Master mit all seinen Offizieren und Mannschaften leisteten gute Arbeit.

Bainbridge spürte nicht die Blicke der Männer, die ihn unauffällig beobachteten. Er war tief in seine Gedanken versunken, zu sehr mit seiner Aufgabe bedacht.

Ich muss unbedingt Erfolge vorweisen, dachte er sich. Preble, mein Kommodore erwartet dies von all seinen Kommandanten, ganz besonders aber von mir. Er setzt auf meine bisherigen Leistungen und vertraut auf meine Erfahrung. Wieder einmal zupfte Bainbridge an seinen Koteletten. Es war eben so eine Angewohnheit von ihm, die er selbst schon lange nicht mehr wahrnahm.

Der Master, der Bainbridge gerade einen argwöhnischen Blick hinterherwarf, als dieser wortlos an ihm vorbeigegangen war, wusste aber, dass dieses Zupfen darauf hindeutete, dass die

Pflichtbesessenheit wieder einmal an seinem Kommandanten nagte. Das erklärte auch, dass dieser direkt durch ihn hindurchgeblickt hatte, ganz so als wäre Ian Brannigan gar nicht vorhanden.

Bainbridge warf einen Blick nach oben. Fast unbewusst prüfte er regelmäßig den Stand der Segel, aber die hochstehende Sonne zwischen den stark gebrassten Rahen machte es ihm von seiner jetzigen Position an Deck schwer, den perfekten Trimm zu verifizieren. Zu sehr blendete ihn die Glut der Sonne. Es war auch nicht seine Aufgabe als Kommandant und so gab er sich wieder seinen Gedanken hin.

Tatsächlich war es nicht allein der eigene Ehrgeiz, der ihn auf Erfolge bei der Auffindung von Barbareskenfreibeutern und der Einnahme von Prisen zusetzte. Bainbridge wusste auch sehr genau, unter welchem Erfolgsdruck Preble stand. Der Kommodore des dritten Geschwaders musste in diesem Jahr mehr vorweisen, als die Kommodores Dale und Morris von den beiden vorherigen Geschwadern zusammen erreicht hatten. Der Präsident, Thomas Jefferson höchstpersönlich wurde schon langsam ungeduldig und der sauertöpfische Preble war nicht der Mann, der seinen Präsidenten enttäuschen wollte. Preble selbst bezeichnete gar die jungen Kommandanten und die teils relativ unerfahrenen Schiffsführungen der Mittelmeergeschwader als „Marinekindergarten". Deshalb war es nicht allein der Ehrgeiz von Bainbridge, der Wunsch nach Anerkennung oder Beförderung, sondern der ehrliche Wunsch, diesem Humbug hier im Mittelmeer ein Ende zu setzen. Am liebsten würde Bainbridge – und da war er sich mit Preble einig – dieses verfluchte Tripolis in Schutt und Asche legen, aber er war Realist genug, um zu wissen, dass dies eine größere Flotte erfordern würde, als derzeit zur Verfügung stand. Ein direkter Angriff auf die mit vielen Kanonen bestückte Stadt würde auch eine Menge Opfer fordern. Wie viele Schiffe würden dort verloren gehen und wie viele Männer ihr Leben verlieren?

Im Grunde genommen hatte aber auch Preble kaum mehr Möglichkeiten als die Kommodores Dale und Morris zuvor. Der Unterschied lag eher in den taktischen Maßnahmen: Anstatt große Fregatten, setzte er mehr kleinere Schiffe wie Schoner und Briggs, um die meist relativ kleinen Kaper und Galeeren bis nahe vor die flachen Küsten jagen zu können. Die Fregatten dienten der Abschreckung, gehörten aber generell in hohe See. Darauf beruhten Prebles Erwartungen.

Bainbridge widersetzte sich innerlich ein wenig. Grundsätzlich gab er Preble zwar recht, aber sein Stolz wollte es nicht wahrhaben, die Erfolge an die Kleinen zu verlieren. Widersinnig setzte er nun wenigstens alle seine Hoffnung darauf, doch noch möglichst viele Kaper aufzufinden, zu verfolgen, und zu stellen, egal ob als eingenommene Prise oder als versenkter Feind. Doch die Wirklichkeit war ein grausamer Kamerad. Schon lange hatten sich keine Kaper mehr blicken lassen. War denn das Kreuzen der schnellen und gut bewaffneten Philadelphia eine nicht zu unterschätzende Abschreckung, welche hier bereits Wirkung zeigte? War die Tatsache, dass sich weit und breit kein Feind zeigte, nicht schon ein gewisser Erfolg? Hätte Bainbridge diese Frage bejaht, wäre er nicht der Mann, der er wirklich war. Er hatte den sehnlichsten Wunsch, einen Barbaren auf den Grund des Meeres zu jagen. Wenn sich doch endlich ein feindliches Segel zeigen würde, aber die See war leer. Nichts, aber schon überhaupt nichts zeigte sich. Gestern nicht, heute nicht und morgen bestimmt auch wieder nicht. Diesmal krallten sich sogar seine Fingernägel in seine Koteletten.

Paul biss die Zähne zusammen. Er wollte sich nicht anmerken lassen, dass seine linke Schulter wieder schmerzte. Zwar konnte er seinen Arm mittlerweile schon fast wieder ganz anheben, aber als er zum wiederholten Male den Rammer ins Kanonenrohr stieß, merkte er, dass ihm der Drill an den Kanonen einfach immer noch zu hart und zu anstrengend war. Nun fürchtete er, dass sich der Zustand seiner Schulter wieder verschlechtern würde und dass er vom Schiffsarzt vom Dienst an den Stücken freigestellt würde. Und das jetzt! Paul hatte das Gefühl, dass aus dem Drill bald Ernst werden würde. Mittlerweile war aus ihm ein Kanonier geworden, der erpicht darauf war, einen muselmanischen Kaper auf den Meeresgrund zu schicken. Wenn es endlich wirklich soweit war, wollte er seinen Mann stellen – und zwar voll und ganz!
„Schneller geht's wohl nicht, was Paul?"
Paul schreckte auf. Das war der Stückmeister, dem nichts entging.
„Tut mir leid, Sir, ich gebe mein Bestes!"
Ein höhnisches Gemurmel konnten sich seine Kameraden nicht unterbinden. Auch die hatten längst bemerkt, dass Paul nur unter Mühen den Drill mithalten konnte, wodurch er seine ganze Stückmannschaft mit ausbremste. Die anderen waren schneller und damit besser.

„Wenn das dein Bestes sein soll, sollte ich meinen Job als Stückmeister hinwerfen, Junge!", mahnte Dick Jackson. „Also was ist los?"

Paul zögerte. „Nun, äh ..."

„Deine Schulter ist immer noch nicht gut, stimmt's?"

„Ja, Sir, tut mir leid, Sir!"

„Dann hättest du mir das sagen sollen, Paul. Ich weiß, dass du ein guter Mann am Stück bist. Das habe ich bereits erkannt, als du an Bord gekommen bist, aber ich brauche dich, wenn es wirklich so weit ist – und zwar voll einsatzfähig! Mein Urin sagt mir, dass es schon bald der Fall sein wird. Also zieh Leine! Geh endlich zum Quacksalber und lass dir eine Salbe geben."

Paul blickte seinen Vorgesetzten niedergeschlagen an.

„Worauf wartest du noch, Paul? Du hältst deine Kameraden auf. Hau schon ab!"

Paul legte den Rammer in der dafür vorgesehenen Halterung ab. Dann zog er sich mit Schuldgefühlen zurück. Diese verfluchte Verletzung hatte ihm die Trennung von seinem Bruder eingebracht und nun noch diese Blamage bei der Ausführung seines Dienstes. Wenigstens war die Schlägerei auf Malta eine Ehrensache gewesen.

Kurz darauf begab sich Paul zum Kabuff des Schiffsarztes. Es lag im Orlopdeck im hinteren Drittel des Schiffes. Wie kann man in diesem engen und düsteren Loch operieren, fragte sich Paul, obwohl dies nicht sein erster Gang zum Knochensäger war. Wieder lief es ihm eiskalt den Rücken hinab. Wie viele Arme und Beine waren hier schon den armen Opfern von Gefechten abgesägt worden? Wie viele Glieder waren schon in die bereitstehenden Eimer geworfen worden? Wie viel Blut war hier schon geflossen? Wie viel Angst, wie viel Schmerz und Pein waren hier schon erduldet und ausgehalten worden? Instinktiv schüttelte sich Paul vor Grauen.

Carl Schumaker, der Doktor, grinste Paul an.

„He Paul, alter Schläger, sei doch nicht so empfindsam. Raus kommen hier alle wieder!"

„Tot oder lebendig, Sir?", grinste Paul verwegen zurück.

„Lass dich mal untersuchen! Wenn ich mit meiner Diagnose fertig bin, lasse ich es dich wissen. Bist du wieder wegen deiner Schulter hier?"

„Ja, Sir!"

„Dann gib mir mal deinen Arm!"

Da Paul, wie all die anderen Seeleute ohnehin kein Hemd trugen, erübrigte es sich, sich zu entkleiden. Als ihm der Quaksalber am Handgelenk packte und eher grob als feinfühlig den Arm nach oben hob, verspürte Paul wieder einen kurzen, stechenden Schmerz, der aber nicht mehr so schlimm wie anfangs war. Aber der Doktor hatte sofort bemerkt, bei welcher Stellung der Schmerz durch seinen Patienten fuhr. Danach tastete Schumaker noch Pauls Schultergelenk ab.

„Ist ja schon besser, junger Mann", meinte der Schiffsarzt, „kannst bald wieder deine Stücke bedienen. Bekommst eine gute Salbe von mir, aber besser ist die Therapie, die ich dir verordne!"

„Was für eine Therapie, Sir"

„Das Beste, für die Genesung deiner Schulter, sind Armhebeübungen! Und rate mal, wo man die am besten machen kann ...?", Schumaker setzte bewusst eine Pause ein und fuhr fort: „... auf einem Segelschiff?"

Wieder lief es Paul kalt den Rücken hinab; diesmal wegen dem, was ihm selbst jetzt drohte. „Im Rigg, Sir?"

„Genau dort!"

Paul wurde nervös, der Schweiß stand ihm auf der Stirn. Das kam aber nicht von der Hitze.

„Aber da war ich noch nie, Sir! Und da oben arbeiten? Da kümmere ich mich lieber um die Stücke, Sir!"

„Das schaffst du aber derzeit nicht und du brauchst auch da oben nicht malochen. Es reicht völlig aus, wenn du mehrmals am Tag da raufkletterst. Zuerst ein kleines Stückchen, dann etwas mehr und dann mal ganz nach oben. Du wirst sehen, das geht dann immer besser und der Schmerz wird immer weiter nachlassen. Wirst sehen!"

Wieder einmal stieg Paul die Wanten hinauf. Mit jedem Tag, mit jeder Übung, wurde er immer sicherer. Wie es der Doktor gesagt hatte. Anfangs hatten sich Angst und Schmerz summiert. Paul hatte viel Kraft gebraucht, nur weil sich seine Hände so übermäßig verkrampft hatten. Seine Knie hatten gezittert. Jetzt ging es schon ohne Anstrengung und der Schmerz hielt sich mittlerweile in Grenzen. Tatsächlich zeigte sich Pauls Schulter dankbar. Nach jeder Nacht mit einer Kletterpartie meinte Paul jetzt sogar schon, dass seine Verletzung schon fast kuriert sei. Beim ersten Kraxeln nach oben hatte Paul eine längere Rast auf der Mars gebraucht. Er hatte sich kaputt gefühlt, seine Unterarme waren steif vor Verkrampfung gewesen, die Knie weich wie Schwabbelpudding. Erst nach einer längeren Verschnaufpause hatte er sich in Begleitung eines geübten Bordkameraden wieder auf den Weg nach unten machen können. Welch eine Überwindung ihm der Abstieg gekostet hatte.

Und heute? Heute wollte Paul nach oben, nach ganz oben. oder zumindest bis zur Bramsaling. Jetzt wurde ihm auch klar, wie viel Respekt er seinem jüngeren Bruder zollen musste, der mittlerweile schon ein geübter Mann im Rigg war.

Heute werde ich es zumindest schaffen, ein Schwätzchen mit dem Ausguck zu halten, versprach sich Paul selbst. Wenigstens bei diesem Wetter, wo das Schiff kaum rollt.

Und so stieg Paul auf die Püttingswanten zur Vormars – sonst war er immer wie die Seesoldaten von den Wanten direkt durchs Soldatenloch zur Mars gestiegen – passierte die Plattform, ohne zu pausieren, stieg von den Unterwanten auf die Marswanten über und machte sich auf den Weg zur Bramsaling. Die zunehmende Steilheit und Höhe lenkten ihn von den gelegentlichen Stichen in der Schulter ab. Paul biss die Zähne zusammen und war gleichzeitig stolz auf sich, seinen Vorsatz in die Tat umgesetzt zu haben. Zwischendurch hielt er kurz inne, atmete tief durch, nahm das Pochen in seiner Schulter wahr, welche auch eine Pause benötigte, und dann ging es weiter. Auf die zunehmende Höhe achtete Paul momentan aber nicht und auch den Blick nach unten ersparte er sich vorerst. Dann kam die Plattform der Bramsaling immer näher, nur noch ein paar Meter. Zuletzt kostete ihm der Überstieg auf die Saling doch noch einige Kraft, die Schulter schmerzte plötzlich auch wieder mehr, aber er hatte es geschafft. Fröhlich grinsend blickte er nach oben, dort am Rack der Royalrah saßen Hermann Schulz und Karl Schuster als Ausguck. Hermann grinste ihn keck an.

„He, Paul, soweit oben hab' ich dich ja noch nie gesehen! Was machst du denn hier?"

„Anordnung vom Quacksalber. Muss Übungen wegen meiner verletzten Schulter machen. Kraxeln soll da am besten helfen!"

„Dann hilf mir mal beim Ausschau halten, aber bleib, wo du bist!"

„Hast wohl Angst, dass ich mit dir Schlägern will!"

„Natürlich, bist ja inzwischen als verwegenen Engländerverdrescher bekannt! Aber ehrlich gesagt, hier auf dem Rack, wo wir sitzen, ist es für einen Kanonier doch ein wenig zu mühsam und unbequem."

„Und schon was gesehen?"

Karl erwiderte die Frage: „Nein, leider nicht! Die Sicht ist auch getrübt – trotz blauem Himmel!"

„Für mich sieht der Himmel so aus, als wäre er bräunlich, fast als wäre er mit Sand versetzt!"

„Stimmt, Paul! Aber egal, die verfluchten Barbaren lassen sich mit ihren Rudergaleeren immer nur bei Flaute sehen und jetzt, wo wir eine schöne Brise hätten, lässt sich nichts sehen – nicht ein Segel! Schau halt selbst mal!"

Paul ließ sich dies nicht zweimal sagen. Doch zunächst genoss er den Ausblick. Das Deck unten wirkte schmal, das ganze Schiff beinahe schmächtig. Das Gewirr an Tauen war undurchschaubar. Die Segel wirkten unglaublich schön und kraftvoll. Plötzlich begriff Paul, dass die Höhe, die ihm bis heute nicht ganz geheuer war, auch etwas Faszinierendes und Anmutiges an sich hatte.

„Du sollst dir nicht das Schiff angaffen, du sollst Ausschau nach Barbaren halten!", meldete sich Hermann wieder.

„Hm, lass mich halt erst mal zu Atem kommen. Schließlich bin ich zum ersten Mal hier so weit oben. Ich werd' mir dann schon noch die Augen aus dem Kopf drücken!"

Dann hielt sich Paul die flache Hand über die Stirn und suchte die freie See ab. Er spähte nach Nordosten, nach Norden und nach Nordwesten, doch da war nichts, absolut nichts! Paul merkte schon nach Kurzem, dass das aufmerksame Schauen, ohne jeden Anhaltspunkt, doch recht anstrengend war. Wohin schauen? In welche Richtung? Auf welche Welle? Auf die Kimm? Hierhin oder dorthin? Nach einer Weile wechselte Paul von der Lee zur Luvseite. Jetzt sah man wenigstens den Küstenstreifen. Den wollte er jetzt Grad für Grad penibel observieren. Langsam schwenkte er seinen Blick, jeweils um wenige Grade von Südwest nach Südost. Der Ausblick in Richtung Küste kam ihm bekannt vor. Es sah beinahe so aus, als hätte man in Kürze die übliche Ankerstation, welche östlich der Stadt Tripolis lag, erreicht. Jedenfalls war es interessanter als vorher, aber Schiffe waren auch dort nicht zu sehen.

„Nichts!", rief Paul und blickte nach oben zu den Ausgucksgasten.

Karl meckerte: „Ja, denkst du, bloß weil du ein paar Minuten kuckst, kriegst du gleich was zu sehen?"

„Ihr Kanoniere stellt euch unsere Arbeit als Ausguck ja ziemlich einfach vor," ergänzte Hermann, mürrische Stimmung mimend.

„Schon gut, hab's schon kapiert. Es ist wirklich nicht leicht! Geb's ja zu. Möchte das nicht unbedingt Stunden lang machen!"

Hermann erklärte: „Jetzt ist es ja angenehm. Ist immerhin schon der letzte Tag des Oktobers. Ist nicht mehr so heiß! Aber stell' dir vor, wie es in einer kalten Nacht ist, wenn dich der Regen durchtränkt!"

„Oder bei einem Schneesturm!", fügte Karl hinzu.

„Du sagst es, aber den wird es hier mit Sicherheit nicht geben. Gott sei Dank!"

Paul merkte schon langsam, dass er die Beiden bei ihrer Arbeit abhielt. Sollte dies ein Offizier bemerken, konnten alle drei mit einem deftigen Anschiss rechnen. Also wiederholte er den Sektor, den er zuvor schon abgesucht hatte. Wie leicht konnte einem bei dieser staubgeschwängerten Luft etwas entgehen. Er blickte nach vorn zum Klüverbaum, der auf Tripolis zuhielt, welches in südwestlicher Richtung lag. In der Ferne war die Stadt zu erahnen. Dann ließ er bei aller Mühe an Konzentration seinen Blick langsam westwärts schweifen. Wieder nichts! Beim dritten Schwenk weitete er den Sektor noch weiter nach Osten aus. So als ob er über den Horizont bis zur Küste Cyrenaikas hinaussehen wollte. Diesmal konzentrierte er sich aber mehr auf die See als auf die Küste. War da nicht etwas an der Kimm? Einbildung? Hatten sich seine Augen bereits jetzt überanstrengt? Paul räuspert sich laut. Er war sich nicht sicher. Außerdem wusste er, dass seine Augen nicht gerade die Besten waren.

„Is' was?", wollte Hermann wissen.

„Hm, bin mir nicht ganz sicher. Schau doch mal, da nach Luv, dort, in dieser Richtung!" Paul streckte seinen Arm und deutete dorthin, wo er geglaubt hatte, etwas wahrgenommen zu haben.

„Schiff in Sicht!", brüllte der Ausguck aus Leibeskräften. „Segel, sechs Strich Steuerbord voraus!"

Jetzt sah Paul die Segel erneut. Winzig klein, kaum wahrnehmbar. Es war also kein Trugschluss gewesen. Er war stolz auf sich. Nicht nur, weil er es bis nach hier oben geschafft hatte, sondern weil er eine Schiffssichtung gemacht hatte. Er nahm es dem Ausguck nicht übel, die Meldung auszurufen. Das war auch dessen Aufgabe. Aber er, Paul Wagner, hatte es als Erster gesehen. Paul fühlte sich gut, mächtig gut! Nun war es aber höchste Zeit, seinen Aufenthalt im Rigg zu beenden. Paul ahnte, dass es mit der Ruhe unten gleich vorüber sein würde. Er wollte sich gerade in Bewegung setzen, als ihn Hermann anraunzte.

„Willst dich wohl davonmachen?"

Auf dem Deck kam die Crew bereits in Bewegung. Nun musste sich Paul aber beeilen. Mit einem breiten Grinsen im Gesicht warf er

Hermann und Karl noch kurze Blicke zu und rief: „Ich hau jetzt ab! Ich hoffe, ich kann euch hier allein lassen!"

„Hau schon ab!", rief Hermann. „Aber vielen Dank noch für deine kurze, aber äußerst hilfreiche Unterstützung!"

„Danke, war eben Anfängerglück!" Dann machte sich Paul an den Abstieg nach unten.

„Gut gemacht, Paul!", schrie Karl noch hinterher.

An der Schiffsglocke wurden soeben zwei Glasen geschlagen. Es war jetzt neun Uhr Vormittag. Fast zeitgleich kam an Deck alles in Bewegung. Schon unmittelbar nach der ersten Schiffsmeldung nahmen die Matrosen ihre Posten an den Nagelbänken und Mastgärten ein. Jede einzelne Brasse wurde bemannt, denn die unverzüglich ausgeführte Kursänderung erzwang logischerweise eine andere Segelstellung. Um alle neun Rahen gleichzeitig zu drehen, mussten eben 18 Brassen bedient werden, was bei größter Eile – und die gab es ja soeben – schon beinahe eine ganze Hundertschaft an Seeleuten erforderte, um schnellstmöglich einen optimalen Trimm für einen neuen Kurs zu erzielen. Danach wurden, trotz der steifen Brise, auch noch einige der Leesegel gesetzt, sodass die Fregatte nochmals an Fahrt gewinnen konnte.

Währenddessen stand die Schiffsführung auf dem Achterdeck. Captain Bainbridge war umringt von seinen Offizieren. Es gab so viele Fragen und gleichzeitig so wenig Zeit zu verlieren. Die Maßnahmen, die nun auf der Fregatte ergriffen wurden, mussten passen, obwohl derzeit noch vollkommen unklar war, um was für ein Schiff es sich da handelte. War es ein Kaper oder ein Kauffahrer, der da nahe der Küste Kurs auf Tripolis nahm? War dies der Zeitpunkt, auf den allesamt gewartet hatten? Wie auch immer, die Philadelphia musste dieses Schiff stellen.

Nach dem erfolgten Kurswechsel, der dank der großen und erfahrenen Besatzung der Philadelphia in kürzester Zeit durchgeführt worden war, nahm die Fregatte nun direkten Abfangkurs, um den Fremden noch vor Tripolis stellen zu können. Die Flucht in den sicheren Hafen musste unter allen Umständen unterbunden werden. Nun machte sich die Seeleute daran, die Unordnung an Deck wieder zu beseitigen. Da lagen nun die vielen Tampen, der zuvor von den Belegnägeln genommenen Brassen sowie die Schoten der Klüver und Stagsegel. Jetzt war Klarschiff angesagt! All die Tampen mussten wieder kreisförmig aufgeschossen werden und penibel ordentlich wieder an die entsprechenden Belegnägel der Nagelbänke und Mastgärten gehängt werden.

Die Fregatte aber jagte längst wie ein junges Füllen dahin. Der Westwind war günstig, sowohl von der Richtung als auch mit seiner Stärke von vier bis fünf Beaufort. Ein leichtes Stampfen mit gelegentlichen Gischtschauern, die bei stärkerem Eintauchen des Bugs über das Vordeck rauschten, zeugten von einer guten Fahrt. Doch der Kommandant der Fregatte war alles andere als zufrieden. Da gab es diese bohrende Frage, mit der sich Bainbridge gerade ziemlich intensiv beschäftige: War der vorherige Abstand zur Küste, den er bewusst so gewählt hatte, nun falsch oder richtig gewesen? Die Philadelphia war auf ihrer Patrouille weit genug von der Küste weg gewesen, um frei manövrieren zu können, vielleicht auch weit genug weg, um vom Ausguck eines kleines Kapers nicht gesehen werden zu können. Dazu hatte man auf See ein größeres Sichtfeld als unmittelbar vor der Küste. Immerhin hatte der Ausguck die fremden Segel ausmachen können, aber nun befürchtete Bainbridge ein paar wenige Seemeilen zu weit draußen zu sein. Zu weit weg, um das fremde Schiff noch rechtzeitig stellen zu können. Diese Unsicherheit quälte Bainbridge. In seinem nervösen Magen brodelte es. Trotzdem durfte er diese Unsicherheit keinem seiner Leute zeigen – weder seinen Offizieren noch den gemeinen Mannschaften. Wieder einmal zupfte er unbewusst an seinen Koteletten, dann warf er einen prüfenden Blick ins Rigg und schlenderte, scheinbar die Ruhe selbst, über das Deck.

Jackson, der Stückmeister fühlte sich indessen recht gut. Er vertraute auf sein Gefühl. Er roch es geradezu, dass heute seine Stücke wieder zum Einsatz kommen würden. Es war doch längst an der Zeit! Meistens wurde doch geankert und wenn die Fregatte auf Patrouillenfahrten gewesen war, dann hatte sich fast nie ein Gegner gezeigt.

Doch heute schicken wir einen Kameltreiber in die Tiefe, dachte sich Jackson genießerisch.

Seine Leute waren einstweilen gut beschäftigt. Die Radachsen der Lafetten waren frisch geölt worden, die Geschütztakelungen waren bis auf den letzten Tampen überprüft worden und all die Geschützwerkzeuge und jegliches Zubehör waren längst einsatzklar. Seine Männer fieberten bereits auf einen sinnvollen

Einsatz, denn das pure Geschützexerzieren ohne jedweden Gegner, hatten längst alle über.

Nun warf Jackson seinen prüfenden Blick auf Paul.

„Wie sieht es mit dir aus, Paul? Ich rechne mit dir! Du wirst doch heute nicht zusehen wollen?"

„Aber nein, Sir! Das möchte ich auf keinen Fall verpassen!"

„Und deine Schulter? Wie sieht es mit der aus? Nicht, dass du dann im Weg umgehst und deine Kameraden aufhältst!"

„Aber nein Sir, es geht schon wieder ganz gut! Heut' war ich zwecks meiner Übungen, die mir der Doktor verordnet hat, schon bis beim Ausguck oben. Ich war es übrigens, der das Schiff als Erstes entdeckt hat!"

„Na bravo! Dann wirst vielleicht auch du noch derjenige sein, der heute den ersten Treffer erzielt!"

Paul blickte dermaßen verlegen drein, dass seine Kameraden hämisch auflachten.

„Jedenfalls zähl' ich auf dich und nun macht weiter!"

Die Anspannung an Bord wurde immer größer. Das galt für alle: vom jüngsten Pulveräffchen bis hin zum Kommandanten. Die Entfernung zu dem vermeintlichen Gegner nahm langsam, aber beständig ab. Bainbridge hatte zum wiederholten Male eine Peilung gemacht. Dazu platzierte er sich immer an dieselbe Stelle und zielte über einen gewissen Fixpunkt, irgendwo am Bug der Fregatte, auf das fremde Segel. Würde das Schiff, relativ gesehen, nach rechts auswandern, dann bedeutete dies, dass es schneller war und Tripolis voraussichtlich vor der Philadelphia erreichen würde. Ein Auswandern nach links wäre dagegen von großem Vorteil, denn wenn der andere langsamer wäre, dürfte ein rechtzeitiges Abfangen keine allzu großen Schwierigkeiten bereiten. So aber schien es – die Distanz machte eine sichere Einschätzung immer noch nicht möglich – dass es sich um eine stehende Peilung handelte, was in der Navigation im Allgemeinen Kollisionsgefahr bedeutete. In diesem Fall wäre aber die Annäherung mehr als beabsichtigt.

Natürlich war der Kommandant nicht der Einzige, der immer wieder zum Fernglas oder zum Teleskop griff. Die Anspannung und der Jagdtrieb der Schiffsführung führten geradezu zu einem Wettstreit im Ferngucken. Mittlerweile stand auch längst fest, dass es sich bei dem Schiff um eine Schebecke handelte. Während bei der ersten Sichtung noch nicht einmal die Form der Segel erkennbar war, zeigte sich nun, durch die feingeschliffenen Optiken der Gläser, ganz klar und deutlich, die für die Barbaresken so typische Dreiecksform der Lateinersegel. Selbst die grazile Rumpfform mit dem niedrigen Freibord war nun schon zu erahnen.

Auch der Erste hatte sich längst ein eigenes Bild gemacht hatte. Trotzdem, vielleicht auch nur aus Respekt gegenüber seinem Kommandanten, fragte Cox im Beisein der anderen Offiziere: „Was meinen Sie, Sir, holen wir den noch ein?"

„Sie meinen, bevor der sicher im Hafen liegt?"

„Genau das ist meine Befürchtung, Sir!"

„Diese Befürchtung teile ich mit Ihnen, Mr. Cox! Das dürfen wir auf gar keinen Fall vermasseln, auf diese Chance warte ich, warten wir doch schon lange! Wir müssen ihn einfach abfangen!"

„Und Ihre Einschätzung, Sir?", wollte nun der Dritte wissen.

„Es geht knapp auf knapp, Mr. Brown. Meiner Meinung nach stoßen wir wenige Seemeilen östlich von Tripolis auf den Halunken, südlich unserer üblichen Ankerstation. Ich wollte, ich könnte nun sagen, dass ich meine Hand dafür ins Feuer legen würde, dass wir den Burschen bekommen, aber leider kann ich das nicht! Für mich sieht es jedenfalls so aus, als hätte der die kürzere Distanz nach Tripolis, aber dafür haben wir den besseren Wind und das schnellere Schiff!"

„Da bin ich ganz Ihrer Meinung Sir! Wenn alles glatt läuft, kriegen wir ihn!"

„Wenn ...!", meinte ein anderer.

Ein allgemeines Stimmengemurmel unterstrich diese knappe Aussage. Dieses einzige Wort drückte genau die noch letzte fehlende Gewissheit aus.

Bainbridge blickte erneut nach oben und prüfte den Stand der Segel. Dann richtete er sein Augenmerk zunächst auf die Wolken, dann verglich er die Wogen und Wellenkämme und das in allen Himmelsrichtungen.

Er überlegte: Wenn der Wind so hielt – aber kein Seemann kann da voll und ganz darauf vertrauen – dann könnte es klappen. Wenn ...? Er wurde sauer. Es lag wohl an der Anspannung. Obwohl er sich selbst wegen eines Erfolges derzeit noch gar nicht sicher war, hasste er diese negative Einstellung. Diesen Pessimismus konnte man überhaupt nicht an Bord gebrauchen, gerade jetzt nicht, weswegen er in seiner momentanen Laune seine Offiziere anfauchte: „Seit nicht so pessimistisch, Leute!" Dann wandte er sich an den Master: „Mr. Brannigan, haben Sie auch wirklich alles gesetzt?"

Der Master erwiderte diese Frage nur mit einem kalten Blick. Bainbridge verstand. Nun schollt er sich für diese vollkommen überflüssige Frage. Schließlich hätte er selbst wissen müssen, dass schon längst alles oben stand, was das Schiff bei diesem Wind zu tragen vermochte, selbst die leewärtigen Leesegel. Nur auf das Setzen der Leesegel auf der Luvseite war verzichtet worden, da bei diesem Kurs die Hauptsegel beeinträchtigt worden wären. Der Aufwand zum Setzen solcher Zusatzsegel war ohnehin beträchtlich. Außerdem, was zu viel war, war zu viel! Auf solche Frage konnte ein so erfahrener Master wie Brannigan nur beleidigt reagieren.

„Tut mir leid Master, ich meinte nur, dass Sie bei der nächsten Gelegenheit nochmals den Trimm prüfen sollten!"

Diese Formulierung war nun schon diplomatischer ausgefallen, gab dem Master einen gewissen Freiraum, war aber letztendlich wieder nicht von Nöten gewesen, da dies für den Master, der ja selbst bei dieser Jagd leidenschaftlich mitfieberte, eine Selbstverständlichkeit war.

Nun trollte sich Brannigan missgestimmt davon, fuhr seinerseits den Mastergehilfen und einige Seeleute mürrisch an und ließ dabei wieder und wieder seine Blicke ins Rigg schweifen.

Derweilen kamen die Küste, Tripolis und die Schebecke immer näher. Trotzdem war es bis jetzt nicht sicher, ob diese abgefangen werden konnten.

Unaufhaltsam arbeitete sich die Philadelphia an den Feind näher heran. Längst war die Fregatte gefechtsklar gemacht worden. Die Mannschaft hatte sich zuvor noch halbwegs die Mägen füllen können, bevor das Kombüsenfeuer gelöscht worden war. Das Batteriedeck war mit Sand bestreut worden und die Stücke warteten schon seit geraumer Zeit auf ihren Einsatz. Die meisten der Geschützmannschaften saßen auf den Lafetten, ein paar legten noch letzte Hand an. Die einzelnen Stückführer fanden doch immer wieder eine letzte Unordentlichkeit zum Bemäkeln. Durch die vielen Stückmannschaften und die binnenbords verholten Kanonen wirkte das Deck noch enger, noch bedrohlicher und noch unheimlicher, als es ohnehin schon auf Landratten gewirkt hätte.

Aber auch der achtere Bereich des Batteriedecks hatte jedwede Wohnlichkeit verloren. Dort waren aus den unterteilten Unterkünften der Schiffsführung die Zwischenwände beseitigt worden, sodass es dort nun beinahe genauso martialisch aussah wie vor dem Mast. Alles Entbehrliche war beiseitegeschafft worden, hinunter ins dunkle Orlopdeck. Nun bestimmten auch im Achterdeck die Geschütze das Bild und zeigten klar und deutlich, dass es sich bei der Philadelphia um eine gefährliche Kampfmaschine handelte und nicht um ein Lustschiff.

An Oberdeck gab es verhältnismäßig wenig Regsamkeit. Die Segel standen prächtig, zerrten heftig an ihren Schoten, die Blöcke knarrten. Doch er Trimm konnte derzeit gar nicht mehr verbessert werden. Da der Wind schon seit einiger Zeit gleichmäßig anhielt und auch keine weiteren Kurskorrekturen mehr durchgeführt worden waren, erübrigten sich auch weitere Segelmanöver. So war es auch nicht verwunderlich, dass sich Offiziere wie Mannschaften an die leewärtigen Relings, Schanzkleider und Finknetze drängten und die Annäherung an das Barbareskenschiff gebannt verfolgten.

Captain Bainbridge indessen beschäftigte sich derzeit mehr mit der Seekarte, die vor ihm ausgebreitet auf dem Tisch lag. Ihm war aufgefallen, dass der Gegner sich während der letzten halben Stunde immer näher an die Küste gedrängt hatte. Trotz des ablandigen Windes. Doch der machte den Mauren wohl die geringsten Sorgen. Solange der Wind nicht zu sehr nach Nordwesten drehte, konnte die Schebecke mit ihren Lateinersegeln ohne weiteres ihren Kurs auf Tripolis fortsetzen. Solch ein Schiff war kreuzend einem großen Rahsegler bei weitem überlegen. Also durfte es auf gar keinen Fall geschehen, dass der Korsar einen luvwärtigen Vorteil errang. Dort, wo die Schebecke gerade segelte, zeigte die Küste verhältnismäßig niedrige Erhebungen. Bainbridges Vermutungen, dass auch das Meer dort entsprechend flach war, bestätigte auch die Seekarte. Da der Abfangkurs der Fregatte fast direkt auf die Stadt Tripolis zuführte, konnte es Bainbridge bis zuletzt vermeiden, zu dicht vor der Küste zu segeln. Schließlich hatte die Philadelphia sehr viel mehr Tiefgang vorzuweisen als so eine Schebecke, die ja speziell für diese Gewässer konstruiert war.

Bainbridge zupfte mit seiner rechten Hand an seiner Kotelette, kratzte sich noch nervös an der Stirn und dachte sich: Dann muss ich diese Barbaren eben direkt vor den Augen der Tripolitaner in Stücke schießen. Er war gerade noch ziemlich zuversichtlich, als plötzlich das Plätschern der vorbeirauschenden Wellen abebbte.

Nur das nicht, bei Gott, lass bitte den Wind nicht einschlafen, flechte Bainbridge innerlich, dessen schlimmste Vermutung sein Blut in den Adern gefrieren ließ. Achtlos kehrte er der Seekarte den Rücken und eilte schnellen Schrittes aus seiner Kajüte, hastete nach vorn, rempelte dabei fast seinen Kajütesteward um und sprang, jeweils einige Stufen überspringend, den Niedergang hinauf aufs Oberdeck.

Schon mit dem ersten Blick erkannte er, dass die Segel nicht mehr so steif standen, wie zuvor. Er sah auch, wie der Master eben den Trimm der Segel überprüfte. Diesmal aber hütete er sich davor, Brannigan weiter zu verstimmen. Dann schweiften Bainbridges Augen in Luv über die Wogen. Die See selbst hatte sich wohl nicht verändert, aber dort wo er hinblickte, fehlte dem Meer die Farbe. Bainbridge sah nach oben. Dort trieb eine einzelne, großvolumige Wolke aufs Land zu, welche fast unmerklich ihren Schatten auf die See legte. Dann erst näherte er sich seinen Offizieren.

„Capt'n, ich befürchte der Wind hat nachgelassen!", ereiferte sich der Erste.

„Dann bin ich froh, dass ich nicht der Einzige bin, der dies bemerkt hat!"

„Aber wenn der Wind noch weiter nachlässt, werden die ihr Schiffchen mit Riemen bestücken. Dann haben wir das Nachsehen!"

„Malen sie nicht den Teufel an die Wand, Mr. Cox!", ermahnte der Kommandant seinen Ersten.

„Aber ...!"

Gelassen machte Bainbridge eine beschwichtigende Handbewegung. Cox verstand gar nicht, wie sein Kommandant in dieser Situation, so gelassen sein konnte. Der jedoch war sicher, dass das Nachlassen des Windes auf diese eine Wolke zurückzuführen war. Er mutmaßte, dass sich nach dem Passieren der Wolke, die vorherige Windstärke wieder einstellen würde. Diese Mutmaßung verwirklichte sich auch schon nach wenigen Minuten. Kurz darauf rauschten die Wogen, im gleichen Tempo wie zuvor, an den Planken entlang. Bainbridge war erleichtert. Er spürte die verwunderten Blicke seines Ersten, sagte aber nichts. Stattdessen deutete er nur mit dem Zeigefinger nach oben.

„Der Korsar wird es wohl auch gleich spüren. Dem soll schließlich auch nichts geschenkt werden!" Cox grinste.

„Sehr wohl, Mr. Cox, sehr wohl!"

Der Kommandant sollte recht behalten. Während jetzt seine Fregatte ungestüm voranstürmte, schien der Kaper an Fahrt zu verlieren. Nun holte die Philadelphia weiter auf. Seit dem Sichten waren mittlerweile zwei Stunden vergangen. Bainbridge wusste aber auch, dass nicht mehr allzu viel Zeit übrigbleiben würde, um einen Erfolg zu haben. Er war sich durchaus bewusst, dass die

Schussentfernung genau genommen immer noch zu groß war. Aber manchmal hatte man ja doch etwas Glück. Nun wandte er sich an Cox.

„Lassen Sie die Backbordgeschütze ausrennen! Feuern auf maximale Distanz!"

„Aye, Sir!", erwiderte der Erste. „Glauben Sie, dass unsere Kanonen diese Entfernung schaffen?"

„Vielleicht!" An diese Aussage vermisste Cox die Bestimmtheit. Für ihn hörte es sich eher wie eine Frage an. Da Bainbridge die Unsicherheit in den Augen seines Ersten bemerkt hatte, fügte er noch hinzu: „Und wenn wir dem Hund auch nur einen Riss ins Segel schießen oder gar die Stenge herunterholen! Wir müssen darauf hoffen, dass er weiter an Fahrt verliert!"

Cox delegierte nun wiederum den Befehl an den jungen Burschen, der als Läufer fungierte und schnell den Niedergang zum Batteriedeck hinunterstürmte. Auch die Stückführer vom Oberdeck spitzten ihre Ohren, als Ihnen der Befehl zugerufen wurde.

„Feuern auf maximale Entfernung und auf eigenes Ermessen!"

Wie ein mehrtöniges Echo erwiderten die Stückführer an Deck: „Aye, aye, feuern auf maximale Entfernung und auf eigenes Ermessen!"

Nun knallten die Stückpforten an der Backbordseite auf und wurden belegt. Als die schweren 18-Pfünder beim Ausrennen zum Rumpeln anfingen, schien ein Gewitter auszubrechen. Doch dieser Lärm wurde beinahe von den anfeuernden Hurrarufen der Seeleute an Oberdeck übertönt.

Unten im Batteriedeck lugten die Stückführer durch die offenen Luken nach draußen.

Begierig und erpicht als Erster den Feind vors Visier zu bekommen, aber es dauerte noch eine Weile. Nur unmerklich schob sich der Fremde in den Sichtbereich der vordersten Pforten und noch war selbst das vorderste Geschütz nicht auf den Feind ausgerichtet. Der Richtkeil war schon gänzlich herausgezogen, sodass das Rohr im kleinsten Elevationswinkel nach oben gerichtet war. Die Zeit schien still zu stehen. Doch dann hielt Brannigan, der selbst äußerst penible seine Einschätzung machte, den Zeitpunkt für gekommen.

„Feuer frei!" Der Stückführer riss an der Reißleine, das Schloss verrichtete die Zündung, der erste 18-Pfünder donnerte auf, spie seine Feuerzunge aus, während die Lafette lautstark nach hinten rumpelte. Schon machte sich der ätzende Pulverrauch im

Batteriedeck breit und das, obwohl erst ein einziger Schuss gefallen war.

Paul hörte von oben wieder Hurrarufe, aber da er gerade eine Pulverladung in sein Rohr rammte, konnte er nicht beobachten, was mit dem ersten Schuss erreicht worden war. Nun feuerte die zweite Kanone. Paul, der am dritten Geschütz eingeteilt war, sprang zur Seite, machte Platz für den Kameraden, der die Kugel ins Rohr schob. Auch der nahm anschließend einen sicheren Platz ein, ganz so, wie man es im Drill gelernt hatte. Niemand wollte vom eigenen Geschütz zerquetscht werden. Dann erfasste der Stückführer den Korsaren, wartete kaum einen Augenblick und zog an der Reißleine.

Wieder brüllte ein 18-Pfünder auf und wieder folgte eine große Enttäuschung. Die aufsteigende Wassersäule war zwar in exakter Linie zum Korsaren, aber um eine halbe Kabellänge zu kurz geraten.

Obwohl genau das passiert war, was Bainbridge ohnehin befürchtet hatte, war er enttäuscht. Die Distanz war einfach noch zu groß, aber der Versuch musste einfach gemacht werden und sei es für die Moral der Crew, oder für sein eigenes Gewissen.

Nun wendete die Schebecke auch noch. Das Manöver war klar: Erstens erhöhte sich die Entfernung wieder, zweitens musste der Korsar sich kreuzend gegen den Westwind zur Hafeneinfahrt von Tripolis vorkämpfen und drittens konnte ihm die Fregatte nicht so nah an die Küste folgen. Gezwungenermaßen musste die Schebecke später einen weiteren Schlag machen. Weg von der Küste und somit wieder näher an seinen an Größe weit überlegenen Gegner heran.

Bainbridge bebte innerlich. Zu viele Gedanken schossen durch seinen Kopf. Dummerweise lag die Stadt bereits seit Stunden in Luv und obwohl die rahgetakelte Fregatte mit Kurs auf Tripolis bei weitem nicht so hart am Wind segeln musste wie die Schebecke, hatte sie keine Chance sich zwischen Stadt und Korsar zu schieben. Ein rechtzeitiges Abfangen noch vor der Hafeneinfahrt schien nicht mehr möglich. Zwar wusste er, dass die Distanzen nun zwangsläufig immer geringer wurden, aber um in eine gute Schussposition zu kommen, müsste der Bug der Fregatte westwärts, also direkt in den Wind gedreht werden, was die Fahrt bis zum Stillstand herabsetzen konnte.

Also was nun? Verfolgen oder schießen? Beides gleichzeitig ließ sich kaum verwirklichen. Nun ging die Verfolgungsjagd schon so lange. Immer wieder brüllten die Geschütze auf, verspien sinnlos ihre Kugeln. Damit konnte man dem Korsaren mittlerweile kaum noch einen Schrecken einjagen. Dieser kreuzte unbeirrt weiter. Es war einfach frustrierend. Genau genommen waren die überlegenen Breitseiten der Philadelphia im Moment wertlos. Bainbridge wollte nun alles auf eine Karte setzen. Trotz der fremden Gewässer wollte er sich näher an die Küste wagen. Er wollte so nahe wie möglich an den Korsaren heran, aber allein auf die Seekarte wollte er sich nicht verlassen. Dort waren zwar einige Riffe und Untiefen eingezeichnet, aber wie akkurat war die Karte denn insgesamt? Bainbridge war nervös, spürte im Bauch ein Unbehagen. Trotzdem mimte er den Gelassenen. Dann gab er seine Befehle.

Hart am Wind legte sich die Philadelphia weit über. Der Wind hatte aufgefrischt. Die Leesegel waren längst weggenommen worden. Die Rahen waren bis zum Anschlag gebrasst. Das Rigg ächzte. Mehr ging nicht, aber aufgrund ihrer guten Segeleigenschaften kämpfte sich die Fregatte emsig voran. Der Abstand zur Küste wurde immer geringer. Die Schussentfernung zu dem Korsaren bot bereits gute Chancen, wobei die Trefferwahrscheinlichkeit bei dieser See und diesem kleinen Gegner nicht gerade hoch war. Also ging die Aufholjagd weiter und schließlich musste die Schebecke später nochmals wenden. Noch war die letzte Gelegenheit nicht vertan. Die Spannung an Bord stieg jetzt ins Unermessliche.

Bainbridge wandte sich nun an den Bootsmann: „Mr. Scooter?"

„Aye, Sir?"

„Lassen Sie ihren besten Mann loten! Die Gewässer hier sind alle relativ flach. Ich möchte von jetzt an ständig die aktuelle Tiefe wissen!"

„Aye, Sir, wird gemacht!"

Unverzüglich wurde Collin Evans, ein besonders erfahrener Seemann, als Lotgast eingesetzt. Der schwang sich neben dem Fockmast über das Schanzkleid und kletterte auf die Rüste hinab. Dieses Podest diente zur Spreizung und Verankerung der Wanten. Zwischen den Wanten stehend schwang Evans nun seine Lotleine, welche am Ende zur Beschwerung ein mit Talg bestrichenes Senkblei hatte.

Schwungvoll flog die Lotleine nach vorn, tauchte dann ins Meer, bis das Gewicht Grundberührung hatte. Gefühlvoll zog Evans die Leine durch. Er spürte den Zug senkrecht unter sich, als das Blei den Bodenkontakt wieder verlor. Dann blickte er auf die Markierung auf der Leine.

„Zehn Faden!", rief Evans aus, während er die Leine einholte. Dann prüfte er das Gewicht, an dessen Talgschicht ein winziger Anteil des Meeresgrundes haftete. „Sand!", prie er aus.

Bainbridge wischte sich den Schweiß von der Stirn. Es war genauso, wie er befürchtet hatte. Sein Schiff brachte es bei der derzeitigen Ausrüstung auf über sechs Meter Tiefgang, das waren dreieinhalb Faden. Viel flacher durfte es nicht werden und somit kam auch eine weitere Annäherung an die Küste und an den Korsaren nicht mehr in Frage. Wenigstens bestand der Grund aus Sand und nicht etwa aus einem Korallenriff. Die flachen Gewässer hier waren aber nicht das Einzige, was dem Kommandanten Kopfschmerzen bereitete. Was nützte denn die mächtige Bewaffnung dieser Fregatte, wenn sie nicht eingesetzt werden konnte?

Diese verfluchten Sandhaufenpiraten werden uns doch noch entkommen, dachte sich Bainbridge. Er war zutiefst über die Lage verzweifelt. Er hatte so viel Hoffnung auf den Erfolg gesetzt, den er seiner Besatzung versprochen hatte. Und nun dies!

„Mister Cox!"

„Aye, Sir?"

„Lassen Sie die beiden vordersten Backbordgeschütze im Batteriedeck so aufstellen, dass sie als Jagdkanonen eingesetzt werden können. Der Hund da vorne wird in Kürze wenden. Dann wird er uns doch noch vor den Bug kommen, aber bevor er genau vor uns sein wird – dann werden wir am Wind gegen diesen verfluchten lateinerbesegelten Hurensohn sowieso keine Chance mehr haben – möchte ich das wenigstens diese Stücke noch Kleinholz aus dem Barbaren machen!"

„Aye, Sir! Kettenkugeln?"

„Ja! Unsere einzige Hoffnung ist, dass diese Halunken an Fahrt verlieren und ich erwarte diesmal, dass jetzt endlich einmal getroffen wird! Die Entfernung sollte jetzt doch passen!"

„Aye!"

Es dauerte nicht lange, bis der erste Schuss aufkrachte. Ian Brannigan hatte genügend Erfahrung, um auf eigene Initiative schon vorab seine Vorkehrungen zu treffen. Die Zeiten waren längst vorbei, dass die großen Kriegsschiffe auf ihren Vorkastellen nach vorne gerichtete Geschütze hatten und die vordersten Stücke auf der Philadelphia erlaubten es, je nach Bedarf, so aufgestellt zu werden, dass entweder zur Seite oder, als Jagdkanonen, auch direkt nach vorne geschossen werden konnte.

„Feuer frei!"

Donnernd krachte der Schuss auf. Eine Feuerzunge schnellte aus dem Rohr. Direkt hinter der Schebecke schoss eine Wassersäule himmelwärts. Die Richtung hätte gepasst, aber man hatte der Schebecke wohl direkt zwischen den Masten hindurchgeschossen. Nun blitzte das zweite Geschütz auf. Die Kugel schlug flach hinter dem Heck der Schebecke ins Wasser und machte noch ein paar flache Hüpfer, bevor sie in die Fluten stürzte. Diesmal hätte die Höhe gepasst.

Bainbridge kochte innerlich. Hatte das Glück die Philadelphia endgültig verlassen?

„Acht Faden!", rief Evans.

Das reicht noch, war sich Bainbridge für diesen Moment sicher, aber er sollte auf die nächste Lotung nicht lange warten müssen.

„Sieben Faden!", prie der Lotgast nun aus. Auch das noch! Zuvor waren es wenigstens noch zehn gewesen.

„Wie ist die Geschwindigkeit? Lassen Sie loggen, aber schnell!", rief Bainbridge mit einem beinahe schrillen Ton in der Stimme.

Jedermann erkannte nun, dass der Kommandant seine übliche Gelassenheit verloren hatte. Nun frischte auch der Wind noch auf und die Fregatte legte sich stark nach Lee über. An ein Feuern war jetzt nicht mehr zu denken.

„Neuneinhalb Knoten, Sir!", prie der Mann am Log, nachdem er für eine halbe Minute das Logscheit auslaufen ließ.

Bainbridge stockte der Atem. Die Tiefe nahm beständig ab und sein Schiff raste mit viel zu großer Geschwindigkeit dem Feind hinterher.

„Anluven, Anluven!", brüllte Bainbridge die Rudergasten direkt an, ohne noch irgendwelche Befehle zu delegieren. Die wirbelten augenblicklich das Ruderrad hektisch herum. Die Fregatte legte sich augenblicklich noch weiter über. Auch dem Master schrie Bainbridge harsch einen Befehl zu.

„Lassen Sie Brassen, so dicht, wie es eben nur geht!"

„Aye, Sir!"

„Wir müssen uns seewärts halten, in tiefere Gewässer begeben!", brüllte Bainbridge, mehr zu sich selbst. Seine ihn umgebenden umstehenden Offiziere waren sich gar nicht mehr sicher, ob sie persönlich gemeint waren.

Verzweifelt warf Bainbridge der Schebecke einen Blick hinterher. Rotzfrech kämpfte sich diese mit dicht geholten, zum Bersten prall gefüllten, Lateinersegeln voran. Wie zum Hohn feuerte sie auch noch gelegentlich ihre Heckgeschütze ab, wobei weder Richtung noch Reichweite passten. Der Korsarenkapitän wusste wohl nur zu gut, dass ihm jedes Manöver, welches sein Schiff in eine gute Schussposition bringen würde, ihm ein gutes Stück seines knappen Vorsprunges kosten würde. Stattdessen prügelte er verbissen sein Schiff auf die Hafeneinfahrt von Tripolis zu.

Bainbridge sah zermürbt zum Gegner hinüber. Eigentlich war dieses kleine Schiff kein Gegner für seine starke Fregatte. Sollten diese Hurensöhne wirklich unversehrt den sicheren Hafen vor den Mauern der Befestigungen von Tripolis erreichen? Nein und abermals nein! Das konnte nicht wahr sein, das durfte einfach nicht sein. Nach dem nächsten Manöver musste der Barbar einfach geschlagen werden. Doch nun wurde Bainbridge aus seiner Lethargie wachgerüttelt.

„Sir, lassen Sie wenden, bitte!", der Master schaute ihn flehend an.

Enttäuscht blickte Bainbridge der Schebecke nochmals hinterher. Resignierend nickte er dem Master zu. Erst jetzt bemerkte er, dass die Leute längst sämtliche Brassen bemannt hatten. Sie warteten nur noch auf den Befehl.

„Klar zur Wende!"

Schon schwangen an Groß- und Kreuzmast die Rahen herum. Nur am Fockmast wurde der derzeitige Winkel beibehalten. Wehmütig blickte Bainbridge auf die Segel des Fockmastes, die nun backstehend, vom Westwind achteraus gedrückt wurden. Das tat weh, den solch ein Wende kostete unendlich viel Fahrt, aber die Crew meisterte die Wende mit Bravour. War eine Wende jemals so schnell und reibungslos verlaufen? Schon nahm die Fregatte wieder behände ihre Fahrt auf. Der Bug zeigte wieder seewärts.

Bainbridge kam langsam wieder zur Ruhe. Das dunkle Blau draußen ließ auf größere Tiefen hoffen und vor dem Hafen konnte die Philadelphia noch einen Schlag machen. Vielleicht ließ sich der Korsar doch noch versenken – direkt vor den Augen der Barbareskenstadt.

„Acht Faden!", meldete der Lotgast jetzt.

„Sieben Knoten, Sir!", prie der Mann am Log.

„Sieben Faden!", meldete der Lotgast kurz darauf.

„Sechseinhalb Faden!", meldete Evans.

Die Philadelphia lief nun wieder in einer stabilen Lage. Der Wind fiel etwas vorlicher als Backbord querab ein.

„Acht Knoten, Sir!"

Ruhigen Tones befahl Bainbridge nun dem Master: „Lassen Sie weiter anbrassen. Wir können noch ein bisschen Höhe gut machen!"

„Aye Sir, wird gemacht!"

Kurz darauf knarrten die Blöcke, als alle Rahen langsam herumschwangen. Gleichzeitig drehten die Rudergasten gemeinsam am Ruderrad. Die Spitze des Klüverbaums zeigte wieder etwas mehr westwärts.

Wieder einmal zeigte sich welch gute Segeleigenschaften in der Philadelphia steckten. Doch blieb keine Zeit, um Freude aufkommen zu lassen. Evans prie wieder seine aktuelle Lotung aus. Sein ruhiger Ton hatte sich aber merkbar verändert.

„Fünfeinhalb Faden!"

Plötzlich ging ein heftiger Ruck durchs ganze Schiff, gefolgt von einem grauenvollen Knirschen, Schaben und Kratzen. Der Bug wurde mit brachialer Gewalt regelrecht nach oben geworfen, ganz so als wäre ein Kavenzmann gegen den Steven gerannt. Einige Männer verloren den Halt und rempelten dabei andere mit um. Ganze Gruppen purzelten in einem Haufen übereinander und stürzten gemeinsam zu Boden. Das Rigg bebte und ächzte. Die Wanten und Pardunen strafften sich dermaßen, dass man befürchten musste, dass sie barsten. Einige andere Taue rissen tatsächlich und da der Wind immer noch in die Segel drückte, legte sich die Fregatte nun auch noch beängstigend weit nach Lee über.

Nun brach das Chaos aus: Die Schoten wurden eiligst losgeworfen, die Segel schlugen wild umeinander und das Geschrei an Deck übertönte noch das laute Knallen der flatternden Segel. Die nicht zu Unrecht, als Witwenmacher bezeichneten Blöcke, schwangen in todbringenden Bahnen hin und her. Weh dem, der seinen Kopf nicht in Sicherheit brachte!

Mittendrin stand der Kommandant, blass und fassungslos. Warum zum Teufel war die Philadelphia auf ein Riff gelaufen? Wehmütig sah Bainbridge dem davoneilenden Kaper hinterher, der zum Hohn nun auch seine Flagge hisste. Als er nun über das gedrängte Deck blickte und die schlagenden Segel knattern hörte, liefen ihm Tränen aus den Augen. Nun lag sein schönes Schiff wehrlos hier, unweit vor den Befestigungen von Tripolis.

Kapitel 6: Das Riff

„Capt'n, kann ich rundum Lotungen vornehmen lassen?", fragte John Cox, etwas verhalten, seinen Vorgesetzten. Der Erste war froh, nicht in der Haut des Kommandanten stecken zu müssen, der am Ende mit seinen Nerven war. So hatte er William Bainbridge, der für sein Durchhaltevermögen und klaren Kopf bekannt war, noch niemals erlebt. Im Moment des wuchtigen Aufpralls hatte der Kommandant nicht nur die Kontrolle über sein Schiff, sondern auch über sich selbst verloren. Trotzdem gebot es der Anstand, in der Befehlskette seinen Vorgesetzten nicht zu übergehen. Doch der reagierte nicht.

„Capt'n, Sir?"

„Mr. Cox, was sagten Sie?"

„Ich möchte rundum loten lassen, Sir!"

„Ja tun Sie das bitte und lassen Sie mir Ihre Erkenntnisse unverzüglich zukommen! Tun Sie, was Sie für notwendig halten. Veranlassen Sie auch alles Weitere! Ich komme gleich wieder! Jetzt gehe ich nur kurz hinunter in meine Kajüte und studiere nochmals die Seekarte. Bei Gott, ich schwöre, dass hier kein Riff sein sollte!"

Das sollte es wirklich nicht, dachte sich der Erste.

Zerknirscht und beschämt machte sich Bainbridge auf den Weg nach unten. Anhand der zuletzt vorgenommenen Peilungen wusste er ziemlich genau, wo sein Schiff jetzt lag. Der Standort des gestrandeten Schiffes war auch gar nicht so weit weg von der sonst üblichen Ankerstation. Kalter Schweiß rann ihm über den Nacken. Über seinem Kajütetisch beugte er sich über die Seekarte. Das war das Material, welches ihm zur Verfügung stand. Besseres hatte er nicht. Die Karte bildete auch sehr genau ein Riff mit der Bezeichnung „The Harbour Rocks" ab. Es erstreckte sich auf einer Länge von anderthalb Meilen in ostnordöstlicher Richtung von der Hafeneinfahrt. Dieses Riff war genauestens bekannt und hatte immer die Beschießung der Stadt durch eine Flotte erschwert. Dieses Riff war für die Tripolitaner mindestens so viel wert, wie die Forts, welche die Hafeneinfahrt bewachten. Jetzt aber lag sein Schiff circa zweieinhalb Seemeilen östlich und eine Viertel Meile nördlich von Tripolis. Und, verdammt noch mal, da ist eben kein Riff in der Seekarte eingezeichnet. Wie hatte dieses Desaster passieren können? Er hatte doch ständig loten lassen. Was ergaben überhaupt die aktuellen Lotungen, die sein Erster veranlasst hatte? Und welche Maßnahmen konnte man sonst noch ergreifen?

Schweren Herzens ging er zurück an Deck. Er sah gerade, wie sich Dimitrios Leonidis übers Schanzkleid schwang und dann von der Backbordfockrüste im Hechtsprung ins Meer sprang und in der Tiefe verschwand. Andere gute Schwimmer taten es ihm nach. Vorn und achtern, sowie backbords und steuerbords. Schweigend stellte sich Bainbridge backbords an die Finknetze und beobachtete nach kurzer Zeit das Auftauchen der prustenden Männer. Nur vorn tat sich nichts. Es dauerte dann auch noch über zwei weitere Minuten, bis Leonidis wieder auftauchte. Keiner konnte so lange unter Wasser bleiben wie dieser ehemalige griechische Schwammtaucher. Die meisten Besatzungsmitglieder konnten überhaupt nicht schwimmen, geschweige denn tauchen. Sie wollten es auch nicht lernen, denn die meisten hatten die Einstellung, dass es beim Untergang eines Schiffes – sei es im Sturm oder im Gefecht – ein gnädigerer Tod war, schnell zu ertrinken, als viele Stunden lang schwimmend ums Leben zu ringen, um letztendlich doch noch zu ersaufen, oder von den Haien gefressen zu werden. Über eine ausgehängte Jakobsleiter enterten die Taucher wieder das Deck der Fregatte.

Während der Kommandant vorher in seiner Kajüte war, hatte der Bootsmann, rund ums Schiff herum, Lotungen vornehmen lassen. Diese Werte wollte Ian Scooter nun seinem Kommandanten mitteilen. Fast vorsichtig näherte er sich seinem Vorgesetzten.

„Capt'n? Darf ich Ihnen die ermittelten Werte der Lotgasten mitteilen?"

„Ich bitte darum, Mr. Scooter!"

„Also vorne haben wir zweieinhalb bis drei Faden Tiefe".

„Das ist fast ein Faden weniger als unser Tiefgang am Bug!", entgegnete Bainbridge mürrisch.

„Aye!"

„Und achtern?"

„Nun, achtern sind es drei Faden. Die hätten gerade mal für den Bug gereicht!"

„Aber unsere Philadelphia hat am Heck knapp über dreieinhalb Faden Tiefgang. Verdammt, verdammt! Und wie sieht die Beschaffenheit des Riffes aus?"

„Da sollten wir mal unsere Taucher fragen! Leonidis?"

Triefend vor Nässe reihten sich sechs Taucher vor der Schiffsführung auf. Diese stand, vor Neugierde fast platzend, rund um den Kommandanten und den Ersten Offizier herum.

„Aye, Sir?", meldete sich Leonidis.

„Berichten Sie schon, Mann. Worauf warten Sie noch?", fauchte Cox den eifrigen Mann an.

„Nun Sir, verzeihen Sie, wenn ich das sage ..."

„Nun raus mit der Sprache, Mann!", keifte Bainbridge.

„Es sieht richtig beschissen aus. Das Riff ist riesengroß. Wir sitzen wie auf einer riesigen Stufe. Es weitet sich in diese Richtungen aus." Leonidis machte mit seinem gestreckten Arm einen Kreisbogen, der sich von Ost über Nord bis zum Westen erstreckte.

„Und wie sieht es dort aus?" Bainbridge deutete einen Bogen in südlicher Richtung an.

Nun meldete sich ein anderer Taucher zu Wort: „Sir, dort ist es überall tief genug. Wie Dimitrios schon gesagt hat, wir sitzen wie auf einer Stufe auf der Riffkante auf."

Langsam begriff Bainbridge die Katastrophe. Es verhielt sich genau anders, als er vermutet hatte. Nicht seewärts, sondern landwärts, wies der Meeresgrund hier eine größere Tiefe auf. Das Riff erstreckte sich zwischen dem Schiff und der offenen See. Nun also lag die Philadelphia hier felsenfest, am Rande eines großen Riffes, vor den Augen eines weit überlegenen Feindes, in einer stürmischen Jahreszeit. Weit und breit zeigte sich kein einziges Schiff der U.S. Navy!

Wenn doch noch die Constellation hier wäre, dachte sich Bainbridge. Die könnte uns vor all den Barbaren schützen, könnte uns vielleicht sogar bei diesem Westwind von der Ostkante dieses unbekannten Riffes freischleppen. Doch die ist längst auf dem Weg über den Atlantik. Nicht einmal einer der Schoner oder Briggs lässt sich sehen. Wo steckten die alle?

Bainbridge riss sich zusammen, versuchte wieder zu klarem Verstand zu kommen. Er zermarterte sich sein Gehirn, mit welchen Maßnahmen man das Schiff wieder freibekommen könnte. Er hatte da schon einige Ideen. Trotzdem war Eile geboten, denn nun sah er, dass der zuvor gejagte Kaper halste und sich in sicherem Abstand wieder seinem vorigen Verfolger annäherte. Nun musste schnellstens gleich hier an Deck, ein Kriegsrat einberufen werden. Immerhin hatte der Master längst die Segel brassen lassen, sodass der Wind gegen die backstehenden Segel drückte. Die Hoffnung, dass die Fregatte auch nur eine Bewegung achteraus gemacht hätte, erfüllte sich aber nicht.

Die nächsten Maßnahmen delegierte Bainbridge noch selbst: „Bootsmann, lassen Sie die sämtlichen Beiboote ins Wasser und beladen diese mit kompakter, aber schwerer Ladung."

„Aye, Sir!" Ian Scooter blickte seinen Kommandanten fragend an.

„Aber falls wir nicht freikommen sollten, brauchen wir dann nicht die Boote zum Evakuieren, Sir?"

„Sehen Sie diesen Korsaren dort? Es wird nicht das einzige Schiff bleiben, das uns auf den Pelz rücken wird. In den Booten sind wir denen schutzlos ausgeliefert! Und wohin bitte schön sollen wir fliehen? Nach Malta? Keine Chance!"

„Verzeihung, Sir, das hätte mir eigentlich klar sein sollen! Entschuldigung, Sir, aber eines noch: Sollten wir nicht wenigstens einen Warpanker achteraus bringen und versuchen, das erleichterte Schiff achteraus zu schleppen?"

„Ja tun Sie dies! Bringen Sie zuerst den Warpanker aus, aber beladen Sie die Boote anschließend trotzdem."

Nun meldete sich der Erste zu Wort: „Sir, die Anker belasten den Bug mit einem enormen Gewicht. Die könnten wir am schnellsten loswerden!"

„In Ordnung, Mr. Cox! Bringen Sie sofort sämtliche Anker aus, notfalls lassen Sie auch Ankertaue kappen, aber einen der Buganker müssen wir behalten!"

„Aye, Sir!", erwiderte Cox und setzte sich in augenblicklich in Bewegung.

Bainbridge wandte sich nun an den Stückmeister: „Mr. Brannigan? "

„Aye?"

„Der Bug muss als Erstes erleichtert werden. Sie schaffen möglichst viele Stücke nach achtern!"

„Aye, Sir!"

„Und nun Gentlemen, bitte ich um weitere Vorschläge! Gleichzeitig bitte ich Sie darum, dass Sie diese Ideen, wenn ich Sie gutheiße, auch selbstständig in die Hand nehmen und schnellstmöglich verwirklichen." Bainbridge hörte sich die diversen Vorschläge an.

Die ersten und wichtigsten Schritte waren bereits in Angriff genommen. Andere Maßnahmen klangen eher nach Verzweiflungstaten und raubten beinahe jede Hoffnung auf einen guten Ausgang. Ein Offizier schlug sogar vor, die Fässer mit den Wasservorräten über Bord zu schmeißen.

Währenddessen artete der Betrieb an Bord in einen hektischen Tumult aus. Anker platschten in die flache See und an den Beibooten quietschten die Taljen. Unzählige Männer rannten hin und her, auf und ab, bildeten Ketten, um Material in die Boote zu verladen. Unten im Batteriedeck schien es ein Erdbeben zu geben, als mehrere Geschütze gleichzeitig über das schräg liegende Deck gewuchtet wurden.

Paul war einer der vielen Männer im Batteriedeck, der sein Letztes hergab, um die Katastrophe vom Schiff abzuwenden. Es war schon sonst eine Maloche, einen 18-Pfünder mit seinen Taljen, also Flaschenzügen bei einer Krängung vor- und zurückzubewegen. Doch nun mussten die Geschütze auch noch auf dem schräg liegenden Deck längs nach achtern geschafft werden. Das ging nur mit Hilfe von Taljen und der Zuhilfenahme des Gangspills, welches allein schon mit einem Dutzend Männern besetzt war. Paul schwitzte und konnte sich nicht einmal den salzigen Schweiß von der Stirn wischen. Er rang um Atem, seine Schulter schmerzte wieder heftig. Aber es half alles nichts. Er biss eisern die Zähne zusammen. Nun hätte er alles dafür gegeben, bei seinem Bruder, auf dem wendigen, kleinen Schoner zu sein.

„Vorwärts, weiter, macht weiter!", brüllte Brannigan. „Wenn wir es nicht schaffen, dann landen wir alle als Galeerensträflinge bei den raffgierigen Muselmanen.

Warum pflüge ich jetzt nicht meinen Acker in Pennsylvania, fragte sich Paul. Er sah seine Kameraden an. Selbst die Stärksten von ihnen, waren der Erschöpfung nahe. Lieber Gott, dachte sich Paul, rette uns, verlass' uns nicht!

Alle bisherigen Mühen waren vergebens gewesen. Die Fregatte schwamm einfach nicht auf. Sie rollte zwar ein wenig in der Dünung, aber es gab nicht die geringsten Anzeichen dafür, dass sie vom Riff rutschen könnte.

Die Sonne hatte den Zenit längst überschritten. Nun eröffnete, der zuvor gejagte Korsar, auch noch sein Feuer auf die Philadelphia. Er war schon vorher eine ganze Weile in genügend großem Abstand hin und her gekreuzt und jetzt schoss er. Allerdings, feige wie er war, aus viel zu großer Entfernung. Die Wasserfontänen spritzten in gut einer Kabellänge vor dem Rumpf der lahm gewordenen Fregatte in die Höhe. Die Philadelphia erwiderte unverzüglich mit ihren weit reichenden Geschützen das Feuer. Einige 18-Pfünder brüllten Feuer speiend auf und versuchten, den Korsaren auf Distanz zu halten. Noch bedeutete der Kaper keine Gefahr für die festliegende, aber an Bewaffnung immer noch weit überlegene Fregatte. Die Gefahr kam aus dem Westen.

Bainbridge sah hinüber zur Stadt. Dort vor den Mauern von Tripolis bewegten sich Segel. Es mussten mindestens vier oder fünf Schiffe sein. Er befürchtete, dass es dabei nicht bleiben würde. Nun war Not am Mann. Jetzt war es an der Zeit, drastischere Maßnahmen zu ergreifen.

Bainbridge wandte sich an den Lieutenant der Seesoldaten: „Mr. McKillroy?"

„Ja, Sir?"

„Sie schicken Ihre Leute in die Bilge. Lassen Sie Ballaststeine und alte Kanonenkugeln über Bord werfen!"

„Aye, Sir! Ich bin schon unterwegs!"

Dann wandte er sich an seine Offiziere. Ernst und mit stählerner Miene ließ er seinen Blick über sie schweifen: „Ihr kümmert euch darum, dass die Geschütze über Bord geworfen werden!"

„Die Geschütze Sir? Aber dann sind wir hilflos!", entrüstet sich der Erste.

„Ja, was bleibt uns denn anderes übrig? Fangen Sie vorn mit den Karronaden hier auf dem Oberdeck an. Die sind nicht so schwer und lassen sich am schnellsten entfernen. Aber die zwei achteraus gerichteten 18-Pfünder bleiben! Unser Heck ist die empfindlichste Stelle. Auch im Batteriedeck sollen die 18-Pfünder-Rohre durch die Stückpforten geworfen werden. Vorne anfangen! Vielleicht kommen wir doch noch frei, wenn sich der Bug hebt. Acht bis zehn 18-Pfünder bleiben noch im Achterschiff, notfalls auch nur sechs!"

„Aye, Sir!" Die Gesichtszüge von Cox verzerrten sich beinahe tierisch. Seufzend kehrte er seinem Kommandanten den Rücken und schritt von dannen.

Bainbridge blickte in die entsetzten Gesichter seiner Leute. Manche konnten es nicht fassen. Dann deutete er auf die Stadt. Es kamen nun immer mehr Schiffe und Kanonenboote aus dem Hafen gesegelt. Walter Brown, der Dritte, stand mit offenem Mund fassungslos da. Erst jetzt wurde ihm die ganze Dramatik der nahezu aussichtslosen Situation bewusst.

Egon, das Pulveräffchen, konnte nicht mehr. Er war erschöpft, da er ohnehin nicht der kräftigste war und diese Schufterei mit den Kanonen war einfach zu viel für ihn. Dieses Schiff war seine Heimat, doch immer öfters ging ihm der Gedanke durch den Kopf, dass es doch am besten wäre, in die Boote zu gehen. Immerhin hatte die Philadelphia vier Stück davon. Aber würden die für alle reichen? Und wohin konnte man denn fliehen?

An die Küste? Und dann? Ab in die Wüste? Oder über See? Aber die See war groß, besonders wenn man nur in einem Boot saß. Egon brauchte Luft. Nicht nur, weil ihm diese vor lauter Maloche knapp geworden war, sondern weil ihm die aufkommende Angst das Atmen schwer machte. Er kniete sich im Vorschiff vor eine offene Stückpforte. Dort gab es genügend Platz. Der 18-Pfünder, der zuvor noch dort gestanden war, war längst unter vielen Mühen achteraus verholt worden. Jetzt nach all den Anstrengungen wurde er doch noch demontiert. Das Rohr musste von seiner Lafette gelöst werden, indem die Lagerung der Schildzapfen entfernt wurde. Erst dann konnte das Rohr mittels der Flaschenzüge angehoben und unter vereinten Kräften durch die offene Stückpforte der See übergeben werden. Aber Egon konnte eben nicht mehr mithelfen. Im Moment war er sogar zu erschöpft, um andere Sachen über Bord zu werfen. Nun blickte er hinaus und sah in der Ferne gleich mehrere Schiffe mit diesen fremdartigen Dreieckssegeln und alle hielten auf die angeschlagene Fregatte zu. In Egon keimte Panik auf. Er war doch noch so jung – zu jung, um zu sterben!

Vereinzelte Cirrocumuluswolken zogen über das schräg stehende Rigg der lahm gewordenen Fregatte. Wind und Wellenhöhe hatten inzwischen etwas nachgelassen, sodass die Rollbewegungen des festsitzenden Schiffes nun weniger heftig waren als vorher. Da die Philadelphia auf einem, von der See flach geschliffenen, Riff saß, bestand vorerst keine Gefahr für den stabilen Rumpf, von den Wogen gegen Felsen geschlagen zu werden.

Doch diese Umstände waren für die malträtierte Besatzung keine Beruhigung. Die Zahl der Barbareskenschiffe nahm beständig zu. Von allen Seiten kamen sie, bewaffnete Schebecken, Mysticos, Galeeren und diverse kleinere Kanonenboote. Nun wurden auf den beiden Galeeren, die sich von der Westseite her näherten, die Segel geborgen. Unzählige Riemen nahmen ihren gleichmäßigen Takt auf, wobei hinter dieser Arbeit wohl geschundene Sklaven standen. Wie die Geier näherten sich diese flach gehenden, schlanken Schiffe, von der Riffseite her an ihre Beute heran. Als die Phillies ahnten, dass ihr Schiff, dass sie selbst, das Aas für die wartenden Geier waren, schossen schon die ersten Feuerzungen aus den Buggeschützen der ersten Galeere. Doch die beiden Schüsse verkümmerten in ihrer Reichweite. Eine Weile später eröffnete die zweite Galeere das Feuer. Langsam entwickelte sich der Kanonendonner zu einer bösartigen Symphonie. Eine Kugel zog eine Furche parallel am Rumpf der Fregatte vorbei. Die Zweite schlug, ohne große Wirkung, oben ins Gebälk der Gallion, dort wo der Abtritt für die Mannschaften war. Allerdings bewirkte dieser Treffer eine enorme Splitterwirkung.

Größere Holzfetzen und tausenden kleiner Splitter prasselten in die Vorderwände der Back. Gott sei Dank, war kein Einziger der Phillies dort vorne gewesen.

Nicht ein Schuss von der Fregatte erwiderte den Angriff, keine einzige Karronade oder Kanone stand bereit, um nach vorne zu schießen. Längst waren die meisten Geschütze über Bord gegangen. Gleichzeitig kamen die Gegner immer näher heran. Einige umkreisten im sicheren Abstand die gestrandete Fregatte. Darunter waren wohl auch unbewaffnete Handelssegler oder gar Fischerboote. Es war wohl die hasserfüllte Neugier der Tripolitaner, die sich an dem Bild ihres Opfers ergötzten.

Gelegentlich feuerte auch die Philadelphia, denn im Heck gab es immer noch sechs 18-Pfünder, die in unregelmäßigen Abständen Widerstand vor weiteren Annäherungsversuchen zeigte. Doch die Gegner achteten schon darauf, nicht getroffen zu werden. Langsam formierten sie sich östlich des Riffes. Von dort konnten sie sich vorsichtig von hinten an das Heck, der mittlerweile noch schräger liegenden Fregatte, annähern, ohne allzu großes Risiko einzugehen. Besonders auf der Steuerbordseite war sie nun nämlich aufgrund der zunehmend stärker gewordenen Backbordschlagseite trotz all der verbliebenen Geschütze wehrlos geworden. Das Heck mit seiner Fenstergalerie war ohnehin einer der verletzlichsten Bereiche dieses einst ach so starken Kriegsschiffes und trotzdem wehte immer noch die amerikanische Kriegsflagge am Besan. Trotz und Widerstand demonstrierend.

Gedankenversunken stand Bainbridge am Backbordschanzkleid. Er sah die zunehmende Zahl der Feinde, denen es aber dennoch an Courage zu fehlen schien. Die Lage seines Schiffes war zum Verzweifeln. Alle bisherigen Versuche und Hoffnungen, dass die Philadelphia wieder aufschwimmen würde, waren ohne jedes Ergebnis gescheitert. Mit eisernen Fäusten umklammerte das Riff sein herrliches Schiff. Es half alles nichts! Nun mussten noch drastischer Maßnahmen getroffen werden. Bainbridge glaubte selbst längst nicht mehr daran, mit diesem Schiff jemals wieder in Sicherheit zu gelangen, nicht bei dieser enormen Überzahl an Gegner, aber Aufgeben kam nicht in Frage. Es musste einfach gehandelt werden. Man konnte doch nicht einfach herumstehen und reglos darauf warten, zusammengeschossen zu werden. So rief er, heute schon zum zweiten Mal – Besprechung wäre ein Hohn gewesen – einen Kriegsrat ein.

„Gentlemen, es tut mir leid, aber die Situation lässt es nicht anders zu. Nun müssen wir auch jene Maßnahmen ergreifen, die zuvor schon erwähnt wurden, aber als wahnwitzig abgetan wurden."

„Sollen wir also in der Tat die Wasserfässer aus dem Laderaum entleeren?", mischte sich Schumaker ein. „Mit Verlaub, Sir, aber ..."

Herrisch fuhr der Kommandant seinen Schiffsarzt an: „Es gibt kein Aber, Mr. Schumaker! Und nicht nur das Wasser, sondern alles, was nicht Niet- und Nagelfest ist, soll über Bord geworfen werden: Proviant, Kanonenkugeln, und so weiter."

In den Augen der umstehenden Offiziere spiegelte sich nackte Verzweiflung.

Mit einer abgestumpften Miene sah sich Cox um, dann sah er Bainbridge mit leicht gesenktem Blick an: „Das heißt, Sir, dass wir auch den Fockmast über Bord werfen sollen? So wie ich es vorhin schon eher zynisch erwähnt habe?"

„Tun Sie das, Mr. Cox! So schwer es mir auch fällt, tun Sie es. Das Gewicht des Mastes ist enorm. Das ist unsere letzte Chance, dass das Schiff doch wieder freikommt. Dann könnten wir noch in aller Ehre ein letztes Gefecht unter Segeln führen!"

Dieser Satz des Kommandanten, in all seiner Dramatik, wurde nun von weiteren Kanonenschüssen, die nun das Heck beharkten, drastisch unterstrichen. Da die Krängung mittlerweile weiter zugenommen hatte, waren nun auch die beiden Heckgeschütze nicht mehr einsetzbar Nun lagen auch diese Rohre auf dem Meeresgrund.

„Mit Verlaub, Sir, könnten wir unter diesen Umständen dann nicht gleich auch die Großstenge opfern?", fragte der Master, dessen braun gebranntes Gesicht jetzt plötzlich blass wie der Tod wirkte. „Ohne Fockmast wird die Großstenge sowieso unstabil, Sir!"

„Sie haben recht, Mr. Brannigan, aber ich möchte hauptsächlich den Bug leichtern, in der Hoffnung, dass das Schiff achteraus vom Riff rutscht. Außerdem konzentrieren die Feinde ihr Feuer derzeit noch auf unser Rigg. Ich will keine unnötigen Opfer da oben. Der Fockmast reicht vorerst!"

„Aye, Sir, wie Sie meinen!"

Bainbridge blickte erneut in die Runde. Es schmerzte, den Anblick der hoffnungslos zermürbten Gesichter zu sehen. Dann sagte er: „Außerdem, meine Herren, denken Sie daran: Selbst, wenn alles nichts bringt, wollen wir dem Feind doch kein intaktes Schiff hinterlassen. Lassen Sie uns nun zur Tat schreiten!" Er erwartete keine Antworten mehr. Er ertrug es auch nicht mehr, irgendwelche

Reaktionen in den Augen und in den Gesichtern seiner Offiziere und Mannschaften abzulesen. Dann wandte sich Bainbridge um und stieg den Niedergang, der wegen der Krängung bei weitem nicht mehr so steil wie sonst war, ins Batteriedeck hinab.

Das Bild unten war ein Grauen. Außer ein paar wenigen Geschützen stand nichts mehr an seinem gewohnten Platz. Eine Menge rohrloser Lafetten stand oder lagen in einem wüsten Durcheinander an der nach unten geneigten Bordwand. Außer ein paar wenigen verbliebenen Geschützbedienungen waren die meisten Männer damit beschäftigt, Lasten von unten nach oben zu schleppen und durch die offenen Stückpforten außenbords zu werfen. Keiner ließ sich durch den zunehmenden Kanonendonner aufhalten.

Plötzlich tat es einen heftigen Schlag, gefolgt von dem Knacksen berstenden Holzes. Ein Treffer hatte in der massiven Bordwand eingeschlagen. Verstohlen sah Bainbridge seine Männer an. Glücklicherweise sah er nur wenig Blut und keine Tote. Einige hatten gerade Holzsplitter abbekommen und schrien vor Schmerz auf, aber alle hielten sich tapfer auf den Beinen. Keiner war schwer verwundet worden – bis jetzt.

Verbittert erwiderte nun eine Stückmannschaft das Feuer.

„Tapfer, Männer!", lobte Bainbridge die Leute. „Macht weiter so!" Dann wandte er sich um und begab sich noch einmal in seine Kajüte. Wahrscheinlich zum letzten Mal. Er wusste um die Gefahr. Die Vielzahl der Feinde hinterm Heck hatte er nicht übersehen und dass das Heck so gut wie keinen Schutz bot, wusste er auch. Doch er wusste auch, dass er jetzt in dieser Stimmung und in diesem Moment den Anblick beim Fällen des Fockmastes nicht ertragen konnte.

Paul schrie laut auf. In seiner rechten Armbeuge steckte ein spitzer, über 20 Zentimeter langer Holzsplitter. Einen weiteren kleinen Splitter spürte er in seiner Stirn. Blut rann ihm übers rechte Auge. Mit diesem Auge sah er gar nichts mehr. Er versuchte, mit seiner rechten Hand an die Stirn zu greifen. Aber der Splitter im Ellenbogen machte ihm diese Bewegung unmöglich. Dann ergriff er mit seiner Linken den Splitter und zerrte an ihm. Schmerzvoll verzog er sein Gesicht.

„Lass, dass bloß sein!", herrschte ihn ein Kamerad an. „Geh zum Doktor! Sonst verlierst du vielleicht zu viel Blut."

„Was ist mit meinem Auge? Ich sehe nichts mehr!"

„Ach, gar nichts! Das an deiner Stirn ist ein Kinkerlitzchen. Das Blut läuft dir nur übers Auge. Den Splitter kannst du dir selbst rausziehen!“

Nun versuchte Paul, sich mit der linken Hand an die Stirn zu fassen, aber auch dies gelang ihm nicht. Die Schmerzen in seiner verletzten Schulter waren durch die harte Schufterei jetzt wieder so schlimm geworden, dass sein Arm die Bewegung nicht mehr mitmachte. Paul fühlte sich hilflos. Nun konnte er gar nichts mehr tun. Für eine Sekunde fragte er sich, ob nun sein rechter Ellbogen für immer verkrüppelt sein würde. Dann verzog sich sein Gesicht zu einer schelmischen Grimasse. Ihm war klar geworden, dass dies nun vollkommen egal war.

Bald werden wir sowieso alle tot sein, dachte er sich. Aber wenn ich schon sterben muss, dann möchte ich doch nicht so wehrlos sein. Lieber sterbe ich im Kampf.

Dieser Gedanke gab Paul wieder Kraft. Trotz der Pein schaffte er es, sich den kleinen Splitter aus der Stirn zu ziehen und sich mit seinem Kopftuch, das ihn sonst vor der Sonne schützte, das Blut aus dem Auge zu wischen. Dann wickelte er das Tuch ganz eng um seinen Ellbogen, zog es fest und biss ins Ende hinein. Mit der Linken zog er sich die Zähne zusammenbeißend den Splitter wieder heraus. Es tat höllisch weh, aber die starke Blutung blieb aus. Nun band er sich das Tuch fest um die Wunde.

Es geht auch ohne den Knochensäger, freute sich Paul. Der hatte bestimmt Wichtigeres zu tun. Dann sah er sich im Batteriedeck um. Er war nicht der Einzige, der blutete. Aber Gott sei Dank, gab es noch keine Tote.

Schweren Herzens delegierten nun die Offiziere die vom Kommandanten angeordneten, rigorosen Maßnahmen, welche in den Köpfen und Herzen der Crew schon den Anschein von Sabotage hatten. Der Zimmermann und seine Gehilfen rückten mit langen Sägen an. Die Seeleute schafften eiligst Äxte, Takel- und Entermesser, Taljen sowie weiteres Werkzeug heran. Die Wanten im Fock- und am Großmast wurden jetzt überfüllt mit aufenternden Seeleuten. Der Feind musste glauben, dass gleich wieder Segel gesetzt würden. In Wirklichkeit jedoch mussten sämtliche Verbindungen des stehenden und des laufenden Gutes vom Fockmast zum Großmast gekappt werden.

Währenddessen setzte der gegenseitige Beschuss fort. Doch der Argwohn der Muselmanen gegenüber der Fregatte musste immer noch groß sein, denn sie hielten mit ihren vielen Schiffen immer noch verhältnismäßig viel Distanz. Wenigstens verschafften sich noch ein paar der 18-Pfünder an Bord der Philadelphia einen gebührenden Respekt.

Gleichzeitig unterstützten die Seesoldaten im Bereich des Achterschiffes die Aktion, das Schiff zu leichtern. Jede freie Hand wurde gebraucht. Noch wurden die Musketen der Seesoldaten nicht gebraucht, noch mussten keine Maßnahmen gegen eine Enterung unternommen werden. Alles, was irgendwie tragbar war, flog nun über Bord. Rund um das Schiff tanzten Fässer und Kisten in den Wogen. Es sah aus wie in einem Trümmerfeld.

Während immer noch einige Männer oben am Fockmast Leinen und Taue kappten, verrichteten unten am Mastfuß die beiden langen Sägen bereits ihr grausames Werk. Die kräftigsten der Leute zogen keuchend die Griffe an den doppelendigen Sägen durch. Die Geräusche gingen durch Mark und Bein. Es war schwieriger und gefährlicher, als einen großen Baum zu fällen. Immer wieder mussten die Männer an den Sägen ausgetauscht werden, aber die Schnitte fraßen sich immer tiefer in den massiven Mast hinein. Damit sich die Sägeblätter nicht unter der Last des immens schweren Mastes verklemmten, mussten keilförmige Einschnitte gemacht werden. Das bedeutete doppelte Arbeit und doppelten Zeitaufwand. Die ersten knacksenden Töne kündeten das Ende des stolzen Fockmastes an.

Der Erste blickte besorgt nach oben und setzte den Sprechtrichter an: „Runter jetzt mit euch da oben, aber schnell!“

Unten in der Kapitänskajüte peinigten heftige Schweißausbrüche Captain Bainbridges Körper. Immer wieder wischte er sich die Stirn. Wenigstens geschah dies unbeobachtet, denn seinen Kajütesteward hatte er längst hinausgeschickt. Im Trubel des Geschehens war ihm während der letzten halben Stunde kaum die Zeit für einen klaren Gedanken geblieben, aber jetzt quälte ihn sein Bewusstsein. Immer mehr, immer grausamer. Langsam, aber unaufhörlich bohrte sich sein Gewissen in sein Gehirn. Er, Captain Bainbridge, Kommandant der Fregatte der Vereinigten Staaten USS Philadelphia hatte alles verloren. Mehr konnte ein Mann nicht verlieren: sein prächtiges Schiff, seine Ehre, jedweden Anspruch auf Ruhm, das Vertrauen von über 300 Männern. Er sah seinen Kommodore in seinem geistigen Auge direkt vor sich. Was würde Preble von ihm in dieser verfluchten Situation erwarten? Und all die anderen

Kommandanten, diejenigen, welche Fregatten kommandierten, oder die jungen Lieutenants, welche auch als Kommandant eines kleinen Schoners, oder einer Brigg schon eine hohe Verantwortung zu tragen hatten. Auch den jungen Kommandanten wurde ein angemessenes Gefühl für Ehre zugemutet. Captain Bainbridge atmete tief durch, aber selbst dies fiel ihm schwer. Zu sehr lastete die Verantwortung auf seinen mit Epauletten geschmückten Schultern. Was wurde nun in dieser fatalen Lage von ihm erwartet? Welche Befehle konnte er überhaupt noch erteilen? Was konnte er jetzt seinem Gewissen noch anlasten? Er sah durch die geöffneten Heckfenster nach draußen. Die Feinde wurden scheinbar immer mehr. Jedenfalls kamen sie immer näher. Schossen aber nur ab und zu. Wovor fürchteten sich denn die Angreifer noch? Oder wollten sie die Besatzung der Philadelphia lieber lebend in ihre Hände kriegen? Entehrt und versklavt?

Warum machte ihm nicht ein Treffer ein gnädiges Ende? Ein ehrvolles Ende! Ein Ende, mit der auch seine Frau als Witwe leben konnte. War ihm nicht einmal dies vergönnt?

Bainbridge griff mit seiner linken Hand an seinen Degen. Seine rechte Hand umschloss eisern den Griff seiner Pistole. Sie war noch geladen! Bainbridge spielte schon mit dem Gedanken sich hier in seiner Kabine, zum letzten Mal an seinen Tisch zu setzen, die Pistole zu ziehen, den Hahn durchzuspannen. Dann den Lauf in den Mund gesteckt und schon wäre nur noch eine einzige Bewegung mit seinem Zeigefinger notwendig, um dem allen ein Ende zu setzen. Dann wäre alles vorüber! Keine Gedanken könnten ihn dann noch quälen, aber dann würde er der Schmach noch weitere Schande hinzufügen. Sich vor der Verantwortung gegenüber seiner Crew und auch seiner Gemahlin feige davonschleichen. Konnte er dies seiner Frau antun?

Nein! So nicht! Das wäre eine feige Lösung! Ich habe schon genug Fehler gemacht, wurde sich Bainbridge bewusst. Aber was nun? Kämpfen bis zum letzten Mann? War ein ehrenvoller Tod, selbst bei einer so großen Niederlage wie dieser hier, nicht allemal besser als ein Überleben in Schande?

Bainbridge nahm kaum noch wahr, was um ihn herum geschah. Diese so entscheidende Frage quälte ihn bis aufs Blut. Er zermarterte sein Gehirn. Aber langsam bahnte sich eine Entscheidung durch all die von Selbstvorwürfen überlagerten Gedankengänge. Schande! Ja mit dieser Schande hatte er als Kommandant zu leben. Von nun an bis zu seinem Tod, aber seine Besatzung hatte sich keine Schande anzulasten. Seine Crew hatte vorbildlich ihre Pflicht erfüllt, war tapfer und ohne zu murren bis nah vor die befestigte Stadt Tripolis vorgedrungen. Trotz der Nähe all der Festungsanlagen und Kanonenbatterien, trotz der Nähe der vielen bewaffneten Schiffe der räuberischen Barbaresken. Konnte er nun von seinen tapferen Leuten auch noch erwarten, dass sie nun, bis zum letzten Mann, kämpften und fielen? Für nichts und wieder nichts? Nur um der Ehre willen? Nur damit der Name William Bainbridge nicht im Zusammenhang mit Schande in die Annalen der Geschichtsbücher eingehen wird? Nein, um Himmels willen, nein! Das konnte und wollte er als Kommandant nicht auch noch zu verantworten haben. Genug ist genug!

Bainbridge überlegte. Wie konnte das tragische Ende nun aussehen? Die Tripolitaner konnten im Versuch, die Fregatte für sich zu erobern, das Schiff entern. Sicherlich könnte man dann im Kampf Mann gegen Mann noch viele der verfluchten Muselmanen töten, aber letztendlich konnte man solch einen Kampf inmitten einer ganzen Flotte von Feinden niemals gewinnen. Doch die feigen Barbaren würden kaum hunderte ihrer Leute in einen sinnlosen Tod schicken. Wahrscheinlicher war doch, dass die Philadelphia direkt vor den Augen jubelnder Tripolitaner von all den vielen Kanonen der diversen Schiffe in einem spektakulären Szenario in Stücke geschossen würde. Trotz Verzicht auf die Eroberung so gut wie unversehrten Fregatte, würde solch eine Vernichtungsaktion die ganze Bevölkerung der Stadt, ja der ganzen nordafrikanischen Küste zum Jubilieren bringen.

Was blieb denn sonst noch? Ergeben? Einsperren und versklaven lassen? Ein entsetzlicher Gedanke! Konnte er seiner Besatzung diese Schmach antun? Eigentlich nicht! Aber war nicht draußen vor der nordafrikanischen Küste eine kleine Flotte amerikanischer Schiffe? Das dritte Geschwader würde unter diesen Voraussetzungen sicherlich noch weiter verstärkt werden. Vielleicht hätte die ganze schmachvolle Angelegenheit dann doch noch irgendetwas Gutes an sich. Konnte von nun an je wieder ein tripolitanisches Schiff diesen Hafen hier verlassen, ohne anschließend versenkt zu werden? Drohte nun nicht die ernsthafte Gefahr eines offenen Krieges zwischen den bisher verhalten reagierenden Staaten?

In den verzweifelten Gedanken des Captain Bainbridge tat sich langsam ein winziges Stück Hoffnung auf. Er wollte einfach daran glauben, dass die Vereinigten Staaten mit den Führern und Befehlshabern Tripolitaniens verhandeln würden. Er betete zu Gott, dass er mit seiner Crew nicht für immer und ewig in dunklen

Kerkern schmachten musste, vertraute darauf, mittels Lösegeldzahlungen eines Tages wieder in Freiheit zu gelangen.

Der Kommandant der Fregatte Philadelphia rang um einen Entschluss. Seine eigene Ehre war ohnehin dahin. Daran war nichts mehr zu ändern! Aber nach all den Fehlern, die er, ganz allein er, zu verantworten hatte, wollte er nun nicht auch noch den Tod von 308 Männern auf seinem Gewissen lasten lassen. Noch einmal atmete William Bainbridge tief durch. Noch einmal wandte er sich um und warf einen Blick nach draußen, dort wo gerade eine Schebecke in unmittelbarer Nähe des Hecks vorbeikreuzte. Jetzt ein Schuss und ein Treffer. Dann konnte für ihn selbst, alles ausgestanden sein. Das war doch weitaus besser, als sich selbst mit einem Kopfschuss das Leben zu nehmen.

Bainbridge sah das vorbeigleitende Schiff. Er sah die drohenden Mündungen der Kanonen. Trotzdem fühlte er keinerlei Angst, aber plötzlich änderten sich fast blitzartig seine Gedanken. Nun überwog sein Pflichtgefühl gegen all die Schuldgefühle und Selbstvorwürfe. Er machte auf dem Absatz kehrt, drehte dem Feind den Rücken zu und packte die Papiere ein, welche er schon lange zuvor bereitgelegt hatte. Dann warf er noch einen letzten Blick über die ihm so vertraute Räumlichkeit und verließ seine Kajüte. Sekunden darauf donnerte ein Schuss auf. Klirrende Fensterscheiben, berstendes Holz und prasselnde Splitter machten deutlich, was mit seiner Kajüte geschehen war. Gleichzeitig aber gab es oben an Deck ein fürchterliches Geschreie, welchem ein noch lauteres Gepolter folgte. Dann knallte etwas ins Wasser.

Bainbridge sprang den Niedergang hinauf. Ohne noch große Vorsicht walten zu lassen, betrat er das Oberdeck. Er sah er nach oben und sah sofort, was geschehen war. Gleichzeitig gab es auf der soeben hinterm Heck vorbeigleitenden Schebecke laute Jubelschreie.

„Capt'n, da sind Sie ja!", ereiferte sich der Erste. „Wir haben uns schon Sorgen um Sie gemacht. Sehen Sie, auch ohne unser Zutun ist nun die Großroyalrah über Bord gegangen. Sie hat zwar gegen die Bordwand geschlagen, dürfte aber wohl keinen Schaden angerichtet haben."

Bainbridge sah Cox mit einem traurigen Blick an und deutete dann nach achtern.

„Trotzdem jubeln diese Barbaren. Außerdem haben die uns in Heck geknallt. Ich dachte, schon ..." Cox sprach den Satz nicht zu Ende.

Bainbridge nickte nur und wusste genau, was sein Erster und auch andere gedacht hatten. Beinahe wäre es auch so gewesen.

„Und was ist mit dem Fockmast, Mr. Cox?"

„Sir, der ist auch gleich soweit! Sehen Sie, Sir, auf der nach unten geneigten Seite habe ich Taljen an den Wanten befestigen lassen. Mit diesen werden wir den Zug auf den bereits halb durchsägten Mast erhöhen. Gleichzeitig werden die Männer auf der Steuerbordseite sämtliche Taljereeps an den Jungfern kappen, sodass die Wanten dem Mast von der höheren Seite keine Stütze mehr bringen können. Somit wird der Mast kontrolliert nach Backbord stürzen."

„Ich verstehe, Mr. Cox! Recht so! Somit wird niemand in Gefahr gebracht. Machen Sie weiter so, danke!" Dann sah Bainbridge in die kleine Runde an Offizieren, die ihn derzeit noch umgab. Ohne einen Einzelnen zu meinen, fragte er: „Gibt es bis jetzt Verluste?"

„Noch nicht, Sir!", entgegnete Walter Brown. „Nicht hier an Oberdeck!" Dann faltete er seine Hände zum Gebet, verneigte sich demütig und sagte: „Gott sei gepriesen! Aber ich weiß nicht, Sir, wie es unten im Batteriedeck aussieht." Brown stammte ebenso wie viele andere auch, aus Deutschland. Er war ein tiefgläubiger Katholik.

Wieder feuerten die Barbaresken einige Kanonen ab. Rauchwolken untermalten den zögerlichen Angriff.

„Dann beten Sie zu Gott, Mr. Brown, dass es so bleibt!", erwiderte Bainbridge. „Nur er kann uns jetzt noch beistehen."

Kugel prasselten ins Heck und ins Steuerbordachterschiff und dieses Mal antwortete keiner der wenigen verbliebenen 18-Pfünder auf der schräg und hilflos daliegenden Fregatte. Jetzt hatte sich der Feind und das ohne Gegenwehr den Verwundbarsten

Bereich ausgesucht.

Doch nun ging es dem Fockmast an den Kragen. Die meisten Verbindungen zum Großmast und zum Klüverbaum waren bereits gekappt. Ebenso die Pardunen, die den Mast von seitlich und achtern stützten. Nur das Großstag am Mastfuß gab dem Großmast weiterhin seinen Halt.

Die Männer an den längst heiß gewordenen Sägen hatten sich schon durch zwei Drittel des Mastes gearbeitet. Es knackste bereits im harten und festen Holz. Plötzlich aber ging nichts mehr. Gar nichts mehr! An der einen Säge war die mühsame Arbeit bereits eingestellt worden und nun steckte die zweite Säge unverrückbar fest. Der Mast knirschte und bebte. Jetzt wurde es gefährlich. Der Erste scheuchte die Männer am Mastfuß weg.

„Zurück mit euch! Macht die Back frei!"

Das Vorschiff leerte sich.

Nun brüllte der Erste die bereitstehenden Männer am Spill an: „Holt an, holt an!"

Zwei Tampen waren ums Spill gelegt worden. Diese führten über Umlenkblöcke zu den Taljen, welche an den Leewanten befestigt waren. Unter äußerster Kraft wurden nun die Wanten binnenbords gezogen. Dabei zerrten sie an ihren Befestigungen an der Mars, zogen den Mast, der ohnehin schon geneigt war, zusätzlich noch einseitig nach unten.

„Kappt die Taljereeps an den Jungfern!", schrie der Bootsmann. „Jetzt!"

Ein klägliches Ächzen, das durch Mark und Bein ging, und ein Bersten wie ein Peitschenknall, kündigte das Ende des Fockmastes an. Erst langsam dann immer schneller kippte der Koloss nach Backbord zur Seite. Dabei rissen noch die letzten Verbindungen zum Großmast. Jetzt zerschmetterte der Fockmast mit einem ohrenbetäubenden Krach das Schanzkleid und schlug mit seiner Topp backbords in die See. Eine ganze Serenade an Wasserfontänen spritzte in die Höhe und prasselte dann wie ein tropischer Regenschauer an Deck. Der abgesägte Mastfuß sprang noch einmal gewaltvoll in die Höhe und schmetterte dann diesmal weiter vorn ein zweites Mal aufs Schanzkleid. Nun schrammte er knirschend an der Bordwand entlang und platschte in die aufgewühlte See.

Fassungslos und meist mit offenen Mündern hatten viele Besatzungsmitglieder aus sicherer Entfernung dieses Spektakel beobachtet. Erst jetzt bemerkten viele, dass es bereits dämmerte. Immerhin war dieser unglückselige Tag schon der 31. Oktober. Das Jahr sah seinem Ende schon entgegen, ebenso wie die einstmals so stolze Fregatte USS Philadelphia. Nicht nur die größeren Korsarenschiffe und Galeeren kamen nun immer näher heran, sondern auch die kleineren Kanonenboote. Die Übermacht wurde jetzt immer dreister. Jedermann an Bord der Fregatte wusste, dass es nun dem tragischen Ende entgegen ging, denn trotz des geopferten Fockmastes schwamm die Fregatte immer noch nicht auf. Felsenfest saß sie auf dem Riff in der Falle.

Captain Bainbridge war sich der aussichtslosen Lage sehr bewusst. Sein Schiff war zum kümmerlichen Wrack geworden und seiner gesamten Besatzung drohten schlimme Zeiten, aber dennoch gab es ein bisschen Zeit zum Handeln und so delegierte er seine letzten Befehle an seine Offiziere.

Unverzüglich spurteten die Angesprochenen los und rannten die Niedergänge hinunter. Jetzt musste alles schnell gehen, viel Zeit blieb nicht mehr. Der Schiffszimmermann suchte sich ein paar Leute aus und rannte mit ihnen zu seiner Werkstatt. Diese sollten mit langen Bohrern Löcher in den Rumpf bohren, sodass die Fregatte nie mehr aufschwimmen sollte. Der Stückmeister musste mit seinen Leuten sicherstellen, dass das Magazin geflutet wurde. Das Pulver wurde jetzt nicht mehr gebraucht und dem Feind sollte es keinen Nutzen mehr bringen. Die Lenzpumpen mussten unbrauchbar gemacht werden, damit das lecke Schiff nicht mehr frei gepumpt werden konnte. Verstopft und beschädigt, besser noch beides. Dann waren da noch die Waffen: Musketen, Pistolen, Pieken, Entermesser und andere. Die brauchte jetzt niemand mehr. Dem Feind sollten sie jedenfalls nicht mehr dienlich sein.

Bainbridge erlaubte nur den höheren Offizieren, ihre Degen zu behalten. Die Ehre gebot es so, wobei er bezweifelte, dass diese Barbaren viel Verständnis für Ehre hatten.

Zur gleichen Zeit herrschte unten in den Decks emsiges Sabotieren. Durch die geöffneten Stückpforten sahen die Männer die Schiffe der jubilierenden Muselmanen immer näherkommen. Höchste Eile war nun geboten, dem Feind die Freude an einer mächtigen Prise zu rauben. Trotz der aussichtslosen Lage bemühten sich die Leute, den letzten Befehlen ihres Kommandanten nachzukommen. So schmissen sie ihre Waffen durch die offenen Stückpforten hinaus, oder sie warfen irgendwelche Teile in die Schächte der Lenzpumpen. Unten im Orlopdeck wurde gebohrt und mit Äxten gegen die Planken geschlagen. Mut, Verzweiflung und Hass gaben den Männern noch den letzten Antrieb für diese letzten Aktionen. Die Hoffnung aber hatten alle längst aufgegeben. Selbst Paul mühte sich unter Schmerzen ab, Geschützwerkzeuge außenbords zu werfen.

Käme es zu einem Enterkampf, dann könnte ich mich nicht einmal wehren, dachte er sich verzweifelt, aber vielleicht wäre mir dann ein schneller Tod gewährt.

Platsch! Wieder fiel ein Teil in die See. Nun direkt vor den Augen, der sich auf einem Kanonenboot nähernden Muselmanen. Die Schlagzahl der Riemen erhöhte sich nun auf dem feindlichen Boot und es kam rasch näher. Diese dunkelhäutigen Männer mit den finsteren Blicken werden gleich an Bord kommen, realisierte Paul niedergeschlagen.

Oben an Deck sah Bainbridge auf die Übermacht, welche sein wehrloses Schiff wie ausgehungerte Aasgeier umkreisten. Ein gutes Stück achteraus ging eben gerade eine Bombenketsch vor Anker. Noch während sie langsam achteraus trieb und ihr Ankertau auslief, wurden Ihre Segel eingeholt. Wind und Strom richteten das Schiff so aus, dass der Bug der Ketsch genau aufs Heck der Philadelphia gerichtet war. Der Bug kümmerte Bainbridge wenig, viel mehr die Mündung eines steil gerichteten Geschützrohres, nämlich der eines Mörsers.

Nun richtete Bainbridge seinen Blick zum Besan, wo in der Gaffel immer noch die stolz flatternde Nationalflagge dem Wind trotzte. Tränen flossen aus seinen Augen. Verstohlen wischte er sie ab. Dann sah er sich um. Der Signalgast stand immer noch in seiner Nähe. Jung und pflichtbewusst. Die Blicke trafen sich. So, als wartete der junge Mann schon auf den Befehl. Auch der Erste Offizier stand dort. Geradlinig, mit forschendem Blick zu seinem Kommandanten. Bainbridge bemerkte dies durchaus, aber es gab nichts mehr zu erörtern. Die Entscheidung war gefallen!

„Signalgast!"

„Aye, Captain?"

„Hole die Flagge ein! Setze die weiße Flagge!"

„Aye, aye, Capt'n!" Schon war der junge Signalgast unterwegs, um seine letzte Pflicht zu erfüllen.

Die Fächer für sämtliche Signalflaggen und den vorrätigen Nationalflaggen und Wimpeln waren im Schanzkleid am Heck.

Wieder trafen sich die Blicke des Kommandanten und seiner Offiziere. Wieder wurden keine Worte gewechselt. Jetzt war nicht der Moment für Dialoge. Auch der Blick seines Ersten war zutiefst traurig, aber auch der nickte.

Rundum war alles mucksmäuschenstill. Alle Anwesenden im nahen Umkreis des Kommandanten erging es ähnlich. Jedem hatte noch vor kurzem der Tod gedroht. Jetzt arbeiten die Gedanken. Kerkerhaft oder Sklaverei stand nun zur Wahl. Wäre sterben nicht doch besser gewesen? Oder sollte man froh sein, überlebt zu haben? Starre, sprachlose Gesichter folgten dem Auf und Ab der ausgetauschten Flaggen. Das Niederholen der amerikanischen Flagge war für jeden ein schmerzlicher und für die meisten ein schändlicher Augenblick. Der Anblick, der nun wehenden weißen Flagge, irritierte. Fast so, als hätten die Leute es einstudiert, schwenkten sie synchron ihre Köpfe. Zuerst hatten sie noch auf die Flagge gesehen, nun wandten sich alle gemeinsam um und starrten auf die näherkommenden Feinde. Andere wendeten danach ihre Blicke Richtung Stadt. Sie sahen zu den Türmen und Befestigungsmauern und ahnten, dass sie dort für längere Zeit eingeschlossen werden würden. Trotz der einbrechenden Dämmerung erkannte der Erste, dass sich jetzt noch zwei weitere Schiffe der Tripolitaner vom Hafen kommend dem Ort des Geschehens näherten.

Diese Barbaren wollen wohl unbedingt an dem Triumph teilhaben, dachte sich Cox zermürbt. Was für eine schmähliche Niederlage! Lieber würde ich jetzt kämpfen!

Nur Captain Bainbridge sah weder auf die sich nähernden Schiffe noch aufs Festland. Er musterte stattdessen unauffällig seine Crew. Er sah die Verzweiflung und Niedergeschlagenheit, welche sich schlagartig breitmachte. Es machte ihn traurig, unendlich traurig, aber er bemerkte auch, wie einige Männer wieder eine gelassenere Haltung einnahmen. Man sah es ihnen förmlich an, dass sie den Tod, der ihnen noch vor kurzem geblüht hatte, von der Schippe gesprungen waren. So leid Bainbridge auch alles tat, machten ihm genau diese Männer Mut. Die Crew der Philadelphia hatte einfach das Recht zu überleben.

Bainbridge zog seine Taschenuhr aus seiner Rocktasche. In wenigen Minuten war es fünf Uhr.

Diesen Tag und diese Zeit der Kapitulation werde ich mein Leben lang nicht mehr vergessen, wurde ihm bewusst. Mit Entsetzen sah er, wie die Schiffe und Boote immer näher herankamen. Das war das Ende!

Das war der Moment, in dem Bainbridge an Oberdeck nochmals vor seine Crew trat. Die Zeit war zu knapp, um alle antreten zu lassen, denn unten im Orlopdeck beeilten sich die Männer, das Schiff als Beutegut unbrauchbar zu machen. Er selbst hatte alle Geheimpapiere schon längst dem Meeresgott Neptun geopfert. Nun kämpfte er um seine Fassung. Es war ein harter Kampf. Nur mit Mühe gelang es ihm, seine Tränen zurückzuhalten. Dann atmete er nochmals tief durch und presste seinen Atem durch die geschlossenen Lippen. Nun ließ er seinen Blick melancholisch übers Deck schweifen und sah, dass fast alle Augen bereits auf ihn gerichtet waren.

Dann sagte er mit erhobener Stimme: „Männer, so leid es mir tut, die Zeit des Aufgebens ist gekommen. Habt ihr eure Waffen niedergelegt? Wenn nicht, dann werft sie in die See. Auf der Stelle! Das ist mein letzter Befehl! Ich will nicht euren sinnlosen Tod. Auch wenn unsere Navy derzeit nichts für uns tun kann, versichere ich euch, dass unsere Diplomaten und selbst unser ehrenwerter Präsident Thomas Jefferson, alles Menschenmögliche tun werden, um uns wieder aus den Händen der Barbaren freizukaufen. Wir sind in einer schrecklichen Zwickmühle und ich gebe zu, dass unser Schicksal eine Schmach ist. Unsere Lage ist demütigend, für mich noch mehr als für jeden anderen, aber sie ist nicht hoffnungslos. Ergebt euch friedlich und vermeidet jeden Streit! Ich weiß, das ist hart, härter vielleicht als ein aussichtsloses Gefecht, aber die Situation ist es nicht wert, dass jeder von uns ohne jeden Nutzen in den Tod geht. Mehr kann ich euch nicht sagen. Es tut mir leid, es tut mir unendlich leid, dass es so gekommen ist.“

Bainbridge wollte noch eine Erklärung hinzufügen, klarstellen, dass in der Seekarte das Riff gar nicht verzeichnet gewesen war. Er wollte seiner Crew klarmachen, dass er als Kommandant der Philadelphia zwar für alles die Verantwortung trug, aber keine offensichtlichen Fehler gemacht hatte. Doch der letzte Rest an Stolz verbot ihm, sich vor seiner Besatzung wie ein kleiner Schuljunge zu rechtfertigen. Erst jetzt gewannen seine Tränen die Oberhand. Er drehte sich um, wischte sich mit dem Ärmel das Gesicht trocken und ging zum Schanzkleid. Schon machten die ersten Kanonenboote an den Rüsten fest.

Paul Cox nahm trotz seines flauen Gefühls im Magen Haltung an. Er versuchte auch in dieser misslichen Lage seine Würde zu behalten und nahm sich ein Beispiel an seinem Kommandanten. Auch der wollte nicht erbärmlicher dastehen, wie seine Offiziere. Cox erinnerte sich an die Einnahme der Mirboka. Er hatte die hasserfüllten Augen der Korsaren immer noch vor seinen Augen, aber seine Männer hatten sich korrekt verhalten und die Marokkaner nicht unnötig gereizt. Zu leicht hätte die Situation eskalieren können. Dann wäre es doch noch zu einem Gemetzel gekommen. Glücklicherweise waren die Unterlegenen nicht bereit gewesen, sich von der überlegenen amerikanischen Fregatte in Stücke schießen zu lassen. Denn wenn die Philadelphia gefeuert hätte, wäre ich mit meiner Entermannschaft wohl unter den ersten Toten gewesen, erinnerte sich Cox mit Grauen. Er wunderte sich selbst, dass ihm gerade jetzt, wo die Feinde im Begriff waren, sein Schiff zu entern, solche Gedanken durch den Kopf gingen. Insgeheim aber hoffte er darauf, ebenso fair behandelt zu werden, wie die Besatzung der Mirboka.

Nun überstiegen die ersten Enterer laut schreiend das Schanzkleid der Philadelphia. Einige hatten Messer zwischen den Zähnen andere orientalische Pistolen in der Hand. Kaum hatten die ersten Tripolitaner Decksplanken unter den Füßen, zogen sie ihre Säbel, welche sie wild über ihren Köpfen kreisen ließen. Die Phillies waren klugerweise weit genug zurückgetreten, denn nun fielen die Feinde wie ein gieriger Heuschreckenschwarm über das gestrandete Schiff her. Es waren Unzählige. Mittlerweile hatten längst mehrere Boote an der Fregatte festgemacht und nun schien es, als gäbe es einen Wettstreit zwischen den einzelnen Bootsbesatzungen.

Als Cox von zwei Schwarzbärtigen brutal festgehalten wurde und ihm von einem dritten zuerst sein Offizierssäbel abrupt entrissen wurde und dann noch seine Epauletten von seinem Uniformrock geschnitten wurden, kapierte er sofort, dass diese Gefangennahme anders ablaufen würde, als er es sich vorgestellt hatte. Jetzt wurden auch noch seine Taschen durchwühlt. Cox sah nun, dass es auch den anderen Offizieren nicht besser ging. Gerade wurde seinem Kommandanten seine Taschenuhr entrissen. Dieses Ergeben hatte trotz der gehissten weißen Flagge nichts Ehrenvolles an sich. Noch nicht einmal die letzte Würde wurde der Schiffsführung vergönnt. Und die gemeine Besatzung der Philadelphia? Über die fielen die Tripolitaner wie eine Horde ausgehungerter Hyänen her. Alles, was den Eroberern in die Hände fiel, wurde augenblicklich raffgierig in die eigenen Taschen gesteckt: Uhren, Schmuck, Geld und alles, was irgendwie brauchbar schien.

Bainbridge kochte innerlich, als ihm diese Wilden in seinen Rocktaschen herumwühlten. Er hatte sich mehr Respekt vor diesen Hunden erwartet. Aber trotzdem versuchte er, seine Haltung zu bewahren. Jetzt entrissen ihm diese Berserker auch noch seine Taschenuhr und diese war für ihn ein ganz persönliches und kostbares Stück. Es ging ihm nicht nur um den Wert dieser silbernen Uhr mit ihren fein ziselierten Gravuren. Dieser wäre ersetzbar. Nein, aber hinter dem Deckel befand sich ein schönes Bild, welches seine junge und zauberhafte Frau darstellte. Auf dieses persönliche Eigentum, an dem ihm so viel lag, wollte er auf keinen Fall verzichten. Nun platzte Bainbridge der Kragen. Trotz des Risikos nahm er seine ganz Kraft zusammen und er entriss sich aus der Umklammerung der Barbaren. Dann holte er mit seiner rechten Faust zu einem mächtigen Schlag aus und streckte den Plünderer zu Boden. Bevor sich dieser wieder aufraffen konnte, riss ihm Bainbridge sein liebstes Schmuckstück wieder aus der Hand und hielt es in seiner geballten Faust eisern fest. Anschließend aber wunderte er sich, dass ihm diese Räuber die Uhr nicht doch wieder abnahmen. Mit diesem Faustschlag hatte er sich wohl Respekt erworben. Vielleicht mehr noch als mit seiner schmucken Kapitänsuniform.

Unter Deck ging es nicht besser zu. Zusammen mit seinen Kameraden beobachtete Paul wie massenhaft Eindringlinge durch die offenen Stückpforten ins Schiffsinnere drangen, während andere stürmisch sämtliche Niedergänge herunterliefen. Ängstlich und angespannt zog er sich mit kleinen Schritten rückwärts auf den Großmast zu, als ob ihm dieser noch den Rücken stärken konnte. Aber was half es? Schon machten sich die braun gebrannten Eroberer mit ihren finsteren Gesichtern über die hilflos dastehenden Besatzungsmitglieder her, wobei Paul einer der Ersten war, dem es an die Wäsche ging. Man griff ihm in die Taschen, die allerdings leer waren, was die Laune der undisziplinierten Tripolitaner nicht unbedingt verbesserte. Dann riss man ihm die Arme hoch, um ihn nach versteckten Sachen abzutasten, doch Paul hatte eben nichts bei sich. Als er nun wegen seiner Verletzungen vor Schmerz aufschrie, wurde er auch noch so heftig zu Boden geworfen, dass er mit dem Hinterkopf am Mast aufschlug. Paul spürte, wie ihm Blut übers Haar lief. Seinen Kameraden erging es kaum besser. All jene, die schon durchsucht worden waren, mussten sich dann zusammengepfercht um den Mast stellen. Trompetenförmige Mündungen an exotisch aussehenden Musketen richteten sich bedrohlich auf die Gefangenen.

Gebannt verfolgte Paul die Plünderer, welche jetzt erst so richtig loslegten. Vandalen gleich brachen die meisten von ihnen eiligst sämtliche Seekisten auf. Andere, die der Kleidung nach eher Offiziere waren, stürmten nach achtern, um die Räumlichkeiten der Schiffsführung zu plündern. Paul hörte, wie auch dort Truhen und Schränke aufgebrochen wurden. Jetzt kamen sogar noch weitere Barbaresken mit Lampen in den Händen ins Batteriedeck hinab. Ein Tripolitaner in Uniform führte seine Truppe sofort weiter nach unten ins Orlopdeck. Dort war fast alles gelagert, was ein Schiff so mit sich führte.

Die haben es aber eilig. Werden doch noch Zeit genug haben, das Schiff leer zu räumen, dachte sich Paul. Er wartete nur noch darauf, dass die Eroberer bemerkten, dass ihre prächtige Prise mehrere kleine Löcher im Rumpf hatte und langsam voll Wasser lief. Hämisch grinsend sah Paul Fritz, seinem Landsmann ins Gesicht, der sofort begriff und mit einem schelmischen Lächeln nickte. Schon kurz darauf hörte man von unten wütendes Gebrüll.

„Das werden die uns büßen lassen, Paul!", meinte Fritz. Diesmal lächelte er nicht.

„Ich befürchte, du hast recht. Was die wohl mit uns machen werden?"

„Das möchte ich gar nicht wissen", meinte ein dritter, „das werden wir noch früh genug erfahren. Wenn die so rabiat mit uns umgehen, wie mit ihrer guten Prise, dann Gnade uns Gott!"

Jetzt traten die Tripolitaner mit ihren Musketen auf die Gefangenen zu und fuchtelten dabei bedrohlich mit ihren Waffen herum, deren Mündungen immer wieder auf die Niedergänge zeigten. Diese Gestik war leicht zu verstehen. Wie eine Viehherde, die zum Schlachthof getrieben wird, wurden nun die Phillies an die offenen Stückpforten gejagt. Da neben dem Rumpf der Fregatte längst ein Boot hinter dem anderen lag, konnten die Gefangenen nun bequem von ihrem Schiff auf die Boote übersteigen. Es bedurfte nur eines einzelnen Schrittes, bis man vom Deck der Philadelphia war und aufs Deck eines tripolitanischen Bootes gelangte.

Für Paul war es ein doppelter Schmerz. Zum einen war ihm sehr bewusst, dass er ab jetzt als Gefangener seine Füße auf feindlichem Boden hatte und zum anderen bereitete ihm der Überstieg heftige Schmerzen. Er fühlte, dass sich seine Verletzung in der Armbeuge entzündet hatte. Das Kanonenboot, in dem er saß, füllte sich rasch. Es war nicht sehr groß, hatte aber eine kleine Kanone im Bug und zwei Drehbassen am Heck. Hinter der Kanone stand ein kleiner Mast mit Lateinerrah. An jeder Seite hatte es fünf Dollen für die Riemen, die von je zwei Mann gepullt werden konnten. Damit konnten sich die Gefangenen schon jetzt als Galeerensklaven üben, was für Paul mit seinen Verletzungen unmöglich war. Dank seiner Kameraden durfte er aber mit anderen binnenbords seinen Platz einnehmen. Zunächst war Paul froh darüber, aber schon gleich bemerkte er, dass er nun der heimischen Bootsbesatzung im Wege war. Schon während das Boot von der dunklen Bordwand der Fregatte ablegte, bekam er erste Tritte ab.

Der Bug hielt bereits gegen den nun nachlassenden Wind auf Tripolis zu. Da die Nacht längst eingebrochen war, verschwand die Philadelphia schnell aus den Augen der Gefangenen. Selbst für Paul, der lange gebraucht hatte, sich an das Leben an Bord eines Kriegsschiffes zu gewöhnen, war diese Fregatte ein Teil seiner neuen

Heimat geworden, aber nun hatte er mit all seinen Kameraden genau diese Heimat verloren.

Kapitel 7: In den Fängen des Paschas

Am nächtlichen Himmel zeigte sich ironischerweise ein hell leuchtender Halbmond, der das Symbol der Muselmanen war. Die hatten hier und heute nun einen großen Triumph über die Ungläubigen errungen. Die 308 Gefangenen, die aus fast ausschließlich Christen bestanden, hatten dagegen von nun an ihr Kreuz zu tragen.

Symbol gegen Symbol, wobei derzeit der Halbmond geradezu erschreckend dominierte. Diese absurden Gedanken schossen durch Bainbridges Kopf, als er sich als Gefangener der Stadt Tripolis näherte. Er wusste, dass die Distanz in etwa zweieinhalb Seemeilen betrug. Da zur Nacht hin sowohl der Gegenwind als auch die Wellenhöhe stark nachgelassen hatten, dauerte die Überfahrt etwa eine Stunde.

Instinktiv griff Bainbridge zu seiner Taschenuhr. Zum Glück hatte er diese behalten dürfen. Trotz, oder sogar wegen seines Widerstandes, aber er sah nicht auf die Zeiger seiner Uhr. Was für eine Rolle spielte denn jetzt die Zeit überhaupt noch? Gar keine mehr? Oder gar eine sehr große? Wie lange würde die Gefangenschaft dauern?

Warum denke ich gerade jetzt daran, tadelte sich Bainbridge. Ihm wurde bewusst, dass er dort noch genügend Zeit finden würde, sich mit seinem Schicksal und dem seiner Besatzung auseinanderzusetzen.

Dies sind vorerst die letzten Momente, in denen ich die See, die ich so liebe, unter den Planken zu fühlen bekomme, dachte er. Nun fühlte er das sanfte Stampfen, die wiegenden Rollbewegungen und die gleichmäßigen Schläge der Riemen, die das Schiff auf den Hafen zu bewegten. Der Hafen, den man schon längst in Schutt und Asche hätte schießen sollen.

Es war schon Nacht, als die Gefangenen ihre Füße auf feindlichen Boden setzten. Die Kais waren voller neugieriger Menschenmassen. Dort warteten nicht nur viele bewaffnete Soldaten der Stadtgarde, sondern eine Unzahl von Männern, Frauen und selbst Kindern. Diese hatten kurz zuvor noch den eigenen Schiffen und Booten ein infernales Jubelgeschrei bereitet. Als jedoch die fremden

Ankömmlinge von Bord getrieben und in den Gewahrsam der Stadtgarde übergeben wurden, änderte sich das Gebrüll in auffälliger Weise. Die Rufe der Männer und das schrille Gekreische der Frauen klang zwar äußerst fremdartig, aber es war für die Gefangenen unschwer als hämische Buhrufe zu interpretieren. Doch der Hohn gegen die Amerikaner nahm hier erst ihren Anfang. Die Soldaten hatten allerhand zu tun, ihre Gefangenen vor Schlägen und Steinwürfen zu beschützen. Wenn sie dagegen sahen, dass ihre Landsleute die Feinde nur bespucken wollten, schien es fast so, als würden sie extra zur Seite treten, um diese Demütigungen zu ermöglichen.

Während sich die erste Gruppe Amerikaner in Reih und Glied formieren musste, legten weitere Boote im Hafen an. Auch diese wurden mit triumphierendem Geschrei begrüßt und auch diese Gefangenen wurden mit Schmährufen empfangen, während sich diese in die von Soldaten bewachte Schlange einreihen mussten. Naturgemäß dauerte es eine geraume Weile, bis alle Gefangenen in der Stadt der Sieger angekommen waren. Erst dann setzte sich der Trupp gedemütigter Phillies mit ihren Bewachern in Bewegung. Die gaffenden Menschenmassen reihten sich dicht an dicht. Ihre gellend lauten Schimpfrufe und das schrille Gekreische der Weiber beleidigten die Gefangenen, obwohl diese kein Wort verstanden. Trotz der Garde gelang es einigen Stadtbewohnern immer wieder, mit Stöcken auf die Bewachten einzuschlagen, oder mit Eiern zu werfen. Vereinzelt trafen sogar Steine die Geschmähten. So zog sich der Marsch vom Hafen durch ein Stadttor hindurch am Inneren der Mauern entlang bis zum Palast des Paschas. Für die Tripolitaner artete der Marsch durch die Straßen und Gassen von Tripolis in einem Triumphzug aus, wogegen die Amerikaner diesen Gang als schmachvoll und demütigend empfanden.

Allen voran schritt Bainbridge. Er gab sich alle Mühe, seine Haltung zu bewahren. Doch dies fiel ihm äußerst schwer, denn er machte sich immens viele Vorwürfe. Ihm folgten seine Offiziere. Einige von ihnen verdammten bereits jetzt ihren Kommandanten, der für die Strandung schließlich die Verantwortung trug. Die meisten Gefangenen stellten allerdings die einfachen Seeleute und Seesoldaten dar. Diese ahnten bereits jetzt, dass sie ein schwereres Los erwartete als die Schiffsführung. Diese Befürchtung sollte sich schon kurz nach der Ankunft am Palast des Paschas bewahrheiten.

Vor dem ohnehin schon eindrucksvollen Palast brannten unzählige Fackeln und Öllampen. Der Pascha selbst war erschienen, der für die Ankömmlinge nur unschwer zu erkennen war. Stolz und erhaben stand er dort auf einem hohen Podest und war in kostbare Gewänder gekleidet. Neben ihm in gebührendem Abstand standen eindrucksvolle Persönlichkeiten. Der Kleidung nach waren es sicherlich die wichtigsten und reichsten Männer der Stadt. Diese waren von der Leibgarde des Paschas umgeben. Große, starke Männer mit glänzenden Säbeln und kostbaren Musketen.

Jetzt artete der Triumph in einem Spektakel aus. Trommelwirbel dramatisierten das Szenario, während das Volk vor Begeisterung raste und kreischte. Dann wurden Fanfaren geblasen. Jussuf Karamanli Pascha aalte sich in seinem Triumph und kostete diesen eine geraume Weile genießerisch aus. Dann erst hob er beide Arme, wonach augenblicklich der Lärm unter seinem Volk verstummte. Anschließend hielt er eine ausschweifende Rede, die entweder in arabischer Sprache oder in Berberisch gehalten wurde. Die Gefangenen jedenfalls waren keiner der beiden Sprachen mächtig und scherten sich nicht um die Unterschiede. An der Gestik vom Dey erkannte der Pöbel sehr schnell, wann er in Jubelgeschrei loslegen oder verstummen sollte.

Bainbridge litt unter dem zynischen Grinsen, welches ihm der Pascha immer wieder zuwarf. Was erzählte dieser zur Freibeuterei anstiftende Herrscher seinem Volk? Nachdem die Rede in einem lautstarken Jubelgeschrei ihr Ende fand, wandte sich der Pascha direkt an den Kommandanten des gestrandeten Schiffes in verständlichem Englisch.

„Darf ich Sie und ihre Männer in meiner schönen Stadt begrüßen, Captain Bainbridge. Ich bin Jussuf Karamanli Pascha, Dey von Tripolis und Herrscher von Tripolitanien! Ich habe schon so viel von Ihnen gehört. Es freut mich ganz besonders, dass ich Sie und Ihre Offiziere heute Nacht in meinem Palast als meine Gäste bewirten darf."

Das charmante Lächeln Karamanlis erwiderte Bainbridge erhobenen Hauptes mit einer kratzbürstigen Miene.

„Die Freude kann ich mit Ihnen leider nicht teilen, Jussuf Karamanli Pascha. Auch ich habe schon viel von Ihnen gehört, aber leider nichts Gutes und ihre Bewirtung besteht sicherlich nur aus Wasser und Brot."

„Sie irren, Captain! Sie werden staunen. Ich meine es ernst. Sie sind wirklich bei mir im Palast zu einem großartigen Dinner eingeladen. Zumindest diese Nacht und Sie werden mir doch sicherlich nicht die Ehre verweigern, mir diese Einladung abzuschlagen? Sie sind doch ein Mann der Ehre, oder?" Den Fragen folgte ein bösartiges Blitzen in den Augen des Deys.

Bainbridge begriff. Wenn es nur um ihn selbst gegangen wäre, hätte er trotz des Risikos abgeschlagen, aber er musste auch an seine Offiziere denken. Vielleicht hing von seiner Entscheidung die Zukunft seiner Leute ab.

„Und was ist mit meinen Unteroffizieren und Mannschaften?"

„Es tut mir leid, Sir, aber selbst mein größter Saal im Palast reicht für diese große Horde nicht aus. Wie viele sind es insgesamt?"

„308!"

„Na sehen Sie! Wenn ich dann noch all die Wachen hinzurechne, dann geht es bei meinem besten Willen nicht. Allah sei mein Zeuge. Aber ich verspreche Ihnen, dass Ihren Leuten kein unnötiges Leid geschieht. Wir sind keine Unmenschen! Das denken Sie doch von uns, nicht wahr?", nach einer kurzen Pause, in der Bainbridge nicht antwortete fuhr der Dey fort, „Sie antworten nicht, Captain Bainbridge? Nun gut, aber was sagen Sie zu meiner Einladung? Nehmen Sie diese als Ehrenmann an?"

Bainbridge hatte nur wenig Zeit, um zu überlegen. Er wusste zu gut, dass das Gastrecht, hier in den nordafrikanischen Ländern und ganz besonders unter den Beduinenvölkern, einen außerordentlich hohen Stellenwert genoss. Es schützte den Gast, selbst wenn er ein Christ oder ein Feind war, aber wehe dem, der eine Einladung ablehnte, oder gar das Gastrecht über die Maßen beanspruchte.

„Ich nehme in Namen meiner Offiziere ihre großzügige Einladung an, Hoheit."

„Ich fühle mich geehrt, Captain Bainbridge, aber nennen Sie mich bitte nicht Hoheit. Das passt doch eher zu den Fürsten der Ungläubigen. Nennen Sie mich doch einfach „mein Pascha"!"

Schon wieder eine Demütigung für den gescheiterten Kommandanten der Philadelphia. Bainbridge bereitete sich auf eine erniedrigende Feier vor.

Karamanli rief nun seinem Volk irgendetwas zu. Der Pöbel grölte und lachte. Nachdem sich die Masse wieder beruhigt hatte, gab der Pascha einem Offizier der Stadtwache einen Befehl, welchen dieser unverzüglich umsetzte. Sofort traten dessen Männer in Aktion. Sie baten mit eindeutigen Gesten und zweideutigem Grinsen die Offiziere der Philadelphia sich in Richtung des Palasttores zu begeben. Die Mannschaft dagegen, die oft unschwer an ihrer schlichten und manchmal fast schäbigen Kleidung zu erkennen war, wurde roh auf der anderen Seite zusammengedrängt. Schwieriger wurde der Sortiervorgang mit den rangniederen Offizieren und den Seesoldaten, die korrekterweise ihre Uniformen trugen.

Somit kam auf Bainbridge wieder eine schwere Aufgabe zu, denn es lag nun an ihm, zu entscheiden, wer an dem zwielichtigen Vergnügen eines späten Banketts teilhaben durfte, oder musste. Dies belastete sein Gewissen aufs Neue. Er wusste, dass die meisten seiner Besatzung nun nicht nur früher, sondern auch unter weitaus schlechteren Bedingungen eingesperrt wurden als er selbst mit seinen ranghohen Offizieren.

Bainbridge bemerkte, dass die Soldaten der Stadtwache reichlich Erfahrung mit Gefangenen hatten. Alles lief schneller ab, als er es erwartet hatte. Kein Wunder, denn Kaperungen kamen bis zum heutigen Tag immer noch regelmäßig vor, aber über 300 Gefangene auf einmal? Das war selbst für die Tripolitaner etwas ganz Besonderes. Bainbridge war vollkommen in Gedanken versunken, als er von Karamanli wieder angesprochen wurde.

„Captain Bainbridge, wir sollten unser Fest endlich beginnen! Sind Sie soweit?"

Als dieser in dieses schmeichlerisch freundliche Gesicht blickte, wollte er dem Pascha am liebsten ins Gesicht spucken.

Was für ein hervorragender Schauspieler du gemeiner Piratenfürst bist, dachte sich Bainbridge. Es kostete ihm viel Kraft, die Fassung zu bewahren.

Mit eiserner Miene entgegnete er: „Ich möchte Ihrem Fest nicht weiter im Wege stehen, lassen Sie es meinetwegen beginnen!"

Wieder zeigte Karamanli ein galantes Lächeln.

„Das freut mich, Sir! Folgen Sie und ihre Leute meinem Wesir und sehen Sie sich meinen Palast gut an. So etwas Schönes, werden Sie für lange Zeit nicht mehr zum Sehen bekommen!"

Bainbridge schluckte. Das ganze Fest war eine Farce. Dieser Dey wollte nur seinen Reichtum und seine Macht demonstrieren und ihn und seine Offiziere demütigen. Wäre es nicht doch besser gewesen, sich direkt ins Gefängnis zu begeben?

Kaum hatten die Bessergestellten den Palast betreten, wurde es für das gemeine Schiffsvolk ernst. Gut bewacht wurden sie nun zum Gefängnis getrieben. Der Weg dorthin stellte sich für die Phillies als nur kurz heraus. Dann konnten diese auch schon die tristen Mauern sehen. Der Eingang wirkte auf die Gefangenen wie ein Schlund, der zur Hölle führte. Zwei hintereinanderliegende mit Eisen bewehrte Tore trennten den Zugang zu den teils unterirdisch gelegenen

Zellen. Dann passierten sie eine Wachstation, die von bewaffneten Wächtern besetzt war, die ihre neuen Gäste mit hämischem Grinsen begrüßten. Dahinter folgten düstere Gänge, welche von wenigen Fackeln beleuchtet wurden und mit ihrem Flackern das Ende der Freiheit eindrucksvoll untermalten. Gruppenweise wurden nun die Gefangenen in die Tiefen eines Labyrinthes hineingetrieben und voran gestoßen. Dann wurden sie auf einzelne Zellen verteilt.

Erschöpft, müde und mutlos ließ sich auch Paul in der Menge vorantreiben. Er fühlte sich schwach. Zu schwach, um noch Angst zu haben. Ihm war schwindelig und er fror fürchterlich. Paul nahm es kaum noch wahr, wohin er geschupst wurde, aber die Gittertür sah er noch. Dann warf er nur noch ein paar ermattete Blicke in den dunklen und nach Fäkalien riechenden Raum. Instinktiv suchte er sich nun die dunkelste Ecke aus. Es gab im Raum weder Betten noch simple Pritschen, aber auf dem Boden gab es weiche Teppiche. Dort verließen ihn die Kräfte.

Von einer immensen inneren Unruhe getrieben, trappte Captain Bainbridge mit kleinen Schritten in seiner Zelle hin und her. Er versuchte sich vorzustellen, an Deck seines Schiffes umherzugehen, aber es gelang ihm einfach nicht. Von Gehen konnte auch gar nicht die Rede sein. Die Zelle maß gerade mal zwei auf zwei Meter und die Fläche reduzierte sich, denn da war eine schmale Pritsche, ein kleiner Tisch, ein Stuhl und ein hölzerner Eimer, der sogar einen Deckel besaß.

Bainbridge wunderte sich, dass er es nach dieser erniedrigenden Siegesfeier tatsächlich geschafft hatte, für fast drei Stunden zu schlafen. Trotz der Wut, trotz aller Schuldgefühle, trotz dieser misslichen Lage. Es war wohl die Erschöpfung. Er wunderte sich aber auch darüber, dass er derzeit gar keine Lust hatte, auf den Stuhl zu steigen und durch das kleine Fenster nach draußen zu sehen. Es war nicht einmal vergittert. Warum auch, hätte doch gerade einmal eine fette Katze hindurchgepasst. Zwar war Bainbridge einmal, und zwar gleich nach dem Aufwachen kurz hochgestiegen und hatte in der Morgendämmerung einen Blick in den darunter liegenden Hafen geworfen, aber das, was er da gesehen hatte, war für ihn solch eine Pein gewesen, dass er den Anblick schier nicht länger ertragen konnte. Eigentlich war er froh, dass man ihm wenigstens den Luxus eines Fensters geboten hatte, den hatte wohl kaum einer der Mitgefangenen, aber im Moment war ihm alles noch zu viel.

Unten lagen viele Schiffe und Boote, die schon jetzt am frühen Morgen mit vielen farbenfrohen Wimpeln, Fahnen und Flaggen verziert wurden. Der ganze Hafen, nein, die ganze Stadt, bereitete sich auf ein Fest des Triumphes vor und dieser Anlass für den Triumph des Feindes war für die Besatzung der Philadelphia, für die ganze U.S. Navy, ja sogar für die Vereinigten Staaten eine schmachvolle Niederlage. Bainbridge wusste, dass er selbst den Verlust seines Schiffes, die Gefangenschaft von über 300 Männern und die ganze Schande zu verantworten hatte. Somit war es seine persönliche Niederlage. Sollte er nun auch noch dem Triumph der Gegner beiwohnen und sich an der Farbenpracht der Fähnchen ergötzen? Da sah er sich doch lieber die tristen, ockerfarbenen Wände seiner Zelle an.

Aber was habe ich denn falsch gemacht, fragte sich Bainbridge zum wiederholten Male. Gleichzeitig wusste er, dass er noch reichlich Zeit haben würde, diese Frage noch tausendfach stellen zu können. Er hatte eben versagt und einfach zu viel gewagt.

Während des Banketts hatte Bainbridge vom Pascha erfahren, dass das Kaliusa-Riff zu der Falle geworden war, in der die Philadelphia geraten war. Dieses Riff war jedem einheimischen Schiffsführer sehr wohl bekannt. Leider war es nicht in den Seekarten der U.S. Navy eingetragen. Was hatte Jussuf Karamanli so freudestrahlend gesagt?

„Sehen Sie Captain Bainbridge, ich weiß, Sie, als ehrenwerter Kommandant einer großen Fregatte, machen sich jetzt ewig Selbstvorwürfe, aber ich kann Sie trösten! Diese Gedanken dürfen Sie ohne schlechtes Gewissen aus ihrem Kopf streichen. Allah ist eben auf unserer Seite. Auf der Seite der Muslime. So hat er unter anderem der Stadt Tripolis dieses Riff geschenkt, um Schutz vor ungläubigen Feinden wie euch Amerikanern zu gewähren. Warum wollen Sie dies nicht einsehen, Sir?"

Bei Gott, das wollte Bainbridge nun beim besten Willen nicht einsehen. Da gab er sich schon lieber selbst der Schuld hin.

Allmählich drangen die ersten Strahlen der morgendlichen Sonne in einem flachen Winkel durch die Gitter des Oberlichtes einer anderen Gefängniszelle. In ihr waren vier der höchsten Offiziere der Philadelphia eingesperrt.

Walter Brown, hatte in dieser kurzen Nacht kein Auge zugemacht. Schon jetzt tat ihm der Rücken weh, obwohl der Teppich, auf dem er lag, verhältnismäßig flauschig war. Er vermisste trotzdem eine

ordentliche Koje und das sanfte manchmal auch ruppige Wiegen der
See.

Diese Barbaren kennen wohl nicht einmal den Gebrauch von
Betten, dachte er sich verstimmt. Gedanklich setzte er hinterher:
Diese Kameltreiber schlafen wohl selbst auf Teppichen, gemeines
Beduinenvolk. Dann sah er sich um, denn erst jetzt konnte er sich
seine neue Unterkunft genauer besehen.

Ein tristes Quadrat, das erstaunlicherweise sogar einen Tisch mit
richtigen Stühlen beinhaltete. Die Stühle waren europäischer
Machart und waren mit Sicherheit irgendein Beutegut. In einer Ecke
neben der Gittertür stand ein stinkender Eimer. Einen Ausblick nach
draußen gab es leider nicht. Die vergitterte Öffnung in der Decke
sorgte nur für Licht und Luft.

Schöne Aussichten für die nächsten Jahre, ahnte er vergrämt. Nun
bemerkte Brown, dass auch der Erste erwacht war.

„Guten Morgen John!"

„Du machst wohl Witze, Walter? Verflucht sei dieser Morgen. Was
soll da denn gut sein?"

„Hätte ich dir denn einen schlechten Morgen wünschen sollen?"

„Nein, nicht notwendig! Den werden wir ohnehin noch hunderte
oder gar tausende Male erleben."

Ian Brannigan erwachte gerade und ließ als erstes seine Blicke in
der Zelle umherwandern.

„Ihr macht mir ja Aussichten", meldete sich der Master nun zu
Wort. Er hatte aber längst begriffen, dass die formelle Redensart vom
Bordleben hier ein jähes Ende gefunden hatte. Hier musste man sich
näherstehen, als an Bord, war dazu verdammt, zusammenzuhalten.
„Hättet ihr mir dies nicht schonender beibringen können?"

„Du bist doch letzte Nacht genügend verwöhnt und geschont
worden. Glaubst du etwa, dass es uns weiterhin so gut gehen wird?",
meinte Cox spöttelnd.

„Ich hätte nichts dagegen", warf David McKillroy ein, der nun
ebenfalls erwacht war. „Das war ein Essen! So etwas Gutes habe ich
mein ganzes Leben noch nie gegessen, glaube ich. Hat es euch etwa
nicht gemundet?"

„Doch, doch!", gab Brown zu, „aber wartet erst mal ab, was wir
künftig bekommen werden."

„Wenn wir überhaupt etwas kriegen", ergänzte Brannigan.

„Diese Barbaren werden uns doch nicht verhungern lassen, oder?"

„Wohl kaum!", war sich Cox sicher.

McKillroy meinte: „Also, mir war klar, dass das Bankett heute Nacht die reinste Farce war. Dieser ganze Prunk und diese Köstlichkeiten, aber ich habe das Essen nochmal so richtig genossen. Dieser feine Geschmack, diese fantastischen Gewürze. Von der Menge will ich gar nicht erst reden. Ich wusste, dass das für lange Zeit unser letztes Vergnügen sein würde, aber ich habe mir trotzdem alle Mühe gegeben, diese letzten Stunden auszukosten. Über unsere missliche Lage können wir uns jetzt jeden Tag noch Gedanken machen.“

„Ich gebe ja zu, dass das Essen großartig war, aber ich konnte es nicht so richtig genießen. Ständig habe ich mich damit beschäftigt, wie es zu unserer Strandung kam. Was haben wir falsch gemacht? Ist es die Schuld von Bainbridge? Ich muss aber zugeben, dass auf unseren Karten dieses verfluchte Riff nicht eingezeichnet war“, entgegnete McKillroy.

Brannigan bestätigte dies: „Ja das stimmt! Außerdem ließ Bainbridge ständig Lotungen vornehmen. Er war nicht leichtsinnig.“

„Aber wenn er nicht so vernarrt gewesen wäre, einen Kaper zu stellen, dann wären wir jetzt noch in Freiheit!“, rief Cox.

„Da hast du Recht, John!“, bestätigte Brown. „Ich jedenfalls möchte jetzt nicht in der Haut des Captains stecken. Der wird sich jetzt selbst mehr Schuldvorwürfe machen, als wir vier ihm zusammen machen können!“

Cox nickte bestätigend.

„Was haltet ihr überhaupt von diesem Jussuf Karamanli? Er hat sich als hervorragender Gastgeber erwiesen, wobei er uns weitaus mehr hätte verhöhnen können.“

„Nun, meines Wissens, sind diese Wüstenvölker berühmt für ihre Gastfreundschaft“, erzählte McKillroy.

„Ja, ja, im ersten Moment schon!“ Cox stimmte schon zu. „Aber im nächsten Moment hast du einen Dolch im Rücken! Und außerdem, was ist denn das für ein Bankett, wenn keine Damen dabei sind. Ein Fest ohne Frauen? Was soll denn das? Es sind halt doch primitive Barbaren. Also, ich gebe ja zu, dass mir das Essen geschmeckt und der Prunk auch imponiert hat, aber diese Kultur, bei der die Weiber in Verstecken gehalten werden, ist mir nicht ganz geheuer.“

Die drei anderen, welche mittlerweile auf dem Boden ihres Schlafplatzes hockten, nickten kräftig.

Brown bekräftigte diese Aussage: „Die Weiber haben mir auch gefehlt. Wenigstens noch einmal in schöne Augen und auf pralle Kurven schauen dürfen. Nicht einmal dies war uns vergönnt!“

„Vielleicht war ja alles nur Angeberei? Vielleicht sollte das ganze Spektakel nur den Kontrast, zu dem, was uns ab jetzt erwartet, verstärken. Was meint ihr?", spekulierte McKillroy.

„Kann schon sein", meinte Brannigan, „vielleicht wollte uns der Pascha mit seiner falsch-freundlichen Art nur verhöhnen?"

„Den Eindruck hatte ich auch!", bestätigte Cox.

Plötzlich näherten sich Schritte. Ein alter Mann in einem langen Hemd stand nun vor der Gittertür. In der Hand trug er einen Krug und einen flachen Korb. Er brummelte ein paar unverständliche Worte, bückte sich und schob den Korb unter dem Gitter hindurch. Den hohen, schmalen Krug konnte er zwischen zwei Stäben hindurchreichen und auf dem Boden abstellen. Dann wandte er sich mit verächtlichen Blicken wieder ab.

Brown stürzte sofort zur Tür und griff nach den Sachen.

„Musst ja ganz schön hungrig sein, Walter. Hast du heute Nacht nichts zu essen bekommen?", frage McKillroy schmunzelnd.

„Hungrig? Nein, wirklich nicht! Ich bin nur verdammt neugierig. Es ist Fladenbrot. Es sieht auch recht gut aus. Ich denke gerade an gutes deutsches Brot. Jetzt will ich wissen, ob dies hier überhaupt genießbar ist!"

Nun griffen auch die anderen drei zu. Auch sie hatte die Neugierde gepackt. Tatsächlich war das Fladenbrot kaum schlechter als das, was die vier letzte Nacht als Beilage genossen hatten. Allerdings sollte dies der einzige Trost, für eine lange Zeit werden.

Paul schrie vor Angst auf. Mitten in der Nacht stürmten vier schwarzbärtige Männer in seine Zelle und rissen ihn ruckartig aus dem Schlaf. Mit roher Gewalt zerrten sie ihn hoch und schleppten ihn in einen anderen Raum, in dem es extrem eng, der aber immens hoch war. In der Mitte des Raumes stand ein Tisch an dem Lederriemen befestigt waren. In einer Ecke stand ein weiterer Tisch, auf dem gräuliche Instrumente und Gerätschaften lagen. Sonst gab es da nichts, außer einer Fackel, die mit ihrem flackernden Licht den Raum noch unheimlicher erscheinen ließ.

Nun wurde Paul von den Vieren auf den Tisch geworfen. Gewaltsam drückten sie seine Schultern auf den Tisch, wobei sein Kopf ohne jede Stütze über die Tischkante hing. Nur mit Mühe gelang es ihm, seinen Kopf oben zu halten. Angstvoll blickte er in die bösartigen grinsenden Fratzen. Nun fesselten die Bärtigen seine Arme und seine Beine mit den Lederriemen. Mit Entsetzen warf Paul einen Blick auf den Ecktisch. Er kannte all diese abscheulichen

Werkzeuge. Da waren Skalpelle, Scheren, Äxte, Sägen, Hämmer, Meißel und andere hässliche Dinge. Paul hatte all dies schon beim Schiffsarzt gesehen, aber er sah weder ein Stück weiches Holz noch ein Stück Leder, auf das er beißen konnte. Auch keine Rumflasche, aus der er ein paar Schlucke nehmen durfte. Panik durchdrang Pauls Körper bis zur allerletzten Nervenzelle. Er meinte, dass die Männer zuerst zu den Skalpellen greifen würden, aber da täuschte er sich! Der größte der Männer sah ihm mit einem animalischen Grinsen ins Gesicht. Zunächst griff er tatsächlich zu einem Skalpell, zog aber seine Hand gleich danach wieder zurück. Ein bösartiges Gelächter von allen Vieren hallte durch die Gemäuer.

Nun griff der Große direkt zur Säge. Die Säge war viel zu groß, ganz besonders aber die Zähne des Sägeblattes. Sie erinnerten Paul an das Werkzeug eines Schiffszimmermannes. Nun wurde die Säge auf seiner wunden Armbeuge angesetzt. Zwei Männer an der Säge, jeder hatte ein Griffende in der Hand, als sie ihr schreckliches Werk begannen. Mit schelmischem Grinsen setzten sie die Säge in Bewegung. Die viel zu großen Sägezähne zerfetzen Pauls Haut. Blut schoss im hohen Bogen nach oben. Wie Fontänen spritzte sein Blut in die Gesichter der Bärtigen, welche nun wie schreckliche Dämonen aussahen. Die Schmerzen waren nicht zum Aushalten.

Pauls gellende Schreie drangen durch sämtliche Gemäuer des Gefängnisses. Er rief um Hilfe flehend nach seinen Eltern, dann nach seinem jüngeren Bruder, aber alles Schreien half nichts. Außer den vier Bestien war niemand hier. Hautfetzen hingen jetzt schon von seinem Arm hinab, aber nun erreichte das Sägeblatt die Knochen. Ein grauenhaftes Geräusch tönte durch die Zelle: Ritsch, ratsch, ritsch, ratsch. Paul nahm seine letzte Kraft zusammen. Er wollte noch einmal laut aufschreien. Dieser letzte Schrei sollte seinem Leben ein gnädiges Ende gewähren. Er füllte noch einmal seine Lungen, ein allerletztes Mal. Dann brüllte er wie am Spieß auf.

Hastig wurde die Zellentür aufgerissen. Jemand hielt eine Fackel. Ein anderer tastete nach Pauls Stirn. Sie war vom Fieber brennend heiß. Seine Kleidung war vom Schweiß platschnass. Dann verspürte Paul Ohrfeigen. Sie taten nicht weh, holten ihn aber aus dem Delirium zurück. Erst allmählich begriff er, dass er noch beide Arme hatte, dass alles nur ein schrecklicher Albtraum gewesen war. Erst als er die Augen richtig geöffnet hatte und den Fremden immer noch voller Furcht in die Augen sehen konnte, wurde ihm ein furchtbar schmeckendes Gebräu langsam in den Mund geflößt.

Schon am frühen Morgen des 2. Novembers erwachte Captain Bainbridge in seiner Zelle. Er hatte trotz seines Kummers und trotz der Sorgen, dass seiner Besatzung die Sklaverei drohte, für einige Stunden tief geschlafen, aber als Kommandant eines Segelschiffes war er es gewöhnt, auch im Schlaf Veränderungen wahrzunehmen. Es war immer noch dunkel und natürlich gab es hier im Gefängnis keinen veränderten Seegang, aber von draußen konnte er deutlich das starke Rauschen der an die Kaimauern schlagenden Meereswogen hören. Die schlagenden Wellen übertönten sogar noch das Heulen des Windes. Rasch erhob sich Bainbridge von seiner Pritsche. Er schob den Stuhl unters Fenster, stieg auf ihn hinauf und sah nach unten zu den Hafenmauern. Bereits jetzt spürte er den kalten Wind auf seinen Wangen und in seinem Haar. Nun konnte er im Mondlicht erkennen, wie die Masten der Boote und Schiffe wie betrunken wild umhertaumelten. Weiße Gischt flog über die Wellenkämme. Manche Brecher warfen ihre Wassermassen mit voller Wucht über die Kaimauern.

Bainbridge freute sich im ersten Moment.

Dieser Seegang wird meine Philadelphia heute auf dem Riff den Garaus versetzen, hoffte er voller Erleichterung. Es ist wirklich schade um dieses schöne Schiff, tragisch und sinnlos, fügte er gedanklich hinzu. Er wusste aber nur zu gut, dass es noch viel schlimmer wäre, wenn diese ausgezeichnete Fregatte dem Feind in die Hände fallen würde. Dieser Gedanke hatte ihm, zusätzlich zu den vielen anderen Sorgen und Selbstvorwürfen, schon seit Tagen heftig zugesetzt. Folglich war es doch jetzt sehr viel besser, wenn dieser Sturm sein Schiff direkt auf dem Riff zerschmetterte, ihm von unten die Planken aufriss oder die Fregatte einfach Stück für Stück aufrieb bis nur noch ein schäbiges Wrack übrigbleiben würde.

Bainbridge grinste verschlagen. Dem Feind vergönnte er seine Fregatte auf gar keinen Fall und Schadenfreude war jetzt sowieso das Einzige, was ihm noch geblieben war.

Erleichtert stieg er wieder vom Stuhl herab und legte sich wieder auf seine Pritsche. Voll Genugtuung lauschte er dem Heulen des Windes, dem Rauschen des Meeres und dem Schlagen der Brecher, die voller Wucht auf die Kaimauern platschten. Ganz besonders genoss er jedoch das Ächzen der Schiffe, die gewaltvoll an den Leinen zerrten, mit denen sie vertäut waren. Es erinnerte ihn an das letzte Aufstöhnen seiner Fregatte, die vor den Augen seines Feindes langsam zu Bruch ging. Zwar schmerzte ihn gleichzeitig diese Vorstellung aufs Heftigste, denn welcher Kapitän verliert schon gerne sein Schiff, aber der Glaube daran, dass der Feind keinen Nutzen von der Fregatte haben würde, beruhigte Bainbridge so sehr, dass er wieder einnickte.

Mit dem ersten Tageslicht erwachte Bainbridge wieder. Er wusste, dass es noch eine ganze Weile dauern würde, bis jemand kam, der frisches Wasser und etwas zu Essen brachte. Fürs Essen interessierte er sich derzeit sowieso nicht. Sein Kopf war mit so vielen Dingen beschäftigt, dass der Hunger erst an letzter Stelle seiner mentalen Dringlichkeitsliste erschien. Er erinnerte sich gerade, wie er mit einem gewissen Gefühl an Schadenfreude seinen Frieden im Schlaf gefunden hatte. Nun aber war es mit dieser innerlichen Ruhe vorbei. Schon seit dem ersten Wimpernschlag nach dem Erwachen. Er hatte bereits innerhalb von Sekunden wahrgenommen, dass der Wind jetzt etwas nachgelassen hatte. Die Brecher donnerten jedoch immer noch über die Kaimauern, schienen aber an Wucht verloren zu haben. Bainbridge hatte gehofft, dass der Sturm noch an Stärke zulegen würde, damit sein Schiff zu Kleinholz geschlagen würde. Aber was war nun?

Diese Gedanken rasten in Sekundenschnelle durch das erwachende Gehirn des inhaftierten Kommandanten. Was Bainbridge aber noch mehr beunruhigte, war die laute und rege Betriebsamkeit im Hafen. Da wurden mehrtönig Kommandos gerufen und an Taljen gezerrt. Da waren noch weitere Geräusche, die ihm in dieser Anzahl aus seinem Berufsleben selbst nicht vertraut waren, aber von ihm trotzdem schlagartig als solches erkannt wurden: das Gepolter von unzähligen Riemen, welche in die Dollen gelegt wurden.

Schlagartig und in einem Satz erhob sich Bainbridge aus seiner Pritsche. Der Stuhl stand immer noch unter dem Fenster. Er sprang hinauf, klammerte sich mit der Kraft eines Verzweifelten an den Rand des Fensterausschnittes und blickte hinab zum Hafen. Dort erblickte er genau das, was ihm seine Wahrnehmung schon im Voraus klargemacht hatte: Zwei Galeeren wurden gleichzeitig zum Auslaufen klargemacht. Jetzt in diesen frühen Morgenstunden.

Die Muskeln in den Unterarmen des Gefangenen verkrampften sich. Bainbridge ahnte den Grund der Aktionen. Es ging nicht um einen Raubzug, nicht bei diesem Wind und bei diesem Seegang. Da wäre selbst ein mittelmäßiger Segler jeder Galeere überlegen. Hier ging es um etwas Anderes! Da gab es keinen Zweifel.

Selbst wenn Bainbridge in seiner Meinung doch nicht so sicher gewesen wäre. In diesem Augenblick wurde ihm die Klarheit wie auf einem Silberteller präsentiert: Auf der Kaimauer schleppte eine Gruppe Seeleute auf ihren Schultern eine lange, dicke Trosse. Zumindest war es festes Tauwerk, welches in langen Buchten aufgeschossen war, sodass es mehrerer starker Männer bedurfte, um das Gewicht und diese Masse an Tauwerk tragen zu können. Nun trabten die Männer trittsicher über eine schmale Planke und brachten die Trosse auf eine der Galeeren. Nun erschien auch noch eine zweite Gruppe, welche die Schlepptrosse – und nur um solch eine konnte es sich hier handeln – auf eine weitere Galeere zu laden.

Jetzt war aus den Sorgen von Bainbridge Gewissheit geworden. Nun war alles klar.

Leider hatte die Freude, die Bainbridge, nach seinem Erwachen während der Nacht am Fenster empfunden hatte, nicht lange gehalten. Nun erinnerte er sich an das Mondlicht, welches die stürmische Szenerie nachts in ein so schönes Licht getaucht hatte. Er wusste, dass auf diesen Breiten der Tidenhub im Mittelmeer nur minimal war, aber was würde sein, wenn dieser kalte, aus dem Norden kommende Wind zu einer Sturmflut anschwoll? Und was wäre, wenn sich die, an einer Südküste anbrandende See, den Meeresspiegel über dem Riff erhöhen würde und das in Verbindung mit einem kleinen Tidenhub?

Bainbridge lief es heiß und kalt den Rücken hinunter. Er wollte sich das Szenario gar nicht weiter ausmalen. Sollte das Schicksal wirklich so grausam zu ihm sein?

Schon den ganzen Tag über hatten die vier Offiziere, Cox, McKillroy, Brown und Brannigan aufgeregt diskutiert. Im Gegensatz zu ihrem Kommandanten konnten sie das Treiben im Hafen zwar nicht mit ihren Augen verfolgen, aber all die Geräusche, die durch das Oberlicht drangen, erzählten eine dramatische Geschichte. Zwar waren all die Schlüsse, die die Vier aus ihrem Empfinden heraus interpretierten, spekulativ, aber langsam setzten sich die ganzen Eindrücke zu einem schrecklichen Mosaik zusammen.

Brown jedoch meinte immer noch: „Also, ich befürchte, dass die Barbarenflotte heute auf Raubzug gegangen ist. Schließlich haben der Wind und der Seegang nachgelassen."

Cox erwiderte: „Ich hoffe, dass du dich irrst, Walter. Denn wenn die Muselmanen Erfolg haben, dann werden noch mehrere arme Schweine in diesen Zellen verrotten oder als Sklaven verheizt werden."

„Also ich denke, dass die bei diesem Wind mit keiner so großen Flotte auf Raubzug gehen. Ich weiß, dass die Barbaren sehr seetüchtige und wendige Segelschiffe haben, aber bei solch einem Seegang kann man kaum entern und für ein Gefecht schicken die doch unter solchen Umständen keine Galeeren auf See. Der Wind hätte auch zunehmen können und dann wäre ihre Galeerenflotte womöglich abgesoffen", sagte Brannigan.

„Genau", bestätigte McKillroy, „und dass es Galeeren waren, war doch klar. Wir haben doch das Klappern der Riemen gehört, als diese in die Dollen gelegt wurden. Wenn wir Recht haben, dann betraf das Auslaufen doch unsere Fregatte. Ich mag gar nicht daran denken!"

„Ich auch nicht!", stimmte Cox zu. „Wenn sich die Tripolitaner unsere Philadelphia zu eigen machen, dann wird es unser Geschwader in Zukunft noch viel schwerer haben als bisher."

Brown nickte.

„Jetzt hoffe ich, dass ihr euch irrt! Aber hört mal! Sind das nicht Posaunen?"

Tatsächlich erscholl von draußen das kräftige Schmettern von einer Vielzahl an Posaunen, die keineswegs wie die eindringlichen Alarme von Trompetensignalen auf Schlachtfeldern klangen.

„Was ist denn jetzt los?", fragte McKillroy.

„Das ist los, hört ihr?"

Draußen schrie und johlte der Pöbel. Die Frauen ließen mit schnellen Zungenschlägen ein fremdartiges, schrilles Geschrei los, welches an das Kriegsgeschrei von Indianern erinnerte, aber wie auch immer, es war ein freudiges Jubilieren, das jedem Optimismus der Inhaftierten Lügen strafte.

Bainbridge stürmte zum Fenster und sprang auf den Stuhl. Es war das Schmettern der Posaunen, das in aus seiner Pritsche gerissen hatte. Er ahnte Schlimmes. Zuerst sah er die aufgeregten Menschenmassen unten im Hafen, dann sah er die vielen kleinen Boote, die trotz des immer noch ruppigen Seegangs gerade ausliefen, oder bereits die Hafenausfahrt passiert hatten. Als Bainbridge den Blick jedoch in die Ferne richtete, bemerkte er die farbigen Fahnen und Wimpel im Rigg eines großen zweimastigen Rahseglers mit aufgetuchten Segeln. Der Blick auf den Rumpf verbarg sich derzeit hinter einer großen Schebecke, welche sich in den Vordergrund schob. Bainbridge konnte auf diese Entfernung nur wenig erkennen, trotzdem wusste er sofort, dass dies dort keine große Brigg war, denn die beiden Masten waren viel zu hoch.

Langsam schob sich die Schebecke aus der Verdeckung. Im Hintergrund erschien ein sehr langer Klüverbaum, dann das Bugspriet. Jetzt konnte Bainbridge den mächtigen schwarzen Rumpf erkennen und den weißen Pfortengang. Wenige Sekunden später folgte auf eine Lücke der Groß- und der Kreuzmast.

Obwohl Bainbridge längst geahnt hatte, dass die nur langsam vorankommende Galeere, die er zuvor schon erblickt hatte, seine Philadelphia im Schlepptau hatte, stockte ihm nun der Atem. Nun war seine schlimmste Befürchtung zur Gewissheit geworden. Jetzt sah er es mit eigenen Augen, dass seine Fregatte nicht, wie erhofft, im Sturm zerschmettert und vom Riff aufgerieben worden war. Auch seine Hoffnung, dass sein Schiff, wegen der selbst gebohrten und geschlagenen Lecks im Schlepp abgesoffen wäre, zerschlug sich nun.

Was für ein robustes Schiff! Die Philadelphia sah auch jetzt nicht wie ein Wrack aus. Eher wie ein Schiff nach einem Gefecht. Es war nicht das erste Mal, das Bainbridge einen Mast verloren hatte. Im Beschuss, oder im Orkan kam das schon mal vor, aber nicht unter diesen beschämenden Umständen! So doch nicht! Warum war das Schicksal so grausam?

Der Anblick war nicht zu ertragen. Trotzdem konnte Bainbridge nicht anders. Mit Tränen in den Augen starrte er auf sein ehemaliges Schiff, welches sich im Schlepp dem Hafen nur langsam näherte.

Bainbridge wusste, dass es nun nur noch eine Frage der Zeit war, bis die Feinde das Schiff wieder instandgesetzt und mit einem neuen Mast versehen haben würden. Vielleicht würde der Fockmast auch noch mit einer überlangen Lateinerrah versehen werden. Damit würde der Schmach eine Krone aufgesetzt werden.

Dieses Schiff in den Händen der Feinde, würde alle bisher gemachten Bemühungen zunichtemachen.

Und ich bin daran schuld, gestand sich Bainbridge verzweifelt ein. Vielleicht wäre es doch besser gewesen, unterzugehen und den Seemannstod auf dem Grunde des Meeres zu finden.

Es war schon helllichter Tag, trotzdem war es in der Gefängniszelle immer noch düster. Der kleine Luftschacht in der Decke spendete zwar Luft, aber nur wenig Licht. Pauls Gehirn mühte sich ab, wieder zu Bewusstsein zu kommen. Im ersten Moment wusste er gar nicht, wo er sich befand. Er vermisste das sanfte Schaukeln in der Dünung und den festen Halt in einer Hängematte. Stattdessen spürte er harten Boden unter sich. Warum war es so schwer, wieder richtig wach zu werden? Plötzlich nahm er den Verband wahr, der um seinen Ellbogen gewickelt war. Nun spürte er auch das leichte Brennen in der rechten Armbeuge und an der linken Schulter. Erst jetzt erinnerte er sich an seinen Albtraum. War es wirklich nur ein Traum gewesen?

Erst bei diesem Gedanken gelang es Paul seine Augen zu öffnen. Erst jetzt wurde ihm bewusst, dass er als Gefangener in einer dunklen Zelle lag. Trotzdem blickte er als allererstes auf seine beiden Arme. Beide waren noch dran. Gott sei Dank!

„Hallo Paul, wieder unter den Lebenden?"

Paul kannte diese Stimme, aber woher? Irgendwer kniete neben ihm und blickte ihn sorgenvoll an und dieser Jemand sprach sogar Deutsch.

„Ich bin es, Hermann!"

Paul wusste nicht, wie er reagieren sollte.

„Du kennst mich doch noch, Paul, oder? Ich bin Hermann Schulz von der Philadelphia. Erinnerst du dich wieder?"

Erst jetzt begann Pauls Gehirn wieder richtig zu arbeiten.

„Wo bin ich hier? Sag's mir, Hermann."

„Wir sind hier im Kerker von Tripolis. Die ganze Besatzung der Philadelphia. Hier, in dieser Zelle, sind wir 23 Mann. Wenn du wieder ganz bei dir bist, wirst du schon sehen, wer hier zusammen mit dir eingesperrt ist. Weißt du überhaupt, dass du vorletzte Nacht wie am Spieß geschrien hast?"

„Vorletzte Nacht? Nicht diese Nacht?" Langsam hob Paul seinen Kopf.

Hermann schüttelte verneinend seinen Kopf.

„Wie lange bin ich denn schon hier? Was für ein Tag ist denn heute eigentlich?"

„Heute ist der 3. November, kurz vor Mittag. Du hast über zwei Nächte und den Tag dazwischen durchgeschlafen!"

„Was, gibt's das? Und was hat man mit mir gemacht? Bin ich gefoltert worden? Was ist mit meinen Armen?"

„Ich glaube, du kannst dich immer noch nicht an alles erinnern, was?"

„Nur so ganz dumpf. Sag's mir bitte!"

„Du weißt doch noch, wie du geholfen hast, die Kanonen im Schiff rumzuschieben. Danach hast du helfen wollen, das Schiff zu leichtern. Dabei hast du dich total übernommen. Deine verletzte Schulter hat dir wieder zu schaffen gemacht und dann hast du auch noch beim Beschuss durch die Barbaren einen dicken Splitter in der Armbeuge abbekommen. Deine Kameraden von den Kanonieren, erzählten mir, dass sie dich zum Doktor geschickt haben. Und was hast du gemacht? Bist du etwa hingegangen?"

Paul verneinte kopfschüttelnd.

„Siehst du, Paul? Und warum nicht?"

„Ich dachte, dass wir eh alle draufgehen. Was sollte ich denn da wegen so einem lächerlichen Splitter beim Knochensäger?"

Hermann übersetzte den Mitgefangenen kurz ins Englische. Diese lachten. Doch Hermann wusste, dass das Gespräch für Paul immer noch sehr anstrengend war und da Paul sich immer noch ein wenig schwertat, gutes Englisch zu sprechen, führte er das Gespräch in Deutsch fort.

„Nun, das war eben dein Fehler, Paul! Die Verletzung war wohl gar nicht so schlimm, aber wie man sagt, hast du den Splitter einfach nur herausgezogen. Desinfiziert wurde deine Wunde also nicht, weswegen sich deine Verletzung entzündet hat. Blutvergiftung oder was weiß ich! Jedenfalls hattest du heftiges Fieber. Wir dachten schon, dass du draufgehst. Wenn dich diese Barbaren nicht so gut verarztet hätten, hätte man dir zuletzt vielleicht sogar den Arm amputieren müssen."

Paul nickte. Langsam begriff er.

„Ich habe sogar davon geträumt, dass mir irgendwelche Folterknechte den Arm absägen", gestand er.

Hermann lachte.

„Ach jetzt begreife ich, warum du so geschrien hast, als hätte dich der Teufel persönlich geritten." Wieder brachte Hermann mit seiner Übersetzung diejenigen zum Lachen, die der deutschen Sprache nicht mächtig waren.

„Und was haben die mit mir gemacht?"

„Nun die haben dein Brüllen gehört. Dann haben sie dich gepackt und hinausgetragen. Als sie dich wieder zurückbrachten, warst du ohne Bewusstsein, aber dafür frisch verbunden. Die Verbände hatten einen eigenartigen und fremdartigen Geruch. Danach hast du nur noch geschlafen. Sei froh, dass du noch lebst. Die Tripolitaner sind zwar Barbaren, aber sie verstehen wohl viel von der Heilkunst. Bin mir nicht sicher, ob das unser Knochensäger auch so gut hingebracht hätte. Also sei froh!"

„Ich weiß nicht so recht, ob ich wirklich froh sein soll, noch am Leben zu sein. Was wartet jetzt auf uns alle? Jahrelang in diesem Kerker verrotten? Folter? Sklaverei?"

Hermann antwortete nicht. Stattdessen wandte er sich an die Kameraden und sagte in Englisch: „Der Paul ist wohl jetzt überm

Berg. Ich glaube, er wird wieder ganz gesund werden. Er ist in der Realität wieder angekommen. Hat schon wieder begriffen, in welcher beschissenen Lage wir alle sind."

Nun erst begrüßten die Mitgefangenen den Wiedererwachten als Schicksalsgefährten in ihrer Runde. Das Einzige, was ihnen allen blieb, war Zusammenhalt und ein gemeinsames Hoffen.

Das Mondlicht fiel durch die Gitter des Zellenfensters und störte die Schwärze der Finsternis. Obwohl diese Nacht weder durch stürmisches Rauschen noch durch irgendwelche Geräusche von Schiffen, welche an ihren Leinen zerrten oder lärmenden Menschen gestört wurde, erwachte Bainbridge nach wenigen Stunden Schlaf. Somit brach wieder eine schlaflose Nacht über ihn herein, wodurch wieder eine Nacht in unnötige Länge gezogen wurde.

Die ersten Gedanken galten seiner Unterbringung. Seinem Rang entsprechend war er zwar halbwegs akzeptabel in seiner Einzelzelle untergebracht, aber trotzdem fühlte er sich nun einsam. Er war mit sich und der Welt allein. Er konnte sich mit niemandem austauschen, sich vor keinem Menschen das Leid von der Seele reden. Er dachte an seine junge Frau. Es fiel ihm schwer, sich ein Bild von ihr zu machen. War er wirklich schon so lange von zu Hause fort? Hatte er als Seemann überhaupt ein richtiges Zuhause? Bainbridge griff nach seiner Taschenuhr und ließ den Deckel hochschnappen. Die Zeiger schienen stillzustehen, aber die Zeit interessierte Bainbridge sowieso nicht mehr. Oder doch?

Wann würde er wieder vor seiner Frau stehen? Würde er sie jemals wiedersehen? Er blickte auf das Bildnis im Deckel seiner Uhr. Susan war so schön, so jung, so anmutig. Doch liebte er sie denn wirklich? Liebte er seinen Beruf nicht vielleicht noch mehr? Schließlich hatte er sie ohnehin schon viel zu lange Zeit allein gelassen. Nun würde eine Ewigkeit daraus werden.

Doch jetzt wurde sich Bainbridge wieder bewusst, dass Susan selber in einer schrecklichen Situation war. Sie wusste derzeit von alle dem nichts. Zum jetzigen Zeitpunkt konnte sie vom Schicksal der Philadelphia noch überhaupt gar nichts wissen. Irgendwann würde sie es erfahren, aber das konnte noch Monate dauern. Und dann? Wie konnte sie mit dieser Nachricht umgehen? War ihre Liebe stark genug, um über einen langen und ungewissen Zeitraum auf ihren Gatten zu warten? Vielleicht hatte sie bereits jetzt schon einen Liebhaber. Vielleicht einen jüngeren Mann, der mehr Zeit für sie aufbrachte als der eigene Ehemann.

Bainbridge fühlte sich nicht imstande, zur Ruhe zu kommen. Er wusste, dass er über Zeit im Überfluss verfügte. Es war ihm klar, dass er sich von nun an mit jedem seiner Gedanken über Stunden und Tage beschäftigen konnte. Damit könnte er sich die Zeit schön gleichmäßig aufteilen und eine andere Beschäftigungsmöglichkeit gab es sowieso nicht. Allerdings war es wahrlich zum Verzweifeln, denn derzeit rasten sämtliche Gedanken gleichzeitig durch den Kopf.

Was würde Kommodore Preble wohl denken, wenn er vom Verlust der Fregatte erfahren wird? Nicht umsonst hatte Preble seine Strategie entwickelt.

Doch die Fakten waren noch schlimmer: Jetzt besaß die U.S. Navy nicht nur ein großes Schiff weniger, jetzt besaß der Feind ein großes Schiff mehr. Nach einer Wiederherstellung, die sehr viel weniger Zeit und Geld kosten werden als ein Fregattenneubau, werden die Tripolitaner mit der Philadelphia ihr größtes und stärkstes Schiff besitzen. Damit würden künftig die ganzen Blockademaßnahen, jede Beschießung der Stadt, vielleicht gar der ganze Einsatz des dritten Geschwaders im Mittelmeer in Frage gestellt werden.

Nun konnte sich Bainbridge von Tag zu Tag erneut tadeln, dass er so verbissen gewesen war, Erfolg bei der Jagd auf Korsaren zu haben, dass er eines der besten amerikanischen Kriegsschiffe aufs Spiel gesetzt hatte und dieses nun verloren hatte. Es war alles seine Schuld!

Diese Schuld werde ich sühnen müssen, und zwar Tag für Tag, dachte sich Bainbridge verzweifelt. Meine Offiziere, meine gesamte Besatzung, Preble und alle Kommandanten des dritten Geschwaders sowie die Admiralität und das ganze Marineministerium werden mich verdammen. Wäre es nicht doch besser gewesen, mir in meiner Kajüte eine Kugel durch den Kopf zu jagen, fragte er sich.

Kapitel 8: Seite an Seite

Neben der Festung von Valletta ragten neben vielen anderen Masten drei ganz besonders hohe zum Himmel empor. Die Toppen schienen an den tief liegenden grauen Wolken zu kratzen. Der aus dem Norden kommende Wind brachte die winterliche Kälte bringend direkt nach Malta. Obwohl Malta dem britischen Königreich angehörte, war die mächtige 44-er, welche unten im Kriegshafen lag, kein Schiff der Royal Navy. Dieses Schiff war länger, höher und stärker als alle britischen Fregatten. Es war das Flaggschiff des Kommodore Edward Preble, nämlich die stolze und gefürchtete USS Constitution. Von der Spitze des Klüverbaumes bis zur Baumnock, welche noch weit über den Heckspiegel hinausragte, maß dieses Schiff über 90 Meter. Allein das massive Bugspriet mit dem ewig langen, aber fast filigran wirkenden Klüverbaum, brachte es fast auf 30 Meter. Besonders beeindruckend war der Großmast mit seinen beiden Stengen. Die Großtopp ragte, sage und schreibe 68 Meter, über die Wasserlinie hinauf. Der schwarze Rumpf mit dem weißen Pfortengang wirkte äußerst massiv und elegant zugleich. Er war aus dem besonders harten Holz von immergrünen Eichen erbaut und bot somit feindlichen Kugeln erheblichen Widerstand.

An Deck wuselten unzählige Matrosen herum und machten Klarschiff, indem sie sämtliche Tampen, die vom Einlaufen her noch beinahe netzartig an Deck umherlagen, ordentlich aufschossen und an den Belegnägeln aufhängten. Oben in den Rahen turnten Dutzende weitere Matrosen herum und legten die großen, aufgegeiten Rahsegel in gleichmäßige Falten, bevor sie diese mit den Zeisingen eng an die Rahen banden. Noch bevor die Pinassen zu Wasser gebracht werden konnten und noch bevor die Barkasse zwischen Fock- und Großmast an den schweren Taljen hing, wurde das amerikanische Kriegsschiff von etlichen Marketenderbooten umringt. Doch auch eine schicke britische Barkasse machte neben dem hoch aufragenden Rumpf fest. Kurz darauf bestiegen einige britische Offiziere die Gangway. Mit einem lautstarken Zur-Seite-Pfeifen wurden die Gäste an Bord des amerikanischen Flaggschiffs begrüßt. Währenddessen verfinsterten sich oben am Himmel die Wolken, als wollten sie Malta in Trübsal hüllen.

Trübsinnig war auch kurz darauf die Stimmung in der Messe der Constitution. Jedenfalls nachdem Preble seine Gäste darunter britische und amerikanische Kommandanten und Offiziere begrüßt und zu einem gemeinsamen Dinner eingeladen hatte. Der erste Gast, den er begrüßte hatte, war der Hafenkommandant, James Martin. Anfangs wurden der Form halber noch einige Freundlichkeiten ausgetauscht, welche dieses Mal aber deutlich kürzer ausfielen als sonst üblich. Preble kannte Martin schon von früher, aber dessen Gesichtsausdruck verhieß nichts Gutes.

Auch Martin erkannte sofort, dass sein Gastgeber innerlich aufgewühlt war. Man sah die Ungeduld förmlich in jedem einzelnen von Prebles Gesichtszügen. Beiden war es gerade nicht nach langem Höflichkeitsgeschwafel.

„Wenn ich Sie so ansehe, Mr. Preble, dann befürchte ich fast, dass Sie von dieser Tragödie schon erfahren haben? Ist es so?"

Der nickte nur, aber Martin hatte Preble bereits zuvor an seiner Stimmung ansehen können, dass dieser schon alles wusste.

„Wir beide denken gerade an die Philadelphia, nicht wahr?"

Wieder nickte Preble, ohne auch nur ein Wort zu sagen.

„Und woher wissen Sie das schon, Sir?", hakte Martin nach.

„Nun, heute ist der 27. November. Am 20. liefen wir in Algier aus. Vier Tage später trafen wir auf eine Ihrer Fregatten, nämlich die HMS Wales. Wir gingen auf Parallelkurs und näherten uns auf Rufweite. Dort erfuhren wir von diesem Drama. Ich konnte es aber anfangs gar nicht glauben. Genau genommen will ich es bis jetzt nicht glauben, dass unsere Philadelphia auf ein Riff gelaufen ist. Man sagte uns aber auch, dass es eventuell nur ein Gerücht sei. Doch wenn ich Sie nun so ansehe, lieber Mr. Martin, befürchte ich, dass die schreckliche Geschichte wahr ist."

Dieses Mal war es Martin, der nickte.

Preble wurde blass. „Es stimmt also?" Er wollte keine weitere Bestätigung mehr haben, trotzdem bohrte er noch nach: „Ich hörte auch, dass es Tage darauf einen starken Sturm gab. Könnte es nicht sein, dass unsere Fregatte dabei auf diesem Riff zu Bruch gegangen ist?"

„Diese Hoffnung, mein Lieber, muss ich Ihnen auch noch rauben. Schließlich haben wir nicht umsonst Spione in Tripolis."

„Was gibt es denn noch?"

Martin räusperte sich.

„Nun, der Philadelphia fehlt zwar der Fockmast, der wohl von der eigenen Besatzung gekappt wurde, aber ansonsten scheint sie ziemlich unbeschädigt zu sein. Nun liegt ihre Fregatte im Schutz der Zitadelle, nur wenige Kabellängen entfernt."

„Und was ist mit der Besatzung? Wie viele davon sind in Gefangenschaft geraten?"

„Meines Wissens gab es keine Verluste. Ich habe erfahren, dass 308 Gefangene während der ersten Tage im Kerker der Stadt eingesperrt wurden. Mittlerweile wurden aber die Offiziere und die Schiffsführung in das ehemalige amerikanische Konsulat verlegt. Das haben die Tripolitaner nun rundum vergittert, quasi zu Festung ausgebaut. Aber immerhin dürfte diese Lösung nicht die unkomfortabelste Unterbringung sein."

Preble war sprachlos. Erst nachdem er tief Luft geholt hatte, tobte er los: „Sie sagen keine Verluste? Es hat keine Gefallenen gegeben?

Das kann doch gar nicht sein! Haben diese Feiglinge denn nicht gekämpft? Hat denn Captain Bainbridge völlig vergessen, was Ehre ist?“

Martin versuchte, Preble zu beschwichtigen, aber der war längst hochrot angelaufen.

„Lieber Mr. Preble, beruhigen Sie sich doch!“

„Beruhigen, wie kann ich bei dieser blamablen Misere beruhigen? Sagen Sie mir das bitte!“

„Es tut mir ehrlich leid, Mr. Preble, aber es kommt noch schlimmer!“

Kommodore Edward Preble kochte innerlich und bebte äußerlich. Er war ohnehin von Magengeschwüren geplagt und nun dieses Desaster. Nun konnte er seine Wut wirklich nicht mehr im Zaum halten. Wieder tobte er los.

„Was, noch schlimmer? Noch schlimmer kann es doch gar nicht mehr kommen! Oder doch?“

„Leider muss ich Ihnen noch etwas sagen, was ich aus sicheren Quellen erfahren habe.“

„Was zum Teufel? Raus damit!“

„Es tut mir aufrichtig leid, aber all die Geschütze, welche die Besatzung der Philadelphia über Bord geworfen hat – entweder zum Leichtern des Schiffes, oder damit die Barbaresken nicht an die Kanonen kommen – wurden wieder geborgen und zurück auf die Fregatte gebracht.“

„Das darf doch nicht wahr sein. Das bringt mich um!“

Damit war die Stimmung für das geplante Dinner dahin.

Schon am nächsten Morgen lief die Constitution wieder aus Valletta aus und hielt auf die Ostküste von Sizilien zu. Sie stampfte bei einer steifen Brise aus West mit Kurs Nordost auf Syracuse zu. In gerader Linie würde die Distanz gerade einmal 80 Seemeilen betragen, aber die Strecke verlängerte sich natürlich, denn die Fregatte musste sich trotz des ablandigen Windes erst mal frei vom Kap Passero halten, welches die Südostspitze von Sizilien darstellte. Neben Gibraltar und Valletta war Syracuse ein weiterer Stützpunkt, den die amerikanischen Kriegsschiffe strategisch nutzen konnten. Vor allem diente Syracuse als Treff- und Sammelpunkt für das Geschwader. Dort rechnete Preble nun auch mit dem Zusammentreffen mit weiteren Kriegsschiffen seines Geschwaders.

Prebles Gedanken wiederholten sich, liefen im Kreis. Sie ließen ihm nicht den Freiraum, wieder klar und vernünftig zu denken. War er nun bereits schwermütig? Neben seiner generellen Strategie hatte er neben seiner glorreichen Fregatte USS Constitution so viel Hoffnung auf Captain Bainbridge mit seiner Fregatte gesetzt. Dieser war doch solch ein erfahrener Kommandant, der gerade gegen Freibeuter viele Erfolge vorzuweisen hatte. Die Philadelphia war zwar nicht ganz so groß und stark bewaffnet wie die Constitution, aber sie war der beste Segler unter allen amerikanischen Fregatten. Und nun diese Katastrophe! Nun fehlte ihm hier im Mittelmeer über 300 Mann an erfahrener Besatzung. Die schmorten jetzt in Kerkern, oder wurden gar als Galeerensträflinge unter anderem auch gegen amerikanische Schiffe eingesetzt. Der Verlust einer Fregatte bedeutete einen enormen Schaden, sowohl taktisch, strategisch, aber auch finanziell gesehen.

Derweil hatte alles so gut angefangen. Nachdem die Constitution zusammen mit dem Schoner Nautilus, nach einer nur 29-tägigen Atlantikpassage, Gibraltar erreicht hatten, hatte Preble von der erfolgreichen Jagd der Philadelphia auf die marokkanische Fregatte Mirboka und die Befreiung der amerikanischen Celia erfahren. Das war eben typisch Bainbridge gewesen. Danach hatte er sich zusammen mit Nautilus und seiner Constitution sowie mit den Fregatten New York und John Adams nach Tanger begeben. Kommodore Rodgers war dabei, um dem marokkanischen Herrscher eine Aufwartung zu machen. Vier amerikanische Kriegsschiffe, davon drei Fregatten im Hafen von Tanger, dazu die Einnahme der Mirboka, was auf den marokkanischen Gouverneur großen Eindruck gemacht hatte. Der hatte dann mit den Amerikanern schneller ein Abkommen unterschrieben, als diesem lieb gewesen war. So war Preble mit den anfänglichen Erfolgen im Mittelmeer durchaus zufrieden gewesen. Und nun diese schmachvolle Panne mit der Philadelphia!

Es brodelte im Magen des Kommodores, was er sich überhaupt nicht leisten konnte. Als machten ihm seine Magengeschwüre nicht schon genug zu schaffen. Preble hatte nun während der Passage nach Sizilien auch nicht die geringste Lust verspürt, sich in seiner verstimmten Laune an Deck zu zeigen. Nun befehligte er erst seit kurzer Zeit das dritte Geschwader, konnte bereits erste Erfolge vorweisen und nun musste er wegen Bainbridge diese Niederlage einstecken, die alles übertraf, was die vorherigen Kommodores Dale und Morris verpatzt hatten. Genervt und enttäuscht hatte sich Preble nun während der ganzen Überfahrt in seiner Kajüte zurückgezogen. Natürlich hatte er längst mitbekommen, dass sein Schiff nun nicht mehr so flott vorankam wie vorhin, denn nun musste es gegen den Westwind in die oval geformte Bucht von Syracuse kreuzen, aber nun klopfte es an der Tür.

„Herein!", bellte Preble.

Scheu schlich sich ein Jungspund von Offiziersanwärter herein. Dieser war höchstens vierzehn Jahre alt.

„Sir?", fragte der Kadett vorsichtig.

„Was ist denn?", brummte Preble.

„Ich soll Ihnen melden, dass wir in den Hafen einlaufen. Das Kastell Maniace wird gleich Steuerbord querab liegen. Der Erste meinte, das sollten Sie sich nicht entgehen lassen."

„Danke, du kannst gehen!"

„Aye, aye, Sir!" Schon floh der junge Mann, der die schlechte Stimmung des Kommodores längst wahrgenommen hatte.

Preble erhob sich und legte sich rasch den Mantel an. Obwohl er es nicht gezeigt hatte, war er über die Meldung dankbar. Dann begab er sich an Deck und suchte sich steuerbords eine ruhige Ecke am Heck. Dort standen zwar einige Unteroffiziere, aber diese entfernten sich nach einem kurzen Gruß, um einen anderen Platz zum Zusehen auszusuchen. Schon donnerten die ersten Salutschüsse auf.

Die Hafeneinfahrt wurde vom Kastell Maniace bewacht, welches auf der südlichen Spitze eines kleinen Kaps lag. Massive Mauern und reichlich Artillerie machten unerwünschtes Eindringen in die Bucht nahezu unmöglich. Wie eine Bastion lag diese Festung vorgelagert vor der Stadt, die im Norden der Bucht lag. Die Stadt zeigte bereits jetzt ihr südländisches Flair und wirkte dabei weniger kriegerisch wie Valletta oder Tripolis. Trotzdem wirkte die Stadt mittelalterlich.

Im Hafen ragte eine Unzahl von Masten auf. Neben Handelsschiffen, Fischerbooten und Kanonenbooten sah Preble auch die Fregatte John Adams, die Brigg Argus sowie die beiden Schoner Nautilus und Enterprise. Im Westen der Bucht sah Preble eine, vor mehreren Ankern liegende, Hulk. Sie machte einen verwitterten Eindruck. Trotzdem wirkte dieser Rumpf eines alten Kriegsschiffes immer noch groß und massiv. Düstere Gedanken kamen in Preble auf. Zu sehr erinnerte ihn der Anblick an die Jersey. Dort, auf dieser britischen Sträflingshulk, hatte er viel zu lange als Kriegsgefangener gesessen. Nun bemerkte er auch, dass sowohl die Bucht als auch die Lage der Stadt, eine gewisse Ähnlichkeit zu Tripolis vorwiesen. Doch dass diese Parallelen noch von Nutzen sein sollten, ahnte Preble derzeit nicht.

Wie schon in Valletta war auch diesen Abend die Offiziersmesse der Constitution wieder für Gäste hergerichtet worden und wieder war die Stimmung nicht gerade die Beste. Nach der Begrüßung der Kommandanten der amerikanischen Kriegsschiffe eröffnete Preble das Wort. Er mied jedes Abschweifen und versuchte, den Anwesenden in Kürze die aktuelle Situation klarzumachen. Innerlich war er sehr aufgewühlt. Einmal musste er tief durchatmen, bevor er seine Stimme wiederfand. Dann ließ er seinen Blick im Umkreis der Anwesenden von Auge zu wandern.

„Wissen Sie, was das Schlimmste an der Sache ist, meine Herren?"

Keiner wagte es, zu antworten. Wieder blickte Preble mit bösem Blick umher.

„Dass nun die Gegner, nach einer Instandsetzung der Philadelphia – und wir können mit Sicherheit davon ausgehen, dass dies geschehen wird – über ein Schiff verfügen werden, welches die Flotte der Muselmanen beträchtlich aufwerten wird."

Captain John Rodgers, Kommandant der John Adams ergänzte: „Weitere Beschießungen von Tripolis können wir dann wohl vergessen!"

„So beschissen ist es nun mal! Verzeihen Sie, Gentlemen, da kann ich mich jetzt leider nicht anders ausdrücken. Die Befestigungen von Tripolis mit diesen vielen Artilleriestellungen sind ohnehin eine harte Nuss. Aber wenn jetzt auch noch die Philadelphia mit ihren 38 Geschützen im Hafen liegt, können wir einpacken!"

Diesmal meldete sich Isaac Hull zu Wort, der am 3. November als Kommandant des Toppsegelschoners Enterprise auf die Brigg Argus gewechselt war: „Und wenn später die Philadelphia dann gar direkt gegen unsere Briggs und Schoner eingesetzt wird?"

„Daran möchte ich gar nicht denken, Mr. Hull! Ich möchte mich noch nicht einmal mit meiner artilleristisch überlegenen Constitution gegen die Philadelphia einlassen. Das würde uns zu viele Verluste einbringen."

„Nicht zu vergessen, dass die Philadelphia als Handelsstörer eingesetzt werden könnte, was unseren Handel im Mittelmeer wohl gänzlich zum Erliegen bringen würde!", meldete sich Stephen Decatur. Dieser war jetzt der neue Kommandant auf der Enterprise.

Preble warf einen Blick auf den jungen Offizier, den er selbst wegen seiner Erfolge vor kurzem befördert hatte. Die Uniform saß korrekt, war aber leicht beansprucht, sodass die nagelneu wirkenden

Epauletten auf dem leicht verschlissenen Rock ein wenig deplatziert wirkten.

„So ist es Mr. Decatur! Darum frage ich Sie und damit meine ich jetzt alle Anwesenden: Haben Sie eine Idee? Dann lassen Sie es mich bitte wissen! Zermartern Sie sich Ihre Köpfe. Wir brauchen eine Lösung. So bald wie möglich!“

Alles schwieg. Die meisten der Anwesenden waren jung und ehrgeizig. Trotzdem fehlte es ihnen nicht an Erfahrung, doch im Moment waren alle ratlos.

Glücklicherweise erschien jetzt der Kapitänssteward und brachte ein Tablett mit Gläsern und einigen Flaschen Rotwein in die Messe herein. Der Wein stammte natürlich direkt aus Sizilien. Bevor er die Flaschen öffnete, machte er aber zunächst die Fenster der Heckgalerie auf, sodass die stickige Luft durch Frischluft ersetzt werden konnte.

Preble nutzte die Gelegenheit, trat auf Decatur zu und sagte: „Übrigens kenne ich Ihren gleichnamigen Vater recht gut. Wir können später noch ein wenig über ihn plaudern.“

„Gerne, Sir!“

Decatur war erst knapp 24 Jahre alt. Preble hatte genügend Achtung vor solch jungen Kommandanten, welche mit nur einem Dutzend leichter Geschütze – meist waren es Karronaden – und nur rund 70 bis 100 Mann Besatzung durch ihre Anzahl der Siege oft mehr Erfolge vorweisen konnten als die großen Fregatten.

Der Kapitänssteward überreichte zwei volle Weingläser an die beiden Kommandanten. Dann reichte er weitere Gläser an den Rest der kleinen Gesellschaft. Preble hielt sein Glas in die Höhe und alle Anwesenden taten es ihm gleich.

„Einen Toast auf die Lösung unseres Problems, meine Herren! Auf unseren Erfolg!“

„Cheers! Auf den Erfolg!“, echote es in dem beengten und niederen Messeraum. Die Männer setzten ihre Gläser an und genossen den mundigen Wein.

Nichtsdestotrotz bemerkte Preble die Hilflosigkeit seiner Offiziere, was trotz des guten Weines seine angekratzte Stimmung nicht im Geringsten verbesserte. Nun erhob er wieder seine Stimme.

„Meine Herren, eigentlich können wir nun einpacken! Aber kann ich so noch vor unseren Präsidenten treten? Sagen Sie selbst? Bei dieser Schmach? Ich frage Sie alle: Kann das dritte Geschwader mit dieser Schande leben?“

Rundum sah Preble nur ein verzweifeltes Kopfschütteln, welches mit einem grimmigen Gemurmel untermalt wurde. Jetzt lief Preble erst richtig rot an. Nun rechneten alle mit einem Tobsuchtsanfall. Dieser kam auch.

Preble erhob seine Stimme, mehr noch als jeder Prediger, um auch den Letzten in seiner Kirche persönlich zu erreichen, und schrie: „Wollte Gott, die Offiziere und Mannschaften der Philadelphia hätten allesamt den Tod der Sklaverei vorgezogen! Ich, an der Stelle von Captain Bainbridge, hätte lieber bis zum letzten Mann gekämpft, als dass ich mich ehrlos den Barbaren ausgeliefert hätte!"

Als sich Preble Stunden später in seine Kajüte zurückzog, um sich in seine Koje zu legen, hatte sich seine schlechte Stimmung nur wegen des guten Weins gehoben.

Dieser Abend hatte nur wenig gebracht. Alle vorgeschlagenen Ideen waren entweder nur genereller Natur, oder schon so abstrakt, dass sie zur Lösung des Problems nur allgemein, oder gar nichts beigetragen hatten. Doch der Rotwein zeigte seine Wirkung und so fand auch der Kommodore seinen wohlverdienten Schlaf.

Eine Woche vor Heiligabend setzten die Fregatte Constitution und der Toppsegelschoner Enterprise wieder Segel. Selbst in diesen südlichen Breiten war es frisch geworden, doch im Vergleich mit nordischen Gewässern war die Kälte hier immer noch gut erträglich. Tief liegende, graue Wolken aus dem Westen kommend zogen über Sizilien hinweg, lösten sich aber weit draußen auf dem Ionischen Meer wieder auf. Somit stand einem Auslaufen aus dem Hafen von Syracuse nichts mehr im Wege. Auf der Constitution mühten sich die Seeleute auf zwei Decks gleichzeitig am Gangspill ab, um den schweren Stockanker aus dem Grund zu reißen.

Auch auf der Enterprise herrschte eifrige Betriebsamkeit. Der Schoner lag aber im Gegensatz zur Fregatte nicht vor Anker sondern an der Kaimauer. Sie war erst gestern mit Proviant und Frischwasser reichlich ausgestattet worden, nun wurde klar zum Ablegen gemacht.

Charles Radcliff, der rothaarige, spitzbärtige Bootsmann irischer Abstammung bellte ungeduldig die Crew an: „Setzt endlich das Schonersegel! Bewegt eure faulen Ärsche! Und das Vorstagsegel könnte auch schon längst durchgesetzt sein!"

Die Männer an den Fallen legten sich von den langen Liegezeiten lahm geworden verhalten ins Zeug. Ihrer Meinung nach war diese Eile doch überhaupt nicht notwendig. Charly, so nannten sie respektlos ihren mürrischen Bootsmann, hätte ihnen auch ohne diesen rauen Ton einen ordentlichen Befehl geben können. Schließlich beherrschten alle an Bord ihr Handwerk. Obwohl die Gaffel des Schonersegels von Piek- und Klaufall gleichmäßig und in horizontaler Lage in die Höhe ging, kam, was kommen musste.

„Stellt euch nicht so an, als wärt ihr lauter Waschweiber! Setzt endlich das Segel, und zwar so, wie es sich für ordentliche Seeleute gehört!", bellte Charly aufs Neue.

Stephen Decatur und sein Erster Offizier, der 22-jährige James Lawrence, amüsierten sich indessen. Beide wussten, dass Radcliff nur zu gern diesen barschen Umgangston zu pflegen wusste. Wenn es dagegen hart auf hart ging, konnte man sich darauf verlassen, dass der Bootsmann kurze, prägnante Kommandos gab und jegliche störenden Kommentare unterließ, aber bei einem gewöhnlichen Ablegemanöver konnte er ruhig nach seinem Gusto gewähren. Die Mannschaft bestand sowieso aus lauter verwegenen Kerlen und war nicht gerade zimperlich.

Alles verlief glatt und reibungslos. Gerade wurden die Klüver backgeholt und auch das mächtige Großsegel wartete schon darauf, von den an den Fallen bereitstehenden Matrosen gesetzt zu werden. Schon wurden die Springs und die Vorleine eingeholt und der Bug des Schoners, der nur noch von der Achterleine gehalten wurde, schwoite langsam von der Kaimauer weg.

„Holt endlich die Achterleine ein! Auf was wartet ihr denn noch?", schrie der Bootsmann ungeduldig.

Unaufhaltsam nahm die Enterprise Fahrt auf, obwohl das Großsegel noch gar nicht durchgesetzt war. Noch bevor der Klüverbaum zur Hafenausfahrt zeigte, war auch dieses gewaltige Segel durchgesetzt und korrekt getrimmt. Noch bevor das Schiff die Hafenausfahrt hinter sich gelassen hatte, gingen auch schon die beiden Gaffeltoppsegel hoch. Nun zog der Schoner in seiner ganzen Pracht am Kastell Maniace vorbei. Immer schneller werdend, eine quirlende Bugwelle aufwerfend, rauschte die Enterprise hinaus auf die kabbelige See.

John Wagner schoss gerade noch das Piekfall auf und hängte das gewichtete Bündel Tauwerk, welches er in gleichmäßigen Buchten gelegt hatte, über den Belegnagel am Mastgartens des Großmastes. Dieser war wie heutzutage bei allen neueren schnellen Schonern leicht nach achtern geneigt. Erst jetzt fand er die Zeit, um in Ruhe achteraus blicken zu können. Er sah, wie die gewaltige Constitution immer mehr Tuch setzte und wie deren Bugwelle in zunehmender

Fahrt anschwoll. Tatsächlich bot solch eine Fregatte ein eindrucksvolles Bild. Die Constitution war fast ein Ebenbild der Philadelphia, war aber noch etwas größer und noch etwas stärker bewaffnet. Aber was hatte die Stärke einer Fregatte seinem Bruder Paul genutzt? Nichts! John machte sich von Tag zu Tag mehr Sorgen.

Mittlerweile hatte es sich zwar herumgesprochen, dass Kommandant und Offiziere ziemlich kommod im ehemaligen amerikanischen Konsulat von Tripolis untergebracht waren, aber was nützte das der einfachen Besatzung. Den Gerüchten nach hieß es, dass diese Leute versklavt wurden. John wollte gar nicht daran denken, sich seinen Bruder mit Ketten um Hals, Hand- und Fußgelenke vorzustellen. Man sagte auch, dass den Gefangenen der Einsatz auf Galeeren drohte. Vielleicht gar als Rudersklave im Einsatz gegen eigene Landsleute. Grauenhaft!

Vielleicht wird eines Tages mein Bruder gegen mich selbst eingesetzt werden, wurde John voller Grauen bewusst. Dann sah er wieder auf die Constitution, welche ihre Segel wie riesige Flügel ausbreitete. Sie sah gleichzeitig schön und bedrohlich aus. Dann blickte er auf die fast zierlichen 6-Pfünder seines Schiffes. Ob diese zwölf Stücke im Kampf gegen die Barbaren überhaupt ausreichen würden? Dann aber erinnerte sich John wieder an den Ruf der Enterprise. Von diesem Schiff sagte man, dass es ein glorreiches Schiff sei, dem das Glück folge. Auch der Kommandant, so jung er auch war, hatte einen sehr guten Ruf. So sorgte sich John nur wenig um sich selbst, aber die Sorgen um seinen älteren Bruder blieben.

Es ist alles meine Schuld, dachte sich John, ich habe ihn dazu gebracht, auf der Philadelphia anzuheuern.

Die Constitution und die Enterprise gingen bereits zwei Tage, nachdem sie in Syracuse Segel gesetzt hatten, wieder auf ihrer Station nahe Tripolis vor Anker. Der langweilige Routinedienst schien wieder Einzug zu halten. Tatsächlich war es aber der Kommodore selbst, der es nicht lange vor Ort aushielt, weswegen die beiden Schiffe im Verbund bald wieder auf Patrouillenfahrt gingen. Der Himmel war grau und ziemlich bedeckt und so hielt sich die Sicht in Grenzen. Der Westwind war mäßig und die See ziemlich glatt, aber es war eben genau die Wetterlage, bei der die wenig seetüchtigen Galeeren auf Raubzug gehen konnten. Genau darauf spekulierte Kommodore Edward Preble. Zunächst ließ er beide Schiffe auf Halbwindkurs nordwärts segeln, sodass die Tripolitaner glauben mussten, dass der kleine Verbund Malta oder Sizilien ansteuerte. Erst als man die Küste aus den Augen verloren hatte, halsten beide Schiffe, um sich raumschots der Küste von Bengasi anzunähern. Die Chancen standen gut, eine oder gar mehrere Galeeren auf Jagd in flagranti zu erwischen.

Preble stand neben der Hecklaterne auf dem Achterdeck und blickte versonnen rundum.

Hoffentlich schläft der Wind nicht ein, dachte er. Dabei hatte er irgendwie ein ungutes Gefühl im Bauch.

In den unterirdisch gelegenen Gefängniszellen von Tripolis machte sich Unmut und Langeweile unter den Gefangenen von der Philadelphia breit. Nun saßen sie hier schon seit Wochen und manche verloren den Überblick über die Zeit, wenn der Matrose Francis Moore nicht täglich kleine Striche in die Wände ritzen würde. Die Gespräche wiederholten sich und die Stimmungsschwankungen häuften sich.

„Heute ist es schon der 52. Tag, an dem wir in der Scheiße sitzen", murrte Francis. Seine Blicke waren ziellos in den düsteren Raum gerichtet.

„Wem sagst du das?", entgegnete Jack Hornsby mit grimmigem Gesicht. „Außerdem was heißt hier schon? Ich würde eher sagen erst! Denn ich glaube, dass die uns hier verrotten lassen, bis zum Jüngsten Tag."

„Ach was", meinte Paul Wagner, „irgendwann werden wir freigekauft. Ich glaube fest daran, dass Gott uns nicht im Stich lassen wird."

„Glaubst du wirklich, dass Gott nur einen einzigen Penny oder Cent herausrücken wird, um uns auszulösen?"

„Du wirst doch nicht etwa an Gott und seiner Gnade zweifeln, Jack, oder doch?" Es war Ronald Twicks, der nun Jack böse ins Gesicht blickte. Er besaß keinen Sinn für solch eine Blasphemie.

„Ich zweifle längst an allem! Ich habe nicht mehr viel Hoffnung. Sei's drum!"

„Aber wir sind Christen und die Barbaren ungläubige Moslems", entrüstete sich Ronald. „Also wem wird Gott helfen? Uns oder den Barbaren?"

„Ach glaub' doch, was du willst!"

„Ich habe auch keine Hoffnung mehr! Auf mich wartet sowieso keiner", sagte Egon, der sich meist aus diesen Gesprächen heraushielt. Er war ohnehin der Jüngste aller gefangenen Crewmitglieder.

„Sei froh, dass man dir bisher nichts getan hat. Nur dein lieber Freund Paul ist gefoltert worden – als Einziger."

Die anderen achtzehn Zelleninsassen lachten, als Francis dies sagte. Zu oft hatten sie sich schon von Paul seinen schrecklichen Albtraum ausführlich erzählen lassen. Egon nickte verschüchtert, lächelte nun aber auch verhalten. Nun mischte sich Paul wieder ins Gespräch.

„Sei froh, dass du keine Angehörigen hast, Egon!"

„Warum zum Teufel, soll ich jetzt schon wieder froh sein? Fängst du jetzt auch noch an, mich zu foppen, Paul?" Egon wurde langsam närrisch.

„Nein gar nicht. Tut mir leid! Aber wenn du Angehörige hättest, dann müsstest du dich nicht nur um dich selbst Sorgen machen. Stell' dir vor, du hättest eine Familie und Kinder, oder du hättest einfach nur eine Frau!"

Jetzt kicherte Jack los. „Stellt euch vor, der kleine Egon hätte eine Frau. Der wüsste ja gar nicht, was er mit 'ner feschen Deern anzufangen hätte!"

„Und ob ich das wüsste, ihr, ihr ...!"

Nun lachten alle – außer Egon. Der lief puterrot an, aber das konnte in der düsteren Zelle zum Glück niemand bemerken.

Plötzlich näherten sich der Zelle Schritte. Die klangen nicht so, als ob jemand Wasser, oder Essen bringen würde. Am Klirren der Waffen erkannten die Gefangenen, dass da irgendetwas anderes im Busch war.

Tatsächlich schritten nun etliche Bewaffnete durch die Gänge des Verlieses. Einige davon trugen Fackeln. Nun passierten sie die Gittertür von der Zelle, in der auch Paul saß. Er und die anderen Insassen erkannten sofort, dass dies keine Gefängniswärter waren. Zunächst atmete Paul auf, denn er fühlte sich unbehelligt, aber seine Erleichterung war nur von kurzer Dauer. Jetzt hielten einige der Kerle auch vor ihrer Zelle an, steckten den Schlüssel ins Schloss und öffneten die Gittertür. Schroffe, unverständliche Befehle auf Berberisch ließen die Insassen in eine Ecke drängen. Die drohenden Mündungen der Pistolen und die Gestik der Fremden reichte völlig aus. Nun mussten sich die Gefangenen erheben. Der Anführer ließ seine scharfen Blicke über die Gefangenen schweifen. Dann deutete er auf Egon, der sofort zu zittern anfing.

„Du bleibst!", sagte er auf Englisch. Auf dem schmächtigen Francis haftete der Blick des Tripolitaners etwas länger. „Du bleibst auch! Alle anderen mitkommen!"

Paul wusste nicht, was dies zu bedeuten hatte. Er hatte Mitleid mit Egon. Zu niemandem hatte das Pulveräffchen so viel Vertrauen wie zu ihm. Nun aber musste er ihn zurücklassen. Was geschah nun? Wer hatte jetzt mehr Grund zum Zittern? Egon und Francis, oder er selbst mit all den anderen?

Die Bewaffneten führten nun die Gefangenen hinaus ins Freie. Das Licht schmerzte in den Augen. Es war erst ein früher Morgen und die Sonne stand verdeckt hinter einer Wolkenwand noch sehr tief im Osten, aber diese Helligkeit waren die Gefangenen nicht mehr gewöhnt. Manche pressten die Augenlider zusammen. Paul und manch ein anderer hielten sich den Arm vor die Augen. Er war froh, dass die Sonne nicht an einem klaren Himmel stand, denn das hätten seine Augen nicht verkraftet. Zunächst war es schwer die Richtung zu halten. Stöße mit Gewehrkolben brachten die Abweichler schnell wieder auf Kurs.

„Wohin werden wir gebracht?", fragte Paul den neben ihm gehenden Jack.

„Vielleicht wollen die uns hinrichten", murrte Jack. Seine Stimme klang ängstlich.

„Oder zum Sklavenmarkt! Vielleicht will man uns verk..." Paul kam nicht mehr dazu, weiterzusprechen. Ein Musketenkolben stieß ihm in die Rippen.

Auch Jack bekam einen Stoß ab. Paul schwieg jetzt lieber. Weiter vorn sah er eine Menge andere Phillies.

Wohin werden wir getrieben, fragte er sich. Er kam sich vor, wie ein unschuldiges Lamm, welches zum Schlachthof getrieben wurde.

Nach einer Weile erkannte Paul, dass der Weg zum Hafen führte. Im ersten Moment keimte Hoffnung auf. Er dachte, dass sie vielleicht eingeschifft wurden, dass ein Schiff sie in Freiheit bringen würde. Es war gut möglich, dass die Phillies freigekauft worden waren, oder dass diplomatische Verhandlungen ihnen schon jetzt die Freiheit gebracht hatten. Aber was war dann mit Egon und Francis? Schon zerschlug sich wieder Pauls Hoffnung.

Jetzt verließ der Trupp die enge Gasse und folgte nun einer breiten Straße, die direkt auf ein offenstehendes Stadttor hinführte. Unten sah Paul zum ersten Mal wieder das Meer, welches sich heute mit friedlich anmutenden grauen Wogen zeigte. Doch die friedliche See sollte heute eher einem kriegerischen Akt dienen, dessen war sich Paul plötzlich sicher, denn kaum war das Stadttor passiert, wusste er, wohin der Marsch führen würde.

Die Constitution und die Enterprise dümpelten in der träge gewordenen See. Preble war in einer mürrischen Stimmung. Er sah nach oben, aber den Blick auf die schlaffen Segel hätte er sich ersparen können. Das Schlagen der kraftlosen Segel und das Knarren der umherpendelnden Blöcke sagten alles: Flaute!

Das Gefühl, das ich im Bauch hatte, hat mich nicht getrogen, dachte Preble zerknirscht. Seine Hoffnung, dass sich wenigstens zwei, drei Windstärken gehalten hätten, hatte sich in Luft aufgelöst, aber als der Ausguck nun von oben herabbrüllte, dass zwei Galeeren in Sicht seien, wusste Preble auch, dass seine Ahnung nicht ganz falsch gewesen war. Das war genau die ideale Wetterlage für Kaperfahrten von diesen schnellen Ruderschiffen. Nicht umsonst hatten die Völker der Antike solche Schiffe in ihren Kriegen eingesetzt. Die Griechen verpassten dann diesem Schiffstyp dann wegen seiner Schnelligkeit und Wendigkeit die Bezeichnung „Galée", was nichts anderes bedeutete als Wiesel. Mit dem Rammsporn am Bug wäre Schwertfisch eine noch passendere Bezeichnung gewesen. Damals waren diese Schiffe aber nicht besonders seetüchtig gewesen. Inzwischen waren viele Jahrhunderte vergangen und die Galeeren der Tripolitaner waren noch um einiges schneller geworden als die der Phönizier, Griechen und Römer. Natürlich war es selbstredend, dass diese beiden soeben gesichteten Schiffe Kanonen trugen. Wie viele und welchen Kalibers, war aus dieser großen Distanz nicht zu erkennen.

Die Galeeren liefen dicht vor der Küste Tripolitaniens ostwärts und hielten Kurs auf Bengasi. Es blieb noch genügend Zeit, um die Fregatte gefechtsklar zu machen. Würden diese Galeeren es überhaupt wagen, seine sowohl an Geschützen als auch an Besatzungsstärke weit überlegene Constitution anzugreifen – Flaute hin oder her? Preble machte sich jetzt mehr Sorgen um die Enterprise. Die lag ebenfalls hilflos dümpelnd in der Flaute. Der Toppsegelschoner war zu weit von Fregatte entfernt, um von ihr beschützt zu werden, war aber näher vor der Küste und somit auch näher am Feind. In der Flaute hatte die Enterprise mit ihren zwölf Stücken an 6-Pfündern nicht die geringste Chance gegen zwei Galeeren.

Preble wandte sich an den Bootsmann: „Setzen Sie schnellstens die beiden Pinassen aus. Wir müssen die Enterprise unterstützen!"

„Aye, Sir! Wird erledigt!"

„Und Sie Mr. Rodney,", Burt Rodney war der Lieutenant der Seesoldaten, „Sie lassen die Boote mit Drehbassen bestücken und die

Pinassen mit je 35 Mann bemannen. Ich möchte an jedem Riemen aber einen Seemann haben, also 16 Seeleute pro Boot. Das sind die besseren Ruderer und es muss so schnell wie möglich gehen. Ihren Seesoldaten geben Sie je zwei Musketen mit. Alles klar?“

„Aye, Sir!“

Mehr konnte Preble für sein kleines Begleitschiff derzeit nicht tun.

Zur gleichen Zeit saß John Wagner noch auf der Bramrah der Enterprise und spleißte zwei Tampen zusammen. Er war kurz vor der Fertigstellung des Spleißes. Zuvor hatte er noch einige Zeisinge ausgewechselt, die zum Einbinden der Toppsegel dienten. So wurden die Rahsegel auf einem Toppsegelschoner genannt. Langsam wurde es ihm da oben im Rigg zu heiß, während unten an Deck das Schiff bereits gefechtsklar gemacht wurde. Er sah in der Ferne die beiden Galeeren in schneller Fahrt dahingleiten. Ohne eine große Bugwelle aufzuwerfen, zischten sie durch die See. Wie von einer Maschine betrieben, bewegten sich die vielen Riemen im Gleichtakt.

Ob an einem dieser Riemen Paul saß? Damit käme es zu einem Gefecht, in dem Landsleute gegen Landsleute zu kämpfen hätten.

Wenn auf einem der beiden Galeeren drüben wirklich Paul wäre, dann würde mein eigener Bruder gegen mich eingesetzt werden, spekulierte John. Es war eine entsetzliche Vorstellung. Derzeit war die Enterprise so gut wie vollkommen hilflos. John wollte diese Gedanken gar nicht weiterspinnen. Er konzentrierte sich jetzt lieber auf seine Arbeit. Er musste den Spleiß fertigstellen, denn vorher durfte er nicht an Deck zurückkehren.

Plötzlich fingen einige Segel an zu schlagen. Diesmal war es nicht die Dünung. Jetzt drückte auf einmal Wind gegen das Tuch. Leider von der falschen Richtung. John wusste, dass es jetzt Arbeit gab, aber auch die Chance diesem ungleichen Kampf zu entgehen.

Paul vermied jedes Stöhnen. Es war ein mühseliges Geschäft, dem er gerade nachging. Die Wochen im Kerker und seine Verletzungen, welche aber mittlerweile bestens ausgeheilt waren, hatten ihn geschwächt. Die Wundsalben der Barbaren hatten wahre Wunder vollbracht. Carl Schumaker, der Schiffsarzt der Philadelphia war im Vergleich zu den tripolitanischen Ärzten ein reiner Quacksalber. Jetzt stemmte sich Paul in den Riemen. Den Takt bestimmte der Vormann, der am inneren Ende des Riemens saß, direkt neben dem Laufsteg, der vom kanonenbewehrten Bugkastell bis zur

Heckplattform mit den Rudergängern und den Offizieren führte. Während der Vormann sich stark nach vorne beugend in die Ruderducht zurücksetzte und damit das Anheben des Riemens einleitete, folgte Paul gemäßigt dem Ablauf. Er saß mittig auf der Ducht. Links von ihm saß sein Schicksalsgefährte Karl Schuster und ganz links der Vormann, welcher zwar den Hebelgesetzen folgend die größten Bewegungen machen musste, aber sich gleichzeitig am wenigsten anstrengen musste. Rechts neben Paul saß ein bösartig dreinblickender Orientale. Paul wagte es nicht, ihm ins Gesicht zu sehen. Seine Schlussfolgerung war, dass dies ein gefährlicher Schwerverbrecher war.

Jetzt musste Paul sich wieder ein wenig erheben und gleichzeitig kraftvoll am Riemen ziehen. Ganz außen saß ein muskelbewehrter, pechschwarzer Neger – vermutlich ein Sklave. Da der Mohr direkt neben der Bordwand saß und infolgedessen der geringste Hebelweg zur Verfügung stand, konnte dieser immer sitzen bleiben, musste aber gleichzeitig die schwerste Arbeit leisten. 24 Riemen waren an jeder Seite der Galeere, was zusammen 240 Ruderer machte. Aber egal, an welcher Stelle die einzelnen Rudersklaven saßen, jeder von ihnen war an den Fußgelenken angekettet und jedem Einzelnen von ihnen drohte die Peitsche, falls er aus dem Takt geriet oder von seinen Kräften verlassen wurde.

Paul schwitze schon lange und das, obwohl dieser Dezembertag alles andere als warm war. Einen Vorteil hatte das Schwitzen: Das Urinieren erübrigte sich fast völlig.

Trotzdem war der Geruch an Bord entsetzlich. Der war fast schlimmer als der in der Kerkerzelle. Trotz der guten Seeluft erfüllte hier an Bord der Gestank von Urin und Kot den ganzen Schiffsraum. Keinem Ruderer wurden die Ketten abgenommen, nur weil er austreten wollte.

Wie alle anderen Ruderer trug auch Paul kein Hemd. Dieses wäre ohnehin schon längst nass geschwitzt. Nun bot sein blanker Rücken nicht mehr den geringsten Schutz gegen die fast willkürlich anmutenden Peitschenschläge. Paul biss die Zähne zusammen. Wieder hatte er einen Schlag erhalten. Womit hatte er das verdient? Er war nicht außer Takt geraten. Er war den Bewegungen des Vormanns synchron gefolgt und dieser richtete seine Vorgaben voll und ganz auf die dumpfen Trommelschläge ein, mit denen ein wild aussehender Schwarzer, der im hinteren Bereich des Laufsteges saß, den Takt angab.

Die beiden Galeeren zischten durch die glatte See. Die schlanken Rümpfe schnitten sich durch die niedrigen Wellen so wie heiße Messer durch Butter. Die roten Segel an den überlangen Lateinerrahen an den beiden Masten waren eingebunden. Ein wenig Wind hätte den Ruderern ihre Arbeit durchaus erleichtern können. Die nahe Küste zog beständig vorbei, aber wo das Ziel war, konnte keiner von den armen Teufeln an den Riemen der beiden Schiffe wissen.

Die Galeeren waren nun schon seit über zwei Stunden auf See. Eine gleichmäßige und eintönige Fahrt ohne Windunterstützung und ohne besondere Vorkommnisse. Plötzlich erscholl auf der vorderen Galeere ein Ruf aus dem Mastkorb des höheren Mastes. Der Ausguck deutete hinaus auf See. Auf dem Achterdeck machte sich Unruhe breit. Irgendetwas war gesichtet worden. Die Rudergänger drückten die lange Pinne zur Seite. Während das Schiff zuvor einen Kurs parallel zur Küste gehalten hatte, schwenkte der spitze Bug nun langsam und nur für wenige Grad seewärts.

Für die Ruderer änderte sich wegen der Kursänderung vorerst gar nichts. Paul wurde langsam nervös. Sicherlich war er aber da nicht der Einzige. Was war da im Gange? Sicherlich nichts Gutes, denn plötzlich erhöhte der Trommler den Takt und damit die Schlagzahl. Paul konnte sich jetzt keine Gedanken mehr darüber machen, was die Schiffsführung auf der Galeere beabsichtigte, denn die Peitschenschläge häuften sich. Er konnte die Leuteschinder, welche die Peitsche schwangen, derzeit nicht sehen, aber allein das Stöhnen oder das Aufschreien der Geschlagenen war schlimm genug. Nun bemühte er sich, der höheren Schlagzahl an den Riemen ungestraft nachzukommen.

Paul sah achteraus und bemerkte, dass auch die zweite Galeere nach dem Kurswechsel schneller geworden war. Nach einer Weile nahm er wahr, dass immer mehr Ruderer dort hinten, aber auch auf seinem Schiff kurz die Köpfe drehten. Hier folgte meist ein leises Flüstern. Die Richtung, in der es etwas zu sehen gab, war sowieso klar. Dazu musste er nur auf die Blicke, manchmal auf die ausgestreckten Arme der Schiffsführung achten. Irgendwann wagte es auch Paul, seinen Kopf zu drehen. Zuerst nahm er nur den Toppsegelschoner wahr, der ohne Wind in der Dünung schaukelte. Dann wartete er eine Weile, bis sich der Barbar mit der Peitsche wieder entfernt hatte. Dann sah er sich nochmals um. Jetzt wusste er genau, auf welche Richtung er sich konzentrieren musste. Nun aber wurde das zur Gewissheit, was er zuvor schon geahnt hatte: Bei dem

Schiff handelte es sich um kein anderes als die Enterprise. Ohne Zweifel! Nach einer gewissen Pause wagte Paul noch einen dritten Blick. Das Schlimmste, was er sich vorstellen konnte, war jetzt ohne jeden Zweifel: Es war das Schiff, auf das sein Bruder John im Oktober abkommandiert worden war. Und im Hintergrund hatte er noch eine Fregatte gesehen, welche fast ein Ebenbild der Philadelphia war. Pauls korrekte Feststellung wurde mit einem Peitschenhieb belohnt. Er stöhnte laut auf, verbiss sich aber einen Schrei.

Schlimmer noch als der Schmerz des Peitschenhiebes war die Vorstellung, dass es nun in den Kampf ging. In einen Kampf, bei dem er selbst dazu beitragen musste, den eigenen Bruder auf den Meeresgrund zu schicken.

Paul hatte nur wenige Zweifel, dass es so kommen musste. Beim Betreten des Schiffes im Hafen von Tripolis hatte er die vier schweren, langröhrigen Jagdkanonen am Bug gesehen. Dazu trug die Galeere auch noch einige Karronaden und viele Drehbassen der Länge nach, quer zum Schiff, zudem zwei achteraus gerichtete Kanonen am Heck. Was hatte die Enterprise dem entgegenzusetzen? Zwölf 6-Pfünder und das bei Flaute. Unter diesen Bedingungen war das fast gar nichts.

Paul wurde angst und bang. Sollte er zum Bruder-Mörder werden? Schweiß rann über Pauls Stirn. Dies kam nicht allein von der Anstrengung. Die Entfernung zu dem fast wehrlosen Opfer wurde immer geringer. Gleichzeitig wurde Pauls Nervosität und damit seine Verzweiflung immer größer. Die Zeit, die verblieb, reichte nur noch, um ein Gebet zum Himmel zu schicken.

Anscheinend war Pauls Gebet erhört worden. Plötzlich fühlte er einen Windstoß auf seinem verschwitzten Rücken. Irgendwie war es auch kälter geworden. Trotz der Anstrengung vor lauter Riemen pullen, fühlte er die Veränderung. Auch die Wolken über den Köpfen waren dunkler geworden. Der Schweiß auf seinem Körper fühlte sich kälter an als zuvor. Irgendwie anders.

Karl, der zu seiner Linken saß, sagte: „Es regnet!"

Paul schöpfte wieder Hoffnung. Er hatte jetzt nämlich wahrgenommen, dass die Galeere immer heftiger zum Stampfen und zum Rollen anfing. Der Regen brachte auch Sturmböen mit sich. Das Pullen wurde immer schwieriger. Die Rollbewegungen um die Längsachse des Schiffes erforderten nun ständig andere Winkel zum Eintauchen der Riemen. Nur die Geübten schafften es, die Ruderbewegungen an die Schiffsbewegungen und an die

Wellenhöhe anzupassen. Andere kamen außer Takt. Selbst der Trommler wusste nicht mehr so recht, welche Trommelschläge er vorgeben sollte. Die Schiffsoffiziere fluchten laut.

Wieder drehte sich Paul um und sah jetzt etwas, das sein Herz freudig höherschlagen ließ. Er sah seinem Nachbarn freudestrahlend ins Gesicht.

„Was ist", fragte Karl.

„Schau doch selbst nach!"

Jetzt drehte sich auch Karl um. Grinsend blickte er Paul in die Augen. „Die Enterprise haut ab. Gott sei's gedankt! Ich frage mich nur, warum die Barbaren keine Segel setzen?"

„Bei diesen Böen?" Karl sah Paul verwundert an. „Bei diesem Wind würden diese ranken Schiffe sofort kentern!"

„Ja wozu sollen denn die Segel dann gut sein?"

„Bei günstigen Verhältnissen würden die Segel uns arme Schweine von unserer Drecksarbeit entlasten. Dazu dienen sie!"

Jetzt hörte Paul das laute Aufschnalzen einer Peitsche. Er sah in das schmerzverzerrte Gesicht von Karl, hörte den Aufschrei. Im selben Moment klatschte die Peitsche auch auf seinen Rücken. Nun schrie er selbst vor Schmerz auf. Dieser Hieb war bedeutend heftiger als alle Hiebe zuvor. Er spürte, wie warmes Blut an seinem Rücken hinunterrann. Seltsamerweise hatte ihm dieser Peitschenschlag innerlich gar nicht weh getan. Paul fühlte sich sogar glücklich. Aus dem Kampf Kain gegen Abel wurde wohl nichts. Trotz der Gefahr, wieder geschlagen zu werden, blickte sich Paul nochmals um. Der Regen entwickelte sich nun zu einem heftigen Schauer, während sich die Sicht drastisch verschlechterte. Aber eines hatte Paul noch erkennen können: Die Enterprise zeigte die Hacken und näherte sich mit rasch zunehmender Fahrt der Fregatte. Auch die hatte in der Zwischenzeit Wind abbekommen.

Preble beobachtete, wie die Enterprise langsam Fahrt aufnahm. Irgendwie war es dem Schoner gelungen, eine Prise Wind aufzunehmen. Gott sei Dank! Die Galeeren waren längst in bedrohliche Nähe gekommen. Aber noch war kein Schuss gefallen. Die Wolken landwärts verdunkelten sich zunehmend. Die Sicht verschlechterte sich dermaßen, dass die Galeeren, die plötzlich zum Stampfen und Rollen anfingen, trotz der geringer werdenden Entfernung kaum noch wahrzunehmen waren. Es sah ganz nach Regen aus.

Nicht so die Constitution. Die Fregatte dümpelte immer noch antriebslos in der leichten Dünung. Kein Wind strich durch ihre Takelage. Jetzt blitzten sogar einige Sonnenstrahlen durch ein Loch in der Wolkendecke.

Preble sah durch sein Teleskop den Pinassen hinterher. Sie würden die Enterprise in Kürze erreichen. Und dann? Machte es dann noch Sinn, Verstärkung anzubieten? Der Schoner hatte nun gute Chancen den beiden schnellen, aber wenig seetüchtigen Galeeren zu entkommen. Doch für die beiden Pinassen könnte es böse ausgehen.

Jetzt drehten die Beiboote endlich ab, machten fast auf der Stelle kehrt. Der ablandige Wind bot ihnen nun Hilfe. Zurück zum Mutterschiff ging jetzt schneller als zuvor in der Gegenrichtung. Dort strich bereits der erste Windhauch durch die Segel der Constitution. Die Enterprise zeigte jetzt, was in ihr steckte. Sie jagte nun bei einer starken Krängung mit einer weiter anschwellenden Bugwelle dahin, entfernte sich dabei immer weiter von den beiden Galeeren, welche nun ihren Kurs änderten. Der Feind hatte wohl erkannt, dass ihm der Schoner als vermeintlich leichte Beute, durch die Lappen gegangen war.

Obwohl Neptun den Amerikanern wohl gut gesonnen war, fühlte sich Preble trotz alledem etwas verstimmt. Eigentlich hätte er sich freuen müssen, denn sein Begleitschiff war aufgrund der plötzlichen Böen einer nahezu aussichtslosen Lage entkommen. Er ärgerte sich nur wegen der unnützen Verzögerung, welches die vergebliche Überfahrt zur Enterprise und das Wiederaufnehmen der Beiboote mit sich gebracht hatte. Dabei gab er niemandem die Schuld, außer sich selbst. In der Zwischenzeit waren die Galeeren, die ja dummerweise in Luv waren, längst in einer Regenwand verschwunden. Mit seiner Fregatte konnte er sich eben nicht so nahe an die Küste heranwagen – der Constitution sollte doch tunlichst das Schicksal der Philadelphia erspart bleiben – und selbst der Toppsegelschoner mit seinen exzellenten Segeleigenschaften, konnte es nun selbst mit dichtgeholten Segeln nicht schaffen, gegen die Galeeren, einen Gegenangriff zu fahren. Kein Wunder, denn die Feinde waren genau gegen die Windrichtung in der Regenwand verschwunden. Trotzdem hoffte Preble darauf, die beiden Korsaren später wieder aufzuspüren.

So schnell die Sturmböen gekommen waren, so schnell hörten sie auch wieder auf. Was blieb war der Regen, die Kälte und die schlechte Sicht. Es dauerte auch noch eine geraume Weile, bis die aufgewühlte See sich wieder beruhigte. Die beiden Galeeren zogen jetzt unter Lateinersegeln südwärts. Allerdings waren sie jetzt sehr viel weiter vom Land entfernt als vorher darauf hoffend, dass die beiden Kriegsschiffe der Ungläubigen nahe an der Küste nach ihnen Ausschau hielten.

Paul und all die anderen Rudersklaven waren froh über den Wind, der ihnen eine Pause verschafft hatte. Über ihren Köpfen blähten sich große, bauchige und blutrot gefärbte Dreieckssegel. Noch rollten die schmal gebauten Schiffe und stampften in den immer noch anhaltenden Wogen, sodass Rudern im Moment eher hinderlich wäre. Paul war auch sehr glücklich darüber, dass er und seine Landsleute keine Beihilfe zu einem Angriff auf amerikanische Schiffe geleistet hatten. Nun aber war er glücklich, dass die Galeeren bei dieser schlechten Sicht vor den Augen des Ausgucks der Fregatte so gut wie unsichtbar waren. Zwar regnete es nicht mehr, aber die jetzige Sicht betrug nur wenige Meilen. Er wusste, dass eine Begegnung mit der großen Fregatte bei diesen Windverhältnissen tödlich wäre. Tödlich für die Galeeren und tödlich für ihn und alle anderen Ruderer, egal welcher Herkunft. Denn alle waren mit Fußschellen angekettet. Ein Untergang des Schiffes würde alle Ruderskalven mit in die Tiefe ziehen und in den sicheren Tod reißen.

Stunden später hatte der Seegang sich wieder beruhigt und die Sicht war wieder bedeutend besser geworden. Pauls Ahnung schien grausame Wirklichkeit zu werden, als der Ausguck auf dem Vormast der Galeere wieder eine Sichtung ausrief. Paul konnte achteraus nichts bemerken und so drehte er wieder seinen Hals, um nach vorne blicken zu können. Zunächst konnte er auch voraus nichts ausmachen. Doch nun blieb keine Zeit mehr sich Gedanken darüber zu machen. Obwohl er kein Wort der gebrüllten Befehle verstand, war ihm sofort klar, dass jetzt wieder gerudert werden musste. Während die sehr schweren und überlangen Riemen wieder aufgenommen und in die Dollen gelegt wurden, bargen die tripolitanischen Seeleute die Segel. Dies ging sehr schnell, denn die Lateinerrahen wurden einfach bis auf den Laufsteg heruntergefiert, sodass die Segel in sich zusammenfielen. Erst dann wurden die Segel an die Rah eingebunden. Währenddessen nahmen die 240 Ruderer an den 48 Riemen wieder ihre Arbeit auf. Der Trommler gab wieder den Rhythmus vor, wobei dieser immer schneller und schneller auf das Trommelfell einschlug.

Schon nach kurzer Zeit fing Paul zu pusten an. Erst jetzt begriff er, dass all das Pullen an diesem Tag nichts war im Vergleich mit der

Schnelligkeit und der damit verbundenen Anstrengung jetzt. Aber war dies nun? Eine Flucht oder eine Angriffsfahrt? Bei einer Flucht hätte man wohl kaum die Segel geborgen. Wieder drehte er sich um und schon wieder erhielt er die Peitsche. Der kurze Blick aber hatte genügt. Das Schiff, welches er ein Stück vorausgesehen hatte, war weder eine Fregatte noch ein Schoner. Es hatte zwei rahgetakelte Masten und war somit wohl eine Brigg. Fünf kleine Kanonen hatte er an der Backbordseite gesehen, die bereits ausgerannt waren.

Nun änderten die beiden Galeeren ihren Kurs. Ihre Schiffsführung dachte nicht im Traum daran, die Brigg seitlich unter Beschuss zu nehmen. Stattdessen folgten die flinken Galeeren dem ungeschützten Heck der Brigg. An der Gaffel wehte eine rote Flagge, mit einer weißen Burg oder einem Stadttor mit drei Türmen.

Paul flüsterte zu Karl, während er angestrengt den Riemen durchzog: „Ich glaube, ich habe die Hamburger Flagge erkannt."

„Dann ist dies ein deutsches Schiff. Müssen wir nun unsere ehemaligen Landsleute bekämpfen?"

Sollte es nun doch zu diesem schrecklichen Zusammentreffen kommen, bei dem Christen gezwungen wurden gegen Christen zu kämpfen, Europäer gegen Europäer, Deutsche gegen Deutsche? Ein grauenhafter Gedanke.

„Ich befürchte es!"

Der wild aussehende Maure, der neben Paul saß, sah ihn böse an. Wenn Blicke töten könnten! In einem barschen Ton fauchte er Paul an. Jetzt schwiegen Karl und Paul lieber und stemmten sich widerwillig in den Riemen.

Plötzlich donnerte weit vorne eine Kanone auf. Die Galeere änderte schlagartig ihren Kurs. Vor dem Bug, also hinter den Köpfen der Ruderer hörte Paul wie eine Fontäne aufspritzte. Von nun an näherten sich die Verfolger im Zickzackkurs ihrer Beute. Der zweite Schuss der Brigg ließ eine hohe Wassersäule direkt neben Pauls Riemenblatt aufsteigen. Offiziere auf der Plattform am Heck brüllten Befehle. Jetzt geriet die Brigg unter Beschuss. Die schweren Geschütze am Bug der Jäger bellten bösartig auf. Zuerst auf der Galeere, auf der Paul ruderte, dann auf der anderen, welche mittlerweile dwars auf Parallelkurs dahinrauschte. Die Geschwindigkeit war wirklich beeindruckend.

Paul hörte splitterndes Holz. Er wagte es nicht mehr, sich umzudrehen. Dann gab es ein Zirpen, welches sich nach einem reißenden Segel anhörte, gefolgt von zwei dumpfen Schlägen. Vermutlich war eine Rah gebrochen und an Deck gepoltert.

Schmerzensschreie ertönten. Es war schrecklich, dies anhören zu müssen.

Jetzt ging auf beiden Galeeren ein triumphierendes Jubelgeschrei los.

Karl nutzte den Moment, drehte seinen Kopf und sagte dann: „Die Deutschen holen die Flagge ein."

Drüben auf der zweiten Galeere konnte nun Paul gut beobachten, was auch auf seinem Schiff vorne akustisch gut hörbar im Gange war: Die tripolitanischen Seesoldaten rüsteten sich zum Entern.

Tatsächlich drehte die hamburgische Brigg nach kurzem Beschuss bei, barg die Segel und ergab sich. Die beiden Galeeren wurden nun immer langsamer. Sie näherten sich immer mehr ihrem hilflosen Opfer. Dann bremsten sie mithilfe ihrer Riemen ab, bevor diese eingeholt wurden. Waffenstrotzend enterten die Barbaresken die unterlegene Brigg. Die tripolitanischen Seeleute übernahmen sofort das deutsche Schiff als Prise, die Seesoldaten kümmerten sich um die Gefangennahme der Besatzung. Bald darauf stießen die beiden Galeeren vom Rumpf der Brigg ab und eskortierten die Prise zurück nach Tripolis.

Von nun an drohte der Besatzung der Brigg das gleiche furchtbare Schicksal, wie all den Besatzungsmitgliedern von der Philadelphia.

Neptun hatte es mit der Enterprise wirklich gut gemeint. Nichts war ihr geschehen. Aber Prebles Hoffnung, danach wieder auf die Galeeren zu stoßen, hatten sich leider nicht erfüllt. Alle möglich gefahrenen Kurse, um wieder auf die Korsaren zu stoßen, waren vergeblich gewesen, wobei beide Kriegsschiffe in unterschiedlichen Richtungen gesucht hatten. Dieses verdammte Glück vergönnte Preble den Barbaren nun überhaupt nicht. Nun kreuzten Constitution und Enterprise nordöstlich von der Stadt Misrata und nördlich der Großen Syrte entgegen der anherrschenden Windrichtung zurück zu ihrer Station vor Tripolis.

Naturgemäß tat sich da der Schoner bei weitem um vieles leichter. Die Toppsegel waren auf diesem Kurs längst geborgen, denn diese Rahsegel waren für solch einen Kurs ungeeignet. Weit war es nicht mehr, vielleicht 50 Seemeilen. Prebles Groll wegen des Entkommens der beiden Galeeren führte dazu, dass es in seinem Magen wieder zu brodeln begann.

Lange nachdem die beiden Schiffe der Muselmanen außer Sicht waren, war es bereits Nachmittag. Auch die Glücksgöttin Fortuna hatte ihre Flügel über die beiden, Seite an Seite segelnden Schiffe

Constitution und Enterprise gelegt. Es war der Moment, in dem der Ausguck auf der Fregatte Segel sichtete. Sofort änderte diese ihren Kurs, um sich dem begleitenden Schoner anzunähern, der die bessere Position zu dem fremden Schiff hatte. Aufgrund der kleineren Masten, vielleicht auch, weil der Ausguck dort weniger aufmerksam war, oder keine so guten Augen hatte, war auf der Enterprise dieses Schiff noch gar nicht bemerkt worden. Nun aber ließ Preble die Sichtung per Flaggensignalen mitteilen.

Ein Midshipman auf der Enterprise bemerkte diese Signale als Erster. Sofort meldete er dies seinem Kommandanten.

„Sir, Flaggensignale von der Constitution!" Er deutete zur Fregatte hinüber, die ein wenig Steuerbord achteraus lief. „Sehen Sie, Sir? Dort!"

Stephen Decatur nickte. Nun wartete er auf die Wiederholung der Signale, welche nicht lange auf sich warten ließen. Er konnte diese Signale, von seiner Ausbildung her, noch recht gut selbst entschlüsseln, trotzdem fragte er seinen noch sehr jungen Signalgasten: „Was will man uns mitteilen, Mr. Burdon?"

„Segel gesichtet, Sir! In Luv!"

„In Luv also! Und was bedeutet das für uns?"

„Wir sind in der besseren Position als die Constitution, Sir! Außerdem sind wir mit unserem Schoner klar im Vorteil gegenüber einer rahgetakelten Fregatte."

„Richtig, junger Mann!", bestätigte Decatur. „Und jetzt bestätigen Sie das Signal!"

„Aye, aye, Sir!"

„Ausguck!", brüllte Decatur lautstark nach oben. „Siehst du schon etwas?"

Es dauerte noch eine kurze Weile, bis der Ausguck die Segel gesichtet hatte. Dann erst rief er: „Segel in Sicht! Dort zwei Strich Backbord voraus!"

Mittlerweile hatte der junge Midshipman die richtigen Signalflaggen aus dem Sortiment geholt und gab mit ihnen zuerst das Signal einer Bestätigung, danach eine Wiederholung des von der Fregatte angezeigten Signals.

Ronald Burdon musste noch viel lernen, bevor er eines Tages selbst ein Schiff würde befehligen können. Um ihn zu prüfen, stellte ihm sein Kommandant noch eine weitere Frage: „Und wie sieht es mit dem fremden Schiff aus?"

„Nun, uns gegenüber ist es klar im Luvvorteil. Es hat aber nicht viel davon, weil unsere Enterprise viel höher in den Wind gehen kann als diese Ketsch und in Lee hat er einen Kriegsschoner und eine Fregatte!"

„Richtig! Damit kann die Jagd beginnen!" Decatur gab dem Rudergänger seine Anweisungen für eine Kursänderung. Dann ließ er sein Schiff so hart wie möglich an den Wind bringen.

Die Matrosen holten sofort die Schoten noch dichter. Jetzt konnte er mit seinem Schoner die Vorteile gegenüber einer Fregatte voll ausspielen.

In der Zwischenzeit war Decatur selber in die Wanten gestiegen. Auf der Großsaling stehend richtete er sein Teleskop aus. Aufgrund der starken Vergrößerung war es gar nicht so einfach, auf einem rollenden Schiff ein Objekt zu finden, aber da man das fremde Schiff nun schon mit bloßem Auge sehen konnte, hatte Decatur es Schiff bald vor der Linse. Es war ein kleiner Zweimaster, welcher typisch für die mediterranen Gewässer war. Um es genau zu sagen, handelte es sich um eine Ketsch, denn der größere Mast vorne trug drei Rahsegel, wogegen der zweite nur ein kleines Rahsegel trug sowie ein Gaffelsegel. Da es nicht mit Lateinersegeln getakelt war, konnte es zwar vom Typ her nicht eindeutig als typisch maurisches oder osmanisches Schiff bezeichnet werden, wogegen die Flagge nichts Gutes verhieß. Es war die Türkische, ein weißer Halbmond und Stern auf rotem Tuch. Bei einer grünen Flagge wäre sowieso alles klar gewesen, denn dann hätte es sich um ein tripolitanisches Schiff gehandelt. So aber war vorerst noch alles offen. Ein türkisches Schiff konnte nicht so ohne weiteres versenkt, oder als Prise genommen werden. Vielleicht aber transportierte es Konterbande, vielleicht fuhr es einfach nur unter falscher Flagge. Es würde schon völlig ausreichen, wenn mehrere Tripolitaner an Bord wären. Jedenfalls hatte Decatur nun Grund genug, die Ketsch zum Stoppen zu bringen.

Vorerst war er jedenfalls zufrieden. Zuvor noch war seine Stimmung sehr am Schwanken gewesen. Einerseits war er dankbar darüber hilflos in einer Flaute liegend von zwei Galeeren gleichzeitig in die Zange genommen, doch noch heil davongekommen zu sein. Zuvor schien diese schreckliche Situation schier aussichtslos zu sein. Dann aber, nachdem wieder guter Wind aufgekommen war, hatte er sich fürchterlich geärgert, dass die beiden Galeeren, trotz gemeinsamer Suche durch die Constitution und sein eigenes Schiff entkommen waren. Nun stellte er sich einer neuen Herausforderung. Wie der junge Midshipman richtig erkannt hatte, konnte die Ketsch seinem Schoner selbst luvwärts nicht entkommen.

Und an meiner Enterprise kommst du mir nicht vorbei, du nicht, sagte sich Decatur, bei dem das Jagdfieber längst ausgebrochen war.

„Klar zur Wende!", befahl der Kommandant der Enterprise.

Er liebte seinen Toppsegelschoner. Wie viel einfacher es doch mit solch einem Schratsegler war, eine Wende zu fahren. Es ging auch sehr viel schneller als mit einem Rahsegler. Decatur warf einen Blick hinüber zur Constitution, die mit ihrer Wende schon viel früher begonnen hatte, aber immer noch nicht ganz fertig war. Zwar war ihr Bug inzwischen schon durch den Wind gegangen, aber noch hatte die Fregatte keine Fahrt aufgenommen. Solch ein Rahsegler kam während des Brassens gegen den Wind erst einmal zum Stillstand, nahm meist sogar geringe Fahrt achteraus auf, bevor es endlich wieder vorwärts ging. Währenddessen hatte die Enterprise längst Höhe gutgemacht.

„Holt über den Außenklüver!"

John Wagner legte sich zusammen mit seinen Kameraden ins Zeug. Der Kommandant hatte dieses Segel bis zum letzten Moment stehen lassen. Vorher noch hat der Wind den Bug herumgedrückt, in dem er in das backstehende Segel geblasen hatte, jetzt war die Wende geschafft. Nun musste die Außenklüverschot dichtgeholt und durchgesetzt werden, was Kraft und Schnelligkeit erforderte.

John gefiel diese Arbeit durchaus. Hier an Bord war alles ganz anders als auf so einem Dickschiff wie einer Fregatte. Hier war alles viel kleiner und es herrschte noch mehr Enge, obwohl natürlich die Besatzungsstärke sehr viel geringer war. Vielleicht war dies der Grund, warum die Kluft zwischen den Männern hinter dem Mast, also dem Kommandanten und den Offizieren sowie den Männern vor dem Mast, zu denen die Matrosen gehörten, nicht gar so groß war. Die Anzahl der Tampen für das laufende Gut machte hier nur einen Bruchteil dessen aus, was John an Bord der Philadelphia gesehen hatte. Diese Wendemanöver jetzt hatten es genau gezeigt. Zwischen den beiden Schiffen, die Seite an Seite Jagd auf einen vermeintlichen Feind machten, war ein Unterschied, wie der zwischen einem wilden Mustang und dem schweren Schlachtross eines Ritters.

Schon jagte die Enterprise der Ketsch hinterher. Diese halste, um von ihrem Nordkurs wieder auf Süd zu gehen. Sie suchte wohl ihr Heil in der Flucht zurück nach Tripolis, woher sie vermutlich gekommen war.

„Die Ketsch scheint mir nicht allzu schnell zu sein", meinte John zu seinem Kameraden Bob Kingsley.

„Diese Kameltreiber kriegen wir, so oder so! Oder bist du anderer Meinung, John?"

„Keinesfalls! Und wenn wir die haben, schaut für uns sicherlich eine Extraration Rum raus, nicht wahr?"

„So ist es! Vielleicht hat die Ketsch auch wertvolle Ladung an Bord. "

„Und wenn nicht, dann steht uns wohl trotzdem Prisengeld zu. Was meinst du, Bob?"

„Ich habe da keine Zweifel! Du etwa?"

„Nein, aber mir geht es gar nicht nur um die Anteile."

„Sondern?"

„Um Genugtuung. Wegen Paul, meinem Bruder!"

„Ach, verstehe! Du hast mir davon erzählt. Hast du immer noch Schuldgefühle?"

„Schon! Wenn ich wüsste, dass die Barbaren irgendwas Schlimmes mit ihm gemacht haben, dann würde ich schon jetzt nach Rache dürsten."

„Da solltest du jetzt gar nicht daran denken, John!"

„Nicht? Wann denn dann?"

„Erst wenn's ans Entern geht. Mann gegen Mann! Dann solltest du daran denken. Heb' dir deine Wut bis dahin auf, denn dann kannst du mit doppelter Kraft zuschlagen."

John nickte.

Da hat mein Kamerad wohl recht, dachte er im Stillen.

Mittlerweile kämpfte sich die Enterprise zielstrebig nach Luv voran. Die Küste zeigte inzwischen schon deutlichere Konturen. Allerdings war das Stampfen und Rollen an Bord des Toppsegelschoners zunehmend weicher geworden. Ursache war – genau wie es John vermutet hatte – die Landabdeckung.

Stephen Decatur dachte gar nicht daran, auf den Windvorteil zu verzichten. Er befahl eine Kursänderung, sobald sein Schiff gegen einen gemäßigteren Seegang ankämpfen musste, gleichzeitig aber immer noch reichlich Wind in die Segel blies.

Nun war die Enterprise mit Geschwindigkeitsvorteil auf Parallelkurs mit der Ketsch und holte folglich immer mehr auf. Auch die Fregatte, der der Seegang weiter draußen nur wenig zu schaffen machte, konnte aufholen.

Geduld, Geduld, sagte sich Decatur zum wiederholten Male. Die Zeit zum Zuschlagen kommt noch.

Nun ließ er sein Schiff gefechtsklar machen. Auf einem Schoner dieser Größe ging alles recht schnell. Die Wege zum Pulvermagazin waren nicht sehr weit, was Zeit zum Klarmachen der zwölf 6-Pfünder-Kanonen sparte. Das Deck war nicht sehr groß, sodass dieses bald mit Sand bestreut war. Der Sand sollte dem Ausrutschen auf blutigen Lachen entgegenwirken. Allerdings wusste Decatur, dass er sich darüber jetzt seinen Kopf nicht zerbrechen musste. Dafür hatte er seine Leute. Seine Crew war gut gedrillt und aufgrund einer ganzen Reihe an Erfolgen hoch motiviert. Jetzt richtete er sein Augenmerk viel mehr auf dieses vermeintlich türkische Schiff.

An Bord tummelten sich reichlich viele Orientalen. Anhand der Gesichter der braungebrannten und meist schwarzhaarigen Besatzung mit ihren Spitzbärten, ihren Pumphosen und Schärpen, den diversen Kopfbedeckungen wie Turbanen oder die runden roten Hauben, welche typisch für Türken waren, waren dies dort drüben eindeutig Muselmanen. Da diese nicht beidrehten, sondern ihr Heil in der Flucht suchten, war dies für Decatur Grund genug in die Offensive zu gehen. Nun setzte er erneut sein Teleskop an. Er musste zunächst die Gegner richtig einschätzen. Die Ketsch war weder so schnell noch so wendig wie sein moderner Toppsegelschoner. Der war erst vor vier Jahren in Baltimore erbaut worden. Dort wurden derzeit die schnellsten Schiffe gebaut. John Spencer war einer der findigsten Schiffbauer dort. Zwar baute dieser keine sehr großen Schiffe, aber niemand verpasste seinen Neubauten dermaßen schnittige Linien mit solch spitz zulaufenden Vorsteven, die gar an die scharfen Klingen von Bowiemessern erinnerten.

Von der Anzahl der Besatzung könnten beide Schiffe ebenbürtig sein, spekulierte Decatur. Allerdings glaubte er nicht, dass diese Ketsch dort ein Korsar war. Zwar trug auch diese vier Kanonen, wobei zumindest die zwei an Steuerbord bereits ausgerannt waren, und sah auch, dass einige der Männer dort Säbel trugen, aber als Freibeuter war dieses Schiff weder aufgrund seiner Bewaffnung noch aufgrund seiner Bauart geeignet.

Die Enterprise hat es schon mit ganz anderen Gegnern aufgenommen, war sich Decatur sicher. Ein zynisches Lächeln unterstrich seine Gedanken. Dazu wusste er die Constitution in seinem Rücken. Zwar hatte die Fregatte schwer damit zu tun, um weitere Höhe gut zu machen, aber allein der Anblick dieses mächtigen Kriegsschiffes musste für die Männer auf der Ketsch Abschreckung genug sein.

Decatur wandte sich an den vollbärtigen Stückmeister: „Mr. Morris?"

„Aye?"

„Ich lasse gleich ein bisschen abfallen, dann verpassen Sie der Ketsch einen Schuss vor den Bug!"

„Mit Vergnügen, Sir!"

Da die Enterprise bei einiger Krängung äußerst hart am Wind segelte und sich so in spitzem Winkel der Ketsch immer weiter annäherte, wäre derzeit ein Schuss hinter dem Heck des Gegners vorbeigegangen. Das hätte drüben eher Lacher hervorgebracht. Decatur war bereit, ein kleines Stück an gewonnener Höhe zu opfern, um einen gut gezielten Schuss vor den Bug der Ketsch zu setzen.

Nun meldete sich der Stückmeister bereit.

„Geschütz klar zum Feuern, Sir!"

„Rudergänger! Hart Steuerbord!"

„Aye, Sir! Hart Steuerbord!" Der Bug drehte schwungvoll herum, der Stückmeister peilte selbst über die vorderste Kanone, wartete den geeigneten Zeitpunkt ab und riss die Reißleine durch.

Es donnerte auf, während sich eine schwarze Pulverwolke über das Deck ausbreitete und der 6-Pfünder binnenbords rumpelte. Gleichzeitig stieg eine Fontäne knapp vor dem Bugspriet der Ketsch auf. Der Stückmeister grinste übers ganze Gesicht. Trotz seines fülligen Vollbartes konnte Decatur dies anhand der Fältchen neben den Augen des Stückmeisters gut erkennen.

Hurrarufe gelten über das Deck des Schoners.

„Bravo, Mr. Morris. Ein exzellenter Schuss!"

„Rudergänger! Fallen Sie wieder ab!"

„Abfallen, aye, Sir! "

Die Enterprise stürmte hart am Wind voran. Die Krängung war für ein Gefecht viel zu stark, aber das spielte keine Rolle. Decatur beabsichtigte keine kriegerischen Absichten. Nicht bevor die Herkunft der Ketsch eindeutig geklärt war. Allerdings würden die Muselmanen an einer Durchsuchung nicht vorbeikommen. Die beste Möglichkeit unnötiges Blutvergießen zu vermeiden war, die Ketsch wie ein Häscher bei einer Treibjagd vor die Flinte des Jägers zu treiben. In diesem Fall war sein Schoner der Häscher und die Fregatte der Jäger. Nach einer Weile hatte die Enterprise genügend Vorsprung, um den Kurs der Ketsch zu kreuzen. Wieder brüllte ein

6-Pfünder auf und schoss dem Türken backbords einen Schuss vor den Bug. Dann ein zweiter Schuss, der steuerbords direkt neben dem Rumpf eine Fontäne aufwarf.

Endlich hatten die Türken kapiert. Die Ketsch änderte ihren Kurs von Südsüdost auf Süd und ging mit der Enterprise auf Parallelkurs. Dabei näherte sie sich immer mehr dem Kurs der Fregatte an. An der Gaffel ging die türkische Flagge nieder. Kurz danach wurde sie aber wieder gesetzt. Diesmal aber wehte eine weiße Flagge über der Roten.

Decatur trieb die Ketsch direkt vor den Bug der Constitution. Als diese sich annäherte, wurden deren Unter- und Marssegel an allen Masten aufgegeit. Der türkische Kapitän hatte wohl begriffen, wollte wohl kein unnötiges Risiko eingehen, denn nun ging auch die Ketsch wieder auf Südkurs. Auch ihre Besatzung begann nun, die Rahsegel zu bergen. Langsam holte die Fregatte auf, nahm die Ketsch zwischen sich und seinem Begleitschiff in die Zange. Mit immer geringer werdendem Abstand segelten nun die drei Schiffe, dicht an dicht, auf Parallelkurs. Von zwei Seiten richteten sich drohend die Drehbassen auf den Schanzkleidern der beiden Kriegsschiffe auf das überfüllte Deck der Ketsch, auf dem die Kanonen schon längst wieder eingeholt worden waren. Nachdem die Ketsch ihre Rahen stark angebrasst hatte, machte sie unter minimaler Fahrt an dem hoch aufragenden, beinahe massigen Rumpf der Fregatte fest.

Die Muselmanen ergaben sich vor dieser immensen Übermacht. Unter lautstarkem Protest legten sie ihre Waffen nieder und erhoben ihre Hände. Nun mussten sie es hinnehmen, dass eine bis an die Zähne bewaffnete Entermannschaft einer amerikanischen Fregatte ihr Deck enterte und unter einer vorläufigen Prisenbesatzung ihr Schiff übernahm.

Decatur platzte fast vor Neugierde. Was würde der Kommodore mit den Muselmanen anfangen? Hatte er das Recht, diese Leute, welche aus einer ziemlich gemischten Mannschaft bestand, gefangen zu nehmen? Konnte ein türkisches Schiff überhaupt als Prise genommen werden? Oder musste man nun die Ketsch wieder fahren lassen? Woher kam sie und was war ihr Ziel? Wie schnell würden sich all diese Fragen klären lassen?

Am liebsten wäre Decatur bei der Befragung des Kapitäns, der Kontrolle der Schiffspapiere und der Pässe dabei gewesen. So aber durfte er nur in geringer Distanz nebenher segeln. Er war bis zum äußersten angespannt, obwohl derzeit überhaupt keine Gefahr bestand. Er konnte nur beobachten, was an Deck der Ketsch vor sich ging. Es dauerte eine geraume Weile, eine Zeit, die Decatur wie eine Ewigkeit vorkam, bevor er sah, wie die Besatzung der Ketsch unter den Mündungen vieler Musketen an Bord der Fregatte klettern musste. Also nahm Preble die Besatzung der Ketsch tatsächlich gefangen.

Schon vorher war Decatur die weit nach oben ausgebeulte Persenning aufgefallen, mit welchem die Kuhl der Ketsch, die bis vor den Vormast reichte, seefest abgedeckt war. Nun öffnete die Prisenbesatzung halbseitig diese große Segeltuchabdeckung. Jetzt war Decatur bis aufs Äußerste gespannt. Was verbarg sich darunter? Mehrere Seeleute der Constitution hoben nun die Persenning an und schlugen sie über dem höchsten Punkt, der immerhin mannshoch war, zurück. Damit hatte Decatur nun nicht gerechnet. Hervor kam ein steiles, schräg nach vorne gerichtetes Kanonenrohr. Genau genommen handelte es sich um einen Mörser. Die türkische Ketsch war also keine gewöhnliche Ketsch, sondern eine Bombenketsch. Eine dieser seltenen, aber äußerst nützlichen Mörserschiffe.

Nachdem fast alle Besatzungsmitglieder der Constitution und der Enterprise dieses verborgene Hauptgeschütz der Ketsch gesehen hatten, wurde die Persenning wieder geschlossen. Decatur hatte genug gesehen. Da hatte man eine gute Beute gemacht. Trotz des beinahe zum Unglück gewordenen Tagesanfanges war wieder ein Erfolg zu verbuchen. Zweifel daran, dass mit diesem Schiff keine legitime Prise erbeutet worden war, hatte Decatur nun keine mehr. Leider ließ ihm Preble immer noch keine detaillierten Informationen zukommen. Vermutlich erhoffte er sich als junger Lieutenant ein bisschen zu viel. Würde er und seine Crew überhaupt einen gewissen Anteil am Prisengeld erhalten? Diesbezüglich quälten Decatur noch gewisse Zweifel. Oder würde der Kommodore den Erfolg für sich selbst einstecken? Was geschah jetzt als Nächstes? Die einzige Frage, die nun mittels einer Sprechtüte beantwortet wurde, war der neue Kurs.

„Neuer Kurs Nord! Im Verbund nach Malta!"

Decatur bestätigte den Erhalt des Befehles. Nun ließ er die Segel wieder durchsetzen. Die Enterprise nahm wieder Fahrt auf und wartete, bis die Ketsch ihre Halse vollendet hatte.

Dann befahl auch er: „Klar zur Halse!"

Noch bevor die Dunkelheit hereinbrach, segelten drei Schiffe im Verbund nordwärts.

Vom anstrengenden Rudern völlig zermartet lag Paul mit seinen Kameraden wieder in seiner Gefängniszelle. Es war ein äußerst anstrengender und zermürbender Tag gewesen. Zum Glück hatte es keinen Kampf gegen die Enterprise, oder gegen ein anderes amerikanisches Schiff gegeben. Doch das Einnehmen des hamburgischen Handelsschiffes war schlimm genug gewesen. Auch diese Leute waren Landsleute von Paul, wobei er zwar unter Zwang seinen Beitrag geleistet hatte, dass dies geschehen konnte. Schrecklich! Es waren Deutsche, genau wie er selbst. Und nun hatten diese armen Schweine ihr Schicksal mit ihm zu teilen.

Trotz allem fiel Paul schon kurz darauf in den Schlaf des Gerechten. Die körperliche Erschöpfung erlöste ihn von den Qualen seiner Gedanken.

Bald darauf erwachte Paul aber wieder. Jeder Muskel an seinem Körper schmerzte. Auch sein Rücken brannte fürchterlich, was die Folge der vielen Peitschenhiebe war, die er während seines Galeereneinsatzes erhalten hatte. Pauls Gedanken weigerten sich, über das Geschehene weiter nachzudenken, stattdessen forcierten sie sich auf die Zukunft, falls es denn eine andere, als die der Gefangenschaft wirklich geben sollte.

Wie schon hunderte Male zuvor, musste er wieder an die Tochter des Farmers denken, an Brigitte. Die Zeit in ihrer Nähe war viel zu kurz gewesen. Viel zu früh war er von ihrem Vater erwischt worden, als er dessen süße Tochter geküsst hatte. Ohne diese harmlose Angelegenheit, die nicht einmal eine Affäre war, hätte er dort noch eine Weile weiterarbeiten können. Mit Sicherheit aber hätte er niemals auf der Philadelphia angeheuert.

Paul verfluchte seinen Bruder und auch sich selbst. Hätte er bloß nicht …! Aber diese Brigitte war es, welche ihm nun die Kraft zum Durchhalten gab. Jeden Tag, jede Stunde, musste er an sie denken. An diese kindlichen, braunen Kulleraugen, mit der sie ihn so oft verführerisch angesehen hatte. Diese zierliche Figur, diese zartgliedrigen langen Finger und erst das lange und wellige blonde Haar, welches ihr bis zum Po reichte. Paul musste an ihr zauberhaftes, naives Lächeln denken. Er wusste immer noch nicht, ob diese Göre bewusst ihre weiblichen Reize eingesetzt hatte, oder ob diese damals erst Fünfzehnjährige nur in kindlicher Unschuld gespielt hatte. Paul glaubte auch schon längst, dass Brigittes Worte über Liebe nichts anderes als jugendliche Verliebtheit gewesen war. Er wusste nicht, wie lange er in Gefangenschaft verbringen würde, aber eines war sicher: Brigitte würde niemals so lange auf ihn warten. Entweder würde sie zum Opfer eines anderen Verehrers werden und ihre Jungfräulichkeit viel zu früh an einen verlieren, der weniger Skrupel als Paul hatte, aber schlau genug war, um sich bei einem harmlosen Kuss nicht vom Vater erwischen zu lassen. Vielleicht aber würde sie, sobald sie im heiratsfähigen Alter sein würde – und das wäre in wenigen Jahren soweit – ihr hübsches Händchen einem anderen geben.

Auf mich wird sie aber mit Gewissheit nicht so lange warten, war sich Paul sicher. Er war sich selbst nicht einmal sicher, ob er Brigitte nun wirklich von Herzen liebte, oder ob es auch bei ihm nur Verliebtheit gewesen war. Aber wie auch immer, es waren seine Gedanken an Brigitte, die ihm jeden Tag und jede Nacht aufs Neue, die Kraft gaben, die Gefangenschaft durchzustehen, genauso wie es genau diese Gedanken waren, die Paul erneut in den Schlaf fallen ließen.

Kapitel 9: Das Trojanische Pferd

Wieder lagen einige amerikanische Kriegsschiffe im Hafen von Valletta, unter anderem die Fregatte Constitution und der Toppsegelschoner Enterprise. Zwischen den beiden ankernden Schiffen lag ihre Prise, welche jetzt die amerikanische Flagge trug. Weiter entfernt lag eine Brigg, nämlich jene, die Isaac Hull kürzlich als Kommandant übernommen hatte. Es war die Argus.

Stephen Decatur war soeben mit seinem Beiboot zum Flaggschiff übergesetzt. Als er das Deck der Fregatte betrat, wurde er als erstes mit einem Zur-Seite-Pfeifen, dem traditionelles Begrüßungszeremoniell der Marine begrüßt. Preble trat ihm entgegen und reichte ihm die Hand.

„Schön Sie zu sehen, Lieutenant Decatur. Es freut mich, dass wir jetzt endlich Zeit haben, uns zu sprechen."

„Ich freue mich, Capt'n Preble, an Bord ihres Schiffes kommen zu dürfen. Ich platze übrigens vor Neugierde."

Preble lachte übers ganze Gesicht.

„Das kann ich gut verstehen. Ich will Sie auch gar nicht lange auf die Folter spannen. Aber was meinen Sie, wollen wir uns nicht erst das Getümmel im Hafen ansehen, bevor wir uns nach unten, in meine düstere Kajüte begeben? Mr. Hull wird natürlich auch noch kommen."

„Ausgezeichnete Idee, Sir! Währenddessen können wir uns unsere Prise auch mal genauer ansehen. Dazu hätte ich ohnehin noch ein paar Fragen. Aber ich will nicht ungeduldig sein, denn dann müssten Sie, nachdem Mr. Hull an Bord ist, alles ein zweites Mal erzählen.“

„Das habe ich mir schon gedacht, dass Sie zu dem Schiff, dass Sie aufgebracht haben, sofort etwas mehr erfahren wollen. Geben Sie's zu?“

Beinahe beschämt senkte Decatur seinen Blick.

„Ich glaube, ich muss Sie enttäuschen. Wegen der Ketsch gibt es nicht viel zu berichten. Es ist so wenig, dass ich gerne alles zweimal erkläre.“

Decatur wartete gespannt darauf, dass Preble endlich mit seiner Information losschoss, doch dieser richtete jetzt seinen Blick auf einen Kutter unter britischer Flagge, der vorher an Land abgelegt hatte und zunächst direkten Kurs auf eine Korvette mit britischer Flagge gehalten hatte. Jetzt schwenkte aber das Boot ab und hielt direkt auf die Bombenketsch zu. Decatur folgte natürlich auch dem Geschehen, wartete aber immer noch geduldig auf den Moment, dass Preble bereit war, mit Informationen rauszurücken.

Tatsächlich begann Preble, immer noch den Blick auf den Kutter gerichtet, zu sprechen.

„Nun zu den Fragen, die Sie mir vermutlich stellen wollen, Mr. Decatur. Die Ketsch kam – wie wir wohl beide richtig vermutet haben – aus Tripolis. Ihr Ziel war Konstantinopel. Was die Bombenketsch in Tripolis gemacht hat, bzw. welche Aufgabe diese in Konstantinopel zu erfüllen hat, konnte ich aber bisher noch nicht erfahren. Entweder kann wirklich keiner der Besatzung Englisch sprechen oder die wollen es nicht zugeben.“

„Was ist das eigentlich für eine Besatzung, Sir?“

„Nun, es sind 70 Mann. Anscheinend sind die meisten Türken, aber vermutlich auch Griechen und Tripolitaner.“

„Sie vermuten dies nur? Was steht in deren Pässen?“

„Das ist das Problem. Keiner konnte sich mit irgendeinem Pass ausweisen. Die einzigen Schiffspapiere, die ich zu sehen bekam, sind in Arabisch geschrieben. Ich weiß immer noch nicht, wie ich mit dem Schiff und der Besatzung verfahren muss.“

Der britische Offizier, der selbst an der Pinne des Kutters saß, hatte sich die Ketsch ziemlich genau begutachtet. Nun blickte er zur Constitution herüber, bemerkte dabei, dass er von den beiden amerikanischen Offizieren beobachtet wurde. Er steuerte seinen Kutter, welcher von acht Rudergasten angetrieben wurde, direkt auf die Fregatte zu.

„Der kommt jetzt direkt auf uns zu", sagte Decatur und fuhr sofort mit der nächsten Frage fort, „aber dann wissen wir bis jetzt überhaupt nicht, ob wir laut geltendem Kriegsrecht die Ketsch als legitime Prise in Anspruch nehmen dürfen?"

Preble zuckte mit den Schultern.

„Richtig! Und diese Ungewissheit zerrt an meinen Nerven. Diese Prise haben wir uns doch redlich verdient. Oder was meinen Sie?"

Decatur lachte.

„Und ob, Sir!"

Nun kam der Kutter immer näher an die Constitution heran. Erst, nachdem er auf der Höhe des Achterschiffs ankam, senkten die Rudergasten synchron die Riemen. Direkt unter den Augen von Preble und Decatur kam das Boot zum Stehen. Der Offizier an der Pinne hatte noch einige bewundernde Blicke über die imposante Fregatte schweifen lassen. Besonders der himmelhoch aufragende Großmast hatte es ihm angetan, aber jetzt sah er direkt zu Preble hinauf. Respektvoll setzte er seinen rechten Arm zum Gruß an.

„Ahoi, Sir! Ich bin James Woodman, der Master der Korvette HMS Norfolk. Netter Fang, den Sie da gemacht haben, Gentlemen! Eine Bombenketsch! Sieht man auch nicht alle Tage!"

„Darf ich fragen, Sir, woher Sie wissen, dass unsere Prise eine Bombenketsch ist?"

„Nun, Sir, rein zufällig kenne ich dieses Schiff. Es ist eines von den Aasgeiern, welche ihre Philadelphia bedrängt hat, nachdem sie auf das Kaliusa-Riff aufgelaufen ist."

„Sie wissen erstaunlich viel, Sir. Darf ich wissen woher?"

„Nun, war rein zufällig genau an diesem Tag in Tripolis. Habe meinen Kommandanten in diplomatischen Angelegenheiten begleitet und genau diese Ketsch, eben dieses Mörserschiff, war eines der Letzten, welches aus dem Hafen gelaufen ist. Die näheren Umstände haben wir auch erst später erfahren. Tut mir für euch Amerikaner schrecklich leid, dass ihr eine so tolle Fregatte verloren habt, von der Crew ganz zu schweigen."

„Vielen Dank, Sir! Mit dieser Information haben Sie mir einen großen Dienst erwiesen. Ich wünsche Ihnen alles Gute!"

„Danke, Sir! Ihnen allen weiterhin viel Erfolg! Es wird auch Zeit, dass man Schluss macht mit dieser Piraterie hier in diesen Gewässern", sagte der Master, bevor seinen Rudergasten befahl, „Riemen an!"

Langsam entfernte sich der Kutter wieder. Stattdessen näherte sich ein Boot der Argus. Preble klopfte Decatur auf die Schulter.

„Bravo, jetzt wissen wir endlich, dass wir ein legitimes Recht auf diese Bombenketsch haben!" Beide sahen sich freudestrahlend an.

„Und was geschieht nun mit der Ketsch, Sir?", wollte Decatur wissen.

„Ich schicke sie zunächst im Geleit von der Argus nach Syracuse!"

„Und was mache ich, Sir?"

„Unsere beiden Schiffe segeln zusammen zurück auf unsere Station vor Tripolis!"

Isaac Hull näherte sich bereits der Constitution, doch Decatur wusste schon jetzt alles, was er zu hören erhofft hatte.

Am zweiten Weihnachtstag überbrachte ein Schiff Post für die Besatzung sowie einige Depeschen für den Kommodore. Preble saß an seinem Schreibtisch in seiner Kajüte. Neue Post war auf einem Schiff immer ein großes Ereignis. Derzeit warteten viele Besatzungsmitglieder auf Briefe ihrer Angehörigen. Besonders weil Weihnachten vor der Tür stand, Weihnachten in feindlichen Gewässern. Wenn man dann tatsächlich rechtzeitig Post zu diesem Fest erhielt, war dies allein schon ein prächtiges Geschenk, falls der Brief keine schlechten oder traurigen Neuigkeiten enthielt.

Zu Prebles großem Erstaunen war der Absender eines Briefes niemand anderes als William Bainbridge. Noch bevor er diesen Brief geöffnet hatte, kam in ihm die Vermutung auf, dass solch ein Brief vielleicht schon in falsche Hände geraten war. Hoffentlich waren in diesem Brief keine vertraulichen Informationen. Mit leicht zitternder Hand nahm Preble den Brief entgegen. Auf dem Umschlag stand:

An Edward Preble, Kommodore des dritten Geschwaders
auf der Fregatte USS Constitution.

Schon auf den ersten Blick erkannte Preble, dass dieser Brief schon einmal geöffnet worden war, ganz wie er es geahnt hatte. Man hatte sich noch nicht einmal die Mühe gemacht, diese Indiskretion zu verschleiern. Nun begann er zu lesen, wurde aber bereits von den ersten Zeilen enttäuscht, denn da hieß es:

Sehr geehrter Kommander, Edward John Preble, ...

Was soll dieser Unsinn, fragte sich Preble erzürnt. Warum Kommander und seit wann heiße ich denn John? Ist Bainbridge nun völlig durchgedreht? Er spürte bereits die Wut in seinem Bauch aufkeimen, als er weiterlas:

... bitte haben Sie Verständnis dafür, dass ich Ihnen als Kriegsgefangener keine Mitteilungen zukommen lassen kann. Es tut mir wahrhaftig leid! Ich habe nur eine Bitte an Sie: Bitte leiten Sie diesen Brief weiter an meine Gattin Katherine Mary Bainbridge. Die Adresse lautet ...

Die Adresse stimmt auch nicht! Jetzt spinnt er wirklich, urteilt sich Preble empört. Seine Gattin heißt nicht Katherina Mary, sondern Susan! Ihr Mädchenname war doch Susan Hyleger.

Verwundert, teils schon amüsiert schüttelte Preble seinen Kopf. Jetzt war er erst so richtig auf den Inhalt neugierig geworden. Was für ein Unsinn sollte da noch folgen?

Liebe Katherine Mary,
verzeih mir, dass ich es wage, Dich so anzureden. Obwohl ich Dir treu ergeben bin und Dich von Herzen liebe, bitte ich Dich nur um eines: Du musst alles, was dich an mich noch erinnert, auslöschen. Nichts soll davon übrigbleiben. Es wäre nur zu Deinem Schaden.

Die Schmach und die Schuld, die ich auf mich geladen habe, lastet sehr auf mir. Bitte erfülle mir diesen Wunsch.

Ansonsten brauchst Du Dir keine Sorgen um mich machen. Mir geht es den Umständen entsprechend gut.

Alles Liebe
William James Bainbridge

Plötzlich begriff Preble. Bainbridge war überhaupt nicht verrückt geworden – ganz im Gegenteil. Irgendwie hatte er es auch in der Gefangenschaft geschafft, ihm einen Brief zukommen zu lassen. Wie er das zustande gebracht hatte, war jedenfalls ein Rätsel. Jedenfalls war dieser Brief nicht für Susan bestimmt. Dieser Brief ist ganz allein für mich bestimmt, erkannte Preble folgerichtig. Der Text, der mit Sicherheit schon kontrolliert und gelesen worden war, ist verschlüsselt. Allerdings konnte kein Barbar die Fehler erkennen und die wahre Nachricht erkennen.

Preble lächelte, denn für ihn war der Inhalt nun völlig klar: Es handelte sich eindeutig um die Philadelphia. Dieses Schiff würde für immer an die Schmach, die Bainbridge zu verantworten hatte, erinnern. Dieses Schiff musste mit allen Mitteln beseitigt werden.

Falls das nicht gelingen sollte, wäre das zum Schaden aller amerikanischer Schiffe im Mittelmeer und auch für alle künftigen Bestrebungen, diesem Kaperunwesen hier ein Ende zu machen. So viel war Preble schon lange klar, nämlich dass eine Zurückeroberung der Fregatte, verbunden mit einem unbeschadeten Auslaufen, aus dem von unzähligen Kanonen bewachten Tripolis so gut wie unmöglich war.

Preble legte den Brief zur Seite und begab sich wieder zurück an Deck. Nun befahl er dem Signalgasten, das Signal „Kommandant an Bord" zu setzen. Die erhaltene Post war nämlich nicht allein für das Flaggschiff bestimmt, sondern auch für weitere Schiffe des Geschwaders, unter anderem auch für die Enterprise. Doch auch der Brief von Bainbridge war ein Anlass, um mit dem Kommandanten des Schoners zu sprechen. Es dauerte auch nicht lange, bis das Beiboot der Enterprise neben der Fregatte festmachte. Kurz darauf erschien Decatur in der Kajüte des Kommodores.

„Setzen Sie sich, Lieutenant. Wir haben doch Zeit, jede Menge Zeit, möchte man zumindest meinen. Nun schieben wir wieder unseren langweiligen Routinedienst und ich weiß immer noch nicht, wie wir das verdammte Problem mit der Philadelphia lösen können."

Für dieses Problem hatte Decatur keine Antwort, denn dies war ihm eine Nummer zu groß.

„Das ist also der Anlass, dass Sie mich an Bord beordert haben, Sir?"

„Genau genommen ist es die Post, welche wir erhalten haben. Auch für Ihr Schiff ist etwas dabei."

Damit war Decaturs Interesse geweckt.

„Was Sie sicherlich genauso erstaunen wird, wie mich, ist, dass Capt'n Bainbridge in der Lage war einen Brief an mich zu schicken. In der Tat war der Text dem Schein nach an seine Frau gerichtet, aber der Inhalt enthielt eine verschlüsselte Botschaft."

„Sie machen mich neugierig, Sir. Darf ich fragen, um was für eine Botschaft es sich handelt?"

„Darum habe ich Sie rufen lassen, Lieutenant. Die Botschaft lautet: Die Philadelphia muss unbedingt vernichtet werden."

„Hmm, das ist eigentlich nichts Neues, Sir. Diese Notwendigkeit ist uns selbst auch schon bewusst geworden."

„Richtig! Aber diese Botschaft macht mir die Dringlichkeit besonders klar. Wir müssen endlich handeln!"

„Verstehe, Sir! Ich bin ganz Ihrer Meinung."

„Dummerweise haben wir das Problem, dass es noch zu früh ist, um mit unserem Geschwader in den Hafen von Tripolis zu laufen und die Stadt, wenigstens aber die Philadelphia in Schutt und Asche zu legen. Doch wenn wir noch viel Zeit vertrödeln, erhält die Fregatte wieder einen Fockmast und wird zuletzt eine große Gefahr für alle unsere Schiffe darstellen. Aber verdammt nochmal, mir ist immer noch keine konkrete Lösung eingefallen! Am liebsten wäre es mir, wenn es jemandem gelänge, die Philadelphia zu entern, um sie dann vor den Augen des Paschas aus dem Hafen zu segeln. Dann hätten wir unserer Fregatte und unsere Ehre zurück und die Schmach würde dem Pascha mit seinen Barbaren bleiben.“

Decatur wusste im Moment auch nicht, was er dazu noch bemerken sollte. Im Grunde hatte Preble alles gesagt und natürlich wäre es mit Abstand die beste Lösung, die Philadelphia aus dem Hafen von Tripolis zu entführen. Doch dazu müsste man erst einmal in den Hafen gelangen. Damit begannen die Schwierigkeiten schon. Nun kam, was kommen musste, nämlich die unvermeidliche Frage.

„Und Sie, junger Mann, haben Sie denn keine Idee?“

Zaghaft schüttelte Decatur seinen Kopf.

„Nun kommen Sie schon, lassen Sie sich was einfallen!“, bohrte Preble nach.

Plötzlich erhielt Decatur einen Geistesblitz. Preble hatte diesen anhand der Zuckungen in den Gesichtszügen des jungen Kommandanten erkannt und wurde nun ungeduldig.

„Nun raus damit! Was schlagen Sie vor?“

„Warum Sir, machen wir es nicht einfach so, wie die Griechen in der Antike?“

Preble war enttäuscht. Dies ließ er in seinem Ton auch deutlich anmerken.

„Mit hunderten von Galeeren in den Hafen einlaufen und die Stadt überfallen und niederbrennen? Was soll das? Wir haben doch noch nicht einmal eine einzige Galeere.“

„Sie verstehen mich nicht ganz, Sir! Ich denke da an Troja.“

Jetzt schmunzelte Preble. Hatte er etwa zu viel Hoffnung in diesen jungen Lieutenant gesetzt?

„Also, Sie lassen sich Balken und Bretter geben, basteln damit ein hölzernes Pferd zusammen, setzen es auf ein Floß und bemannen es mit Seesoldaten.“ Ratlos sah Preble ins Decatur ins Gesicht. „Sie machen Scherze, Sir? Unter anderen Umständen fände ich es witzig, aber mir ist derzeit nicht nach Scherzen zumute.“

„Entschuldigung, Sir, aber Sie haben mich immer noch nicht verstanden!"

Preble wurde langsam ungehalten.

„Dann sprechen Sie Klartext, Mann!"

„Wir bringen unsere Leute so unauffällig wie möglich eventuell bei Nacht bis direkt an die Philadelphia heran. Als Trojanisches Pferd benutzen wir ein geeignetes Schiff. Ein Schiff, über das wir bereits jetzt verfügen."

Jetzt ging auch bei Preble ein Licht auf. Er lachte laut auf, klopfte Decatur heftig auf die Schulter.

„Sie sprechen von unserer Prise, der Bombenketsch, nicht wahr?"

Verlegen lächelnd nickte Decatur.

„Warum haben Sie mir dies nicht gleich gesagt. Verdammt, Sir, ich sollte Sie nicht tadeln. Auf diese Idee hätte ich selbst kommen müssen. Sie hört sich wirklich gut an. Ich bin sogar davon überzeugt, dass es möglich sein wird, ziemlich nah an die Philadelphia heranzukommen. Wenn es die Wetterlage ermöglichen würde, könnte es uns vielleicht wirklich gelingen, unsere Fregatte zurückzubekommen. Gegebenenfalls könnte man die Ketsch als Brander einsetzen oder sie mit einer Riesenladung an Schwarzpulver neben der Philadelphia in die Luft gehen lassen. Aber haben Sie nicht das Wesentliche vergessen, junger Mann?"

„Sie meinen, Sir?"

„Ja ist Ihnen denn nicht klar, dass Ihre Idee, so gut sie auch sein will, ein Himmelfahrtsunternehmen sein wird?"

„Nicht unbedingt, Sir! Die Idee ist mir auch erst gerade eben gekommen. Ich müsste natürlich noch einen genaueren Plan ersinnen, aber es müssen nicht alle zwangsläufig den Tod finden. Man könnte im letzten Moment von Bord springen und sich dann gefangen nehmen lassen, aber wie gesagt, vielleicht fällt mir ja noch eine bessere Lösung ein."

„Das hoffe ich, Sir, denn diesen tollkühnen Plan möchte ich keinem meiner Männer per Befehl aufs Auge drücken. Das genehmige ich nur mit Freiwilligen! Wollen Sie dieses wahnwitzige Unternehmen selbst leiten – freiwillig selbstverständlich?"

„Ja, Sir, das will ich! Sie können auf mich zählen!"

„Ich danke Ihnen, Sir! Nachdem Ihr Plan ausgereift ist, können Sie sich unter meiner Besatzung Freiwillige aussuchen."

„Danke, Sir! Ich möchte aber möglichst auf meine Männer von der Enterprise zurückgreifen. Die kenne ich die Stärken und Schwächen jedes Einzelnen persönlich und weiß auch, dass ich mich auf sie verlassen kann.“

„Falls Sie denn unter ihrer verhältnismäßig recht kleinen Besatzung wirklich genügend Freiwillige finden werden, aber ich danke Ihnen schon jetzt und darauf sollten wir einen trinken!“ Bevor Preble den jungen Kommandanten zurück auf seinen Schoner entließ, fügte er noch hinzu: „Ich danke Ihnen, junger Mann, für dieses tapfere Angebot. Aber jetzt schlafen Sie erst einmal eine Nacht über ihre Idee. Ich werde es Ihnen nicht übelnehmen, wenn Sie es sich bis Morgen anders überlegt haben. Gute Nacht!“

„Ich bleibe dabei, Sir! Gute Nacht!“

Decatur saß in seiner Kajüte, welche auf ihn trotz der Enge auf eine gewisse Weise wohnlich wirkte. Kein Geschütz verunstaltete den Raum im Achterschiff, so wie auf den Fregatten. Trotzdem hatte das Schiff am Heck seitlich und auch achtern mehrere kleine Fenster, die tagsüber für genügend Licht sorgten. Nun aber zu dieser Jahreszeit waren die Tage kurz. Die Sonne war soeben untergegangen und in Kürze würde sich die Schwärze der Nacht über die See legen. Decatur entzündete seine Öllampe. Da er keine Ruhe fand, blickte er sich im flackernden Licht nochmals in der Kajüte um. Ein blauer Teppich zierte den Boden. An der vorderen Wand, neben der Tür, hing ein wunderschönes Bild der Enterprise, das mit einem in Silber gehaltenen Rahmen in Szene gesetzt wurde. Decatur liebte dieses Bild. Der schlichte, schmale Rahmen passte besser zur Eleganz des Bildes als ein wuchtiger Rahmen in Gold, wie er ihn schon so oft auf den Fregatten gesehen hatte. Das Gemälde selbst war Ästhetik pur. Der Toppsegelschoner rauschte in seiner ganzen Schönheit einer Schebecke hinterher. Hart am Wind, mit dichtgeholten Klüvern, Stag- und Gaffelsegeln. Die beiden Rahsegel waren bis zum äußersten angebrasst. Eine mächtige Bugwelle zierte den scharfen Bug und ein klar gezeichnetes Kielwasser zeugte von schneller Fahrt. Die See zeigte sich in einem kräftigen Azur, der Himmel in einem milden Blau. Aufgerissene Wolkenfetzen zeugten von der Windstärke, der die Enterprise dahinrasen ließ.

Decatur zweifelte daran, dass es jemals ein Gemälde von der Intrepid geben würde, welches ein Schiff der U.S. Navy oder den Raum eines amerikanischen Gebäudes zieren würde. Optisch machte die Ketsch mit ihren 60 Tonnen nichts her und selbst wenn die Mission zu einem Erfolg führen würde, würde dieser sehr schnell in den Annalen der Geschichte untergehen.

Da ihm beständig Gedanken durch den Kopf gingen, schenkte er sich noch ein weiteres Glas Wein ein. Wein beruhigte schneller als Bier, doch da er nicht zur Ruhe kam, folgte auch noch ein drittes. Schließlich begab er sich in seine Schwingkoje.

Bald darauf schlief er tatsächlich ein.

Selbst im Schlaf wurde Decatur von den vielen Aspekten dieser Mission verfolgt und so erwachte er kurz nach Mitternacht schon wieder. Von nun an wälzte sich er sich ständig unruhig in seiner Koje hin und her. Trotz des Weines, den er zusammen mit dem Kommodore und danach genossen hatte, fand er keinen Schlaf mehr. Der wahnwitzige Vorschlag, den er seinem Vorgesetzten unterbreitet hatte, machte ihm mächtig zu schaffen. Je länger er darüber nachdachte, desto größer wurde seine Überzeugung, dass es wirklich möglich seine könnte, mit dieser in Tripolis bekannten Ketsch nahe an die Philadelphia heranzukommen. Warum auch nicht? Schließlich würde diese Ketsch im Hafen von Tripolis für weniger Aufsehen sorgen, weniger Misstrauen hervorrufen als das hölzerne Pferd vor Troja. Irgendwie musste es auch möglich sein, ganz nahe an die Fregatte heranzukommen.

Decatur ließ sich sämtliche Eventualitäten durch den Kopf gehen und so war es ganz klar, dass er in dieser Nacht so schnell keinen Schlaf würde finden können. Er dachte nach. Was wäre, wenn bei einer Annäherung die Prisenbesatzung der Philadelphia die Crew der Ketsch ansprechen würde? Keiner würde die Rufe oder die Fragen verstehen. Antworten könnte sowieso niemand. Folglich brauchte man jemanden, der Berberisch oder Arabisch sprach, am besten beide Sprachen beherrschte. Zudem musste er selbst auch mit diesem Jemand kommunizieren können. Also musste derjenige auch des Englischen mächtig sein, aber dieses Problem war lösbar.

Der nächste Gedanke, der den Schlaflosen beschäftigte, war die Zerstörung der Fregatte. Da gab es mehrere Möglichkeiten. Zwei davon waren schon erörtert worden, nämlich der mittels Brander oder durch eine übermächtige Explosion. In beiden Fällen würde aber auch die Ketsch vernichtet werden. Somit war eine Rückkehr ausgeschlossen, es sei denn, man könnte über ein weiteres geeignetes Schiff verfügen. Dem war aber nicht der Fall. Außerdem würden zwei Schiffe das Risiko eines Fehlschlages verdoppeln. Somit blieben den Freiwilligen nur zwei Möglichkeiten: Einen schnellen Tod sterben oder rechtzeitig genug ins Wasser zu springen, um sich in Gefangenschaft zu begeben. Beide Möglichkeiten boten ein schreckliches Schicksal. Allerdings gab es auch noch andere Mittel, um ein Schiff zu zerstören. Da könnte man noch weiterplanen.

Der nächste Punkt, der Decatur durch den Kopf ging, war ein Rückzug mit der Ketsch. Das konnte natürlich nur nachts klappen, aber ob der Wind da mitspielen würde? Eher unwahrscheinlich. Bei einem ungeeigneten Wind hafeneinwärts, würden sich die Aussichten auf das Gelingen der Mission von vornherein drastisch verschlechtern. Allerdings hätte man in Gegenrichtung dann gute Chancen auf ein Entkommen. Umgekehrt wäre es bei gutem Wind hafeneinwärts für die Mission recht vorteilhaft sich der Fregatte anzunähern, gleichzeitig würde dies aber bedeuten, dass dann eine Flucht vermutlich nur mittels Kreuzen möglich war. Dann hätte die Artillerie der Stadt genügend Zeit, um die Ketsch in tausend kleine Stücke zu schießen, vor allem aber, wenn plötzlich eine Flaute die Flucht vereiteln würde.

Für Decatur selbst gab es jetzt kein Zurück mehr, denn dafür war es längst zu spät. Seine Ehre wäre ein für alle Mal futsch. Einen Rückzieher konnte und wollte er sich nicht gestatten. Eigentlich war es mit seinem Alter von nur 24 Jahren viel zu früh zum Sterben. Aber wie war es mit all den Freiwilligen? Die wären vielleicht noch jünger. Würde er auf der Constitution und auf seiner Enterprise überhaupt genügend Verrückte finden, die sich für dieses wahnwitzige Himmelfahrtskommando freiwillig melden würden? Zweifel über Zweifel, aber sicher war, dass es kein Zurück mehr gab.

Kurz vor Sonnenaufgang schlief Decatur dann doch noch ein. Es war ein Schlaf der Erschöpfung, ein Schlaf des Gerechten.

Es war schon Mittag, als Decatur sich wieder an Bord der Constitution meldete. Preble hatte ihn zum Mittagessen eingeladen, aber Decatur verspürte nicht den geringsten Appetit, da er nervös war. Trotzdem war er zu allem entschlossen. Irgendwann kam dann auch die Frage des Kommodores.

„Nun junger Mann, Sie sehen nicht so aus, als hätten Sie gut geschlafen. Haben Sie nochmals über ihre Idee mit dem Trojanischen Pferd nachgedacht? Wie gesagt, ich nehme es Ihnen nicht krumm, wenn Sie es sich jetzt doch noch anders überlegt haben."

„Nein Sir! Ich bleibe bei meinem Angebot! Ich habe es mir nicht anders überlegt."

„Tapfer, tapfer! Respekt! Sie haben also einen Plan, oder?"

„So in etwa! Wir müssen noch mal über die Möglichkeiten reden, auf welche Art wir die Philadelphia vernichten wollen. Davon hängt es ab, auf welche Mittel wir bei dieser Mission zurückgreifen müssen."

„Das klären wir noch! Sie werden alle notwendigen Mittel und Vollmachten erhalten. Was noch?"

„Ich brauche einen Dolmetscher an Bord! Jemanden der möglichst Berberisch, Arabisch und Englisch spricht."

„Dazu müssen wir uns noch auf die Suche machen, aber da bin ich ganz optimistisch, junger Mann, dass wir da eine geeignete Person finden werden. Eine Frage hätte ich noch."

„Die wäre Sir?"

„Da Sie während dieser Mission diese Ketsch kommandieren werden, werden natürlich Sie derjenige sein, der diesem Schiff, das nun zur U.S. Navy gehört, einen Namen vergibt."

Decatur fühlte sich geschmeichelt.

„Danke, Sir, welch eine Ehre! Aber ich bedauere, sagen zu müssen, dass ich mir darüber noch überhaupt keine Gedanken gemacht habe."

„Macht nichts. Dafür war ich so frei, mir da einen Namen einfallen zu lassen."

Decatur sah Preble neugierig an.

„Spannen Sie mich bitte nicht zu sehr auf die Folter, Sir. Wie soll die Ketsch denn nun heißen?"

„USS Intrepid! Was halten Sie davon?""

„Intrepid also? Ausgezeichnet, Sir! Einen besseren Namen könnte es für ein Schiff, mit solch einem Unternehmen gar nicht geben", da Intrepid nichts Anderes als unerschrocken bedeutet.

Jetzt blickte Preble Decatur tief in die Augen. Da gab es etwas, was noch gar nicht ausgesprochen war. Decatur wurde nervös. Er spürte, dass ihm der Kommodore noch irgendetwas verheimlicht hatte.

„Ich hätte beinahe einen ganz wichtigen Fakt vergessen!"

„Sir? Der wäre?"

Preble lächelte verlegen.

„Nun habe ich eigentlich schon erwähnt, dass die Ketsch mit Riemen ausgestattet und mit Ruderdollen versehen ist?"

Decatur war baff. Das gab der Mission plötzlich einen ganz anderen Aspekt. Zwar würde es trotz allem bei einem Himmelfahrtskommando bleiben, aber jetzt gab es alternativ neben der geringen Chance auf ein Entkommen auf der Ketsch unter Segeln, oder einer Gefangenschaft noch eine kleine weitere Chance zum Überleben. Selbst bei Flaute boten sich plötzlich Möglichkeiten zur Flucht. Nun hoffte er inständig, wirklich genügend Freiwillige zu finden. Immerhin erforderte die Mission 70 Mann.

Nachdem sich Decatur bei seinem Kommodore verabschiedet hatte, stieg er an der Jakobsleiter zu seiner Gig hinab. Der Sack mit der Post war bereits im Boot verstaut. Gedankenversunken setzte er sich an die Pinne und sprach seine Befehle.

„Riemen an!"

Schon setzte sich das kleine Boot in Bewegung.

Während der kurzen Überfahrt zur Enterprise, die sich herrlich in der glatten See spiegelte, legte sich Decatur bereits eine Rede zurecht.

Die Rudergasten bemerkten, dass ihr Kommandant sehr verschlossen wirkte. Anscheinend hatte diese neue Nachricht erhalten, die vermutlich nicht die besten waren. Nach dem kurzen Kommando nahmen die Rudergasten die Riemen aus den Dollen und stellten sie senkrecht auf, während ihr Kommandant die Gig mit der letzten Fahrt eigenhändig an die Jakobsleiter des Schoners heransteuerte.

Zurück an Bord, nachdem Decatur mit dem Üblichen Zur-Seite-Pfeifen begrüßt worden war, ließ er sofort die gesamte Besatzung antreten. Dann begann er seine Rede, für dessen Zusammenstellung er nur wenig Zeit gehabt hatte.

„Männer der Enterprise! Die Zeit unseres Routinedienstes ist vorerst vorüber."

John Wagner blickte seinen Kommandanten gespannt an. Immerhin war man vor kurzem zwei feindlichen Galeeren entkommen. Am gleichen Tag hatte man eine feindliche Bombenketsch aufgebracht. Als besonders langweilig hatte er den Routinedienst auf diesem Kriegsschoner nie empfunden. Nun konzentrierte er sich wieder auf die Rede.

„Unser Kommodore stellt uns vor eine große Herausforderung. Er setzt vor allem auf euch, auf die Männer von der Enterprise. Und ich selbst setze ganz besonders fest auf euch! Ich brauche Freiwillige, viele Freiwillige! Tapfere Männer wie euch!"

John fühlte sich persönlich angesprochen. Ihm war klar, dass er nicht zu den Tapferen dazu gehören würde, wenn er sich selbst gar nicht angesprochen gefühlt hätte. Der Kommandant fuhr fort.

„Wir sind mit einer Mission betraut worden, auf der nicht nur unser Kommodore, sondern die ganze U.S. Navy, ihre Hoffnung setzt. Selbst unser ehrenwerter Präsident, Thomas Jefferson, setzt all seine Hoffnungen auf uns."

Der Kommandant hatte uns gesagt. Er hätte auch mich sagen können, dachte sich John. Wieder fühlte er sich persönlich in diese hohe Erwartung mit einbezogen.

„Vielleicht ahnt ihr, um was es geht. Ihr wisst, was der Navy seit November ganz besonders viele Kopfschmerzen bereitet."

Er sah, wie der Kommandant die einzelnen Gesichter musterte. John konnte es sich gut vorstellen, worum es ging.

„Es geht nicht nur um die Ehre. Es geht nicht nur darum, dass wir die Ehre unserer Kameraden von der Philadelphia wieder herstellen müssen, wobei auch ein paar Crewmitglieder der Enterprise mit an Bord dieser schicksalsgeplagten Fregatte waren."

Unwillkürlich musste John an seinen Bruder Paul denken. Auch der war von diesem schrecklichen Schicksal betroffen. Er selbst wäre jetzt auch in Gefangenschaft, wenn er sich nicht freiwillig an Bord der Enterprise gemeldet hätte. Gerade jetzt sah ihm der Kommandant direkt ins Gesicht. Der ahnte wohl, dass ihm momentan der Gedanke an den Bruder durch den Kopf ging.

Der rechnet auch mit mir, war sich John sicher.

„Es geht vor allem darum, dass die Philadelphia, wenn diese erst einmal wieder instandgesetzt ist – und das wird sicherlich nicht mehr allzu lange dauern – für uns alle eine große Gefahr darstellen wird. Wenn diese erst einmal wieder in Fahrt ist, wird sie das größte und stärkste Kriegsschiff unserer Feinde sein. Ihr wisst, was das bedeutet. Eine Gefahr für uns auf der Enterprise, für unsere Kameraden auf den anderen Kriegsschiffen und insbesondere für alle unsere Schiffe der Handelsmarine und auch derer von anderen Nationen."

Unweigerlich musste John nicken. Die gleiche Reaktion stellte er bei fast allen anderen Kameraden fest.

„Ihr könnt euch nun denken, worum es bei unserer Mission geht."

John ahnte es. Die Philadelphia musste geentert und aus dem Hafen von Tripolis gesegelt werden. Plötzlich wurde John doch nervös.

„Unser größter Wunsch ist es, die Philadelphia heil aus dem Hafen zu segeln. Dann hätten wir unsere Fregatte zurück. Aber ein Schiff dieser Größe in Fahrt zu setzen und aus einem Hafen zu kreuzen, oder unter feindlichem Beschuss mittels Beiboote aus dem Hafen zu schleppen wird kein leichtes Ding. Wenn es die Umstände aber erlauben, werden wir es versuchen. Falls uns dies nicht gelingen sollte, wird es unsere Aufgabe sein, die Philadelphia zu vernichten.“ Wieder ließ der Kommandant seine Blicke über die Crew schweifen. Wieder sah er direkt in Johns Augen, doch dieser fühlte plötzlich wieder mehr Mut in sich.

„Dazu steht uns bereits jetzt ein gut geeignetes Mittel zur Verfügung. Ihr, die Männer von der Enterprise, habt selber dazu beigetragen, dass wir nun dieses wertvolle Werkzeug zur Verfügung haben.“

John wusste nicht, von was der Alte gerade sprach.

„Ich spreche von der Bombenketsch. Mit diesem Schiff, welches in Tripolis zum vertrauten Anblick gehört und welches beim Erobern der Philadelphia selbst dabei war, werden wir keine allzu großen Schwierigkeiten haben, direkt in die Höhle des Löwen zu segeln.“

Johns Herz schlug höher. Da war eine aufregende Herausforderung.

„Fall erforderlich werden wir die Fregatte pulverisieren, sodass nicht ein Stück dieses schönen Schiffes übrigbleiben wird.“

Wieder schweiften Decaturs Blicke über die weit geöffneten Augen seiner Crew. John sah hinüber zur Constitution, welche der Philadelphia doch sehr ähnlichsah.

„Ja ich weiß, es ist wirklich ein Jammer, solch ein schönes und starkes Schiff zu vernichten. Das schmerzt, aber es bleibt uns unter Umständen nichts anderes übrig!“ Der Kommandant machte diesmal eine lange Sprechpause. Wieder sah er von Mann zu Mann. John ahnte, was jetzt folgen würde.

„Nun komme ich zurück zu dem, was ich anfangs gesagt habe. Für diese äußerst wichtige und ehrenvolle Aufgabe setzt man vor allem auf uns, auf die Männer von der Enterprise. Ich verschweige euch nicht, dass diese Mission voller Gefahren ist. Ich kann niemandem garantieren, dass er heil zurückkommen wird, ich kann meine Hände nicht dafür ins Feuer legen, dass ihr nicht in Gefangenschaft gerät, aber ich bin mir sicher, dass wir die Chance haben, diese Mission erfolgreich erfüllen zu können und dass wir auch eine kleine Chance haben, nach vollbrachtem Werk die Flucht anzutreten.“

Eine kleine Chance? Ja wie denn, fragte sich John. Was, wenn eine Flaute eine Flucht vereitelt?

„Mit der USS Intrepid, so wird unsere Ketsch von nun an heißen, haben wir das bestmöglich geeignete Schiff für diese Mission.“

John war sich da nicht so sicher. Ein kleines, verhältnismäßig langsames Schiff mit karger Bewaffnung. Der Mörser würde bei einer Flucht vermutlich überhaupt nichts nützen.

„Ich sage euch nun, was ich anfangs selbst nicht gewusst habe: Diese Ketsch ist auch mit Riemen ausgestattet. Ich brauche euch nicht zu erklären, was das bedeutet.“

John nickte. Es gab tatsächlich eine Chance und eine kleine war immer noch besser als gar keine.

„Und jetzt komme ich zum Schluss meiner Rede. Ich setze nun auf euch! Tapfere Männer wie euch! Falls sich aber hier an Bord nicht genügend Männer finden sollten, die bereit sind, mit mir auf der Intrepid direkt in den Rachen des Löwen zu segeln, bleibt mir nichts anderes übrig, als mir meine Crew auf der Constitution zusammenzustellen. Ich danke euch!“

Schweigen. Dies nutzte John, um sich tausend Gedanken gleichzeitig durch sein Hirn zu jagen. Es wäre doch eine Blamage, wenn die Männer von diesem Dickschiff von Fregatte einspringen mussten, nur weil die Crew des Toppsegelschoners zu feige war. Außerdem war er es einem Bruder schuldig, sich an diesem Himmelfahrtskommando zu beteiligen. Wieder sah er die umherschweifenden Blicke des Alten.

„Nun Männer, wer von euch kommt mit mir?“

Nun geschah etwas, mit dem keiner gerechnet hatte. Auch John nicht. Unzählige Männer rissen ihre Arme in die Höhe. Auch die zaghafteren Naturen ließen sich davon mitreißen. Da dies wohl jeden Einzelnen von ihnen gleichzeitig überrascht und gleichzeitig ansteckte, artete die Stimmung in einem Jubelgeschrei aus.

Niemand hätte damit gerechnet, dass sich wirklich die gesamte Besatzung der Enterprise, welche derzeit aus 70 Männern bestand, freiwillig für diese waghalsige Mission melden würde.

„Ich danke euch Männer. Ich bin kaum überrascht. Ich wusste, dass ihr gute und tapfere Männer seid, aber dass ihr euch nun wirklich alle meldet, bis zum letzten Mann, beeindruckt mich doch aufs Äußerste. Ich schulde euch Respekt. Ich danke euch Männer! Ich bin stolz auf euch!“

Am nächsten Tag meldete sich Decatur wieder zurück an Bord der Constitution. Voller Stolz verkündete er seinem Kommodore, dass sich tatsächlich die gesamte Besatzung seines Schoners als Freiwillige gemeldet hatten. Er verschwieg, dass seine Enterprises zu eitel waren, sich die Blöße vor der großen Fregattenbesatzung zu geben, welche immerhin aus 450 Mann bestand. Die Crew der Enterprise fühlte sich nun nämlich wie ein David neben einem Goliath, stolz wie ein Pfau.

Preble nickte seinem Gegenüber anerkennen zu.

„Ich bin beeindruckt, Sir! Sagen Sie ihrer Besatzung, dass ich auf jeden Einzelnen Stolz bin!“

„Danke, Sir!“

„Eigentlich haben Sie jetzt genügen Männer für Ihre Mission.“

„Ja, Sir!“

„Jetzt bin ich aber etwas in Bedrängnis geraten!“

„Was meinen Sie damit, Sir?“

„Nun, im wahrsten Sinne des Wortes haben mich fünf Midshipmen bedrängt.“

„Bedrängt? Was ist passiert?“

Preble lächelte.

„Nichts ist passiert, aber Sie wissen ja, diese jungen Kerle ...! Die wollen was erleben, wollen sich bewähren, wollen zeigen, was in ihnen steckt. Natürlich sind die Burschen auch so ehrgeizig, sodass sie es wohl ziemlich eilig haben, Karriere zu machen. Ich möchte den jungen Helden nicht im Wege stehen. Natürlich haben Sie die letzte Entscheidung, Mr. Decatur!“

Dieser machte sich schnell seine Gedanken. War es jugendliche Abenteuerlust oder gar jugendlicher Leichtsinn? War es diesen Kerlen überhaupt bewusst, dass sie ihr junges Leben vielleicht viel zu früh würden aushauchen müssen?

„Wie alt sind denn diese Midshipmen? Ziemlich jung, nehme ich an?“

„Ja, so zwischen 16 und 18!“

„Mit Verlaub, Sir, haben Sie den Jungspunden klar gemacht, mit welchen Gefahren und Risiken die Mission verbunden ist?“

Preble war sich seiner Verantwortung durchaus bewusst. Da war keiner heimtückisch überrumpelt worden und kein Einziger wurde per striktem Befehl auf dieses Himmelfahrtskommando geschickt.

„Selbstverständlich! Aber wenn Sie wollen, dann lasse ich die Fünf zu mir in die Kajüte kommen, sodass Sie die Burschen selbst kennenlernen können.“

„Gerne, Sir!“

Preble gab seinem Steward einen kleinen Wink, der zur Tür ging, wonach schon nach wenigen Sekunden fünf stramme Kerle vor den beiden Kommandanten standen. Die jungen Midshipmen, denen die Aufregung in ihren Gesichtern abzulesen waren, hatten wohl schon in Lauerstellung bereitgestanden.

Decatur sah sich die jungen Helden an. Sollte er diesen jungen Leuten dieses Risiko eingehen lassen? Nun sah er sich den ersten der jungen Männer näher an. Es war ein junger Midshipman mit einem nachdenklichen Gesicht. Trotz seines jungen Alters von circa 16 Jahren, machte dieser Kerl einen besonnenen Eindruck. Gleichzeitig sah Decatur aber auch das tollkühne Funkeln in den Augen des Jungen.

„Bitte nehmen Sie auch mich mit, Sir!", rief aufgeregt ein weiterer Midshipman, der genau neben dem zuvor Ausgewählten gestanden war.

„Und mich, Sir, bitte!" Noch einer!

„Und mich, Sir!"

„Mich auch noch, bitte Sir!"

„Vergessen Sie mich nicht, Sir!"

Decatur sah Preble an. Der schüttelte lächelnd seinen Kopf.

„Die Fünf sind ein zusammengeschweißter Haufen, Mr. Decatur. Ich würde sagen, ein hoffnungsloser Fall!" Dann deutete er auf den zuvor ausgewählten Burschen. „Das hier ist Mr. Izard, der hier ist Mr. Davis, das ist Mr. Laws, der hier ist Mr. Morris und der Fünfte ist Mr. Lewis. Gute Leute. Entweder nehmen Sie keinen dieser jungen Helden oder alle Fünf, aber ich versichere Ihnen, dass diese Kerle keine hirnlosen Draufgänger sind. Es bleibt aber Ihre Entscheidung!"

Decatur richtete einen strengen Blick auf die fünf jungen Burschen.

„Ich frage euch, seid ihr euch wirklich bewusst, dass ihr das Risiko eingeht, in den Kerkern der Barbaren zu landen?"

Die Kerle nickten.

„Ist euch auch klar, dass ihr als Galeerensklaven enden, oder gar im Einsatz draufgehen könntet? Überlegt es euch noch einmal gut! Ich möchte euren Müttern nicht die Söhne rauben, versteht ihr?"

„Ja, Sir!", kam es wie aus einem Munde.

Izard fügte noch hinzu: „Aber wir sind fest entschlossen, Sir!" Alle fünf Kerle nickten heftig.

Decatur staunte. Diese Entschlossenheit! Was würde das Schicksal für diese jungen Kerle bereithalten? Gefangenschaft? Tod? Oder würden sich während dieser kurzen Mission diese Kerlchen zu richtigen Männern entwickeln? Damit wäre die Basis geschaffen, dass aus diesen jungen Midshipmen in ein paar Jahren richtig gute Offiziere werden würden. Eines Tages würden sie vielleicht selbst ein Schiff kommandieren, wenn sie diesen Coup überleben würden! Vielleicht war sich Decatur selbst gar nicht bewusst, dass er auch nur 24 Jahre alt war, was auch noch zu jung zum Sterben. Letztendlich wollte er der Karriere der jungen Männer nicht im Wege stehen.

Schließlich waren unter der Besatzung seines Schiffes ebenso junge Leute, die bei weitem nicht so viel zu gewinnen hatten, wie diese Midshipmen.

Nachdem sich Decatur entschieden hatte, diese fünf Männer auf der Mission mitzunehmen, verließen diese dankend die Kapitänskajüte. Preble wollte nun mit Decatur seine weiteren Pläne erläutern.

„Also", mit gekonnter Miene setzte Preble eine kunstvolle Pause ein, „Sie segeln mit der Enterprise nach Syracuse." Wieder machte Preble eine Pause. Er nahm einen versiegelten Umschlag zur Hand und überreichte ihn an Decatur. „Diesen Umschlag übergeben Sie an Lieutenant Charles Stewart, Kommandant der Syren."

„Syren, Sir? Nie gehört!"

„Die Syren ist eine fast nickelnagelneue Brigg von 244 Tonnen. Sie ist erst am 6. August dieses Jahres vom Stapel gelaufen. Schönes schnelles Schiff!"

„Bewaffnung?"

„16 24-Pfünder-Karronaden!"

„Nicht schlecht! Besatzung?"

„120 Mann!"

„Hört sich gut an, Sir! Und mit welcher Aufgabe wird die Syren betraut, wenn ich fragen darf?"

„Sie wird auf der Überfahrt von Syracuse nach Tripolis der Intrepid Geleitschutz geben."

Decatur wurde nachdenklich. Er wollte schon nachfragen, ob das alles war. War eine Rückkehr vom Kommodore überhaupt ernsthaft eingeplant?

Preble bemerkte die Nachdenklichkeit am Stirnrunzeln des jungen Kommandanten, weswegen er hinzufügte: „Syren soll selbstverständlich auch ihren Rückzug sichern, aber ich lege ihr Schicksal in die Hände von Stewart. Ob er es auch wagen wird, mit seiner Brigg bis in den Hafen von Tripolis einzudringen …?"

Decatur hätte gerne eine konkrete Aussage gehabt, doch sein Vorgesetzter zuckte nur ratlos mit den Schultern. Er hätte es ja wissen müssen. Die Mission erforderte von allen Beteiligten die Freiwilligkeit. Das galt auch für Charles Stewart von der Syren. Der hatte nur den Befehl, mit seiner Brigg Geleitschutz für die nur minimal bewaffnete Ketsch zu fahren. Nicht mehr und nicht weniger. Alles andere war spekulativ.

„Und meine Befehle, Sir?"

„Sie haben alle Befugnisse, die Intrepid bestmöglich für die Mission herzurichten. An benötigten Geldern wird es nicht fehlen! Sie und Stewart werden ihre Besatzungen bis zum geht nicht mehr drillen. Besonders Sie werden sich bemühen müssen, ihrem Schiffchen Flügel zu verleihen, bei jedem Wetter, von der Flaute bis zum Orkan. Und Sie werden die Vernichtung der Philadelphia, Ihr eigentlicher Auftrag, so intensiv trainieren, dass Sie mit Ihren Leuten selbst im Schlaf alles in der kürzest möglichen Zeit durchziehen können. So, wie wir es besprochen haben. Wie Sie das machen, überlasse ich ganz Ihnen! Haben Sie schon eine Idee?"

„Ja, Sir"

„Da bin ich aber gespannt. Erzählen Sie!"

„Erinnern Sie sich an diese hässliche Hulk, Sir, welche im Hafen von Syracuse liegt?"

„Sicherlich!"

„Ich möchte diese als Übungsobjekt verwenden!"

Decatur musste gar nicht mehr weiterreden. Preble hatte verstanden. Eine geniale Idee. Nicht umsonst hatte er auf Decatur gesetzt, der den Ehrgeiz hatte, seinen ruhmreichen Vater noch übertrumpfen zu wollen. Der Brief an den Stadtkommandanten von Syracuse war längst vorbereitet.

„Hier, mit diesem Brief erhalten Sie die notwendigen Befugnisse. Übergeben Sie ihn an den Stadtkommandanten!"

„Wie viel Zeit habe ich, Sir?"

„Maximal fünf Wochen! Ich möchte, dass Sie spätestens Anfang Februar gen Tripolis segeln. Sie müssen unbedingt dort sein, bevor die Philadelphia wieder einsatzklar ist, aber falls mir meine Spione melden, dass dies früher der Fall sein wird, müssen Sie ihre Mission auch schon vorher beginnen. Ich werde Ihnen in diesem Fall eine Depesche zukommen lassen. Denken Sie also daran, dass Sie am besten schon nach drei Wochen alles zur Verfügung haben, was Sie zur erfolgreichen Durchführung der Mission brauchen werden."

„Aye, Sir! Sie können sich auf mich verlassen!"

„Was ich noch sagen wollte: Ende Januar werde ich mit der Constitution wieder nach Syracuse segeln. Wir werden dort Frischwasser und frische Lebensmittel bunkern. Dann können Sie mir berichten, ob das Training zu unserer Zufriedenheit verlaufen ist. Dort werden Sie von mir auch noch meine Befehle in schriftlicher Form erhalten."

Decatur nickte, aber Preble sprach schon wieder weiter: „Eigentlich sollte ich wegen meinem Magen gar keinen Wein trinken, aber Sie und ihre Crew gehen da ganz andere Risiken ein als ich alter Hund."

Decatur musste lachen, während Preble sein Glas erhob.

„Auf Sie, Lieutenant Decatur, Ihre tapfere Crew und auf eine erfolgreiche Mission. Cheers!"

„Cheers!"

Nachdem der Plan zur Zerstörung der Philadelphia immer klarere Formen angenommen hatte, befahl der Kommodore Decatur mit seiner Enterprise, Anker aufzugehen. Preble selbst hasste die eintönige Routine, bei der außer Langeweile und Unmut der Besatzungen meistens sowieso nichts herauskam. Doch gezwungenermaßen musste er mit seiner Constitution der Abschreckung wegen noch länger auf seiner Station vor Tripolis bleiben. Der Toppsegelschoner dagegen setzte bald darauf Segel und nahm Kurs auf Sizilien, zurück nach Syracuse.

Kapitel 10: Gegen alle Winde

Mit einem munteren Stampfen arbeitete sich die USS Intrepid unter vollen Segeln durch eine etwas kabbelige See. Backbords durchbrachen die ersten Strahlen der aufgehenden Sonne den Dunst über dem östlichen Horizont. Im Gegenlicht zog die Brigg USS Intrepid mit geborgenen Untersegeln auf Parallelkurs dahin. Wegen der Lichtverhältnisse wirkte sie wie ein filigraner Scherenschnitt. Auch als solches stellte sie der ehemaligen Bombenketsch gegenüber ihrer ganzen Eleganz zur Schau, was kein Wunder war, da die Syren erst im letzten August in Philadelphia vom Stapel gelaufen war. Somit waren die Linien ihres Rumpfes schnittiger und das Rigg höher als bei allen Briggs, die noch im letzten Jahrhundert gebaut worden waren. Kein Vergleich zu der bauchigen Intrepid, mit ihrer als Bombenketsch unausgewogen wirkenden Takelung. Diese Unterschiede erklärten auch, dass die Brigg auch ohne Vollzeug locker mit der plumpen Ketsch, welche alles gesetzt hatte, mithalten konnte. Jedenfalls garantierte steter Wind aus West mit vier Beaufort ein gutes Vorankommen für beide Schiffe.

Dafür, dass die Intrepid zuvor eine Bombenketsch gewesen war, lief sie verhältnismäßig gut. Auch ihr Trimm war doch recht ordentlich, angesichts dessen, dass ihr Großmast wegen der ursprünglichen Aufstellung für den Mörser im Verhältnis zu normalen Ketschs relativ weit hinter dem Bug war. Seetüchtig und robust war die Ketsch ohnehin. Jetzt lag sie nicht mehr ganz so tief im Wasser, wie zu dem Zeitpunkt, in dem sie vor der Küste Tripolitaniens erbeutet worden war, was daran lag, dass der schwere Mörser in Syracuse entfernt worden war. Dort war das Schiff auf Geheiß ihres neuen Kommandanten, Stephen Decatur kielgeholt worden. Das Unterwasserschiff war voller Entenmuscheln gewesen, was die Geschwindigkeit, dieses von vornherein sowieso nicht besonders schnellen Schiffes unnötig herabgesetzt hatte. Schräg am Ufer einer Werft liegend, war das Unterwasserschiff der Intrepid völlig überholt worden. Decatur hatte äußersten Wert daraufgelegt, das Höchstmögliche an Geschwindigkeit aus dieser Ketsch herauszuholen.

Sizilien lag längst achteraus. Von der Insel war schon eine Weile nichts mehr zu sehen. Gestern, in der Nacht vom 2. auf den 3. Februar, waren die beiden Schiffe heimlich aus dem Hafen von Syracuse gelaufen, in dem die Besatzungen der beiden Schiffe dermaßen gedrillt worden, sodass diese selbst im Schlaf jeden Tampen kannten und jedes Manöver in Bestzeit absolvieren konnten. Die Intrepids hatten darüber hinaus auch noch jeden für die Mission erforderlichen Handgriff unendlich häufig trainieren müssen. Die Kommandanten beider Schiffe hatten sich bis aufs Letzte mit den Segeleigenschaften ihrer Schiffe vertraut gemacht. Immerhin hatte Syren ihre Jungfernfahrt noch gar nicht lange hinter sich sowie auch Decatur sich mit seiner Prise erst einmal richtig vertraut machen müssen. Schließlich warteten auf die Intrepid vor Tripolis ganz besonders prekäre Aufgaben, worauf ihre Crew wochenlang trainiert worden war. Die Mission war äußerst heikel! Wie heikel, war einigen der Freiwilligen erst im Laufe der Übungen so richtig klar geworden, aber keiner dachte daran, einen Rückzieher zu machen.

Decatur saß in seiner Kajüte, welche noch etwas enger war als die auf der Enterprise. In dem Auftrag, den er erhalten hatte, steckten die ganzen Erwartungen des Kommodores. Für ihn selbst, war es eine riesige Herausforderung. Sich dieser zu stellen war eine aufregende Sache, die aber auch kläglich scheitern, oder gar tödlich enden konnte.

Um sich von seinen Gedanken zu lösen, nahm Decatur zum wiederholten Male das Dokument mit den Befehlen des Kommodores zur Hand. Das Schriftstück war am 31. Januar im Hafen von Syracuse ausgestellt worden. Inhaltlich enthielt es keine Neuigkeiten, bestätigte aber schriftlich alles, was zuvor schon gesagt worden war. Priorisiert wurde die Rückeroberung der Philadelphia. Für die alternative Zerstörung gab es immer noch zwei offene Varianten. Die Entscheidung lag aber zuletzt an ihm selbst. Die Situation und das Schicksal würden aber letztendlich maßgebend sein. Auch die Aufgaben der Intrepid waren in kurzer Form geschildert. Zusätzlich zu dem Befehl, gab es eine komplette Auflistung an allem Material, welches für den Einsatz, situationsabhängig von Nöten war. Syren und Intrepid waren mittlerweile mit ausreichend Proviant und Frischwasser versorgt worden – genug für einen ganzen Monat.

Decatur zweifelte daran, dass der Einsatz allzu lange dauern würde. Der Wind stand gut. Er glaubte, in vier oder fünf Tagen vor Tripolis zu sein. Die Mission selbst, konnte innerhalb weniger Stunden erfüllt sein und über die Rückkehr machte er sich vorerst nur wenige Gedanken. Bis dahin würde die mächtige Constitution wieder auf Station sein, aber ob das eine Rolle spielte, war eine ganz andere Frage.

Vielleicht ist dann keiner von uns Intrepids mehr am Leben.

Es gab noch weiter Zweifel, die Decatur plagten und den spanischen Lotsen betrafen. Miguel Salvador war sein Name. Er war genau der Mann, den man für diesen gewagten Einsatz benötigte. Salvador war in Syracuse in einer Taverne ausfindig gemacht worden. Er sprach neben seiner Muttersprache fließend Arabisch und ein völlig ausreichendes Englisch. Dazu kam, dass er Tripolis und die Gewässer vor seinen Küsten wie seine eigene Westentasche kannte. Aber konnte man ihm auch wirklich vertrauen? Er stammte aus dem südwestlichen Spanien, aus Andalusien. Doch er war maurischer Abstammung. Dem Äußeren nach war der dunkelhäutige Salvador eher ein Araber als ein Europäer. Zwar hatte Decatur keinen schlechten Eindruck von diesem Mann, aber er durfte sich in diesem Fall nicht den geringsten Irrtum erlauben. Verrat – und damit musste in kriegerischen Zeiten immer gerechnet werden – könnte nämlich die ganze Mission vereiteln.

Ich werde ihn im Auge behalten, bestätigte sich Decatur.

Nun stand er auf und drehte sich um, öffnete ein Heckfenster und blickte achteraus. Das Kielwasser bildete eine gerade Linie. Die Länge kündigte nicht gerade die schnelle Fahrt an, welche er bei gleichem Wind von seinem Schoner gewohnt war, aber er konnte durchaus zufrieden sein.

In wenigen Tagen werden wir es hinter uns gebracht haben, hoffte er. Hätte er gewusst, dass er sich da gewaltig irrte, wäre seine Anspannung noch größer gewesen.

Angespannt blickte Charles Stewart, Kommandant der USS Syren zu dem kleinen Licht, welches er nur mit Mühe erkennen konnte. Es war das Licht der Intrepid, dem einzigen Schiff, das in dieser angebrochenen Nacht zu sehen war. Außer diesem Licht auf See, waren nur die Lichter von Tripolis zu sehen. Es war der Abend des 8. Februar und die beiden amerikanischen Schiffe standen kurz vor ihrem Ziel. Für die Überfahrt von Syracuse bis vor die Küste vor Tripolis hatten die beiden Schiffe fünf Tage gebraucht, was einem sehr optimistischen Zeitplan entsprach. Nun war es also so weit! Die kleine Intrepid hielt bereits mit ihrer tollkühnen Besatzung auf die Stadt zu. Es war weder Dummheit noch Vergesslichkeit von Decatur, ein Licht zu setzen, sondern dies gehörte zur Taktik eines wagemutigen und raffinierten Plans. Die Syren dagegen fungierte nur als Begleitschutz, weswegen Stewart um jeden Preis vermeiden musste, dass auch seine Brigg entdeckt wurde. Nur weil es Nacht war und der Einsatz unmittelbar bevorstand, hatte er sich mit seinem Schiff so nahe an die feindliche Stadt herangewagt. In ein paar Stunden, wenn alles vorüber war, würden beide Schiffe längst verschwunden sein – falls alles gut ging.

Nun musste sich auch die Syren für die Mission bereit machen, wobei ihr Beitrag bei weitem nicht so gefährlich war, wie derjenige der Intrepid. Stewart orientierte sich an den Lichtern von Tripolis. Er durfte sich mit seiner Brigg nicht zu nahe an die Stadt heranwagen, da die Barbaren hätten Verdacht schöpfen können. Andererseits konnte Stewart die Mission mit den Beibooten seines Schiffes nur auf relativ geringer Distanz unterstützen. Um später nicht unnötig Zeit zu verlieren, war auch noch ein verhältnismäßig flacher Ankergrund von Nöten. Deshalb befahl Stewart nun dem Lotgasten, regelmäßig die Tiefe auszuloten. Bald war eine Position erreicht, in der sowohl die Entfernung als auch die Lage in Bezug auf Strom und Windrichtung günstig waren. Als dann der Lotgast sechs Faden Tiefe ausrief, ließ Stewart sein Schiff in den Wind drehen und den Anker werfen. Kurz darauf wurden sämtliche Beiboote, außer der Gig, klargemacht. Mehr konnte die Syren derzeit für die Intrepid nicht tun. Es war nun neun Uhr abends.

Auch unter Deck der Intrepid stieg nun die Anspannung von Stunde zu Stunde an. Dort war es extrem eng und ungemütlich. Das Himmelfahrtskommando hatte begonnen! Es war feucht und muffig. Kein Wunder, bei 75 Mann Besatzung auf solch einem kleinen Schiff. Je näher sich die Ketsch der Stadt Tripolis und ihrer Küste näherte, desto heftiger wurde das Stampfen und Rollen auf dem kleinen Schiff. Ausgerechnet jetzt!

Allein die Enge unter Deck war keine Wohltat und die ruppigen Bewegungen des kleinen Schiffchens taten ihr Übriges. So war es nicht verwunderlich, dass bei manchen Intrepids die Nerven bereits jetzt blank waren.

„Wir müssten längst vor Tripolis sein!", murrte einer der Männer. „Ich würde mich jetzt lieber mit einem Entermesser über einen Barbaren stürzen, als mich hier in dieser Nussschale herumschaukeln zu lassen."

„Da bist du nicht der Einzige", entgegnete der Matrose Bob Kingsley.

„Ich will jetzt auch nicht mehr länger warten!", meinte John.

„Du hast es aber eilig, deinen Bruder zu rächen, was?", sagte George Brown. „Wie viele von den Barbaren willst du denn aufschlitzen, Junge?"

John sah in das neugierige Gesicht von Brown.

„Nun, hmm, mindestens einen, oder zwei, oder ..."

Kingsley lachte.

„He John, wenn du nicht mindestens drei abmurkst, hättest du gleich zurückbleiben können. Ich hab' mir da schon mehr vorgenommen!"

Solch ein Galgenhumor hob immer die Stimmung. Immerhin belastete jede zusätzliche Stunde, genau genommen jede weitere Minute, die Nerven.

Brown starrte John in die Augen. Da musste er noch einmal nachbohren: „Nun, John, was ist? Hast du denn überhaupt schon einmal jemanden getötet?"

John schüttelte verlegen seinen Kopf.

„Du kommst doch von der Philadelphia. Warst du dort jemals an einem Entereinsatz beteiligt?"

„Nein, das nicht aber ..."

Browns Stimme hörte sich gereizt an.

„Was aber?"

„Hör auf, Brown!", gemahnte Burt Hotschkins. „Nimm ihm nicht den Mut. Er hat sich genauso freiwillig gemeldet wie du und jeder andere. Hier sind mehrere, die noch nie bei einem Enterkampf dabei waren. Oder wie sieht es mit euch jungen Midshipmen von der Constitution aus?" Hotschkins richtete seine Blicke auf die fünf jungen Gäste vom Dickschiff.

Auf einer Fregatte hätte es ein Matrose niemals gewagt einen Midshipman, der nichts anderes war, als ein Offiziersanwärter, dermaßen anzusprechen, aber auf der kleinen Intrepid war man über alle Konventionen hinweg gezwungen, ein eingeschweißtes Team zu bilden.

„Für jeden gibt es ein erstes Mal!", erwiderte Morris selbstbewusst. „Auch für mich! Außerdem stellt sich für mich nicht die Frage, wie viele ich um die Ecke bringen werde, sondern wie viel ich selber dazu beitragen kann, dass dies hier eine erfolgreiche Mission wird."

Anerkennendes Murmeln, bezeugte, dass der erst 17 Jahre alte Morris nicht nur Mut, sondern auch Grips hatte.

„Richtig!", bestätigte John. „Je besser wir uns bei dieser Mission bewähren, desto mehr können wir die Schmach der Philadelphia sühnen. Und das wird auch im Sinne meines Bruders sein."

„Recht so, John!", bestätigte Hotschkins. „Wir brauchen uns nicht auch noch gegenseitig auf die Nerven gehen. Merkt ihr denn nicht, dass der Wind noch weiter zunimmt?"

„Und das heißt?", wollte Ronald Burdon, Midshipman von der Enterprise wissen.

Wieder war es Hotschkins, der antwortete: „Das heißt, dass wir es auf diesem muffigen Deck noch länger miteinander aushalten müssen!"

Es sollte sich noch herausstellen, dass er mit seiner Aussage recht behalten sollte.

Oben an Deck war nur die Wache. Ständig spritzte Gischt über den Bug und der zunehmende Wind war immer kälter geworden. Die Kälte machte Decatur am wenigsten zu schaffen. Die Spannung der begonnenen Mission ließ ihn jede Temperatur vergessen. Die Überfahrt von Sizilien nach Tripolitanien hatte so gut geklappt. Und nun dies! Jetzt passte plötzlich gar nichts mehr. Der Wind hatte auf Nord gedreht. Zunächst schien es so, als würde die Annäherung an den Hafen nur erschwert werden, nun aber baute sich der immer stärker werdende Wind zu einem Sturm auf.

Decatur kochte vor Wut. Warum musste das Wetter gerade jetzt umschlagen? War man von Gott verlassen worden? War Neptun auf der Seite der Muselmanen?

Die Stadt war so nah und doch so fern. Die immer steiler werdenden Wogen beutelten den ganzen Rumpf der kleinen Ketsch. Die Intrepid war ein robustes und stabiles Schiff, da sie erst vor sechs Jahren in Frankreich erbaut worden war und Napoleon auf seiner Expedition nach Ägypten gedient hatte. So viel hatte er herausgefunden, aber bei ihrer Länge von nur 20 Metern war sie bei den kurzen, aber steilen Wellen des ständig zunehmenden Seegangs immer mehr ins Tänzeln geraten. Wie zum Teufel, konnte man so in den Hafen einlaufen? Und wie konnte die Syren die Intrepids bei dieser See mit ihren Booten unterstützen?

Decatur drehte sich um und sah nach achtern. Wie dumm! Natürlich war von der Syren nichts zu sehen. Die hatte ja kein Licht gesetzt und es war kurz vor Mitternacht.

Nun muss ich nachdenken, gebot sich Decatur. Mit einem letzten Rest an Optimismus kalkulierte er die Chancen durch. Selbst wenn der Sturm gleich wieder abflauen würde, würde es noch einige Zeit dauern, bis sich die raue See wieder beruhigen würde. Vorerst war es kaum möglich, in den Hafen zu laufen. Die Gefahr einer Strandung oder der Kollision, mit einem der dort liegenden Schiffe war einfach zu groß. Bei diesem Seegang dann auch noch erfolgreich die Philadelphia zu kapern? Und dann? Dann würde schon bald das Morgengrauen, jede weitere Chance vereiteln. Zuviel sprach gegen eine Fortsetzung der Mission. Es stand einfach zu viel auf dem Spiel. Ein Fehlschlag wäre nicht wieder gut zu machen.

Er befahl in einem harschen Ton, der von Enttäuschung gezeichnet war: „Klarmachen zur Wende!" Decatur bebte innerlich.

Die Mission war gescheitert! Zumindest vorerst.

Die Boote der Syren tanzten wie wild gewordene Derwische in der gischtgeschwängerten See. Sie kämpften allesamt mühsam gegen die aufgewühlten Wogen an, dessen weiße Schaumkronen das einzige Helle in dieser sturmgepeitschten Nacht waren. Nur unter den größten Mühen schafften die Boote den Weg zurück zur Brigg, gegen den stürmischen Wind, gegen die tobende See. Eine erschöpfte Bootsbesatzung näherte sich mit letzter Kraft der Brigg, welche wie ein Mustang beim Zureiten gefährlich bockte. Mal riss der Bug mit brachialer Gewalt am reichlich langen Ankertau, sodass der Klüverbaum sich fast wie ein Mast himmelwärts streckte, dann wieder tauchte der Bug tief in ein Wellental ein. Nun stieß der Klüverbaum, wie die Harpune eines Walfängers in sein Opfer sticht, in die brodelnde See hinein. Brecher schlugen über die Gallion hinweg aufs Vordeck.

Das erste Boot versuchte das Anlegemanöver trotz allem. Es konnte alles passieren: vom Querschlagen und Kentern bis zu der Gefahr, vom eigenen Schiff zertrümmert zu werden. Trotz ihrer Erschöpfung schaffte es die erfahrene Bootsbesatzung die zwei Taljen, welche gefährlich hin und her schlagend, von den Davids hingen, am Boot festzumachen. Dennoch war ein sicheres Anbordhieven unter diesen Umständen nicht möglich. Nun musste jeder Einzelne von der Bootsbesatzung den rechten Augenblick abwarten, um dann affenartig vom Boot auf die Brigg überzusteigen. Sofort danach griffen helfende Hände vom Deck der Syren nach den Bootsgasten, um ihnen schnellstmöglich an Bord zu helfen. Die Gefahr, im letzten Moment in die wütende See zu stürzen, war nicht ohne. Nicht umsonst, waren die Männer in den Booten erfahrene Seeleute. Der Letzte von ihnen wäre beinahe noch zerquetscht worden, da er fast zwischen Boot und Bordwand geraten war.

Kaum war das erste Beiboot wieder an Bord der Syren, als das nächste Boot den Windschatten, den die Brigg bot, bestmöglich nutzend das gleiche riskante Manöver wiederholte. Auch dieses Mal konnte das Boot unfallfrei an Bord gehievt werden, aber noch kämpften zwei weitere Boote gegen die tobenden Wogen an.

Stewart atmete erleichtert auf, als auch das letzte Boot geborgen und der letzte Mann heil an Bord zurückgekehrt war. Darüber war er seinem Schöpfer sehr dankbar. Aber was war aus der Intrepid geworden? Ihr Licht hatte er schon lange aus dem Auge verloren. Würde Decatur so wahnwitzig sein, dass er bei diesem Sturm in den Hafen lief? Decatur war verwegen, das wusste man, aber verrückt war er doch nicht – oder doch? Beim besten Willen, Stewart konnte derzeit nichts tun, außer zu warten. Hoffentlich würde der Anker halten.

Der Anker der Syren hielt. Und wie er hielt. Die herzförmigen Ankerflunken des Stockankers mussten sich wie Klauen im felsigen Grund verbissen haben. Mit jeder Drehung am Ankerspill schien sich der Anker noch mehr gegen seine Bergung zu wehren. Mit aller Kraft stemmten sich die Seeleute in die Handspaken. Obwohl die Männer, die der Bootsmann ans Spill geschickt hatte, durchwegs kräftig waren, schafften sie es nur mühselig eine ständige Drehung beizubehalten. Immer, wenn der Bug in die Höhe schoss, riss das Ankertau mit brutaler Gewalt am Spill. Durch das ruckartige Zerren des Ankertaues kehrte sich immer wieder die Drehung am Spill um, sodass die Handspaken bösartig auf die Männer einschlugen. Einer der Männer stürzte zu Boden. So plötzlich war er von dem Rückschlag überrascht worden. Die anderen Männer an den Spaken mussten sich jetzt noch mehr ins Zeug legen.

Nun tauchte der Bug tief ins Wasser. Dieser Moment musste genutzt werden. Jetzt sprinteten die Seeleute los, jagten wie die Berserker im Kreis herum und schafften es, ein paar Meter Ankertau einzuholen. Urplötzlich kam das Spill wieder zum Stillstand. Wieder hatte sich der Anker und die brachiale See gegen das Ankerlichten gewehrt. Dieses Mal hatte sich ein Seemann sogar eine Rippe dabei gebrochen.

Der Bootsmann trat bittend an seinen Kommandanten heran.

„Sir, es hat keinen Sinn. Wir schaffen es nicht! Könnten wir nicht das Ankertau kappen?"

„Nein, auf den Anker möchte ich keinesfalls verzichten! Was ist, wenn wir später den zweiten auch noch verlieren?"

„Aber, Sir, sehen Sie doch ...!"

Der Bootsmann musste gar nicht weiterreden. Wieder schrie ein Mann am Spill auf. Stewart ging auf den Mann zu. Trotz der Dunkelheit konnte er das schmerzverzerrte Gesicht sehen. Der Mann hielt mit seiner linken Hand den arg verkrampften rechten Unterarm hoch.

„Was ist passiert, Mann?", rief Stewart durch den heulenden Wind dem Verletzten entgegen.

„Arm gebrochen!"

„Lass dir nach unten helfen. Dort wird man etwas für dich tun!"

„Aye, Sir!"

Nun musste es Stewart endgültig einsehen. Das Ankerlichten hatte keinen Erfolg und noch war es zu früh, das Ankertau zu kappen.

„Bootsmann!"

„Sir?"

„Lassen Sie wieder das Ankertau fieren! Jetzt ist es kurz nach Vier. Wir warten bis zum Sonnenaufgang. Das sind noch einige Stunden. Wenn wir es dann wieder nicht schaffen, dürfen Sie den Anker Neptun opfern."

„Aye, Sir!"

Wie ein Korken hüpfte die Intrepid auf den tobenden Wogen hin und her. Sie war in der Tat äußerst robust und seetüchtig. Aber ihr Kampf, um sich von der Küste freizuhalten, war äußerst hart. Hart und unfair. Bei diesem Wind und bei diesem Seegang war es einfach nicht möglich Höhe zu machen. Mit dieser Bombenketsch, deren Segeleigenschaften ohnehin nicht gerade die Besten waren schon gleich gar nicht. Dass der Mörser jetzt nicht mehr an Bord war, hatte nicht unbedingt zur Verbesserung der Seetüchtigkeit beigetragen. Zwar lag die Intrepid nicht mehr ganz so tief im Wasser, sodass sie nicht allzu viel Seewasser übernahm, aber ihre Stabilität litt nun etwas, da das entfernte Geschütz nicht mit zusätzlichem Ballast ausgeglichen worden war.

Decatur blickte achteraus. Immerhin waren von Tripolis keine Lichter mehr zu sehen. Schlief die ganze Stadt schon, oder wurde sie nur von dunklen Sturmwolken verborgen? Der Kompass zeigte gen Osten.

Immerhin etwas, dachte Decatur, dessen Stimmung geladen war. Er wusste, dass sich sein Schiff mit jeder Meile ostwärts nicht nur von der Stadt entfernte, sondern dass sich auch der Abstand zur Leeküste erhöhte. Allerdings geschah das Vorankommen nur langsam und unter großen Mühen.

Decatur wandte sich an den Lotsen, der dicht neben ihm stand.

„Señor Salvador, haben Sie nicht auch das Gefühl, dass wir kaum vorwärtskommen?"

„Si Capitano, ja schon! Aber wissen Sie, dass hier viele Strömungen von Riffen sein? Nicht leicht! Aber alles werden gut!"

Decatur hatte längst erkannt, dass Salvador diese Küsten hier wirklich hervorragend kannte.

„Gracias, Señor Salvador! Captain Bainbridge hätte Sie auf der Philadelphia gebraucht, dann wäre alles nicht passiert. Dann würden wir jetzt nicht gegen diesen beschissenen Sturm ankämpfen müssen!"

Wie es mit der Mission weitergehen würde, stand nun ohnehin in den Sternen, aber aufgrund der schwarzen Wolkendecke, ließ sich sowieso kein einziger Stern sehen.

„Der Sturm auch wieder geht vorbei, Sir!"

Damit hatte der Lotse mit Sicherheit recht. Aber wann? Würde man bei Tagesanbruch weit genug von Tripolis entfernt sein? Und wo war die Syren? Wann und wo würde die Intrepid wieder auf die Brigg stoßen? Lauter offene Fragen. Was aber auf keinen Fall geschehen durfte, war, dass die Syren zusammen mit Intrepid von den Tripolitanern gesichtet wurde. Damit würde der taktische Trumpf für das Vorhaben verloren gehen. Aus einem schnellen

Erfolg, so wie ihn sich Decatur erhofft hatte, war sowieso nichts geworden.

Noch vor Anbruch des Morgens schaffte es Syren, trotz zunehmender Windstärke, ankerauf zu gehen. Zwar waren die Wellen nun noch höher als während der Nacht, aber die Wellenlänge war länger geworden und auch die Windrichtung hatte sich etwas geändert. Wieder war es eine verflucht harte Arbeit für die Männer am Spill gewesen, wobei sich dieses nicht mehr ganz so zickig verhalten hatte. Dieses Mal hatte es keine Verletzungen gegeben und unter gemeinsamen Mühen hatte sich der Anker dann doch noch aus dem felsigen Grund gelöst.

Unter Stagfock und Großstagsegel zischte die Brigg nur so dahin. Stewart wollte um keinen Preis, direkt vor Tripolis von irgendwelchen Barbaresken gesichtet werden – zusammen mit der Intrepid schon gleich gar nicht. Aber wo steckte diese? Stewart wollte wenigstens wissen, ob sie bei diesem Unwetter wenigstens die Mission abgebrochen hatte. Dass diese Ketsch diesen Sturm überhaupt unbeschadet überstanden hatte, war auch nicht gerade selbstverständlich. Er vermutete die Intrepid eher ostwärts als im Westen, denn so war es abgemacht worden, und so befahl auch Stewart Kurs Ost. Es war eine Pracht, wie seine Syren durch die Wellen schoss, und das, obwohl kaum Tuch gesetzt war. Aber das einzige Ziel, welches Stewart vor Augen hatte, war die Erfüllung seines Auftrages. Der weiter zunehmende Sturm machte aber genau diesen unmöglich. Er fluchte. Aber was half es?

Stundenlang pendelte die Syren hin und her. Mal ostwärts, dann wieder westwärts, immer bedacht, reichlichen Abstand zu Tripolis zu halten. Das Wenden nur unter Schratsegeln war selbst bei diesem Sturm für die Brigg keine Schwierigkeit. Schwierig war nur das Auffinden der Intrepid, da die Sicht nur begrenzt war. Vorteilhaft war natürlich, dass weder die Ketsch noch die Brigg vom Feind leicht gesichtet werden konnten. Zum Glück ließ sich keiner von denen blicken. Als dann nach Stunden der Ausguck rief, dass Segel in Sicht seien und sich dann herausstellte, dass es die Intrepid war, welche bereits vor Anker lag, atmete Stewart erleichtert auf.

„Kurs eins, null, fünf!", befahl er, um sein Schiff so weit an die Ketsch anzunähern, dass deren Flaggensignale, welche dort gerade gesetzt wurden, erkennbar waren. Nach einer Weile wusste Stewart, dass dort alles in Ordnung war. Er ließ seinem Signalgasten das

Signal bestätigen, dann ließ er das Signal Ankern setzen. Intrepid bestätigte.

Noch aber ging Syren längst nicht vor Anker. Stattdessen entfernte sie sich wieder und steuerte wieder gen Osten. Decatur würde wissen, was dies zu bedeuten hatte. Erst vor Einbruch der Nacht ging die Brigg circa zehn Seemeilen vor Tripolis, wieder vor Anker, zwar außer Sichtweite der Ketsch, aber dennoch nicht allzu weit von ihr entfernt.

Wieder war eine weitere Nacht angebrochen. Wieder stampfte die Intrepid unter Segeln auf Tripolis zu – zum zweiten Mal. Es waren acht Tage und sieben Nächte gewesen, während denen die kleine Ketsch segelnd, oder vor Anker liegend das stürmische Wetter abgeritten hatte. Acht lange Tage, während denen Decatur gehofft hatte, dass sein Schiff nicht entdeckt wurde. Mehr als eine Woche vor den Küsten Tripolitaniens, unter ständigem Stampfen und Rollen, sodass es in der feuchten Enge unter Deck selbst den eingefleischtesten Seeleuten überdrüssig geworden war, noch länger ausharren zu müssen. Über eine Woche musste die ganze Crew unter Anspannung und zunehmender Ungeduld leiden, vom ersten bis zum letzten Mann der Besatzung. Die Stimmung, die anfangs voll von tapferem Enthusiasmus gewesen war, war Enttäuschung, Frust und Resignation gewichen.

Der Wind blies immer noch. Er hatte aber schon seit einer Weile eindeutig nachgelassen. Auch die Richtung aus Nordost wehend passte. Die Wogen gingen immer noch heftig auf und ab, aber es war mehr Dünung als stürmische Seen.

Der viel zu lange anhaltende Sturm hatte die ganze Mission gefährdet. Die Moral der Crew war ziemlich am Boden. Schlimmer als diese Tatsache war aber in diesem langen Zeitraum die Gefahr, dass die Tripolitaner Verdacht schöpfen könnten. Vielleicht hatten sie ja doch unbemerkt die Intrepid oder die Syren beobachten können. Vielleicht war sogar der Zusammenhang zwischen den beiden Schiffen bemerkt worden. Seine Besatzung hatte also Decatur noch die wenigsten Sorgen bereitet. Schließlich kannte er die meisten seiner Crew ausreichend gut. Ihre Stimmung konnte so schlagartig wechseln wie das Wetter, wobei diese jetzt endlich wieder ins Positive tendierte. Nun hofften die Männer wieder darauf, endlich zuschlagen zu dürfen.

Mittlerweile hatte die Intrepid zehn weitere Besatzungsmitglieder bekommen. Ein Offizier und neun Matrosen von der Syren. Stewart hatte darauf bestanden, die Intrepids zu unterstützen. Er war es auch gewesen, dem die lange Warterei zu mulmig geworden war. Es war sein Vorschlag gewesen, den ersten Abend nach Wetterbesserung zu nutzen. Es war ein Leichtes gewesen, Decatur zu überzeugen, sowohl mit den zehn Freiwilligen als auch mit dem Zeitpunkt.

Jetzt oder nie! Sehr richtig, dachte sich Decatur. Ein längeres Warten würde die Chance auf Erfolg zunichtemachen. Jetzt war es also so weit! Die Hafeneinfahrt von Tripolis war nur noch circa sieben Seemeilen entfernt. In einer Stunde etwa, wird es ernst werden. Jetzt oder nie!

Eines war sich Decatur, während dieser acht langen Tage, bewusst geworden: Die lange Verzögerung war lästig und ärgerlich gewesen, aber bei einem Scheitern, welches durchaus tödlich enden konnte, hätte jeder einzelne der vergangenen Tage für jeden der 75 Intrepids immerhin einen weiteren Tag am Leben bedeutet.

In gleichmäßiger Fahrt zog die Intrepid platt vor dem Wind, auf die Hafeneinfahrt von Tripolis zu. Die angebrochene Nacht des 16. Februars war dunkel und wirkte äußerst friedlich. Die Sicht war nicht übermäßig gut, aber völlig ausreichend. Im ganzen Umkreis schien kein einziges Schiff auf See zu sein. Die Syren war irgendwo weit achteraus. Das wusste Decatur. Doch deren Aufgabe, genauer gesagt, die ihrer Beiboote stand erst noch bevor.

Plötzlich wurde Decaturs Aufmerksamkeit geweckt. Irgendetwas stimmte nicht. Der Wellenschlag war nicht mehr der gleiche wie zuvor. Mit prüfendem Blick besah er sich die Segel, schaute ins Kielwasser und lauschte dem Rhythmus, der an der Bordwand entlang rauschenden Wellen. Doch da konnte er keinerlei Veränderungen wahrnehmen. Sicherheitshalber wollte er sich an seinen Lotsen wenden, denn seine Erfahrung gebot ihn zur Vorsicht. Mittlerweile wusste er, dass er dem Spanier trauen konnte.

„Mr. Salvador?"

„Capitan?"

„Sollten wir nicht loten? Ich habe das Gefühl, dass wir über einer Untiefe sind!"

„Untiefe? Was das ist, Sir?"

„Ein Riff, wenig Wasser unterm Kiel!"

„Ein Riff! Oh, ja, Sir! Kaliusa-Riff. Von hier", der Lotse deutete mit dem Zeigefinger senkrecht nach unten, „bis eine Meile dort." Nun zeigte er nach Osten.

Decatur wurde nervös.

„Nun, dann sollten wir schleunigst loten!"

„Was sein schleunigst? Aber nix notwendig loten für kleine Schiff wie dies. Aber große Schiff – oh, oh! Eure große Fregatte Philala… dort, andere Ende, kaputt!"

Decatur nickte. Nun begriff er. Die Intrepid segelte gerade über das gleiche Riff, auf dem die Philadelphia gescheitert war. Es hatte sogar einen Namen: Kaliusa-Riff.

Nun bat er den Lotsen, das Riff wenigstens grob zu beschreiben. Der tat sich dabei auch gar nicht schwer. Der Lotse zog seinen Säbel aus dem Gürtel. Decatur wollte schon zu seinem Degen greifen, als er erkannte, dass Salvador seinen Säbel platt auf das Deck legte. Dann zeigte er mit fuchtelndem Finger auf die Säbelspitze und erläuterte.

„Dies sein Südwesten von Riff, weiter dort Hafeneinfahrt, hier vielleicht sind wir jetzt!" Den Griff bezeichnete er als Osten. Ungefähr am Heft markierte er mit dem Finger jene Stelle, die der Philadelphia zum Verhängnis geworden war.

Decatur begriff, dass Salvador hervorragende Kenntnisse hatte. Und die Intrepid glitt derzeit nahe der Säbelspitze über das Riff hinweg. Zum wiederholten Male schob Decatur seine Zweifel, die er anfangs dem Lotsen gegenüber hatte, beiseite. Aber noch immer wusste er nicht die wahren Gründe, weswegen sich der Spanier bei diesem Himmelfahrtskommando beteiligte.

„Es geht mich ja eigentlich nichts an, aber darf ich Sie trotzdem etwas fragen, Señor Salvador?"

Der Lotse wurde stutzig.

„Was denn?"

„Ich verstehe immer noch nicht, warum Sie das alles mitmachen, Señor. Nur wegen des Geldes? Unser Auftrag könnte auch Ihnen das Leben kosten! Das wissen Sie doch, nicht wahr?"

„Si, si! Aber habe gute Gründe!"

„Darf ich fragen welche?"

Salvador schwieg zunächst. Decatur wollte ihn nicht drängeln, aber nach einer Weile begann er von alleine zu erzählen.

„Habe nix zu tun mit Politik. Und Religion? Ich sein gute Christ, aber wenn Jude oder Moslem? Auch gut! Immer derselbe Gott. Nur anderes steht in Büchern. Bibel, Koran? Gleiches Buch, anderer Text!" Salvador schwieg eine Weile, er wirkte nachdenklich.

Decatur wollte ihn nicht drängeln. War er mit seiner Neugierde schon zu weit gegangen? Der Lotse schaute scheinbar geistesabwesend in die Ferne. Sein Blick war gen Süden gerichtet, dort wo die Wüste war. Dann sprach er weiter, ohne Decatur anzusehen.

„Habe zwei schöne Töchter: Carmen und Mercedes. Sind jetzt 15 und 17. Vielleicht jetzt noch schöner."

Decatur wagte nicht, den Lotsen zu unterbrechen. Er wollte eigentlich wissen, wie lange Salvador seine Töchter schon nicht mehr gesehen hatte, aber die Frage erübrigte sich.

„Vor drei Jahren, habe die zwei mitgenommen nach Tripolis. Schöne Stadt! Tripolitanien auch schöne Land. Wollte zeigen meine Töchter mehr von Welt – andere Welt. Meine Frau, warten so lange in Andalusien." Wieder schwieg Salvador. Es schien so, als spräche er nicht gerne über dieses Thema.

Decatur wagte trotzdem die Frage: „Und dann Señor?"

Der Lotse blickte Decatur traurig an.

„Dann war ich im Hafen. Musste beladen meine Schiff. Töchter mit alte Aufpasserin gehen in Basar in Mitte von Tripolis." Wieder machte Salvador eine Pause, während Decatur ihn erwartungsvoll anblickte.

„Dann ich fertig, warte und warte. Suchen gehen? Schwierig. Also warte. Dann kommen Frau, wo hat aufgepasst, gelaufen. Schreien: Mädchen weg! Mercedes weg! Carmen weg!"

„Was ist passiert?"

„Mädchen entführt!"

„Von wem?"

„Von Scheich. Reicher Kaufmann!"

„Also ein bekannter Mann?"

„Si, gut bekannt! Verwandter von Dey!"

„Verwandt mit Jussuf Karamanli Pascha?"

Salvador nickte traurig.

„Si!"

„Was haben Sie dann gemacht?"

„Bin gegangen zum Pascha. Habe gebeten zurückholen meine Töchter. Habe auch Geld geboten!"

„Und?"

„Karamanli nur gelacht. Soll vergessen meine Töchter. Nun Töchter in Harem von Scheich. Wenn ich holen Töchter, dann muss gehen in die Wüste. Sein toter Mann!"

„Und was ist mit Ihrer Frau, Señor?"

„Meine Frau mich hassen, weil gebracht schöne Mädchen in Land von Barbaren."

Decatur begriff. Der Mann hatte seinen Kindern nur etwas bieten wollen, wollte, dass sie das Leben aus einer anderen Perspektive kennen lernen sollten. Tatsächlich aber hatte er seine ganze Familie ins Unglück gestürzt.

„Verstehen Sie mich Capitano? Ihre Fregatte stehlen, sehr gute Idee! Fregatte kaputt, auch gut! Noch besser Stadt kaputt! Am besten Palast von Pascha kaputt und Karamanli tot!"

„Ich verstehe Sie nun, Señor Salvador! Ich bin froh, dass Sie mit uns sind. Und ich hoffe bei Gott, dass Sie eines Tages ihre Töchter wiedersehen werden."

John war während dieses Gespräches in der Nähe gewesen. Es war nicht seine Absicht dieses Gespräch zu belauschen, aber da er am Besan Tauwerk aufgeschossen hatte und ihm der Wind die Worte quasi direkt ins Gehör geblasen hatte, war ihm das ganze Drama des Lotsen zu Ohren gekommen. Zwangsläufig musste er an seinen Bruder denken.

Mein Motiv ist genau das Gleiche, wie das des Spaniers, dachte sich John, aber der hat gleich drei gute Gründe, drei Frauen, zwei davon im Harem eines Barbaren. John kam sich etwas befremdlich vor. Er trug die Kleidung eines der Gefangenen, welche auf der Ketsch gefahren war, bevor diese den Namen Intrepid erhalten hatte. Weite Pumphosen, welche von einer langen Bauchbinde gehalten wurden. Eine bunte Weste über einem weißen Hemd. Auf dem Kopf trug er einen Turban. So hätte er sich hier niemals getraut, an Land zu gehen, da man ihn bereits nach den ersten Schritten als Spion in den Kerker werfen würde. Aber den einzigen festen Boden, den er bereitwillig betreten wollte, war das Deck der Philadelphia. Trotzdem war er froh in diesen ungewohnten Klamotten zu stecken. Nur die wenigsten Intrepids waren solchermaßen ausgestattet worden und nur zehn Matrosen davon waren außer ihm jetzt hier an Deck. Natürlich trugen auch der Alte und der Lotse orientalische Kleidung. Diese jedoch hatten sich als Türken verkleidet.

Johns Herz raste. Unter achterlichem Wind näherte sich die Intrepid stetig der Hafeneinfahrt. Je näher der Hafen kam, desto aufgeregter wurde John. Unter Deck musste die Anspannung jedoch noch größer sein, denn die zusammengedrängten Kameraden sahen nichts von all dem, was John von Deck aus sehen konnte. Jetzt zeichneten sich nämlich in der Dunkelheit Turm und Mauern vom Englischen Fort ab, welches die südliche Hafenzufahrt sicherte. Daran, dass innerhalb des Hafenareals am Arsenal und hinter den

Stadtmauern noch weitere Geschützbatterien waren und auch noch die Zitadelle über die Stadt wachte, wollte John gar nicht denken. Diese Informationen über die Festungsanlagen der Stadt hatten sich noch in Syracuse schnell herumgesprochen. Genauso war es kein Gerücht, dass Tripolis über insgesamt 115 Geschütze verfügte. Die Stücke der Philadelphia waren da noch gar nicht mit eingerechnet.

John erblickte soeben die hohen Masten der Fregatte, welche alles andere überragten. Selbst im Dunkeln war die Philadelphia beeindruckend. Dann erkannte er auch die Masten von Schebecken oder Galeeren.

Und dort hinein, direkt in den Rachen des Löwen, segeln wir jetzt, wurde sich John entsetzt bewusst, aber es gab kein Zurück mehr!

Nun erhöhte sich der Herzschlag von John noch zusätzlich. Instinktiv tastete den Griff seines Entermessers ab. Er würde es bald gebrauchen können. Während der ganze Hafen, die ganze Stadt im Schlaf lag, hielt nun ein von einigen Riemen angetriebenes Boot direkt auf die Intrepid zu. Ausgerechnet jetzt! Jetzt, wo die Ketsch sich gerade dem Englischen Fort näherte, welches wie eine Bastion die Hafenzufahrt vom Süden her sicherte. Schon hörte John das Rufen, welches eindeutig von diesem Boot kam. Es war nicht irgendein Boot, auch kein Fischerboot, welches sich nachts auf das Meer wagte, um einen besonders guten Fang zu machen, nein, es war ein Kanonenboot.

John wollte gerade noch einen Blick auf die Kanone im Bug des Bootes werfen, als er einen ganz leisen Befehl zum Bergen des Großsegels erhielt. Rasch setzte er sich mit einigen anderen Matrosen an Deck in Bewegung und konnte er sich nur noch der Ausführung des Befehles widmen. So legte er sein ganzes Gewicht in ein Geitau. George Brown tat an der Steuerbordseite das gleiche, drei weitere Männer holten die Gordinge durch. Schon schwebte das Großsegel nach oben. Aufgegeit wie es nun war, bot es dem Wind, der aber während der letzten viertel Stunde merklich nachgelassen hatte, kaum noch eine Angriffsfläche.

Es war kurz vor neun Uhr abends. Ausgerechnet jetzt! Musste gerade jetzt das Wachboot auftauchen? Jetzt, wo der Wind nachließ?

Glücklicherweise ließ der Wind nicht gänzlich nach. Da der Wind nun von Nordost auf Ost drehte, konnte die Ketsch ihren Kurs so wie zuvor platt vor dem Wind fortsetzen. Decatur war beruhigt. Immerhin hätte der Wind auch in die andere Richtung drehen können und dann wäre kreuzen angesagt, was unnötig Zeit und

Nerven kosten würde. Natürlich hätte die Intrepid auch ihre Riemen einsetzen können, aber damit konnte man keine Manövrierschwierigkeiten vortäuschen und solche Schwierigkeiten gehörten mit zur geplanten Taktik. Decatur verstand nichts von den Rufen, welche von dem Wachboot kamen – und um ein solches eines handelte es sich wohl vermutlich. Die Kanonenmündung, welche direkt auf die Intrepid gerichtet war, gefielen ihm gar nicht.

„Was sagen die?", flüsterte er Salvador zu.

„Was wir machen, hier in der Nacht!", antwortete dieser leise.

Decatur überlegte, was man nun antworten sollte. Einige Ausreden hatte er sich längst zurechtgelegt.

Nun aber antwortete der Lotse bereits in Arabisch. Es dauerte auch nicht lange, bis das Wachboot umdrehte und backbords von der Ketsch auf Parallelkurs ging. Seite an Seite passierten die zwei Fahrzeuge das Englische Fort und damit die Zufahrt zum Hafen.

Decatur, dessen Nerven vor Anspannung und Neugierde kurz vor dem Zerreißen waren, wollte gerade nachfragen, als er die Antwort bereits von Salvador erhielt.

„Habe gesagt, kommen von Malta, wollen junge Bullen kaufen. Wegen Sturm sehr spät dran! Die sagen, alles in Ordnung! Sollen im Norden von Hafen festmachen, dort drüben, neben Spanischem Fort!" Salvador streckte seinen Arm aus. Er zeigte zum Stadtrand am nördlichen Hafen.

Die Philadelphia aber war unterhalb der Zitadelle verankert, nahe dem Palast des Paschas, und das war eben im südlichen Hafen. Vorerst aber passte wenigstens noch die grobe Richtung.

„Was soll ich sagen, Sir?", flüsterte Salvador.

Decatur ließ seine Gedanken rasen. Er sah sich um und nahm die Schebecken und eine Galeere wahr, welche direkt in der Nähe der Fregatte lagen. Nun musste er schnellstens ein Argument bringen, welches dem Wachboot klarmachen musste, warum die Ketsch nicht ohne weiteres ankern konnte. Decatur flüsterte dem Lotsen etwas zu.

Dann zischte er John leise an: „Nimm dir ein paar Mann, lasst den Anker leise und langsam ab, dann kappt das Ankertau. Niemand darf etwas hören oder sehen!"

John nickte nur. Hurtig sauste er nach vorne. Das Wachboot war backbords eine halbe Kabellänge entfernt, der Anker aber sicherheitshalber schon längst zum Ankern im Hafen zum Fallen klar gemacht, war steuerbords. Möglichst unauffällig fierten die Matrosen an Deck das Ankertau, die Ankerflunken tätschelten bereits die Wellenkämme, dann ließen sie den Anker noch weiter absenken.

Salvador hatte längst begriffen. Eigenständig rief er lautstark etwas in Arabisch zum Wachboot hinüber. Irgendwie waren die scheinbar schon misstrauisch geworden.

„Was haben Sie denen nun gesagt?", fragte Decatur im Flüsterton.

„Anker im Sturm verloren! Nicht können ankern, schwierig, so nah an Kaimauer heran!"

„Sehr gut!", murmelte Decatur.

Tatsächlich drehte das Wachboot kurz darauf ab und hielt nun wieder Kurs auf das Englische Fort, machte sich dorthin zurück, woher es vorher gekommen war – zur Hafeneinfahrt.

Währenddessen hatten Männer unter Deck, verborgen vor den neugierigen Augen und Ohren der Wachbootmannschaft, das Ankertau gekappt. Plötzlich war der Anker verschwunden.

Decaturs Gedanken rasten. Die Option, gegen alle Widerstände direkt neben der Philadelphia vor Anker zu gehen und dann die Intrepid in unmittelbarer Nähe der Fregatte in die Luft zu sprengen, war ohne Anker kaum möglich und den zweiten Anker klarzumachen, der unten im Kabelgatt lag, kostete viel zu viel Zeit. Nun stand er an der Pinne stand, überlegte krampfhaft und hielt währenddessen mutig auf die Philadelphia zu.

Der Wind, der mittlerweile noch ein bisschen über Ost auf Süd gedreht hatte, machte das Manövrieren leicht. Auf diesem Kurs wäre es ein Leichtes, die Ketsch als Brander einzusetzen, was die zweite Option der Pläne gewesen war. Die Vorbereitungen dazu waren unter Deck längst getroffen worden, aber vielleicht gab es bei dieser Windrichtung doch noch die Chance, die ganze Fregatte aus dem Hafen zu entführen. Was wäre, wenn der Wind noch gänzlich einschlief? Natürlich könnte man die Fregatte mit Hilfe der geruderten Intrepid schleppen. Aber bei welchem Tempo? Ein riskantes Unterfangen! Außerdem fehlte der Philadelphia noch immer der Fockmast, was man im Licht des Neumondes nun schon deutlich erkennen konnte.

Decatur wartete noch eine Weile, bevor er unauffällig den Kurs änderte und somit direkt auf den Bug der Fregatte zuhielt, welche jetzt noch eine halbe Seemeile entfernt war. Das Wachboot war zum Glück längst in der Dunkelheit verschwunden.

Decaturs Herz begann zu rasen. Nun wurde es wirklich ernst. Falls jetzt noch etwas dazwischenkäme, könnte die Intrepid immer noch als Brander eingesetzt werden. Sollte wirklich alles so einfach sein?

Er konnte es nicht glauben. Seine Erfahrung ließ ihn mit allem rechnen. Noch hatte er einige Bedenken.

Wie recht er doch hatte! Nach einer Weile erschien ein weiteres Wachboot. Es tauchte wie aus dem Nichts neben der Fregatte auf. In schnellem Takt peitschten die Riemen ins Wasser. In rascher Fahrt hielt es direkt auf die Ketsch zu, die Kanonenmündung auf die Intrepid gerichtet. Decatur spürte seinen Puls in heftigen Schlägen an seiner Schlagader am Hals pochen. Was nun? Sollte er jetzt schon den Befehl erteilen, die Ketsch in Brand zu setzen? Aber was wäre dann mit seiner Crew? Nur die wenigsten konnten schwimmen. Und die Boote der Syren? Die würden frühestens in einer halben Stunde hier sein, um die Intrepids zu retten.

Das Boot näherte sich. Laute und eindeutig wütende Rufe, die der Intrepid galten. Decatur sah den Lotsen an. Der hob nur beschwichtigend eine Hand.

„Die sagen, sollen uns fernhalten von Fregatte, nicht erlaubt so nah!"

Decatur nickte nur. Was hätte er ohne die Hilfe von Salvador jetzt nur machen sollen?

„Sage gleiches wieder, wegen Anker. Brauchen dringend Hilfe!", klärte der Lotse Decatur auf.

Der nickte nur. Wie hatte er diesem wertvollen Mann nur misstrauen können? Das Wachboot drehte nun um und folgte zunächst der Intrepid. Dann beschleunigte sich die Schlagzahl der Riemen und das Boot überholte die Ketsch. Die Drehbasse am Heck wurde herumgedreht, zielte direkt auf Decatur, der an der Pinne stand.

Nun rief einer vom Wachboot die Decksmannschaft auf der Philadelphia an. Sofort standen dort zwei Männer vorn an der Bugreling, in ihren Händen hielten sie Musketen.

Verdammter Mist, dachte sich Decatur. Aber immerhin wurde die Ketsch nicht davon abgehalten, weiter auf die Philadelphia zuzuhalten.

Die Spannung an Bord der Intrepid stieg ins Unermessliche. Von der Fregatte war jetzt weitaus mehr als nur die Konturen zu sehen. Deutlich zeichnete sie sich vor dem nächtlichen Himmel ab. Jetzt frischte der Wind wieder kurz auf und drehte noch weiter auf Südost. Decatur bemerkte es, als ein paar Segel schlugen und das Heck der Fregatte herumschwoite. Nun ließ er sämtliche Rahsegel bergen. So wie es eingeübt worden war, ging es nun Schlag auf Schlag. Wie hoch die Masten doch über der Intrepid aufragten. Die

Ketsch schlich sich nun nur noch mit maximal ein bis zwei Knoten an die Philadelphia heran. Oben an Deck bewegten sich Männer. Zum Glück sah man nur wenige, aber die waren längst auf die sich nähernde Ketsch aufmerksam geworden, die gerade am Segelbergen war. Ohne Segel driftete die Intrepid nun auf die vor Anker liegende Fregatte zu.

Die zwei Männer von der Prisencrew am Schanzkleid der Fregatte versuchten nun, die fremde Ketsch mit aufgeregten Rufen zur Räson zu bringen.

Die Besatzung vom Wachboot verfolgte währenddessen aufmerksam und misstrauisch die Vorgänge. Wieder war es Salvador, der auf die Rufe reagierte.

„Habe gefragt, ob er vertäuen dürfen an Ankertrosse über Nacht. Weil verloren Anker in Sturm!"

„Und?", fragte Decatur.

Der Lotse grinste nur. Tatsächlich erlaubten es die Tripolitaner der Ketsch nun, an ihrem Ankertau festzumachen.

„Es klappt!", flüsterte Salvador.

Decatur schickte jetzt ein paar Matrosen mit der Vorleine nach vorn auf den Bugspriet. Wenn so viel Frechheit gutgeht, dachte er, konnte man auch noch eins drauflegen.

„Wurfleine klarmachen!", befahl er einem seiner verkleideten Matrosen so leise wie es nur ging.

Das Kanonenboot war immer noch in der Nähe, hielt die Mündung seiner Kanone immer noch direkt auf die Ketsch gerichtet.

Nun war die Vorleine der Intrepid tatsächlich am Ankertau der Philadelphia befestigt. Zwar unter Protest des Kanonenbootes, aber immerhin unter der Duldung der Prisenbesatzung der Fregatte. Dreist drückte Decatur die Pinne weit herum. Im selben Moment drehte sich schon der Bug auf die Fregatte zu, während das Heck sachte herumschwang. Wie ein Pendel schwoite die Ketsch langsam herum, bis sich ihr Heck gemächlich am Wind ausrichtete.

Das Heck der Intrepid war jetzt nur noch gut 20 Meter von der Philadelphia entfernt. Schon flog die Wurfleine hinüber. Ein guter Wurf! Die dünne Leine wurde drüben aufgefasst und durchgeholt, so wie es die Seeleute in aller Welt machen. Immer schneller und schneller folgte die Vorleine. Rasch wurde sie an Bord der Fregatte belegt.

Decatur tat sich schwer, seine gebannten Blicke von den Tripolitanern auf der Fregatte zu lösen. Unauffällig drehte er sich um und blickte hinüber zum Wachboot. Dort tauchten die Riemen wieder im Takt ins Wasser. Die Verantwortung hatte man nun der Fregattenbesatzung überlassen. Sehr gut!

Nun wurde auch die Achterleine durchgeholt. Das Heck der Intrepid näherte sich immer weiter an das Heck der Philadelphia heran. Das Bugspriet zeigte jetzt auf Südost. Der Rumpf der Ketsch näherte sich Meter um Meter an den fülligen Fregattenrumpf heran. Es war einfach unglaublich! Hoch über den Köpfen der wenigen Intrepids, die an Deck standen, beugten sich die Köpfe einiger neugieriger Tripolitaner über das Schanzkleid der Philadelphia herunter. Wer wunderte sich im Moment mehr über das Geschehen – die Crew der Ketsch oder die der Fregatte?

Kapitel 11: Jetzt oder nie!

Es war nicht zu fassen! Die Intrepid lag doch tatsächlich Rumpf an Rumpf mit der Philadelphia im feindlichen Hafen. Die Feinde hatten sogar eigenhändig mitgeholfen, dem Trojanischen Pferd beim Festmachen zu helfen. Wer hätte das geglaubt? Nun standen sich David und Goliath Auge in Auge gegenüber, wobei Goliath noch überhaupt nicht begriffen hatte, was ihm blühte.

Noch aber waren es die Intrepids, die in Gefahr waren. Zwar hatte sich das lästige Wachboot längst entfernt, aber vermutlich umrundete es die Fregatte nur, um dann vielleicht im ungünstigsten Moment wieder aufzutauchen.

Plötzlich erschollen von oben laute, hektische Rufe: „Amerikanos, Amerikanos!"

Der Coup war aufgeflogen! Schon richteten sich von oben zwei Musketen herab. Eine zielte direkt auf Decatur, die andere auf Salvador. Nun war die Zeit zum Handeln gekommen. jetzt oder nie!

Urplötzlich hatte der Lotse ein Messer zur Hand. Fast im gleichen Augenblick steckte dieses auch schon im Herzen des Mannes, welcher eine Muskete auf ihn gerichtet hatte. Fast genauso schnell warf ein weiterer Matrose sein Enterbeil vom Deck der Intrepid. Es spaltete dem Mann, der so laut gerufen hatte, mit der Muskete den Schädel. Die zwei Musketen fielen herab. Eine platschte ins Wasser und die zweite konnte Decatur abfangen. Nun war er es, der die Waffe auf die Barbaren richtete. Als er aber sah, dass an einem 18-Pfünder der Mündungspfropfen abgenommen wurde, war ihm klar, dass es nun höchste Zeit zum Handeln war. Demnächst würden die Geschütze der Fregatte auf die kleine Ketsch, die direkt an der Seite lag, feuern. Die Auswirkungen konnte sich jedermann ausmalen.

So rief Decatur mit donnernder Stimme: „Angriff! Jetzt oder nie!"

Die Ketsch begann zu beben, als alle Männer von unten fast gleichzeitig die beiden Niedergänge nach oben stürmten. Doch auch auf der Philadelphia war der Alarm angekommen. Lautes Getrampel auf den Decks kündigten von den ersten Reaktionen.

Decatur brüllte den Befehl: „Entern, entern!"

Laws, der Midshipman von der Constitution, war der erste, der tollkühn auf die Rüste der Fregatte hinübersprang, der Plattform, auf der die Wanten verspannt waren. Schon war er in einer der offenstehenden Stückpforten verschwunden. Morris, sein Kumpan folgte augenblicklich. Einen Dolch zwischen den Zähnen raste er affenartig die Wanten hinauf und sprang ohne jedes Zögern aufs Deck der Philadelphia. Decatur folgte geschwind. Er raste die Stufen an der steilen Bordwand hinauf, welche seitlich etwas vor dem Großmast zur Pforte des Oberdecks führten. In dem Moment, in dem er das Deck unter seinen Füßen fühlte, riss er seinen Offizierssäbel aus der Scheide und stürzte sich verwegen in den Kampf.

Kurz hinter ihm folgte auch John. Für ihn war es der erste Entereinsatz in seinem Leben. Überhaupt war es der erste richtige Kampf, den er nun führen musste, koste es, was es wolle. Er war nicht im Geringsten kampferprobt, aber nun musste er all das geben, was er in Syracuse Tag für Tag eingeübt hatte. Wie die meisten der Intrepids hatte er keine Schusswaffe bei sich, denn die waren nur den Offizieren und Midshipmen vorbehalten sowie auch Schüsse unbedingt vermieden werden sollten, um nicht die ganze Stadt aus dem Schlaf zu reißen.

Kaum war John auf dem Deck angekommen, stürzte ihm ein Barbar den Säbel zum Schlag ausholend entgegen. Rechtzeitig gelang es John noch, sein Entermesser zu ziehen. Augenblicklich parierte er, aber mit dieser Wucht hatte er nicht gerechnet. Noch immer hatte er einen Dolch zwischen den Zähnen stecken, was ihm aber im Kampf nicht unbedingt von Vorteil war. Schon nach wenigen Hieben erkannte er, dass er dem Gegner an Kraft und Geschicklichkeit nicht gewachsen war. Seine Chance war nur seine eigene Schnelligkeit. Wieder parierte er die Säbelhiebe. Gleichzeitig huschten unzählige Gestalten an den beiden Kämpfenden vorbei. Die Invasion war in vollem Gange. Auch der Barbar wurde sich der Übermacht bewusst. Mit aller Kraft ließ er seinen Säbel auf John heruntersausen, wollte ihm den Garaus machen, sodass er sich auf den nächsten Enterer stürzen konnte. Mit letzter Kraft wehrte John den heftigen Schlag ab, drückte das Heft seines Entermessers gegen die Parierstange des gegnerischen Säbels. Diesen Moment nutzte er, um seinen Dolch aus dem Mund zu nehmen. Im gleichen Moment, in dem er den Griff fest zwischen seiner Faust fühlte, stieß er erbarmungslos zu. Er rammte den Dolch blitzartig in die Achsel des erhobenen Armes seines Gegners. Mit einem lauten Gebrüll ließ der Barbar seinen Säbel fallen. John schmetterte ihm noch den Griff seines Entermessers auf den Schädel. Sein Gegner sackte zu Boden. John steckte sich den Dolch zurück in seinen Gürtel und ergriff den Säbel. Nun hatte er drei Waffen, mit denen er sich wieder ins Getümmel stürzte, um nach dem nächsten Gegner zu suchen.

Auf dem Oberdeck der Fregatte waren die vielen Intrepids längst dabei, die Oberhand zu gewinnen. Viele andere aber waren gar nicht erst nach oben geklettert, sondern waren direkt vom Deck der Ketsch durch die offenen Stückpforten ins Batteriedeck gelangt. Dort waren noch viele Männer der Prisenbesatzung in den Hängematten. Zum Glück brannten unter Deck noch einig Lampen, denn sonst hätte man in tiefster Dunkelheit das Deck stürmen müssen, was der reinste Wahnsinn gewesen wäre. Das Enterkommando schlug alles nieder, was ihm in die Quere kam. Manche aus dem Schlaf gerissene Männer ließen sich aus den Hängematten fallen und plumpsten den Eindringlingen direkt vor die Füße. Andere Tripolitaner hatten sich Teppiche auf den Boden gelegt, da ihnen das Schlafen in Hängematten nicht vertraut war. Wer es nicht schaffte, rechtzeitig Reißaus zu nehmen, wurde niedergemacht. Zeit zu den Waffen zu greifen, war nur den Wenigsten geblieben. Diejenigen, die es geschafft hatten, mussten sich nun einer derben Übermacht stellen. Die schlaueren Barbaren suchten ihr Heil in der Flucht.

Das Wachboot war jetzt überfüllt mit Flüchtigen, die es jetzt schafften, vom Ort des Geschehens weg zu rudern. Allerdings gab es kein zweites Boot, welches dem Rest der Prisenbesatzung diese Fluchtmöglichkeit bot. Die letzten Flüchtigen sprangen panikartig durch die offenen Stückpforten, welche der Stadt zugewandt waren. Ihnen drohte nun dasselbe Schicksal, welches bei einem Scheitern der Mission, jenen Intrepids gedroht hatte, die gar nicht schwimmen konnten. Doch vielleicht waren die Barbaren ja besserer Schwimmer. Zum Ufer war es nicht weit, auch der Palast des Paschas war ganz in der Nähe.

Decatur als einer der Ersten, welche das Deck der Philadelphia enterten, stürmte mit hoch erhobener Waffe seinen Männern voran. Die Prisenbesatzung sammelte sich am Vorschiff, aber mit jeder

Sekunde des Wartens erschienen mehr und mehr ihrer Feinde. Nun wurden sie von einer Übermacht – das gesamte Enterkommando bestand immerhin aus 60 Mann – in die Enge gedrängt. Ein fürchterlicher Kampf entbrannte.

Decatur drängte mit raschen Säbelhieben einen Verteidiger zurück. Schnell bemerkte er, dass der Feind sein Handwerk verstand. Der muskulöse Maure schlug mit erbarmungsloser Kraft zu. Seine Technik des Fechtens entsprach nicht dem Lehrbuch, welches Decatur gewohnt war. Vielleicht war es der orientalische Kampfstil, vielleicht lag es auch daran, dass der Säbel des Mauren eine viel stärkere Krümmung hatte, als der Offizierssäbel, den er selbst trug, da dieser mehr einem Degen als einem Säbel gleichkam. Decatur war sich bewusst, dass er nicht viel Zeit hatte, den Stil des Gegners zu analysieren, weshalb er auf Schnelligkeit setzte. Er dränge den Feind in die Enge des Gefechtes und raubte ihm somit einiges an Bewegungsspielraum. Als sein Gegner mit seiner Schulter an den Rücken eines weiteren Verteidigers stieß, machte Decatur mit seinem Arm eine schnelle Drehung, wirbelte seinen Säbel um den seines Feindes herum und nutzte genau jenen Bruchteil einer Sekunde, um dem Barbaren einen tödlichen Stoß in die Brust zu versetzen. Blut rann aus dem Mund des Sterbenden, noch bevor er zu Boden sackte.

Das Getümmel auf dem Vordeck lichtete sich. Auch hier hechteten einige Männer der Prisenbesatzung über das Schanzkleid, als sie die Aussichtslosigkeit erkannt hatten.

Decatur wurde hier nicht mehr gebraucht. Er ahnte, dass noch weitere feindliche Offiziere unten im Achterschiff sein mussten. Nun eilte er nach achtern und raste den Niedergang hinab. Nur zu gut wusste er, wo Kapitänskajüte, Offiziersunterkünfte und Messe in einer Fregatte waren. Gefolgt von ein paar weiteren Männern drang er zum Heck vor. Schon kam ihm ein halb nackter Offizier, oder vielleicht war es auch der Kommandant selbst entgegen, den Säbel kampfbereit in der rechten Hand. In der Linken eine reich verzierte, orientalische Pistole. Die Enge der Gänge war hier beim Fechten das Problem, aber genau diese war es, welche sich nun als Vorteil erweisen sollte. Decaturs warf sich zur Seite und schmetterte dem Feind, der ihm direkt gegenüberstand, mit einem schnellen Hieb die Pistole aus der Hand, noch bevor dieser abdrücken konnte. Wieder war es die Enge, die den in Kampfstimmung bebenden Decatur einem schlaftrunkenen Verteidiger überlegen machte. Nach einem kurzen Duell streckte er den Mann nieder.

Mit ein paar Mann hinter sich drang Decatur in alle Räumlichkeiten des Achterschiffs ein. Einige Heckfenster standen offen. Wegen der frischen Luft? Oder waren weitere Offiziere geflohen? Wie auch immer! Er bemerkte, dass es an Bord der Philadelphia verhältnismäßig ruhig geworden war. Zwar trabten immer noch viel Füße über die Decks, aber vom Kampflärm war nichts mehr zu hören. Decatur stand in der Kapitänskajüte im Licht der Lampe. Er blickte auf seine Taschenuhr. Seit Beginn der Enterung waren gerade einmal fünf Minuten vergangen.

Auch die 25 Intrepids, die an Bord der Ketsch geblieben waren, zeigten sich unter dem Kommando des Schiffsarztes von der Enterprise nicht untätig. Im Gegensatz zu vielen anderen Schiffsärzten, war Lewis Heermann sehr wohl in der Lage, ein Kommando zu übernehmen. Als Erstes ließ er die acht Drehbassen laden und diese in ihren vorgesehenen Halterungen oben an Deck auf der Reling montierten. Auch die vier 6-Pfünder-Kanonen wurden geladen, wobei die beiden, welche der Seeseite zugewandt waren, schon jetzt ausgerannt wurden. Mehr stand der kleinen Intrepid leider nicht zur Verfügung. Selbst bei der einer erfolgreichen Vernichtung der Philadelphia, konnte die Flucht immer noch in einem Desaster enden und von den Booten der Syren war immer noch nichts zu sehen!

Als Nächstes bereitete die Besatzung der Ketsch all das Material vor, welches man zur Vernichtung der Fregatte mitgebracht hatte. Es war in Körbe und Säcke verpackt und konnte von je einem Mann mühelos getragen werden. Nun trugen sie die Sachen ans Oberdeck hinauf und warteten auf das Zeichen.

Kaum stand das Material an Deck, erschienen schon grinsende Gesichter in den offenen Stückpforten der Philadelphia.

„Her mit dem Zeug! Lasst uns nicht so lange warten!", brüllte Brown.

„Was, habt ihr das Schiff bereits in eurer Hand?", fragte einer an Bord der Intrepid ungläubig.

„Wir sind keine solchen Müßiggänger, wie ihre faulen Säcke!", höhnte Brown.

„Verluste?"

„Habe noch nichts dergleichen bemerkt!" Brown wurde langsam ungeduldig. „Und nun her mit dem Zeugs!"

Mit raschen Griffen wurden nun die Packen einzeln über die Reling der Ketsch gereicht und von den ausgestreckten Armen des

Enterkommandos, welche sich gleich aus mehreren Stückpforten reckten, begierig übernommen. Genauso, wie es in Syracuse eingeübt worden war, lief es nun routiniert ab. Nach wenigen Minuten war das gesamte Material auf das Batteriedeck der Fregatte verlagert.

Obwohl während des ganzen Enterkampfes tatsächlich kein Einziger Schuss gefallen war, war der Tumult an Bord der Fregatte von den Tripolitanern nicht unbemerkt geblieben. Kein Wunder, denn in der Nähe der Philadelphia lagen zwei Schebecken und eine Galeere. An den Kaimauern der Stadt lagen auch noch ein oder gar zwei Dutzend Kanonenboote, die aber vermutlich unbemannt waren. Weiter nördlich lag auch noch eine zweite Galeere. Die Stadt selbst war ja auch nur eine Viertel Meile entfernt, weswegen es nicht verwunderlich war, dass der Trubel an Bord der Fregatte auch das Volk an den Ufern erweckte.

Ungeachtet dessen, dass sich an Land immer mehr Soldaten formierten und sich gleichzeitig immer mehr Neugierige an den Kaimauern sammelten, um das Spektakel zu beobachten, setzen die Intrepids ihr eingeübtes Werk fort. Sie waren in mehrere kleinen Gruppen organisiert. Ganze 38 Mann kümmerten sich als erstes um die 19 18-Pfünder auf der Steuerbordseite. Diese wurden schnellstens mit einer Doppelladung an Kugeln geladen. Es war die Seite, die der Stadt zugewandt war. Aufgrund der geringen Distanz von etwas über zwei Kabellängen, war diese Entfernung bei reichlich Pulver, auch mit zwei Kugeln pro Rohr kein Problem. Das zeitaufwendige Ausrennen der Geschütze erübrigte sich, da es sich um die letzte Breitseite handeln sollte, welche die Philadelphia jemals abfeuern sollte. Somit konnten die Folgen des Rückstoßes jeden einzelnen Stückes vollkommen ignoriert werden. Auch um das Abfeuern musste man sich nicht kümmern. Weder das Setzen von Lunten noch das Ziehen von Reißleinen war von Nöten, denn in Kürze würde die Hitze eines netten Feuerchens all diese Aufgaben übernehmen.

Die 22 anderen Männer verteilten die vorbereiteten Sprengladungen an neuralgischen Punkten weit unten im Orlopdeck. Die bevorzugten Orte waren natürlich die beiden Pulverkammern. Alle Ladungen wurden mit Lunten versehen, welche derzeitig natürlich noch nicht gezündet werden durften.

Nachdem die Steuerbordbatterie geladen war und die Sprengsätze ausgelegt waren, stand nun die gesamte Entermannschaft zur

Verfügung, die Brandsätze zu legen. Nun ging alles Schlag auf Schlag. Jede Gruppe wusste, wo sie ihren Brandsatz legen musste. Es gab kein Warten mehr. Jeder Brandsatz bestand aus lockeren und ausgefransten Baumwollfasern, welche mit Lampenöl getränkt waren. Dies gewährte ein langsames, aber sicheres Abbrennen. Rundum wurde auch noch Sägemehl verstreut, welches die Schreiner und Zimmerleute von Syracuse zur Verfügung gestellt hatten. All diese Brandsätze wurden augenblicklich entzündet. Um sich nicht selber in die Luft zu sprengen, wurden die Maßnahmen im Achterschiff des Batteriedecks begonnen. Dann folgte die Steuerbordseite im Batteriedeck. Um sich nicht den eigenen Fluchtweg zu verbauen, wurden an der Backbordseite keine Brandsätze gelegt.

Schon züngelten in mehreren Ecken die ersten Flammen auf dem trockenen Holz. Begierig suchten die Flammen nach weiterer Nahrung und bahnten sich ihren Weg. John empfand den Anblick beängstigend, hatte aber nicht genügend Zeit, lange darüber nachzudenken. Mit ein paar Kameraden eilte er den steilen Niedergang ins Orlopdeck hinab. In Kürze musste die Philadelphia evakuiert werden, aber zunächst mussten auch noch die Brandsätze in den Lasten entzündet werden, denn dort würde das Feuer eine Menge Nahrung finden. Die Stauräume waren eben genau in dem Deck, in dem auch die vorbereiteten Sprengsätze lagen. Als John zusammen mit Bob Kingsley ihren Brandsatz entzündeten, waren beide verständlicherweise ziemlich aufgeregt.

„Bist du sicher, dass wir genügend weit von der Pulverkammer entfernt sind?", fragte Kingsley nervös.

„Natürlich, Bob! Ich war lange genug auf der Philadelphia, glaub mir! Aber mach endlich und zittere nicht so herum, ich möchte hier nicht übernachten!" John versuchte zu verbergen, dass auch er höllisch nervös war.

Bob gelang es nämlich nicht sofort, den Brandsatz auf Anhieb zu entzünden. Doch dann zeigten sich endlich die ersten Flammen.

„Lass uns jetzt bloß abhauen, John! Mir wird es plötzlich ziemlich heiß unter meinem Hintern!"

Mit Recht, dachte sich John. Auch er wollte jetzt schnellstmöglich verschwinden. Ein paar andere Kameraden rasten an ihnen bereits vorbei und rumpelten den Niedergang hoch.

„Verdammt, verdammt!", schrie einer von oben.

„Nichts wie weg!", fauchte Bob.

„Das brauchst du mir kein zweites Mal sagen!“, konterte John. Schon sauste er Bob hinterher, der ihm voraus den Niedergang nach oben hechtete.

Jetzt war es Bob, der brüllte: „Zum Teufel noch mal!“

Als John das Batteriedeck erreicht hatte, wusste er, warum die anderen so geflucht hatten. Er sah es, er roch es und er spürte es am eigenen Leib. Schneller als erwartet, hatten sich die einzelnen Feuer hier bereits ausgeweitet. Es lag wohl daran, dass die Fregatte nun schon seit einem halben Jahr in südlichen Breiten verbracht und schon seit Monaten keine Sturmfahrten abgeritten hatte, sodass das ganze Schiff trockener als üblich, war. Überall loderten die Flammen. An manchen Stellen prasselten bereits unkontrollierbare Feuer. Rauch benebelte das ganze Batteriedeck. John viel das Atmen schwer. Er musste husten. Es sah gespenstisch aus. Das Inferno war bereits in vollem Gange und die Hitze wurde immer unerträglicher.

„Raus hier, macht schneller, Jungs!“, brüllte Thomas McDonough. Er war der Zweite Offizier der Philadelphia gewesen, derjenige, der vorübergehend die Prise Mirboka kommandiert hatte und für eine geraume Zeit in Gibraltar geblieben war.

Das war wohl sein Glück gewesen, denn ansonsten wäre nun auch er ein Gefangener der Tripolitaner. So aber war er auf die Enterprise versetzt worden und gehörte folglich auch er nun zu den Intrepids. Aber auch McDonough konnte zu diesem Zeitpunkt nicht wissen, ob er diese Mission überleben würde. Noch lag die Ketsch inmitten eines feindlichen Hafens, der mehr und mehr zum Leben erwachte. Die Einheimischen machten sich schon kampfbereit, sowohl auf den umliegenden Schiffen als auch an den Geschützbatterien der Stadt.

In kluger Voraussicht waren backbords keine Brandsätze gelegt worden, aber als John durch eine offene Stückpforte nach draußen stieg, spürte er bereits die Hitze an seinem Hinterteil. Hurtig sprang er auf das überfüllte Deck der Intrepid hinunter. Die helfenden Hände der Kameraden unterstützten die letzten Männer, welche nun die Fregatte eiligst evakuierten. Unter ihnen war der Vollmatrose George Brown. Gerade erschien er in einer der vordersten Stückpforten.

„Bloß weg hier. Macht schnell!“, brüllte Brown, während er nach draußen kletterte.

Kaum war er auf dem Deck der Ketsch gelandet, zischte eine kleine Feuerwalze aus einer der Pforten, sodass nun die Intrepid selbst in Gefahr geriet, neben der Philadelphia in Brand zu geraten.

Nun zeigte sich, wie gut die Ketsch für diesen Einsatz geeignet war. So direkt neben der großen Fregatte und in der Hitze der Brände gab es keine geeignete Winde. Eiligst wurden jetzt die Leinen gekappt. Die Seeleute stießen sich kraftvoll mit den Riemen vom Rumpf der Philadelphia ab. Die Hitze, die von ihr herüberschlug, war kaum noch erträglich. Schon wollten die ersten Flammen von der Fregatte auf die Ketsch übergreifen. Eiligst legten die Männer die Riemen in die Dollen, acht Stück auf jeder Seite. Die Rudergasten legten sich dermaßen ins Zeug, dass man meinen konnte, der Teufel wäre persönlich hinter ihnen her. Trotzdem brüllten die tollkühnen Intrepids dreimal hintereinander freudig und lautstark auf.

„Hipp, hipp, hurra!"

Nervös warf Decatur noch prüfende Blicke auf den Rumpf der Fregatte. War dort noch jemand seiner Crew? Hatten es wirklich alle geschafft? Er sah auf seine Uhr. Seit seinem Befehl zum Entern, waren gerade Mal siebzehn Minuten vergangen.

„Durchzählen!", befahl er. Während die Leute seinem Befehl folgten und sich die Intrepid unter gleichmäßiger Schlagzahl der Riemen stetig von dem brennenden Schiff entfernte, betrachtete er nochmals die einst so schöne Fregatte. Die Flammen schlugen jetzt bereits aus fast allen Stückpforten heraus. Aus den anderen zogen dicke Rauchschwaden. Auf dem Oberdeck weiteten sich die Brände ständig aus. Dicker Rauch überzog den ganzen Nordosten des Hafens. Nun ergriffen die gierigen Flammen auch die Takelage. Die Wanten am Großmast wirkten wie ein Netz aus goldenen Spinnweben.

Bald waren alle durchgezählt.

„83!", rief einer.

„84!"

„85! 85 Mann, Sir!"

Das passte! 75 von der Enterprise, zehn von der Syren. Decatur war verwundert, dass alles so gut gegangen war. Aber er war zutiefst erleichtert.

„Verwundete?"

Es war Lewis Heermann, der Schiffsarzt, der antwortete: „Zwei, Sir! Greg Watson. Säbelhieb im Oberarm. Habe ihn schon verbunden. Nicht der Rede wert! Aber der zweite wird wohl kaum überleben! Schwere Bauchverletzung! Ich habe ihm Laudanum gegeben!"

„Sehr gut, Doktor! Wer ist es?"

„Ein Gefangener, Sir!"

„Was, wir haben tatsächlich einen Gefangenen?"

„Ja, Sir! Ich habe ihn gleich anfangs beim Entern in einem Säbelduell besiegt und gefangen genommen. Ich wusste nicht, dass er so schwer verwundet ist!", antwortete Thomas McDonough.

„Wie viele Tote wird es wohl bei unseren Feinden gegeben haben? ", fragte Decatur nach.

„Schätze so um die 25, Sir!", meinte James Lawrence, der Erste Offizier der Enterprise.

Decatur wusste nicht, wie viele von denjenigen, die bei der Flucht über Bord gesprungen waren, ertrunken waren. Er selbst hatte zwei Feinde getötet. Er selbst hatte so um die 15 Tote oder zumindest bewegungslos Daliegende gesehen, was nun bei diesem Feuerinferno aufs Gleiche hinauskam. Die wahre Anzahl an getöteten Feinden lag wohl dazwischen.

Während der letzten Minuten waren auf der Fregatte immer wieder einzelne Sprengladungen hochgegangen. Jede Einzelne trug das ihre zur Steigerung des Infernos auf dem sterbenden Schiff bei. Jetzt aber wurde die Aufmerksamkeit aller Intrepids durch den ersten Schuss, der gerade losging, gebunden. Es war einer der 18-Pfünder. Die Hitze war es, welche die Ladung des Geschützes gezündet hatte. Gleich darauf folgten weitere Kanonenschüsse. Bei den Menschen an Land brach Panik aus.

Decatur hoffte, dass nun wenigstens seine Crew, weiterhin die Nerven behielt. Der Anschlag auf die Philadelphia hatte zwar besser geklappt, als er es sich in seinen kühnsten Gedanken hatte vorstellen können, aber die Gefahr für die Intrepid war noch längst nicht ausgestanden. Ganz im Gegenteil! Während sich die Ketsch immer weiter von der brennenden Fregatte entfernte, wurden immer mehr, von den im Hafen liegenden Schiffen, gefechtsklar gemacht. Zwar hatte Decatur den Eindruck, dass kaum eines der Schiffe im Hafen eine vollständige Mannschaft an Bord hatte, aber einige Mannschaften machten sich schon jetzt daran, Segel zu setzen und zeitgleich ihre Geschütze zu laden.

Die größere Gefahr drohte der Ketsch derzeit aber durch die Geschütze der Zitadelle, den vielen Forts und weiteren Geschützbatterien. Decatur wusste, dass es insgesamt 115 Kanonen waren, welche Tripolis schützten. Ein einziger guter Treffer konnte der Intrepid den Garaus machen.

Der einzige Grund, warum bisher nicht gefeuert wurde, war die Abdeckung der Ketsch durch die große Fregatte gewesen. Nun aber strebte die Intrepid in nordöstlicher Richtung die See an. Die Riemen tauchten in schnellem und gleichmäßigem Takt ins Wasser. Die Intrepid entfernte sich vom Tatort. Noch immer war die Hitze der scheinbar glühenden Fregatte zu spüren.

„Setzt Segel!", befahl Decatur.

Der leichte Wind aus Südost passte für die Flucht zumindest von seiner Richtung her. Kaum hatten sich die ersten Matrosen erhoben, um sich an die Arbeit zu machen, ging die Hölle los. Überall donnerten Geschützsalven auf. Rund um die Ketsch schossen Wasserfontänen in die Höhe. Die Kugeln flacher Schüsse hüpften vor, oder hinter der Intrepid über die Wogen. Andere Schüsse rissen lange Furchen aufpeitschender Gischt in die Wasseroberfläche. Fast zeitgleich antworteten nun die allerletzten 18-Pfünder der Philadelphia, welche wegen Überhitzung von selber gezündet hatten. Wie in blinder Wut entluden sie ihre Doppelladungen in die Stadt hinein.

Decatur sah noch, wie das dicke, rot glühende Ankertau riss. Gerade noch war es vom Bug schräg hinab ins Wasser gehangen. Nun aber pendelte es kurz hin und her, bis es letztendlich senkrecht herabhing. Mit großer Genugtuung wusste Decatur, dass die Fregatte nun wie der größte Brander, den er jemals in seinem Leben gesehen hatte, nordwestwärts auf die Stadt zu treiben würde. Er hoffte, dass die Philadelphia nun ihre letzte Pflicht erfüllen würde: Die Galeere und die Kanonenboote, welche in dieser Richtung lagen, auch noch in Brand zu setzen.

Aber wo verdammt, waren die Boote der Syren? Was war passiert? Im Grunde genommen war Decatur froh darüber, dass er sich nun nicht auch noch mit diesen Booten beschäftigen musste. Eigentlich hätten diese Boote den Intrepids der Evakuierung dienen sollen für den Fall, dass die Ketsch als Brander eingesetzt worden wäre. Nun zeigte sich kein einziges davon, aber irgendetwas musste bei solch einer wahnwitzigen Mission scheitern. Das Unternehmen war ansonsten zu einem unglaublichen Erfolg geworden – bis jetzt. Aber würde den Intrepids das Glück auch noch weiterhin holde gesinnt sein? Als eine Kugel so nah neben dem Bug einschlug, sodass die Ruderer nass gespritzt wurden, kamen bei Decatur doch noch heftige Zweifel auf. Immerhin war es vom Ankerplatz der Fregatte bis über die Riffe hinaus draußen auf See noch mehr als eine halbe Meile.

John blickte voller Stolz, auf den im Hafen dahintreibenden rot glühenden Koloss. Er genoss die Genugtuung, die der äußerst erfolgreich verlaufenen Mission folgte. Er hatte sein Bestes gegeben, um daran mitzuwirken und nun ereiferte er sich zusammen mit den Kameraden schnellstmöglich Segel zu setzen. Trotzdem gelang es ihm, auch noch während der Arbeit, an seinen Bruder zu denken. Der würde jetzt mit Sicherheit das Inferno aus einer Unzahl an Geschützfeuern hören. Seine Gefangennahme war nun gesühnt. Aber welche Folgen würde der Anschlag auf ihn und all die anderen Gefangenen haben?

John bemühte sich, die immer näher einschlagenden Kugeln zu ignorieren. Er zog mit aller Kraft an der Schot. Das Großsegel musste dichtgeholt werden. Selbst wenn die Segel nur einen halben Knoten mehr Fahrt brachten, ihm war jede Sekunde recht, welche die Intrepid auf ihrer Flucht gewann. Die feindlichen Geschütze hatten sich mittlerweile ziemlich gut auf die fliehende Ketsch eingeschossen. Soeben peitschte eine Kugel durch das Bramsegel, teilte es in zwei Hälften. Langsam zweifelte John aber daran, dass er die Flucht wirklich noch überleben würde.

Paul Wagner stopfte mit dem Rammstock eine Kugel in das Rohr eines 18-Pfünders. Dann sprang er zur Seite. Er wollte nicht vom Rückstoß des Stückes erschlagen werden. Er war allein. Da war auch niemand sonst, der an der Reißleine zog. Trotzdem brüllte das Geschütz auf und rumpelte polternd nach hinten. Dann hörte Paul Stimmen. Stimmen aus dem Nichts. Es war dunkel. Sehr dunkel. Er lag am Boden. War er verwundet? Er verspürte keinerlei Schmerz. Paul rieb sich die Augen, trotzdem sah er weder ein Geschütz noch eine Bordwand, auch keinen seiner Kameraden, aber er hörte deren aufgeregte Stimmen. Wieder bellte ein Geschütz auf, doch es klang dumpf und aus der Ferne. Paul hob seinen Kopf und schüttelte sich den Schlaf aus dem Nacken.

Langsam konnte er wieder klare Gedanken fassen. Er hatte geträumt. Wie all die anderen Zelleninsassen hatte er schon längst geschlafen. Nun realisierte er, dass der Kanonendonner wirklich echt war. Selbst bis in die Gewölbe des Gefängnisses konnte man das dumpfe Bellen des Geschützfeuers hören.

Kaum war der erste Schuss gefallen, war ein Gefangener nach dem anderen erwacht. Keiner wusste so genau, wie spät es war, aber dem Gefühl nach war es noch lange bevor Mitternacht.

„Hurra, unser Geschwader greift Tripolis an!", rief der Matrose Francis Moore.

„Hurra, jetzt werden wir endlich befreit!", freute sich Egon.

„Freu dich nicht zu früh, Pulveräffchen!", sagte einer.

„Unsere Schmach wird endlich gesühnt!", rief Paul. „Auf den Sieg der Unseren!"

„Auf den Sieg!", echote es in der Zelle.

Dann schwiegen die Geschütze wieder für eine Weile.

„Was ist los?", fragte Francis Moore. „War das alles? Das kann's doch wohl nicht alles gewesen sein, oder?"

Die anfängliche Freude wich Zweifeln.

Paul entrüstete sich: „Das kann wirklich nicht alles gewesen sein. Das war ja nicht Mal eine volle Breitseite!"

„Zumindest keine von einer Fregatte!", ergänzte Ronald Twicks.

Unter den Zelleninsassen entbrannte eine heftige Diskussion. Leider konnten sie nicht nach draußen sehen. Keiner wusste so recht, was los war, während von oben stickige Luft eindrang. Jack Hornsby stand vom Boden auf und stellte sich direkt unter den Luftschacht. Dann hob er seine Nase schnuppernd an.

„Es riecht nach Rauch, Jungs! Irgendetwas brennt da draußen!"

„Oh, ja, jetzt kann ich es auch ganz deutlich riechen!", rief Egon aufgeregt, aber auch er wusste nicht, ob dies nun ein gutes, oder ein schlechtes Zeichen war.

Dann ging es los! Ein Schuss folgte dem anderen. Dieses Mal klang es nicht aus der Ferne. Es musste sich um schwere Stücke handeln. Geschütze, die ganz in der Nähe des Gefängnisses waren. Wieder andere Kanonen mussten in weiter Entfernung sein, da mancher Kanonendonner nur nach einem dumpfen Pochen klang. Wieder bellte eine Salve auf. Dieses Mal hörte es sich wieder genauso an, wie bei der ersten Salve.

„Doch ein heftiges Gefecht!", mutmaßte Paul.

„Aber verdammt nochmal, wir wissen trotzdem nicht, was da draußen los ist!", grollte Jack.

„Aber wir werden es bald erfahren!", konterte Paul, mit dessen Mutmaßung er wirklich Recht hatte.

Währenddessen näherte sich die Ketsch angetrieben von 32 Mann an 16 Riemen, unterstützt von einer leichten Brise, welche die Segel ein wenig blähten, den Riffen. Diese erstreckten sich vom Nordrand der Stadt bis über zwei Seemeilen hinaus, nach Ostnordost. Dwars an der Backbordseite der Intrepid lag das Spanische Fort. Es war das Geschützfeuer dieses Forts, welches die Ketsch weiterhin bedrohte. Trotz dem kombinierten Antrieb von Riemen und Segeln, schaffte es das kleine Schiff nicht, über acht Knoten hinauszukommen. So unglaublich es auch erschien, noch war alles gut gegangen. Bis jetzt! Allerdings konnten die Batterien des vorgelagerten Forts auch jetzt noch alles zunichtemachen. Ein ordentlicher Treffer würde dazu führen, die kleine Ketsch vielleicht noch im letzten Augenblick sinken zu lassen. Auch wenn sich das wackere Schiff noch halten konnte, reichte ein einzelner Treffer, um ein Blutbad unter den Intrepids anrichten. Bis jetzt ließ sich weder die Syren noch eines ihrer Boote sehen. Stattdessen folgte der Ketsch ein ganzes Rudel an Kanonenbooten, was längst nicht alles war!

Decatur blickte achteraus. Die erste der beiden Schebecken stand nun unter vollen Segeln. Beständig holte sie auf. Diese Schebecken waren schnelle Schiffe, sehr schnelle Schiffe. Zu allem Überfluss raste ihr auch noch eine Galeere hinterher, welche die Schebecke in Kürze sogar noch überholen würde. Nun war es nur noch eine Frage der Zeit, bis eine der vielen Verfolger die Intrepid einholen würde.

Trotz all der Gefahren, die der Intrepid drohten, konnte Decatur seinen Blick nicht von der nun gänzlich in Flammen stehenden Philadelphia lassen.

Die Feuersbrunst überzog den ganzen Rumpf vom Bug bis zum Heck, vom Batteriedeck bis weit hinauf zu den in Flammen stehenden Masten. Als die Großstenge brach, schien es, als ob ein Feuerschweif in einem weiten Bogen aufs Deck schlagen würde. Der Rauch des Brandes bedeckte große Flächen des Hafens und der Stadt. Erstaunlicherweise schwamm die Fregatte immer noch. Vom leichten Wind vorangetrieben näherte sie sich den Kai- und Stadtmauern.

Decatur hoffte, dass das brennende Schiff an den Ufern für weitere Vernichtung sorgen würde. Sekunden später erkannte er, dass diese Hoffnung nicht aufging. Mit einem ohrenbetäubenden Krach zerriss es jetzt nämlich das Oberdeck der Philadelphia. Glühende Planken flogen prasselnd in alle Richtungen. Manche Teile flogen senkrecht in die Höhe, höher als die Toppen der Masten. Während ein glühender Trümmerregen sich wie ein Schirm über das Wrack legte, stieg eine Feuersäule himmelwärts, welche bis zu den Wolken reichte. Jedem einzelnen Besatzungsmitglied auf der Ketsch stockte der Atem. Groteskerweise bot das Bild des sterbenden Schiffes einen bizarren und unglaublich schönen Anblick. Keiner der Intrepids hatte so etwas je gesehen. Die Nacht wurde zum Tag. Die ganze Ostseite der Stadt lag in rot glühendem Licht. Das Wasser im Hafen spiegelte sich in leuchtendem Orange, was dazu führte, dass das

Wasser zu brennen schien. Die Feuersäule leckte indessen gierig an der Wolkendecke.

William Bainbridge hatte den Tumult und die Kanonenschüsse im Hafen von Anfang an mit neugierigen Ohren verfolgt. Wie sehr wünschte er sich im Moment, doch wieder in der düsteren Zelle des Gefängnisses zu sitzen, anstatt in den kommoden Räumen des ehemaligen amerikanischen Konsulatsgebäudes. So akzeptabel das Gebäude mit den verfügbaren Räumlichkeiten für eine Gefangenschaft auch war, einen Nachteil gab es hier: Man konnte nichts vom Hafen sehen.

Seit über einer halben Stunde war Bainbridge nun mit all seinen Offizieren und Mitgefangenen auf den Beinen. Heftige Spekulationen führten zu lautstarken Diskussionen. Bainbridge hielt sich aus allem heraus. Auch er hatte anfangs gehofft, dass das dritte Geschwader Tripolis in Schutt und Asche legen würde, doch so sehr er sich dies auch gewünscht hatte, zweifelte er von Minute zu Minute mehr daran. Er stand am Fenster und blickte hinaus in die Nacht. Genau genommen, konnte er im Dunkel außer engen Gassen gar nichts erkennen, bloß, dass sich der Himmel immer weiter verfärbte. Es erinnerte ihn an ein Abendrot, welches einem nächtlichen Gewitter voranging. Das Gewitter war längst ausgebrochen, denn das Geschützfeuer der Stadt und am Hafen wurde zunehmend heftiger.

Mit weichen Knien stand Bainbridge einsam am Fenster. Er war es, der das Desaster der Philadelphia zu verantworten hatte. Er war es, der in einem verschlüsselten Brief vorgeschlagen hatte, die Fregatte zu vernichten. Jetzt war es so weit, aber zu welchem Preis?

Bainbridge war sich sicher, dass der Preis sehr, sehr hoch war. Was immer dort draußen geschah, egal ob nun seine Fregatte zerstört wurde, oder nicht, eines war sicher: Das Kommando, welches zum Vernichten seines Schiffes eingesetzt worden ist, hatte keine Chance auf eine heile Flucht – nicht bei diesem Geschützfeuer. Erneut sah sich Bainbridge in der Verantwortung. Ohne diese fanatische Jagd auf den Kaper vor Tripolis wäre es nie zu dieser Schmach und zu diesem Chaos, welches jetzt im Hafen wütete, gekommen.

Er stand weitab von all seinen Offizieren. Er wünschte, er wäre wieder in seiner Gefängniszelle und könnte nach draußen sehen. Noch besser wäre es, wenn er sich schon an Bord der Philadelphia erschossen hätte. Nun faltete er seine Hände zum Gebet und sah nach oben zum Himmel, der jetzt noch roter war als zuvor. Vielleicht würde er wenigsten vor Gott noch Gnade finden.

In diesem Moment brach die Hölle los. Eine ohrenbetäubende Explosion deklassierte das Geschützfeuer zur Nebensache. Die Wände des Konsulatsgebäudes bebten, die Fensterscheiben klirrten, drohten zu zerspringen. Der Himmel glühte und machte die Nacht zum Tag.

Die Offiziere grölten vor Begeisterung. Sie schrien und jubelten wie kleine Kinder. Jemand fasste Bainbridge vorsichtig an die Schulter.

„Capt'n, warum feiern Sie nicht mit uns? Sie wissen doch, was soeben explodiert ist – nicht wahr, Sir?"

„Die Philadelphia!"

John Cox sagte leise: „Ja, es kann gar nichts anderes gewesen sein! Darauf müssen wir anstoßen, Sir. Wir haben während der letzten Wochen sogar ein paar Flaschen Wein organisieren können."

Bainbridge hatte keine Wahl. Wenn die Vernichtung seiner Fregatte geklappt hatte, würde dann den tapferen Männern des dritten Geschwaders auch anderes gelingen.

Wie durch ein Wunder gelang der Intrepid die Flucht ins offene Meer. Der Wind hatte weitergedreht. Diesmal wieder auf Ost, und hatte an Stärke wieder zugenommen. Somit war das Vorankommen weiter erschwert worden und es erwies sich als Segen, dass die Ketsch über Riemen verfügte. Unzählige Geschütze hatten auf die Ketsch eingeschossen. Die meisten davon hatten das kleine Schiff vollkommen verfehlt, aber viele der Kanonenkugeln waren doch in unmittelbarer Nähe ins Wasser geplatscht. Manchmal waren Kugeln direkt über den Köpfen der Intrepids hinweg gepfiffen, sodass manch einer den Kopf eingezogen hatte, oder in Deckung gesprungen war. So war es wirklich außergewöhnlich, geradezu unglaublich, dass nur ein einziges Segel zerschossen worden war und kein Einziger von der gesamten Crew durch den Beschuss verletzt worden war.

Noch immer schossen Fontänen hinter dem Heck der Intrepid in die Höhe, aber es waren nur noch einige Geschütze des Spanischen Forts, welche die im Mondlicht fliehende Ketsch erfassen konnten. Zum Pech der Tripolitaner war diese nun aber außer Reichweite.

„Ich sehe ein Boot!", rief ein Matrose. „Dort drüben, seht doch!"

„Ich sehe sogar zwei, drei sogar!", rief ein anderer aufgeregt.

Es waren die Boote der Syren. Sie waren verspätet, warum auch immer, aber sie waren da. Die Freude war nur von kurzer Dauer.

Denn jetzt geriet sowohl die Intrepid als auch die Beiboote der Brigg, unter Beschuss. Dieses Mal waren es nicht die Kanonen des Forts, sondern die Jagdkanonen der Galeere, welche die Verfolgung der Ketsch aufgenommen hatte und mittlerweile immer näher herangekommen war.

Sollten die Intrepids zu guter Letzt doch noch von ihrem Glück verlassen werden?

Jetzt feuerte eine ganze Salve. Die kam aber von See. Die Wassersäulen spritzten weitab hinter dem Heck der Intrepid gen Himmel. Genau genommen, bedrohten die Schüsse eher die Galeere als die Ketsch, aber von welchem Schiff wurde da gefeuert.

Decatur zwinkerte mit seinen Augenlidern. Seine übermüdeten Augen mussten die Nacht durchdringen. Dann sah er es: Ein Schoner rauschte unter vollen Segeln durch die Nacht und lehrte der Galeere das Fürchten. Zuerst dachte er, es sei seine Enterprise, aber nachdem sich das Schiff genähert hatte, erkannte er, dass es die Nautilius war. Noch konnte Decatur nicht beruhigt aufatmen, denn er wusste, dass die Intrepid auch noch von Schebecken und Kanonenbooten verfolgt wurde.

Als weitere Breitseiten von See aus aufdonnerten, welche von einer Fregatte stammen mussten, und die Syren auch die Dunkelheit durchstieß, drehten die Verfolger ab. Nun wusste Decatur, dass sie es alle geschafft hatten.

Nach einem lautstarken Freudengeschrei, das über das Meer hallte, hielt die Intrepid nun Kurs auf Sizilien. Voller Stolz auf die Männer der Intrepid, konnte nun Decatur seinem Kommodore in Syracuse gegenübertreten. Die Philadelphia gab es nicht mehr. Die anfängliche Schmach der Amerikaner war zur ruhmreichen Glorie geworden.

Nachwort

Bei leichtem Seegang stampfte die Constitution unter vollen Segeln westwärts. Weit achteraus lag die Straße von Gibraltar. Auf diese Entfernung und im rötlichen Licht des Sonnenaufganges schienen Europa und Afrika ineinander zu verschmelzen, obwohl diese beiden Kontinente unterschiedlicher nicht sein konnten.

Captain William Bainbridge stand am Heck der großen Fregatte. Dieses Schiff hatte ihre Aufgaben unbeschadet und erfolgreich gemeistert – ganz im Gegensatz zur Philadelphia. Er blickte noch einmal zurück und ließ seine Gedanken schweifen.

Es war zu schade, dass von seinem schönen Schiff, das mit Spendengeldern von Bürgern Pennsylvanias erbaut worden war, nichts übriggeblieben war. Doch es gab auch einiges, was ihn beruhigte und tröstete. Aus den anfänglichen Vorwürfen, er hätte sein Schiff riskant und bewusst über Untiefen gejagt, war die Gewissheit geworden, dass in keiner amerikanischen Seekarte das Kaliusa-Riff eingezeichnet gewesen war. Er hatte alle üblichen Vorsichtsmaßnahmen walten lassen, indem er ständig Lotungen hat vornehmen lassen. Die Vernichtung der Philadelphia war letztendlich zu einem mit Bravour gemeisterten Husarenstück geworden. Eine glorreiche Tat, auf die jeder einzelne Mann der U.S. Navy stolz war.

Admiral Lord Horatio Nelson von der Royal Navy, der im Jahr 1804 auf seinem Schiff, der HMS Victory im Mittelmeer gewesen war, hatte diese glorreiche Heldentat als kühnsten und verwegensten Coup dieser Zeit gelobt. Verdienterweise war der verwegene Stephen Decatur von Kommodore Preble unverzüglich danach befördert worden, inzwischen war Decatur längst Captain. Allerdings waren auch andere Männer der Intrepid, die sich durch besondere Tapferkeit ausgezeichnet hatten, befördert worden.

Langsam wanderte die Sonne über den Horizont hinauf und das sanfte Rot des Sonnenaufganges wandelte sich in ein mildes Blau. Bainbridge genoss das Licht, die frische Luft und die Planken unter seinen Füßen, die sich im Einklang mit der Natur sanft auf und ab bewegten. Noch einmal erinnerte er sich wehmütig an die 19 Monate Gefangenschaft. Für ihn und seine Offiziere gab es keinen Grund zur Klage. Die Tripolitaner hatten sich, zumindest der Schiffsführung der Philadelphia gegenüber nicht als wilde Barbaren erwiesen, denn die Verhältnisse im ehemaligen amerikanischen Konsulatsgebäude waren mehr als erträglich gewesen. Anders war es mit der gemeinen Besatzung gewesen. Die hatten ihre Gefangenschaft in kerkerähnlichen Zellen verbringen müssen und waren manchmal sogar als Galeerensklaven geschunden worden. Doch nun waren auch sie befreit worden. Nun waren alle auf mehreren Schiffen verteilt auf dem Weg in die Heimat.

Am Leben und in Freiheit! Bainbridge schätzte sich glücklich, die Besatzung der Philadelphia nicht bis zum letzten Mann geopfert zu haben. Er hatte erfahren, dass der Kommodore dies ursprünglich von ihm erwartet hatte. Nun war alles gut geworden.

Der Krieg gegen Tripolitanien ging nun schon seit fünf Jahren. Noch herrschte kein Frieden, aber besonders das dritte Geschwader unter Edward Preble hatte große Erfolge zu verzeichnen, zu denen auch das Abfackeln der Philadelphia zählte und ein derber Schlag ins Gesicht von Jussuf Karamanli Pascha war. Die nächsten Schläge waren mehrere Beschüsse von Tripolis mit der Zitadelle, all seinen Forts, Geschützbatterien und der im Hafen liegenden Flotte gewesen. Das dritte Geschwader, das durch die Constitution angeführt und von Briggs, Schonern und Kanonenbooten unterstützt wurde, hatte den Tripolitanern gelehrt, dass der Geduldsfaden der Amerikaner gerissen war. Dieser Teufelskerl Stephen Decatur war wieder einmal verwegen in den Hafen eingedrungen und hatte zwei Schebecken gekapert.

Bainbridge hatte während der letzten Woche alle Information über die Zeit, während seiner Gefangenschaft wissensdurstig in sich aufgenommen. Auch in diesem Jahr hatte es noch mehrere Angriffe und Beschießungen auf Tripolis gegeben. Schlimm war aber das tragische Ende der ruhmreichen Intrepid. Sie war am 2. September 1804 als Sprengschiff eingesetzt worden, beladen mit 100 Barren Schwarzpulver und einer Menge an Eisenschrott der Splitterwirkung wegen. Sie war bei einer weiteren verwegenen Mission in den feindlichen Hafen eingedrungen und dann aus unbekannten Gründen vorzeitig explodiert. Kein Einziger hatte die Detonation überlebt.

Trotz aller Maßnahmen der Navy war dieser Schurke Karamanli nicht kleinzukriegen gewesen. Als zeitgleich zu den Beschießungen auch noch auf dem Landweg die Stadt Derna in der Provinz Cyrenaika eingenommen worden war, um den im ägyptischen Exil lebenden älteren Bruder Karamanlis Ahmed zur Macht zu verhelfen, zwangen sie den Pascha in die Knie. Dreist wie er war, hatte er aber noch einmal 60.000 Dollar Lösegeld zur Freilassung der Gefangenen Philadelphias gefordert.

Nun also waren Bainbridge und seine ganze Besatzung frei und auf dem Weg in die Heimat. Es fiel ihm immer noch schwer, seine Gedanken von der Vergangenheit zu lösen. Nun aber konzentrierte er seine Gedanken an Susan. Wie sah sie jetzt wohl aus? Auch sie war um drei Jahre älter geworden, doch sie war immer noch jung und schön. Aber war sie ihm all die Zeit auch wirklich treu geblieben, oder hatte sie sich in der langen Zwischenzeit mit einem Liebhaber getröstet? Hatte sie ihn, ihren Gatten nicht schon längst vergessen oder aufgegeben?

Bainbridge freute sich so sehr auf ein Wiedersehen, war begierig auf ihren Duft und die Zartheit ihrer Haut. Er wollte durch ihr langes Haar streichen. Es war so lange her, dass er sie gefühlt und geliebt hatte. Freude und Ängste vermischten sich in seinen aufgewühlten Gefühlen. Er wusste, dass diese Atlantiküberquerung länger werden würde als jede andere zuvor. Als sich Bainbridge die frische Meeresluft durch die Lungen sog, wusste er auch, dass das Schicksal nicht immer so grausam war, wie es manchmal im ersten Moment den Schein hatte.

Das Schiff wurde immer langsamer, während ein Segel, nach dem anderen, aufgegeit wurde. Dann drehte der Bug in den Wind. Die von Menschenmassen belagerte Kaimauer im Hafen von Philadelphia rückte immer näher heran. Noch stellte sie keine Gefahr für das Schiff dar und noch war sie zu weit entfernt, um eine Wurfleine zu werfen.

Paul Wagner drückte sich mit vielen anderen Kameraden von der ehemaligen Fregatte Philadelphia an die Reling. Es waren so viele Menschen, die dort drüben aufgeregt winkten und erwartungsvoll warteten. Meist waren es Frauen mit ihren Kindern, aber auch viele Männer standen dort in der Menge. Paul fragte sich, ob es überhaupt jemanden geben würde, der auf ihn warten würde.

Vermutlich niemanden, dachte er sich verdrossen. So sehr er sich darauf gefreut hatte, wieder Fuß in der neuen Heimat zu fassen, so traurig wurde er jetzt plötzlich beim Anblick der vielen wartenden Menschen. Seine Eltern waren vor drei Jahren elendig verbrannt und sein jüngerer Bruder war sicherlich schon wieder irgendwo auf See. Paul kämpfte mit seinen Gefühlen, kämpfte gegen aufkommende Tränen an und starrte trotzdem immer noch verbissen suchend in die wogende Masse der Leute.

Plötzlich sah er ihn. Dort stand John und winkte freudig. Er sah gut aus. Stark und geschmeidig. Kein abenteuerlustiger Jüngling mehr, sondern ein richtiger Kerl eines Mannes. Glücklich sah er aus. Kein Wunder, denn nun bemerkte Paul die junge, hübsche, blonde Dame an seiner Seite. Sie war sicherlich keiner Städterin, vielmehr schien sie eher ein Mädchen vom Lande in ihrem besten Sonntagskleid zu sein. Das dunkelblaue Kleid war schlicht und bei weitem nicht mit so vielen Spitzen und Rüschen verziert, wie die Kleider der Städterinnen, aber es betonte auf atemberaubende Weise ihre traumhafte Figur und stand ihr ausgesprochen gut. Kein Zweifel, dass diese junge Frau zu John gehörte. Hand in Hand winkten ihm die beiden mit freudestrahlenden Gesichtern zu. Aufkommender Neid nagte an Pauls Nerven. Musste dieser Kerl immer so viel Dusel haben? Hatte John wirklich so viel Glück verdient?

Während Paul diese Frage am liebsten verneint hätte, erkannte er plötzlich dieses Gesicht wieder – es war ihm sofort gut bekannt vorgekommen. Es war nicht mehr das Gesicht eines unschuldigen Mädchens, sondern das Gesicht einer jungen und heiratsfähigen Frau. Es war das Gesicht von Brigitte.

Paul bebte innerlich. Das durfte doch nicht wahr sein! Zum Teufel mit John! Dieser verfluchte Bruder hatte ihn nicht nur dazu gebracht, bei der Navy anzuheuern und war somit auch schuld an dem Schlamassel, welches ihn für so lange Zeit in Gefangenschaft gebracht hatte. Jetzt hatte er ihm auch noch das Mädel weggeschnappt, auf dessen Wiedersehen sich Paul so viele Hoffnungen gemacht hatte, da sein Herz immer noch an ihm hing. Paul wusste nicht mehr, wie er sich verhalten sollte. Sollte er seinem Bruder nach dieser langen Zeit freudig um den Hals fallen, oder sollte er ihm wütend an die Gurgel springen? Und was war mit Brigitte? Sollte er sich über das Wiedersehen mit ihr freuen, so wie er es sich während der Gefangenschaft tausende Male vorgestellt hatte? Oder sollte er seiner neuen Schwägerin eiskalt lächelnd zur Ehe mit seinem Bruder gratulieren? Paul wusste es nicht. Mit kalter Miene erhob er grüßend seinen Arm. Nach Winken war ihm plötzlich nicht mehr zumute. So eine Frechheit! Wie sich die beiden doch anlächelten. Wie ein frisch verliebtes Paar! Und das direkt vor seinen Augen!

Während die Wurfleine in einem hohen Bogen durch die Luft flog, begann Paul innerlich zu kochen. Irgendwie hatte er auch gar keine besondere Lust mehr, an Land zu gehen.

Wie ein Lauffeuer hatte es sich in Philadelphia herumgesprochen, dass die Gefangenen der gleichnamigen Fregatte zurück in die Heimat kämen. Kurz darauf wusste man es auch in den angrenzenden Dörfern.

John Wagner hatte es schon längst gewusst, was nicht verwunderlich war, denn der Toppsegelschoner Enterprise, auf dem er wieder zurück nach Amerika gekommen war, war den anderen Schiffen vorausgesegelt und hatte eine Depesche nach Philadelphia gebracht, auf der die Namen der freigekauften Gefangenen und die Namen der Schiffe standen, auf welchem die Glücklichen den Atlantik überqueren würden. Dass auch sein Bruder Paul auf der Liste stand, hatte ihm der Kommandant der Enterprise schon lange mitgeteilt. Heute war es endlich soweit!

John war überglücklich. Er konnte seinen Bruder mit offenen Armen empfangen. Er hatte immer noch irgendwie Schuldgefühle, weil er Paul dazu gebracht hatte, bei der Navy anzuheuern und somit in die missliche Lage einer Gefangenschaft gekommen war. Aber heute konnte er einiges wieder gut machen. In Kürze konnte er Paul gleich drei unglaublich erfreuliche Sachen mitteilen. Zum einen würde es Paul sehr viel bedeuten, wenn er erfahren würde, dass das Farmland der Eltern in der Gemeinde immer noch auf dem Namen Wagner eingetragen war, genau gesagt auf den Namen Paul Wagner. Die zweite erfreuliche Nachricht betraf das Blockhaus darauf. John hatte Geld vorgeschossen, welches größtenteils aus seinen Anteilen an Prisengeldern kam. Die Nachbarschaft, unterstützt durch die Deutsche Gemeinschaft und geleitet vom Nachbarn, Mr. Smith wurde es in Kürze errichtet. Das Häuschen war nur klein und bescheiden, aber für den Anfang sollte es reichen.

Für die dritte Tatsache bedurfte es gar keine Worte. Paul musste nur seine Augen öffnen. Sie stand direkt neben ihm. John hatte es selber gar nicht glauben können, aber aus der naiven, beinahe kindlichen Brigitte, war nun eine 19-jährige Frau geworden, welche immer noch nicht verheiratet war und was den Vater beinahe verzweifeln ließ, dass seine Tochter überhaupt keine Heiratsabsichten mehr hatte. Stur und naiv wie Brigitte eben war, hatte sie immer noch an die Rückkehr ihres Pauls geglaubt. Heute war der Tag, an dem er endlich zurückkehrte.

John suchte die dicht gedrängte Menge an Männer ab, welche an der Reling standen. Es dauerte eine Weile, bis er Paul erkannte, der nun einen dicken Vollbart hatte. Ob er so Brigitte auch noch gefallen würde? Er winkte ihm zu und hoffte darauf, dass Paul ihn sehen konnte. Tatsächlich begann er, zu winken. John machte Brigitte auf ihn aufmerksam. Dann griff er mit seiner rechten Seemannspranke ihre zarte Linke, hob sie nach oben und so winkte er gemeinsam mit der künftigen Braut seines Bruders, Paul freudestrahlend zu.

John, aber auch Brigitte hatten sich eine ganz andere Reaktion erwartet. Allzu erfreut schien Paul nicht zu sein. Er hob zwar seinen Arm, aber er war wohl zu stinkig, um zurückzuwinken.

Brigitte sah ihren künftigen Schwager verdutzt an. John aber kannte seinen gutmütigen, aber manchmal griesgrämigen Bruder.

Er grinste Brigitte ins Gesicht und sagte: „Dem Kerl musst du erst einmal Manieren beibringen!"

„Darauf kann sich Paul gefasst machen!", antwortete sie lächelnd.

„Und wenn er dir nicht folgt, dann ...", John machte gekonnt eine Pause.

„Und dann?", fragte Brigitte mit einem verschmitzten Lächeln.

„Dann kontaktiere mich und ich werde dem Kerl eine verpassen!"

Brigitte drehte ihre beiden Handflächen ratlos nach oben.

„Ja wie denn? Du bist doch der Herumtreiber von euch beiden. Du wirst doch schon bald wieder in See stechen, nicht wahr?"

Wie Recht sie doch hatte.

Anmerkung des Autors

Die Namen der Kommodores und Kommandanten sowie einige Namen der Offiziere, Mannschaften und Jussuf Karamanli Pascha entsprechen den historischen Gegebenheiten. Allerdings möchte ich mich nicht für die Korrektheit jedes einzelnen Charakters verbürgen.

Ich habe die historisch relevanten Ereignisse so realistisch und minutiös, wie es mir möglich war, geschildert. Mangels Zugriffs auf die einzelnen Logbücher und der Dramatik zuliebe habe ich mir die künstlerische Freiheit erlaubt, das Aufspüren und Verfolgen von Gegnern frei nach meiner Fantasie und meinen Kenntnissen zu schildern.

Über den Autor

Erwin Welker hat bei der Deutschen Bundesmarine gedient und befasst sich seit Jahrzehnten mit dem Thema Seefahrt. Durch seine Leidenschaft für das Segeln, der er seit vielen Jahren nachgeht, besuchte er auch verschiedenste Museen in Europa und den U.S.A., darunter auch die Fregatten USS Constitution und die USS Constellation, über die er in seinem Roman „Schmach und Glorie" schrieb. Auch seine Erfahrungen beim Segeln, Arbeiten am Rigg, Steuern und weiteren Aufgaben an Bord von verschiedenen Windjammern lässt der Autor bewusst in seine Geschichten hineinfließen.

Erwin Welker auf dem Mast eines Windjammers

Im Jahre 2002 erschien sein erster Roman „Raubkatzen der Meere". Weitere Veröffentlichungen findet man auch in diversen Seefahrt-Zeitschriften.

Verpassen Sie keine Neuerscheinung!

Tragen Sie sich in den Newsletter von *EK-2 Militär* ein, um über aktuelle Angebote und Neuerscheinungen informiert zu werden und an exklusiven Leser-Aktionen teilzunehmen.

Als besonderes Dankeschön erhalten Sie **kostenlos** das E-Book »Die Weltenkrieg Saga« von Tom Zola.

Deutsche Panzertechnik trifft außerirdischen Zorn in diesem fesselnden Action-Spektakel!

Entdecken Sie EK-2 Militär!

Verpassen Sie keinesfalls unsere aktuellen Bestseller und berüchtigten Klassiker.

Raubkatzen der Meere
Von Erwin Welker

James Walker und seine Crew versuchen nach dem Krieg den dunklen Klauen der Piraterie zu entfliehen.

Imperium Germanicum – Band 1
Von Hermann Weinhauer

Zusammmen mit einem kleinen Kreis von Verschwörern entmachtet ein Feldmarschall die NS-Regierung und setzt eine militärische Elite ein, um den Verlauf des Krieges zu wenden.

Ihre Zufriedenheit ist unser Ziel!

Liebe Leser, liebe Leserinnen,

hat Ihnen unser Buch gefallen? Haben Sie Anmerkungen für uns? Kritik? Bitte zögern Sie nicht, uns zu schreiben. Wir werden jede Nachricht persönlich lesen und beantworten.

Schreiben Sie uns: info@ek2-publishing.com

Wussten Sie schon, dass Sie uns dabei unterstützen können, deutsche Militärliteratur sichtbarer zu machen? Bitte nehmen Sie sich einen Moment Zeit und bewerten Sie dieses Buch auf Amazon. Viele positive Rezensionen führen dazu, dass das Buch mehr Menschen angezeigt wird.

Sie können somit mit wenigen Minuten Zeitaufwand unserem kleinen Familienunternehmen einen großen Gefallen tun. Vielen Dank für Ihre Unterstützung!

PS: In seltenen Fällen kommt ein Buch beschädigt beim Kunden an. Bitte zögern Sie in diesem Fall nicht, uns zu kontaktieren. Selbstverständlich ersetzen wir Ihnen das Buch kostenlos.

Impressum

Eine Veröffentlichung der EK2-Publishing GmbH
Friedensstraße 12, 47228 Duisburg
Handelsregisternummer: HRB 30321
Geschäftsführerin: Monika Münstermann

E-Mail: info@ek2-publishing.com
Website: www.ek2-publishing.com

Alle Rechte vorbehalten

Cover/Umschlag: Kayla Pelgrim
Lektorat: Cilia Prebežac
Buchsatz: Eduard Krisan

1. Auflage, Mai 2023

Druckhinweis:
Libri Plureos GmbH
Friedensallee 273
22763 Hamburg

MIX
Papier aus verantwortungsvollen Quellen
Paper from responsible sources
FSC® C105338
FSC
www.fsc.org